PROVIDENCIA

LA PARÁBOLA DE LA CREACIÓN

VOLUMEN 2

JIM JAMER CETINA ORTIZ

Copyright © 2012 JIM JAMER CETINA

All rights reserved.

ISBN: 9798363600227
Independently published

PROVIDENCIA

Dedicado a las personas más especiales de mi vida, Nathika, Helen y Luz Marina, [mi mami]. No me imagino que habría sido de mí si Jesús no las hubiera puesto como columnas de mi existencia. ¡Las amo!

CONTENIDO

1 Capítulo Uno / Cuarto Día

    El silencio de Dios   5

    La Sagrada Escritura   6

    En el principio era el Verbo   9

    La analogía: La primera venida de Cristo
    y la aparición de la lumbrera mayor   11

    Cuando la noche del cuarto día estaba terminando   12

    Luz, vida y sangre   15

    El gran reloj del tiempo   17

    El segundo Elías   18

    Una fe racional   21

    Concebidos por el Espíritu   23

    La palabra y las manos   24

    Los primeros años del Salvador en la tierra   32

    El Sol de justicia y el astro mayor   38

    El misterio de su misión se estaba revelando   42

    Espíritu Santo   45

    Los pasos del Hijo de Dios en la tierra   47

    Toda la Escritura es inspirada por Dios   50

    Los doce de Jesús   53

La luz que brotó de las sienes de Cristo	57
Convicción	61
La redención fue universal	62
Siempre habrá respuesta	64
La confesión	65
El pico más alto del plan de la Redención	67
Las providencias de Dios, la historia profética	69
El cordón de tres dobleces	74
La luz que emana de la cruz	75
Los símbolos de la luz	79
Y fue así	80
E hizo también las estrellas	81
Lenguas de fuego	85
Y vio Dios que era	87
La luna	90
Uno que iba a ser el símbolo de la luna	91
El representante de la luna	92
En el taller del Carpintero de Nazaret	96
La luz menor	99

2   Capítulo Dos / Quinto Día

  El Autor de la información genética.   101

  El velo que separa lo visible de lo invisible   103

  La conexión de los días   104

  Contrastes en el libro de la naturaleza   106

  Las dos caras de la tierra   108

  La tierra y el agua: elementos opuestos   109

  Los hijos de las aguas   111

  Los dos libros se iluminan mutuamente   114

  El retorno de Cristo es un misterio de Dios   115

  Los dos milenios de la profecía de Daniel 8:14   116

  Erev, la mezcla de la luz con las tinieblas   118

  Las tardes de los dos primeros días   120

  Boker tov   122

  Una de las vigilias de la noche   123

  Salmo 23:4   126

  Salir de las aguas   128

  Pescado, miel y pan   130

  El símbolo   132

Tarde: Tiatira / Mañana: Sardis ... 135

El espíritu de la profecía ... 136

Conclusiones de la quinta tarde ... 137

Una autentica obra de ingeniería natural ... 139

Lámpara del cuerpo ... 140

Habilidad natural ... 142

La mañana del quinto milenio ... 144

Talento inédito y magistral ... 146

Águilas ... 148

¿Existe una historia eclesiástica y una secular? ... 150

Las dos reformas ... 152

La fuente de todas las ciencias ... 154

Perspectiva y cosmovisión de Dios ... 157

Con los ojos del Espíritu ... 162

Él llevó consigo nuestra forma al cielo ... 164

Llenad las aguas ... 167

Y fue la tarde y la mañana del quinto día ... 172

3 Capítulo Tres / Sexto Día

Un día emite palabra a otro día ... 180

Cuatro grandes instituciones ... 182

El contexto de la obra del sexto día	184
Francia	185
La Palabra de Dios, La tierra y los animales	188
Independencia	191
Aliento de vida	196
El llamado de la Providencia: Guillermo Miller	200
La fuente del verdadero significado de la naturaleza	202
Las dos serpientes	204
El Libro Sagrado	206
Las dos caras del mundo	209
El Santuario y el tiempo	212
Una universidad llamada Tierra	218
Tres elementos análogos	221
Un vínculo extraordinario	222
El virus que Darwin esparció	224
¡Ve y dilo!	226
La representación de la tierra	228
Las páginas del Libro Sagrado	230
El resto de la analogía de los animales	232
A pesar del error	238

Cuando se salvaron los animales	240
Sin templo no hay Espíritu	242
Aliento de vida	247
Dios lo privó de sabiduría y no le dio inteligencia	250
Los que guardan los mandamientos de Dios	252
Como Alfarero nos formó con su propia mano	255
Su Salvador no apareció	259
Es necesario que profetices otra vez	262
Y vio dios que era bueno Génesis 1:25	265
Lo formó de la tierra y sopló en su nariz aliento de vida	266
No bendijo a los animales del sexto día	268
Fructificad y multiplicaos	277
La última luz menor	279
Como Adán	286
Someted la tierra	287
No le entregó todo a Adán	290
El profundísimo relato de la creación	293
El fruto de la sabiduría	295
Hagamos al hombre a nuestra imagen	298
Varón y hembra los creó	300

El Segundo Adán y la segunda Eva	304
Un Sueño Profundo	305
"Yo, Juan, [...]" Apocalipsis 1:9	316
Toda Potestad	320
Y vio Dios todo cuanto había hecho	321
Bueno en gran manera	323
Y fue la tarde y la mañana del sexto día	327

AGRADECIMIENTOS

A Dios primeramente por permitirme participar en su obra, por el maravilloso tesoro intelectual y espiritual del que me hizo conocedor. Gracias por llenar los vacíos de mi vida y e iluminar cada recamara de mi corazón con su luz admirable. Gracias al todopoderoso Padre por tenerme en su pensamiento desde antes de la fundación del universo. Gracias al maravilloso Espíritu Santo por permitirme sentir su presencia, gracias por asistir cada mañana a nuestra cita y reavivar mi vida. Gracias a mi Creador, mi Salvador y mi Dios, gracias Señor Jesús, tú lo eres todo para mí. Te amo.

Además de manera muy especial quiero agradecer a Albert Steven Herrera, gracias por tu apoyo incondicional, gracias porque en los momentos más difíciles de la vida has permitido que Dios obre por medio de ti y has sido una bendición en nuestra vida. Mil y mil gracias, Dios te bendiga. Te amamos!!

Un saludo muy especial para a hermanos: Heiber y Sney, espero que un día bien cercano podamos mirar atrás y ver que todo esto que ocurrió en nuestro paso por esta vida se acabó y que estamos entrando juntos por las puertas de la patria eterna. Dios los bendiga. Los amo!!

PREFACIO

Lo que ocurrió el cuarto día de la semana literal de la creación fue que "Dijo luego Dios: «Haya lumbreras en el firmamento de los cielos [...]" Génesis 1:14 Entonces aparecieron las dos grandes lumbreras, sin embargo, aunque las dos cumplen un propósito importante, nuestro sistema astronómico y la conservación de la vida en la tierra dependen exclusivamente del poder que emana de la lumbrera mayor. Espiritualmente Jesús representa lo mismo para la humanidad, es decir, de Él fluye el poder que produce y fortalece la vida en la tierra. El hecho de que su aparición haya ocurrido el cuarto milenio de nuestra historia, de igual manera que el cuarto día de la semana de la creación apareció el astro mayor en el cielo, apunta a un paralelo que reafirma que Dios en el relato de Génesis en su primer capítulo, además de presentar la manera como Dios creó todo el contenido de la tierra, contiene comprimido la historia de la humanidad y el desarrollo del magnífico plan de la redención.

PROVIDENCIA

CAPÍTULO UNO / CUARTO DÍA
Génesis 1:14-19

"El Sol de justicia no apareció sobre el mundo en su esplendor, para deslumbrar los sentidos con su gloria. Escrito está de Cristo: "Como el alba está aparejada su salida." Oseas 6:3 Tranquila y suavemente la luz del día amanece sobre la tierra, despejando las sombras de las tinieblas y despertando el mundo a la vida. Así salió el Sol de justicia "trayendo salud eterna en sus alas." Malaquías 4:2 DTG p.226

EL SILENCIO DE DIOS

Mucho se habla de los cuatrocientos años que separan al Antiguo del Nuevo Testamento, el mal llamado "silencio de Dios". Así como nunca hubo una pausa en el desarrollo de la historia del mundo, así como la tierra desde el nacimiento de Adán hasta el día de hoy no ha estado vacía, la presencia de Dios en la persona del Espíritu Santo, tampoco ha cesado de moverse sobre las aguas. No existe un solo día desde que la tierra se fundó en que Dios ha abandonado este planeta. La ausencia de Dios y de sus ángeles ministradores dejaría a la humanidad en manos de las huestes de maldad; aun en los momentos más oscuros que nuestros anales registran, aunque el hombre no pueda verle, sentirle e incluso crea no escucharle, Dios ha estado en nuestro medio.

La Providencia es un hilo que se extendió desde la eternidad y atravesando la historia humana desemboca en la eternidad, no hay pausas ni vacíos en la obra del Eterno. No existe el silencio de Dios. El color de la voz del Espíritu está velado a nuestros oídos físicos, pero se revela cuando el hombre libremente decide abrir la puerta del corazón a Cristo; todo aquello que no podíamos percibir con los ojos o los oídos de la carne, se hace tangible para aquel que nace del Espíritu. Cuando el intelecto del hombre es morada de Dios y este, en pleno uso de su entendimiento percibe la presencia del Habitante divino, la voz de Dios que parecía estar en silencio es escuchada con una claridad arrobadora y el tono suave y compasivo del Verbo de Dios repercute en todas las cámaras de la mente humana.

LA SAGRADA ESCRITURA

"Dijo luego Dios: [...]" Génesis 1:14

¿En qué podría estar particularmente trabajando el gran Artista del universo durante ese periodo de aproximadamente cuatrocientos años? ¿Qué ocurrió mientras la oscuridad cubrió por completo la mente de los hijos de Israel? ¿De qué manera la luz eterna brilló en este mundo oscuro?

Teniendo en cuenta la magnitud del gran evento que se aproximaba, (la primera venida de Cristo), ¿había algo que preparar? ¿Qué podría ser tan importante para el ministerio del Mesías prometido, que la Providencia dedicó su empeño en ello por cuatrocientos años? En realidad, no fueron solo cuatrocientos años, el proceso de esta obra especial de Dios, dio el fruto más relevante al final de ese periodo, pero hasta ahí ya habían transcurrido alrededor de mil quinientos años.

Durante los últimos cuatro siglos antes del descenso del Hijo de Dios a la tierra, se hizo una labor de revisión y compilación que resultó en lo que conocemos hoy como el Antiguo Testamento y que para el primero siglo era considerado como la Palabra de Dios. Solo por medio de la Palabra de Dios, como ocurrió el cuarto día de la semana literal de la creación con la lumbrera mayor, el sol de Justicia podría ser puesto en el alto cielo para alumbrar al mundo entero.

"Antes que el pecado entrara en el mundo, Adán gozaba de libre trato con su Creador; pero desde que el hombre se separó de Dios por causa del pecado, aquel gran privilegio le ha sido negado a la raza humana. No obstante, el plan de redención abrió el camino para que los habitantes de la tierra volvieran a relacionarse con el cielo. Dios se comunicó con los hombres mediante su Espíritu y, mediante las revelaciones hechas a sus siervos escogidos, la luz divina se esparció por el mundo. "Los santos hombres de Dios hablaron siendo inspirados del Espíritu Santo". 2 Pedro 1:21.

Durante los veinticinco primeros siglos de la historia humana no hubo revelación escrita. Los que eran enseñados por Dios comunicaban sus conocimientos a otros, y estos conocimientos eran así legados de padres a hijos a través de varias generaciones. La redacción de la palabra escrita empezó en tiempo de Moisés. Los conocimientos inspirados fueron entonces compilados en un libro inspirado. Esa labor continuó durante el largo período de dieciséis siglos, desde Moisés, el historiador de la creación y el legislador, hasta Juan, el narrador de las verdades más sublimes del evangelio." CS p.7

Durante once siglos que hacen parte del tercer milenio en referencia al paralelo con el tercer día literal de la creación, hombres escogidos por Dios, escribieron inspirados por el Espíritu Santo un registro de los eventos más relevantes acerca de circunstancias, lugares y personajes, que tuvieron un lugar preponderante en el desarrollo del plan de la salvación.

Al revisar la Sagrada compilación de escritos a la luz de este tratado, vamos a llegar a la conclusión de que estos textos, (desde el Génesis hasta Malaquías) son la representación de los frutos que dieron de los árboles de la viña, que el Señor había plantado en el Edén aquel tercer día de la semana literal de la creación. ¿No es acaso cada historia del Antiguo Testamento tan interesante y nutriente para la mente del hombre que por su consumo alcanzamos la salud espiritual que necesitamos para vivir? ¿No es tan agradable y dulce cada gajo de los frutos, que es al paladar de nuestra inteligencia un poder revitalizador? ¿No fue acaso el resultado de la obra del tercer día de la semana literal de la creación, establecido como el alimento para el hombre creado el sexto día, y no es acaso el texto escrito en el tercer milenio, el alimento espiritual para el hombre del fin del tiempo?

"Después dijo Dios: «Mirad, os he dado toda planta que da semilla, que está sobre toda la tierra, así como todo árbol en que hay fruto y da semilla. De todo esto podréis comer." Génesis 1:29

La conexión que hay en los días literales de la creación que une al primero y al cuarto, al segundo y al quinto y al tercero con el sexto también se encuentra reflejada en el simbolismo que hay une los días y los milenios de la tierra. El tercer día Dios preparó la abundancia de la tierra para la satisfacción, deleite y nutrición del hombre creado el sexto día; de igual manera el tercer milenio se escribió la historia que alimentaría el espíritu del hombre del sexto milenio.

"Nuestros cuerpos viven de lo que comemos y bebemos; y lo que sucede en la vida natural sucede en la espiritual: lo que meditamos es lo que da tono y vigor a nuestra naturaleza espiritual." CC p.88

Con respecto a los eventos del cuarto milenio; una vez el Hijo de Dios pisara la tierra, las Escrituras serían el principal alimento de su alma, Jesús mismo lo dijo: "—Escrito está: 'No sólo de pan vivirá el hombre, sino de toda palabra que sale de la boca de Dios.'" Mateo 4:4 La Palabra de Dios sería la guía y espada de su ministerio, la Providencia hizo de la inspiración el lenguaje por medio del cual el Padre eterno se comunicaría directamente con el Príncipe de los cielos.

Entre los siglos V y I a.C. bajo la dirección del Espíritu Santo, hombres escogidos entre los sabios judíos dieron orden y seleccionaron los antiguos escritos de los profetas para dar lugar a lo que conocemos como el Antiguo Testamento. La obra de estos hombres quedó enmarcada en la historia en un libro que la humanidad reconoce como la Palabra de Dios. Este grupo selecto de textos fue fundamental para alcanzar el objetivo del ministerio de Cristo. Además, a través de ellos se le reveló a Jesús su origen divino y se le capacitó para completar la misión por la cual se había hecho hombre. La Sagrada Escritura fue la puerta de acceso del Espíritu Santo y del Padre Eterno en el corazón del Hijo en la tierra. No fue de poca importancia el rol que desempeñó el texto sagrado en la vida de Dios hecho hombre. La educación personalizada que Jesús recibió de su Padre celestial tenía como fuentes la Palabra inspirada y el profundísimo libro de la naturaleza.

Jesús mismo es la encarnación de las Escrituras, todas las características que ellas poseen, se le pueden atribuir al Salvador del mundo, (esto a pesar de que al nacer como humano, su mente tuvo que pasar por el proceso de aprendizaje como lo debemos hacer usted y yo querido lector). Una característica muy particular e inexplicable que hace de la Palabra de Dios una analogía de Jesús, es la misteriosa y fascinante unión entre la naturaleza divina y la humana.

"La Biblia nos muestra a Dios como autor de ella; y sin embargo fue escrita por manos humanas, y la diversidad de estilo de sus diferentes libros muestra la individualidad de cada uno de sus escritores. Las verdades reveladas son todas inspiradas por Dios (2 Timoteo 3:16); y con todo están expresadas en palabras humanas. Y es que el Ser supremo e infinito iluminó con su Espíritu la inteligencia y el corazón de sus siervos. Les daba sueños y visiones y les mostraba símbolos y figuras; y aquellos a quienes la verdad fuera así revelada, revestían el pensamiento divino con palabras humanas." CS p.8

En esto consistió el quehacer de la Providencia durante los cuatrocientos años previos a la venida del Salvador, la compilación, orden y sello del canon del Antiguo Testamento. Poner el alimento en la mesa para el más importante invitado que la tierra recibiera un día. Sin embargo, ese no es el todo de la historia, mientras por una parte la Providencia proveía la ruta de la salvación, los hijos de Israel sucumbían nuevamente al engaño de sus propios corazones. Ciegos se vestían en unas tinieblas tan espesas, que quedaron incapacitados para reconocer el don más maravilloso dado a los hombres: Jesús, el amado Hijos de Dios, el poderoso Sol de Justicia.

EN EL PRINCIPIO ERA EL VERBO

El inicio de la vida no está limitado a la historia de nuestra creación, desde la eternidad cuando nada existía, Dios era. El primer verso de la revelación escrita, "En el principio creó Dios los cielos y la tierra." Génesis 1:1, nos remite al origen de todo, un momento en la eternidad cuando no existían los cielos ni la tierra. Juan, el discípulo amado da inicio a su testimonio con una revelación maravillosa, Jesús, el Hijo de Dios fue el creador de todas las cosas.

"En el principio era el Verbo, el Verbo estaba con Dios y el Verbo era Dios. Éste estaba en el principio con Dios. Todas las cosas por medio de él fueron hechas, y sin él nada de lo que ha sido hecho fue hecho.

Y el Verbo se hizo carne y habitó entre nosotros lleno de gracia y de verdad; y vimos su gloria, gloria como del unigénito del Padre." Juan 1:1-3.14

El apóstol Pablo inspirado por Dios, relaciona de qué principio habla Génesis uno, qué fue lo que Dios creó en ese principio y confirma el texto donde Juan afirma que fue el Hijo de Dios el autor de los cielos, la tierra y todo su contenido.

"Cristo es la imagen del Dios invisible, el primogénito de toda creación, porque en él fueron creadas todas las cosas, las que hay en los cielos y las que hay en la tierra, visibles e invisibles; sean tronos, sean dominios, sean principados, sean potestades; todo fue creado por medio de él y para él.

Y él es antes que todas las cosas, y todas las cosas en él subsisten."
Colosenses 1:15-17

Con respecto a la eternidad de nuestro Señor Jesucristo, la pluma inspirada no deja dudas:

"Cristo, el amado Hijo de Dios, tenía la preeminencia sobre todas las huestes angélicas. Era uno con el Padre antes que los ángeles fueran creados." HR p.13

Jesucristo es Dios. Lo fue por las edades de la eternidad, lo fue cuando se hizo carne 'y será llamado su nombre Emmanuel; [...] Dios con nosotros' Mateo 1:23, y lo será por la eternidad cuando el tiempo de la tierra termine.

Cristo, el Verbo, el Unigénito de Dios, era uno solo con el Padre eterno, uno solo en naturaleza, en carácter y en propósitos; era el único ser que podía penetrar en todos los designios y fines de Dios. 'Y llamaráse su nombre Admirable, Consejero, Dios fuerte, Padre eterno, Príncipe de paz.' 'Y sus salidas son desde el principio, desde los días del siglo.' Isaías 9:6; Miqueas 5:2.

El Padre obró por medio de su Hijo en la creación de todos los seres celestiales. 'Porque por él fueron creadas todas las cosas, ... sean tronos, sean dominios, sean principados, sean potestades; todo fue creado por él y para él.' Colosenses 1:16. Los ángeles son los ministros de Dios, que, irradiando la luz que constantemente dimana de la presencia de Él y valiéndose de sus rápidas alas, se apresuran a ejecutar la voluntad de Dios. Pero el Hijo, el Ungido de Dios, 'la misma imagen de su sustancia,' 'el resplandor de su gloria' y sostenedor de 'todas las cosas con la palabra de su potencia,' tiene la supremacía sobre todos ellos. Un 'trono de gloria, excelso desde el principio,' era el lugar de su santuario; una 'vara de equidad,' el cetro de su reino. 'Alabanza y magnificencia delante de él: fortaleza y gloria en su santuario.' 'Misericordia y verdad van delante de tu rostro.' Hebreos 1:3, 8; Jeremías 17:12; Salmos 96:6; 89:14." PP p. 12

En el contexto de la preexistencia, la autoridad y el poder del Hijo de Dios, se planificó dar la vida al primer hombre en la tierra, también fue en ese contexto que surgió el mal en el corazón de Lucifer en el cielo. Nuestro origen no es una consecuencia por una lucha iniciada en el cielo, pero en nosotros y en nuestro entorno se pueden ver las reacciones de las acciones que tuvieron origen en el cielo. El plan de la creación del hombre fue previo al origen del mal, no consecuencia de él. El Padre eterno y el eternamente honrado Hijo de Dios dieron continuidad a su plan original de crear al hombre aún a pesar del nuevo estado del universo. De hecho, la tierra llevaría las respuestas a todos los interrogantes que el conocimiento del mal puso en la mente de los ángeles de Dios.

LA ANALOGÍA: LA PRIMERA VENIDA DE CRISTO Y LA APARICIÓN DE LA LUMBRERA MAYOR

En este instante estamos ubicados alrededor del centro de nuestro estudio, según los siete días literales de la creación; esto es al finalizar la tarde del cuarto día, que es el primer periodo que la Escritura señala de cada día de la semana de la creación, es decir, la primera parte según el orden de tarde y mañana. Nos aguarda entender el simbolismo de tres días y medio de la obra creadora del Señor. En el paralelo de la primera semana literal de la creación con los milenios de la historia humana estamos sentados justo en el cuarto milenio, el momento en que la historia de la humanidad se parte en dos: antes y después de Cristo. En la semana de la creación este mismo hecho se puede describir como antes y después de la luz mayor. El sistema en el que gira nuestro planeta es conocido como el sistema solar; ese título indica que girar alrededor de la estrella más cercana a la tierra es nuestra principal necesidad. El sol es el recurso más importante dado a la tierra; el sol es nuestra fuente de energía, luz y calor. Dios quiso que la vida en nuestro planeta estuviera ligada a la lumbrera mayor y por ello es que su aparición en el cielo marca una diferencia en el tiempo y el espacio para la tierra.

Siete días literales son contados como el tiempo que tomó a Dios crear todo lo que hay en la tierra, todo lo animado e inanimado. Es importante resaltar que con este estudio no pretendemos decir que la creación fue un evento simbólico que solamente quiere mostrarnos eventos subsiguientes pero que realmente no es un texto literal. Los días de la semana de la creación son días de 24 horas, este es el tiempo que tarda la tierra en dar una vuelta sobre su propio eje. El relato de la semana de la creación narra hechos literales, estos también pueden ser vistos como símbolos de los que podemos extraer lecciones sin fin. De la misma manera que la mujer de Génesis 3:15 fue una persona real pero que simboliza al pueblo de Dios por medio del cual se cumpliría la promesa de la victoria de Cristo sobre Satanás. De la misma forma que los doce hijos de Jacob fueron personas reales que tienen un simbolismo a futuro, la Jerusalén prometida, el Mana, la serpiente de bronce levantada en el desierto; Moisés y Elías cuyo símbolo muestra los dos grupos que alcanzaran la salvación eterna, todos estos y muchísimos más que no podemos incluir porque la lista es interminable, fueron eventos, lugares y personas reales que en el relato bíblico adquieren un valor simbólico tan profundo como lo es Dios mismo quien de sí mismo dijo: "En el principio era la Palabra, la Palabra estaba con Dios y la Palabra era Dios". Juan 1:1
(Traducción de la King James Bible Version)

El Espíritu Santo es una persona tan real como tú y como yo amigo lector, sin embargo, su manifestación se revela y para el hombre es comprensible solo a través de los elementos de la naturaleza que se usan para describirle. Por ejemplo: El viento que el Señor Jesús mencionó en su entrevista con Nicodemo, (Juan 3:8); El fuego que apareció sobre las cabezas de los apóstoles en pentecostés, (Hechos 2:3); la luz en forma de paloma que resplandeció sobre el Señor Jesús en ocasión de su bautismo, (Mateo 3:16); es decir, aunque el Espíritu Santo es una persona, se reveló a si mismo a los hombres usando algunos elementos de la naturaleza como una figura.

La Biblia está llena de símbolos, esa es la manera inteligente como la Providencia eterna proveyó el camino para el conocimiento de las realidades eternas, y la semana literal de la creación no es una excepción, hay tanta profundidad y representación en el relato del primer capítulo de Génesis como lo hay en Juan 3:16, texto que vamos a estudiar toda la eternidad sin poder extraer nunca el significado completo.

"Sea la luz" es la representación simbólica que le dio la inspiración al inicio del desarrollo del maravilloso plan de la redención. La luz que iluminó el planeta los primeros tres días antes de la aparición de la lumbrera mayor, fue representada por un símbolo, este consistía en el sacrificio de un cordero que figuraba el sacrificio que el Hijo de Dios realizaría una vez se hiciera hombre. La presencia del sol iluminando la tierra revela el cumplimiento de esos símbolos, la presencia de Cristo en la tierra sería la única fuente de luz dada a los hombres mediante la cual podrían salvarse.

CUANDO LA NOCHE DEL CUARTO DÍA ESTABA TERMINANDO

El cuarto día de la creación dirige nuestra atención hacia el cuarto milenio de nuestra historia, la tarde de ese cuarto día coincide con las características de las tardes del tercero, segundo y primer día; según la Palabra de Dios y el testimonio del proceso natural del tiempo, el surgimiento de la tarde aparece cuando la luz lentamente se mezcla con las tinieblas. Sin embargo, no podemos olvidar que a la tarde le sigue la noche, un periodo de tiempo de oscuridad donde la luz se ausenta de una porción de la tierra.

Aunque la narración de la creación en Génesis uno no se refiere directamente a la noche durante el desarrollo de la obra creadora, a través del segundo verso, se nos revelaron las características de este periodo, es decir, desorden, vacío, las tinieblas sobre la faz del abismo y el Espíritu de Dios se moviéndose sobre la faz de las aguas. Este concepto fue una definición que Dios mismo estableció cuando en el transcurso del primer día de la creación a las tinieblas que describe Génesis 1:2, el Señor da el nombre de Noche. (Verso 5). La noche como tal, solamente aparece registrada en los días primero y cuarto, cuando Dios le nombra y cuando da autoridad a los cuerpos luminosos de los cielos sobre ella. En realidad, la noche no hace parte del relato de la creación porque no es el resultado de la obra de Dios, por el contrario, es la ausencia de la luz y Dios no tiene parte en las tinieblas. "Éste es el mensaje que hemos oído de él y os anunciamos: Dios es luz y no hay ningunas tinieblas en él." 1 Juan 1:5

Del inicio del fin de la noche del cuarto milenio, las Escrituras hacen una descripción de la condición espiritual de los hombres, justo en ocasión del nacimiento de Juan el bautista. "[...] por la entrañable misericordia de nuestro Dios, **con que nos visitó desde lo alto la aurora**, para dar luz **a los que habitan en tinieblas y en sombra de muerte**, [...]" Lucas 1:78,79. Y más adelante durante el inicio del ministerio de Cristo hay otra importante declaración con este respecto. "**El pueblo que habitaba en tinieblas** vio gran luz, y a los que habitaban en región de **sombra de muerte,** luz les resplandeció." Mateo 4:16

Es interesante que esta última declaración fue dada inicialmente por el profeta Isaías (Isaías 9:2), esto significa que fue escrita en el milenio anterior. Isaías es considerado como el profeta mesiánico, es decir, aunque en todas las Escrituras la promesa de la venida del Mesías es una constante, el libro de Isaías presenta elementos particulares muy específicos referentes a ese gran evento. Claras son las huellas que la Providencia trazó, para mostrarnos el camino a Jesús quien es "el camino la verdad y la vida." Este es el lenguaje entre los días que para Dios son como mil años. Ya el salmista lo había escrito: "Un día emite palabra a otro día y una noche a otra noche declara sabiduría." Salmos 19:2 Ese día al que se refiere el Espíritu Santo no es otro que un día en el tiempo de Dios, la palabra que emite un día al otro es una profecía y la sabiduría de la noche se refiere a la presencia constante del Espíritu de Dios durante el correr de las noches de los milenios.

También la sierva del Señor comentó con respecto a la condición de la mente del pueblo de Israel al transcurrir esa noche.

"Por cuanto Dios es un Dios de justicia y terrible majestad, Satanás los indujo a considerarle como severo e inexorable. Así consiguió que se uniesen con él en su rebelión contra Dios, y **la noche de la desgracia** se asentó sobre el mundo. **La tierra quedó obscura** porque se comprendió mal a Dios. A fin de que pudiesen iluminarse las lóbregas sombras, a fin de que el mundo pudiera ser traído de nuevo a Dios, había que quebrantar el engañoso poder de Satanás. Sobre **la obscura noche del mundo**, debía nacer **el Sol de justicia**, "trayendo salud eterna en sus alas. (Malaquías 4:2)" DTG p.13

Como la luz que irradió el Sol de justicia hacía referencia al sacrificio de Cristo, y antes de este, al sacrificio de un animal sobre el altar que prefiguraba la mayor ofrenda; al referirnos a las tinieblas que cubrían a Israel debemos encontrarnos, bien sea, con la idea de que el pueblo dejo de presentar el sacrificio del animal correspondiente según las ordenanzas que Dios había dado mediante los escritos de Moisés, o bien, a que ese sacrificio había perdido por completo su valor en el corazón del pueblo escogido. Solo así la luz que emana la promesa de salvación podía menguar e incluso extinguirse dejando en completa oscuridad al "creyente". Fue justo la segunda alternativa la que presentó esta generación. La ofrenda había perdido su valor. Los líderes de Israel habían hecho del sacrificio expiatorio, un negocio y por ende una religión pesada que el pueblo debía cargar. A pesar de ello, las multitudes seguían visitando al altar del templo en Jerusalén, sin embargo, el mero acto de dar muerte a un animal no repercutía en el tabernáculo celestial. Fue de esta manera que las tinieblas cubrieron los corazones de los escogidos de Jehová.

"Los judíos se habían familiarizado con el ofrecimiento de la sangre hasta perder casi de vista el hecho de que era el pecado el que hacía necesario todo este derramamiento de sangre de animales. No discernían que prefiguraba la sangre del amado Hijo de Dios, que había de ser derramada para la vida del mundo, y que por el ofrecimiento de los sacrificios los hombres habían de ser dirigidos al Redentor crucificado.

En lugar de sentir humilde arrepentimiento del pecado, habían multiplicado los sacrificios de animales, como si Dios pudiera ser honrado por un servicio que no nacía del corazón. Los sacerdotes y gobernantes habían endurecido sus corazones con el egoísmo y la avaricia. Habían convertido en medios de ganancia los mismos símbolos que señalaban al Cordero de Dios. Así se había destruido en gran medida a los ojos del pueblo la santidad del ritual de los sacrificios. Esto despertó la indignación de Jesús; él sabía que su sangre, que pronto había de ser derramada por los pecados del mundo, no sería más apreciada por los sacerdotes y ancianos que la sangre de los animales que ellos vertían constantemente." DTG p.540

LUZ, VIDA Y SANGRE

"E hizo Dios [...]: la lumbrera mayor para que señoreara en el día, [...]. Las puso Dios en el firmamento de los cielos para alumbrar sobre la tierra, [...]" Génesis 1:16,17

El astro mayor es el proveedor natural de luz física de nuestro planeta, así mismo Cristo es el único capaz de producir luz en sí mismo para que espiritualmente toda la extensión de la tierra sea iluminada. Se puede decir mucho con respecto a la luz física que proviene del sol, pero ¿qué sabemos de la luz espiritual? ¿Qué relación hay entre la luz y aquella a la que la Escritura llama justicia? Si Jesús, el Hijo de Dios es la fuente de esa luz, ¿de qué forma Cristo la produce?

Al principio antes de aparecer la luz, la tierra estaba cubierta por densas tinieblas, esto no era solo un evento físico sino también espiritual. El ser humano luego de la transgresión de Adán, tiene una representación simbólica en la condición del planeta antes de la obra de la creación. El hombre incluso desde antes del momento de su nacimiento participa de las tinieblas tanto físicas como espirituales. Por esta razón, **la luz** que describe el primer día de la creación no es solo física, sino que espiritualmente está representada por el plan de la redención. Para obtener **la iluminación que proviene del pacto eterno**, el hombre debía comprender en qué consistía y voluntariamente participar de la ceremonia señalada. Como entendemos, el generoso plan de la salvación consiste en el pago de la deuda que la transgresión exige, es decir, la muerte. Solamente la vida del Creador, puesta en sacrificio, podía pagar la fianza que la justicia exigía para salvar al hombre de las tinieblas de la muerte eterna, pues la paga del pecado es la muerte. El pacto que Cristo selló con su Padre ponía su propia **vida** en pago por la deuda. El simbolismo que se le entrego a los hombres y del cual participaron los primeros tres milenios de su experiencia en la tierra, exigía la **sangre** de un cordero sin mancha, símbolo de la sangre del Hijo de Dios, para librarle de las terribles consecuencias del pecado. "[...] porque esto es mi **sangre** del nuevo pacto que por muchos es derramada para perdón de los pecados." Mateo 26:28

En este pensamiento hay tres palabras claves que describen el plan de la redención y que representan la unión de la luz que iluminó esta tierra desde el principio de la creación hasta el cuarto milenio a manera de símbolo y que, al encontrar su cumplimiento en Cristo, continúa resplandeciendo hasta hoy. las palabras son: **luz, vida y sangre**. Pero, ¿Qué relación existe entre la sangre, la vida y la luz?

Génesis 9:4,5 dice: "Pero carne con su **vida**, que es su **sangre**, no comeréis, porque ciertamente demandaré **la sangre** de vuestras vidas; de manos de todo animal la demandaré, y de manos del hombre. A cada hombre demandaré **la vida** de su prójimo." En otras palabras, **la sangre es la vida** de los hombres. Juan 1:4 dice de Cristo: "En Él estaba **la vida**, y **la vida era la luz** de los hombres." En resumen, la sangre es la vida y la vida es la luz. "Otra vez Jesús les habló, diciendo: —Yo soy **la luz** del mundo; el que me sigue no andará en tinieblas, sino que tendrá la **luz de la vida**." Juan 8:12 Podemos decir que cuando Cristo murió en la cruz su sangre que era su vida y que representa la luz del mundo, resplandeció para la salvación del hombre. El profeta Isaías también usó el símil para unificar el concepto de vida y luz. "[...] por cuanto derramó su vida hasta la muerte, [...]" Isaías 53:12 Concluimos entonces diciendo que la sangre, la vida y la luz, espiritual, teológica y proféticamente son sinónimos.

Se revelan entonces ante nuestra vista los significados de los símbolos del sacrificio de Cristo, de la luz que ilumina al mundo y la única fuente que puede dar vida a la humanidad. La sangre del Señor Jesús es la justicia que nos libra, la luz que nos ilumina y la verdadera vida de los hombres.

"Mas para vosotros, los que teméis mi nombre, nacerá el sol de justicia y en sus alas traerá salvación." Malaquías 4:2

Cuarto día: La lumbrera mayor, cuarto milenio: el Sol de justicia manifestado en la cruz del Calvario. Días uno, dos y tres: El mundo iluminado por la luz que provenía del rostro del Hijo de Dios, milenios uno, dos y tres: la salvación de la humanidad expresada en el símbolo de la sangre que derramaba un cordero ofrecido en un altar, que representaba la muerte del amado Hijo de Dios. El sol brilló con toda su fuerza por primera vez el cuarto día de la creación; de igual forma, la cruz resplandeció en la mente de todos los testigos del universo revelando el carácter justo y el amor de Dios, el cuarto milenio de nuestra historia.

Por unas horas, la luz que procedía de la cruz, fue la única fuente de iluminación y vida de los moradores de la tierra. "Cuando era como la hora sexta, hubo tinieblas sobre toda la tierra hasta la hora novena. El sol se oscureció y el velo del Templo se rasgó por la mitad." Lucas 23:44,45. La cruz que iluminó al mundo, brilló en todo su poder cuando hasta la última gota de la sangre de Cristo, rodó entre las ásperas zanjas de la madera, aquella tarde del viernes más importante de nuestra historia.

El paralelo es perfecto, la profecía de Génesis se cumplió a cabalidad, el plan de la redención es una realidad y el futuro de la humanidad está asegurado gracias al poder de la Providencia eterna.

EL GRAN RELOJ DEL TIEMPO

La oscuridad cubre la tierra, el nacimiento del sol se aproxima, el desorden y el vacío es la condición mental y espiritual de los hombres, el pueblo escogido y altamente bendecido camina al borde de la faz del abismo, pero el Espíritu de Dios aún se mueve sobre la faz de las aguas.

El ángel dijo a María: "—El Espíritu Santo vendrá sobre ti y el poder del Altísimo te cubrirá con su sombra; por lo cual también el Santo Ser que va a nacer será llamado Hijo de Dios." Lucas 1:35

Para el cielo, el reloj de los símbolos que se desarrollan en la tierra, marca que el tiempo ha llegado. Los ojos del Padre se posan sobre su Hijo, la luz de su amor los envuelve en el más entrañable abrazo que la eternidad presenció, un amor más grande que la misma vida mantiene en pie el plan que se ha trazado. Dios contempla a su Hijo y le ama más, mayor valor tiene su Hijo hoy, Él es la más grata satisfacción de su corazón. "Jesús declaró: "Por esto el Padre me ama, por cuanto yo pongo mi vida para volverla a tomar." Juan 10:17 Es decir: "De tal manera os amaba mi Padre, que me ama tanto más porque di mi vida para redimiros. Porque me hice vuestro substituto y fianza, y porque entregué mi vida y asumí vuestras responsabilidades y transgresiones, resulto más caro a mi Padre." CC p.14 Porque "[...]este gran sacrificio no fue hecho para crear amor en el corazón del Padre hacia el hombre, ni para moverle a salvarnos. ¡No! ¡No! "Porque de tal manera amó Dios al mundo, que dio a su Hijo unigénito." Juan 3:16 Si el Padre nos ama no es a causa de la gran propiciación, sino que Él proveyó la propiciación porque nos ama. CC p.13

El momento que aguardaba desde la eternidad llegó sin prisa ni demora. El amado Hijo de Dios descendería y asumiría nuestra naturaleza dejando atrás los honores que millones le ofrecían feliz y libremente. Los detalles que se desarrollaron en el instante en que el tierno Padre celestial derramó todo el cielo sobre la tierra al entregar a su Hijo no nos han sido revelados, el significado del momento y la manera como el Hijo de Dios abandona su lugar en el trono de Dios para descender a la condición humana, no es una cuestión que podamos manejar, este asunto debe ser mantenido bajo la sola potestad de Dios, para el hombre debe permanecer en el misterio, es un tema incompresible e indescriptible, la mente humana no lo puede procesar. Es un asunto demasiado grande y solo un Ser eterno cuya sabiduría sobrepasa los límites del universo infinito, es capaz de contener sus significados.

"Pero, como las estrellas en la vasta órbita de su derrotero señalado, los propósitos de Dios no conocen premura ni demora. Por los símbolos de las densas tinieblas y el horno humeante, Dios había anunciado a Abrahán la servidumbre de Israel en Egipto, y había declarado que el tiempo de su estada allí abarcaría cuatrocientos años. 'Después de esto—dijo Dios, —saldrán con grande riqueza.' Génesis 15:14 Y contra esta palabra se empeñó en vano todo el poder del orgulloso imperio de los faraones. 'En el mismo día' señalado por la promesa divina, 'salieron todos los ejércitos de Jehová de la tierra de Egipto.' Éxodo 12:41. **Así también fue determinada en el concilio celestial la hora en que Cristo había de venir; y cuando el gran reloj del tiempo marcó aquella hora, Jesús nació en Belén.**" DTG p.23

"El plan de nuestra redención no fue una reflexión ulterior, formulada después de la caída de Adán. Fue una revelación 'del misterio que por tiempos eternos fue guardado en silencio.' Romanos 16:25 (VM) Fue una manifestación de los principios que desde edades eternas habían sido el fundamento del trono de Dios. Desde el principio, Dios y Cristo sabían de la apostasía de Satanás y de la caída del hombre seducido por el apóstata. Dios no ordenó que el pecado existiese, sino que previó su existencia, e hizo provisión para hacer frente a la terrible emergencia. Tan grande fue su amor por el mundo, que se comprometió a dar a su Hijo unigénito 'para que todo aquel que en él cree, no se pierda, sino que tenga vida eterna.' Juan 3:16" DTG p.13

EL SEGUNDO ELÍAS

El libro del profeta Malaquías fue cuidadosamente ubicado en el extremo final de las Escrituras del Antiguo Testamento. En el último capítulo la inspiración construye un puente entre el Israel literal y el nacimiento del Israel espiritual. El nacimiento del sol de justicia, la relevancia de la ley, el fin del poder del mal, la venida del segundo Elías y el segundo advenimiento de Cristo. Todos estos elementos son los componentes de la estructura que daba forma al puente que unió al pueblo de la promesa, con el grupo que surgió por razón del ministerio de Cristo. De manera que los dos extremos del puente son: el anuncio de Malaquías y el surgimiento del segundo Elías.

"Entonces sus discípulos le preguntaron, diciendo: —¿Por qué, pues, dicen los escribas que es necesario que Elías venga primero? Respondiendo Jesús, les dijo: —A la verdad, Elías viene primero y restaurará todas las cosas. Pero os digo que Elías ya vino, y no lo conocieron, sino que hicieron con él todo lo que quisieron; así también el Hijo del hombre padecerá a manos de ellos. Entonces los discípulos comprendieron que les había hablado de Juan el Bautista." Mateo 17:10-13

El ángel también dijo a María: "Y he aquí también tu parienta Elisabet, la que llamaban estéril, ha concebido hijo en su vejez y éste es el sexto mes para ella, pues nada hay imposible para Dios." Lucas 1:38

Juan el bautista fue enviado a este mundo justo en el momento en que las tinieblas del pecado habían cegado la visión del pueblo elegido. Una vez más el simbolismo de la luna se manifiesta, pues de la misma manera como la representación de la luz del astro mayor, antes de la venida del verdadero sol de justicia era parte de un simbolismo, la representación de la luna también era un elemento simbólico.

"Juan había de salir como mensajero de Jehová, para comunicar a los hombres la luz de Dios. Debía dar una nueva dirección a sus pensamientos. Debía hacerles sentir la santidad de los requerimientos de Dios, y su necesidad de la perfecta justicia divina." DTG 75

"El aspecto lóbrego y terrible de la naturaleza del desierto donde moraba, representaba vívidamente la condición de Israel. La fructífera viña del Señor había llegado a ser un desierto desolado. Pero sobre el desierto, los cielos se inclinaban brillantes y hermosos. Las obscuras nubes formadas por la tempestad, estaban cruzadas por el arco iris de la promesa. Así también, por encima de la degradación de Israel resplandecía la prometida gloria del reinado del Mesías. **Las nubes de ira estaban cruzadas por el arco iris de su pactada misericordia.**

A solas, en la noche silenciosa, leía la promesa que Dios hiciera a Abrahán de una posteridad tan innumerable como las estrellas. La luz del alba, que doraba las montañas de Moab, le hablaba de Aquel que sería '**como la luz de la mañana cuando sale el sol, de la mañana** sin nubes.' 2 Samuel 23:4 **Y en el resplandor del mediodía veía el esplendor de la manifestación de Dios, cuando se revelará 'la gloria de Jehová, y toda carne juntamente la verá.'** Isaías 40:5" DTG p.78

Las aguas del Jordán que presenciaron la obra del primer Elías, reflejaban ahora la imagen del segundo. Cuan poderosa era la voz del que clamó en el desierto, con cuánta claridad era presentada la verdad; como un cirujano usó el escalpelo de la Palabra de Dios para llamar a Israel a la vida. Anunció la venida del Mesías prometido sin intentar tomar para si una partícula de su gloria. "—Yo a la verdad os bautizo en agua, pero viene uno más poderoso que yo, de quien no soy digno de desatar la correa de su calzado; él os bautizará en Espíritu Santo y fuego." Lucas 3:16

En su humildad y sumisión al Eterno confesó no ser el Cristo, ni Elías, ni profeta y de sí mismo solo se limitó a decir que era "la voz de uno que clama en el desierto: Enderezad el camino del Señor." Juan 1:20,21,23. No obstante, de él, Jesús dijo: "Y si queréis recibirlo, él es aquel Elías que había de venir." Mateo 11:14

Pero como la luna que al terminar la noche desaparece en el horizonte, el bautista no pudo brillar más en la presencia del poderoso Sol de justicia, Jesucristo, el Hijo de Dios hecho hombre. En un calabozo menguó el profeta, según sus propias palabras. "Es necesario que él crezca, y yo mengüe." Juan 3:30. ¡Sí! Juan reconoció que él era la representación del símbolo de la luna y que Cristo era el Sol.

Puede parecer muy sencilla la explicación de que por el hecho de que Juan el bautista era un símbolo de la luna, su triste final ocurriese en medio de la soledad, la injusticia y la más horrible de las muertes. Con respecto a los desconcertantes últimos días que registra la Escritura acerca de Juan, la pluma inspirada menciona: "Para muchos, un profundo misterio rodea la suerte de Juan el Bautista. Se preguntan por qué se le debía dejar languidecer y morir en la cárcel. Nuestra visión humana no puede penetrar el misterio de esta sombría providencia; pero ésta no puede conmover nuestra confianza en Dios cuando recordamos que **Juan no era sino partícipe de los sufrimientos de Cristo.**" DTG 195

De la suma de los acontecimientos podemos concluir que según el orden natural mostrado en la creación, era imposible que la luna compartiera el día con el sol. Claro que esta idea también nos lleva a que entendamos que Juan, así como Moisés, Elías el tisbita y Enoc, no era el símbolo del astro menor creado el cuarto día, sino una descripción de las características que mostraría el representante del verdadero símbolo. Estos no eran la figura de la luna, eran la representación del Espíritu de Dios en medio de las tinieblas, moviéndose sobre la superficie de las aguas.

UNA FE RACIONAL

"Mas venido el cumplimiento del tiempo, Dios envió a su Hijo, [...]" Gálatas 4:4 "La Providencia había dirigido los movimientos de las naciones, así como el flujo y reflujo de impulsos e influencias de origen humano, a tal punto que el mundo estaba maduro para la llegada del Libertador." DTG 24

El registro Inspirado hace mención de un hecho bien particular con respecto al tiempo de predicación de Juan y al tiempo del inicio del ministerio de Jesús. Interesantemente estos dos no podían permanecer juntos por mucho tiempo pues, al final de todo, la luz de uno opacaría completamente la del otro.

La fe de Juan el bautista en que el Mesías prometido ya habitaba en medio de ellos, no se basaba en la vista; la seguridad de que el Carpintero de Nazaret era el Hijo de Dios enviado a la tierra, era una convicción revelada y nada podría mover el pensamiento del bautista debido a la decisión de fe que había hecho.

"Juan conocía los acontecimientos que habían señalado el nacimiento de Jesús. Había oído hablar de la visita a Jerusalén en su infancia, y de lo que había sucedido en la escuela de los rabinos. Conocía la vida sin pecado de Jesús; y creía que era el Mesías, aunque sin tener seguridad positiva de ello. El hecho de que Jesús había quedado durante tantos años en la obscuridad, sin dar ninguna evidencia especial de su misión, daba ocasión a dudar de que fuese el Ser prometido. Sin embargo, el Bautista esperaba con fe, sabiendo que al tiempo señalado por Dios todo quedaría aclarado. Se le había revelado que el Mesías vendría a pedirle el bautismo, y entonces se daría una señal de su carácter divino. Así podría presentarlo al pueblo." DTG p.84

Una importante característica que revelan los principios de amor y fe, tiene que ver con el tema de la emocionalidad. Somos seres emocionales, esta es una expresión natural de nuestro ser. En muchas ocasiones las emociones que expresamos revelan el estado de nuestra mente. Sin embargo, no es la esencia del amor ni de la fe sentir una emoción cuando se experimenta. La verdadera fe y el verdadero amor son el resultado de una decisión racional. El amor no es ciego y la fe no consiste en doblar el brazo de Dios a través de las lágrimas para que Él cumpla con mis exigencias.

"Dios nunca nos exige que creamos sin darnos suficiente evidencia sobre la cual fundar nuestra fe. Su existencia, su carácter, la veracidad de su Palabra, todas estas cosas están establecidas por abundantes testimonios que apelan a nuestra razón. Sin embargo, Dios no ha quitado toda posibilidad de dudar. Nuestra fe debe reposar sobre evidencias, no sobre demostraciones. Los que quieran dudar tendrán oportunidad de hacerlo, al paso que los que realmente deseen conocer la verdad encontrarán abundante evidencia sobre la cual basar su fe. Es imposible para el espíritu finito del hombre comprender plenamente el carácter de las obras del Infinito." CC p.105

La decisión que tomó Abraham de creer en la Palabra de Dios y confiar en el amor que le expresaba estuvo acompañada de pruebas y sacrificios, si esta hubiese sido algo diferente a una decisión racional, si esta hubiese sido parte de un acto emocional, Abraham nunca hubiese llevado a Isaac al monte que Jehová le había mostrado. La decisión de Pablo de obedecer al Señor anunciando el evangelio eterno, también estuvo saturada de pruebas, luchas, sacrificios, dolor y desprendimiento; no podía el fiel siervo de Dios depender del estado de su ánimo para continuar con su carrera. Su fe estaba anclada en la decisión de creer a Jesús por encima de todas las cosas que pudiera experimentar. Por supuesto que hubo momentos de calor y alegría, seguramente que muchas veces las lágrimas rodaron por el rostro del esclavo de Dios, pero ni un ápice de cambio se reveló en su convicción de seguir al Señor. Eso es fe.

Escoger es nuestra única tarea en esta obra de salvación. Levantar la voz como Josué y repetir: "Yo y mi casa serviremos al Señor." Josué 24:15

Juan decidió creer, aunque no podía ver, la Palabra de Dios fue la más grande evidencia, el alimento de su espíritu, la fuerza de su ser. La influencia de su entorno no traspasó el muro de confianza en Dios que su decisión inteligente había levantado.

"Fue en una región solitaria donde halló hogar, en medio de las colinas áridas, de los desfiladeros salvajes y las cuevas rocosas. Pero él mismo quiso dejar a un lado los goces y lujos de la vida y prefirió la severa disciplina del desierto. Allí lo que le rodeaba era favorable a la adquisición de sencillez y abnegación. No siendo interrumpido por los clamores del mundo, podía **estudiar las lecciones de la naturaleza, de la revelación y de la Providencia**." DTG p.76

CONCEBIDOS POR EL ESPÍRITU

"[...] ¡Preparad el camino del Señor, enderezad sus sendas!" Mateo 3:3

Juan no era la luz, sino testigo de la luz. La sangre de Juan no podría haber salvado ni su propia alma. Jesús era "la luz verdadera que alumbra a todo hombre" y "venía a este mundo." Juan 1:8,9 Jesús era el verbo en el principio, y Jesús estaba con Dios y Jesús era Dios. Y Jesús el Hijo de Dios, se hizo carne y habitó entre nosotros.

La naturaleza humana que vestía al Hijo de Dios no era diferente a la nuestra, las circunstancias que rodearon su concepción si lo fueron. Jesús era Dios, Cristo era el amado del Padre por toda la eternidad y eso lo hace diferente. El nacimiento de los hijos de Adán provee a cada corazón una inclinación natural hacia el mal, eso es algo que debe ser corregido y para eso vino Cristo al mundo. Él quería mostrarnos que, aunque nuestro primer nacimiento no nos habilita para vivir la vida que el cielo nos ofrece, si existe un camino para alcanzarlo. Jesús fue concebido por el Espíritu Santo y gozó del nuevo corazón que nos ofrece, ya desde el vientre de su madre. "José, hijo de David, no temas recibir a María tu mujer, porque lo que en ella es engendrado, **del Espíritu Santo es**." Mateo 1:20. A ti y a mí nos dice: "—De cierto, de cierto te digo que el que no nace de nuevo no puede ver el reino de Dios. —De cierto, de cierto te digo que el que no nace **de agua y del Espíritu** no puede entrar en el reino de Dios." Juan 3:3,5

En esto radica la única diferencia entre la naturaleza de Cristo y la nuestra. No obstante, Él mismo mostró el camino para que hubiese igualdad de condiciones. Era importante que Jesús fuese igual a nosotros en todo, de no haber sido así, de Cristo haber conservado algún poder diferente al que podamos recibir nosotros, eso, le impediría ser nuestro ejemplo. "Por lo cual debía ser **en todo semejante a sus hermanos,** para venir a ser misericordioso y fiel sumo sacerdote en lo que a Dios se refiere, para expiar los pecados del pueblo. Pues en cuanto él mismo padeció siendo tentado, es poderoso para socorrer a los que son tentados." Hebreos 2:17

LA PALABRA Y LAS MANOS

Entonces ¿cómo realizó Jesús sus milagros? El poder que le acompañó durante todo su ministerio, ¿de dónde provenía?, ¿acaso Cristo hizo uso de su naturaleza divina mientras caminó entre los hombres? Vamos a resolver estas inquietudes.

¿Cuál fue el primer milagro que realizó Jesús? Muchos concuerdan con la idea de que la celebración de las bodas de Caná fue el primer evento que reveló a los hombres el poder de Cristo y tienen razón en el sentido en que esta fue su primera manifestación "extraordinaria" pública, sin embargo, hay un hecho que, aunque no ha sido tenido en cuenta como un milagro es definitivamente una acción sobrenatural. Me refiero a las circunstancias que rodearon el llamado a Natanael; las palabras de Jesús son tan profundas como poderosas. "—Antes que Felipe te llamara, cuando estabas debajo de la higuera, te vi." Juan 1:48 ¿Cómo pudo Jesús haber visto a Natanael cuando él se encontraba aparentemente solo debajo de la higuera? ¿Se refería Jesús a la percepción de la realidad física que proviene del ojo humano o estaba refiriéndose a otro tipo de visión? En otras palabras, ¿sin que Natanael lo notara, Jesús se acercó y le vio? o ¿de alguna otra manera Jesús pudo realmente ser partícipe del momento que vivió Natanael debajo de la higuera? ¿Qué aconteció debajo de la higuera para que Natanael reaccionara de la manera que lo hizo ante la declaración de Jesús? "Natanael exclamó: —¡Rabí, tú eres el Hijo de Dios! ¡Tú eres el Rey de Israel!" Verso 49. Definitivamente tuvo que haber sido algo importante, por lo menos para Natanael.

"Felipe llamó a Natanael. Este último había estado entre la muchedumbre cuando el Bautista señaló a Jesús como el Cordero de Dios. Al mirar a Jesús, Natanael quedó desilusionado. ¿Podía ser el Mesías este hombre que llevaba señales de pobreza y de trabajo? Sin embargo, Natanael no podía decidirse a rechazar a Jesús, porque el mensaje de Juan le había convencido en su corazón.

Cuando Felipe lo llamó, Natanael se había retirado a un tranquilo huerto para meditar sobre el anuncio de Juan y las profecías concernientes al Mesías. Estaba rogando a Dios que si el que había sido anunciado por Juan era el

Libertador, se lo diese a conocer, y **el Espíritu Santo descendió para impartirle la seguridad de que Dios había visitado a su pueblo y le había suscitado un cuerno de salvación.**" DTG p.113

Jesús hizo uso del lenguaje corporal como símbolo para revelarnos su origen divino, su poder creador y su conexión con el Padre y el Espíritu Santo. En el caso de Natanael fue el poder de la Palabra de Jesús lo que ganó su corazón. Por el estudio del uso de sus manos y el poder que manifestó su Palabra, podremos acercarnos a las respuestas con respecto a la naturaleza de Cristo en la tierra y la forma como realizó sus asombrosas señales y prodigios; o sea, abriremos aún más el portal del conocimiento de las realidades eternas.

Pero existe un requisito para atravesar esa ventana de conocimiento. No podemos depender de lo que nuestros ojos físicos ven, solo se pueden percibir los significados de los elementos espirituales cuando el Espíritu de Dios nos guía. La oración solicitando la presencia del Espíritu Santo es la llave de acceso a la realidad de la cosmovisión de Dios. La Sagrada Escritura y el maravilloso libro de la naturaleza, iluminan el camino que hasta ahora ha permanecido en tinieblas en el sendero que atraviesan los participantes de la carrera de la fe.

La Biblia nos habla de Cristo y de su manera de obrar, y el relato de la creación no es una excepción. Es muy interesante que de la creación del mundo el salmista David e incluso el profeta Isaías afirman que es una obra hecha por las manos de Dios, aunque el apóstol Pablo confirma el relato de Moisés cuando dice que es producto de la Palabra de Dios.

"Cuando veo tus cielos, **obra de tus dedos**, la luna y las estrellas que tú formaste, digo: «¿Qué es el hombre para que tengas de él memoria, y el hijo del hombre para que lo visites?» Lo hiciste señorear sobre las obras **de tus manos**; [...]" Salmos 8:3,4,5

"¿Quién midió las aguas con el hueco de **su mano** y los cielos **con su palmo, con tres dedos** juntó el polvo de la tierra, y pesó los montes con balanza y con pesas los collados?" Isaías 40:12

"Por la fe comprendemos que el universo fue hecho **por la palabra de Dios**, de modo que lo que se ve fue hecho de lo que no se veía." Hebreos 11:3

¿Cómo podemos llegar a contemplar la armonía en este aspecto tan importante, y qué podemos extraer de esta idea que seguramente más que una aparente contradicción contiene una profunda y poderosa lección? Es importante aclarar que la Palabra de Dios no contiene contradicciones, hay porciones que desde una vista superficial parecen no concordar con respecto a otras declaraciones, sin embargo, no es así, un estudio a conciencia, con oración y bajo la guía del poderoso Espíritu Santo puede aclarar cualquier punto que a primera vista no sea claro.

"Las joyas de la verdad yacen dispersas por el campo de la revelación; ...Hay venas de verdad que descubrir todavía; pero las cosas espirituales se disciernen espiritualmente. Un pasaje de la Escritura resultará ser una llave que abrirá otros pasajes, y de esta manera la luz se derrama sobre el significado oculto de la Palabra. Comparando diferentes textos que tratan del mismo tema, considerando su relación mutua, quedará en evidencia el verdadero significado de las Escrituras." Consejos para los Maestros (CM) p.422

Las manos y la palabra de Jesús tienen una representación espiritual y contienen un valor que a simple vista no puede ser reconocido; quitar el velo a esta figura nos puede responder el interrogante no solo para el caso de la creación, sino también contiene nueva luz con respecto a la obra sanadora y salvadora durante todo del ministerio Cristo. Hay en los cuatro evangelios una lista considerable de milagros que realizó Jesús en su paso por la tierra, estos que, en la gran mayoría, fueron realizados empleándose un método diferente, en realidad fueron operados solo a partir de tres elementos: con el poder proveniente de sus manos, por el aliento de su voz o el poder que producía la fe en Jesús de quien se acercaba. En realidad, aunque parecen ser tres formas diferentes de actuar, todas guardan el mismo significado.

Revisemos el tema de las manos de Jesús. Hay algunos pasajes de la inspiración bíblica y profética que hacen referencia a la obra directa de Dios por medio de sus manos. Veamos algunos casos:

"Como el barro en manos del alfarero, así sois vosotros **en mis manos**, casa de Israel." Jeremías 18:6 Esta afirmación de Jeremías es un puente que además de referirse espiritualmente a la casa de Israel, nos da una idea de cómo actuó Dios en ocasión de la creación del hombre. Puesto que el verbo usado para "formó" "*Yatsar*" que aparece en Genesis 2:7 "Entonces Jehová Dios **formó** al hombre del polvo de la tierra..." es un vocablo usado en el contexto de un alfarero, "*Yatsar*" nos revela el uso de las manos de Dios en la obra artesanal de creación del hombre.

Otro caso tiene que ver con la manera como los textos inspirados describen la obra de la creación. "Dios nos habla por medio de la naturaleza.

Escuchamos su voz al contemplar la belleza y la riqueza del mundo natural. Vemos su gloria en las hermosuras **trazadas por su mano**. Contemplamos sus obras sin velo que las cubra. Dios nos ha dado estas cosas, para que al contemplar **las obras de sus manos** podamos aprender acerca de él." Cada Día con Dios (CDCD) p.239

"Y dio a Moisés, cuando acabó de hablar con él en el monte Sinaí, dos tablas del Testimonio, tablas de piedra **escritas por el dedo de Dios**." Éxodo 31:18 Una vez más la Biblia muestra las manos de Dios en acción, en relación con la intervención divina en los asuntos humanos, esta vez concretamente habla del dedo de Dios. Cada vez que las Escrituras se refieren al uso de la Palabra o de las manos de Dios, el propósito final de su trabajo es eterno. Es decir, al crear a Adán Dios tenía como propósito que viviera para siempre, cuando escribió su santa ley, reveló un elemento que le acompañó por toda la eternidad y que nunca va a dejar de existir porque hace parte de Él mismo, es la esencia de su carácter. Cuando la Biblia hace referencia a la palabra de Dios dice: "La hierba se seca y se marchita la flor, más la palabra del Dios nuestro permanece para siempre." Isaías 40:8

Aunque entendemos que el propósito de las obras de las manos y de la palabra de Dios es eterno, aún no hemos definido el significado de este símbolo. Cuando lo hagamos vamos a comprender claramente la manera que empleó la Providencia para dotar a Jesús de un poder sobrenatural y a los hombres de eternidad en su corazón. Es más, podremos ver desde otra perspectiva los eventos desarrollados en la semana literal de la creación, la majestuosa unión de Dios Padre, el Hijo y el Espíritu Santo en un trabajo conjunto maravilloso y el poderoso secreto de la comunión tan estrecha del Padre eterno con su amado Hijo mientras caminaba por las calles polvorientas de la tierra.

Según las Escrituras, ¿Qué representan las manos y la palabra de Dios? Veamos. En diferentes ocasiones el Señor Jesús expulso a los demonios que se habían posesionado de la mente de los hijos de Israel, en estas ocasiones fue el poder de su palabra la herramienta que usó para llevar a cabo su cometido de liberación.

"Con un toque de su mano curó a los enfermos, […]. **Expulsó a demonios con una palabra,** y libró a los que estaban atados por las tentaciones de Satanás; […]" Ser Semejante a Jesús (SSJ) p.97

Sin embargo, con motivo de la acusación que se le hacía de hacer estos milagros en nombre de Beelzebú, Jesús respondió: "Pero si por **el dedo de**

Dios echo yo fuera los demonios, ciertamente el reino de Dios ha llegado a vosotros." Lucas 11: 20 ¿No había sido el poder de su palabra? Entonces podemos decir que la palabra de Jesús y el dedo de Dios representan lo mismo. Es interesante que otro de los evangelistas narrando la misma experiencia use palabras diferentes; esto realmente es valioso para nosotros que buscamos el significado de la representación de las manos y la palabra de Cristo. "Pero si yo por el **Espíritu de Dios** echo fuera los demonios, ciertamente ha llegado a vosotros el reino de Dios, [...]" Mateo 12:28 Está más que claro que la palabra y las manos de Dios son la representación del Espíritu Santo.

Otra prueba la encontramos en el texto que ya habíamos mencionado "Y dio a Moisés, [...] dos tablas del Testimonio, tablas de piedra escritas por el dedo de Dios." Éxodo 31:18 En esa ocasión el dedo de Dios escribió en las tablas de piedra, si aplicamos la interpretación de que el dedo de Dios representa al Espíritu Santo, surge ante nosotros con claridad la explicación de la manera en que Dios obró al entregar su Santa Ley a los hombres; además, este evento confirma las palabras del apóstol cuando se refiere a esta misma acción en el tiempo del fin. "Y es manifiesto que sois carta de Cristo expedida por nosotros, escrita no con tinta, **sino con el Espíritu del Dios vivo**; no en tablas de piedra, sino en tablas de carne del corazón." 2 Corintios 3:3

Podemos ir un poquito más lejos si revisamos las palabras del Señor en el libro de Apocalipsis: "Yo estoy a la puerta y llamo; si alguno oye mi voz y abre la puerta, entraré a él y cenaré con él y él conmigo." Apocalipsis 3:20 El Señor se refiere a Él mismo entrando en el corazón de quien le acepte, y es así, es Cristo en el que ahora vive en mí por medio del Espíritu Santo y el Espíritu Santo a través de la Palabra de Dios. "—El que me ama, **mi palabra guardará**; y mi Padre lo amará, y vendremos a él y **haremos morada con él**." Juan 14:23

Con esta conclusión en mente, estamos preparados para mirar la creación desde otro punto de vista, reconocer la manera en que el Señor Jesús hacia sus milagros y entender que este poder está a nuestra disposición en la misma medida que lo estuvo para nuestro Señor Jesucristo. En el relato de la creación encontramos que la introducción a la descripción de la obra de cada día da inicio con: "Dijo Dios:" Incluso cuando se refiere al hombre que moldeó con sus propias manos el texto dice: "Entonces dijo Dios:" Génesis 1:26. Concordamos en que todo fue hecho por el poder de la Palabra de Dios, concordamos en que la Palabra de Dios fue pronunciada de boca de nuestro Señor Jesucristo quien estaba con Dios y era Dios.

"Lo que es el habla al pensamiento es Cristo con el Padre invisible, Él es la manifestación del Padre y es llamado la Palabra de Dios." Comentario Bíblico Adventista Tomo 5 p. 1.105.

"Al venir a morar con nosotros, Jesús iba a revelar a Dios tanto a los hombres como a los ángeles. Él era la Palabra de Dios: el pensamiento de Dios hecho audible. DTG p.11

Jesús es la expresión audible de los pensamientos de Dios, en ello también concordamos; sin embargo, aunque la Palabra que cada día inundó el mundo que Dios creó fue la voz de Cristo, en ella estaban presentes el Padre y el Hijo por medio del Espíritu Santo, es decir, cuando la voz de Dios se expandía a lo ancho de la tierra, era el Padre, Jesús y el Santo Espíritu desplazándose. En el recorrido de ese sonido, la plenitud de la Familia eterna viajaba a través del espacio. Por eso el apóstol dijo que la Palabra de Dios es viva. (Hebreos 4:12). El evento de la creación no fue como un acto de magia donde después de que un "mago" pronuncia un trabalenguas las cosas suceden, ¡no!, en el sonido de la Palabra estaba Dios, los Tres, la Trinidad en pleno a través del Espíritu de Dios dando vida y forma a todo lo que podemos ver. "de modo que lo que se ve fue hecho de lo que no se veía." Hebreos 11:3

Cuando el pasaje dice que en el principio el Espíritu de Dios se movía sobre la faz de las aguas, no se refiere exclusivamente a la tercera persona de la Trinidad, se refiere a los Tres, pues el Espíritu es el acceso a la presencia del Padre y del Hijo. Por eso cuando tu abres la puerta de tu corazón, no estás dando cabida solo al Espíritu divino, la plenitud de Dios viene a vivir en tu corazón.

"[...] el Espíritu de verdad, al cual el mundo no puede recibir, porque no lo ve ni lo conoce; pero vosotros lo conocéis, porque vive con vosotros y estará en vosotros.

Respondió Jesús y le dijo:
—El que me ama, mi palabra guardará; y mi Padre lo amará, **y vendremos a él y haremos morada con él.**" Juan 14:17,23

Nos queda más que claro entonces que en el principio por medio de la Palabra, la plenitud de Dios se hacía presente. Allí estaba el Arquitecto del universo, su Hijo y el Santo Espíritu llenando de luz cada rincón de la esfera.

¡Vaya espectáculo majestuoso! El movimiento de las aguas ascendiendo mientras el Espíritu viajaba dando lugar a la expansión, el fuego Eterno transformaba el agua de su estado líquido a gaseoso de manera que el cielo se vestía con hermosas nubes de diferentes matices, contrastes y formas. El mismo viento oriental que sopló toda la noche sobre el mar rojo abriendo un camino en medio de las aguas, descubrió la tierra el tercer día, esto dio lugar a la aparición del polvo del suelo, material suficiente para que, en las manos de Dios, en nuestro planeta surgiera la vida. "Al soplo de tu aliento se amontonaron las aguas, se juntaron las corrientes como en un montón, [...]"
Éxodo 15:8

El Espíritu que en un momento solo se movía sobre las aguas, ahora surcaba la tierra para cultivar los más portentosos árboles, la mano del Artista excelso se gozaba matizando las más hermosas flores con llamativos e indescriptibles colores, con el entusiasmo de un niño decoró la naturaleza revistiéndola de alegría y salud para finalmente rociar sobre ella su perfume celestial. Qué diremos del poderoso sol, la luna y las estrellas, símbolos de la salvación que Cristo traería sobre el mundo. Que cortas son las palabras y que limitada nuestra imaginación. Concluiremos en que allí estaba nuestro amante Padre y el maravilloso Verbo de Dios manifestando su poder por intermedio del todopoderoso Espíritu Santo.

El mismo caso se vio en cada obra sanadora que realizo nuestro Señor Jesucristo, no era Uno, eran los Tres, era un solo Dios, pero son tres corazones amantes.

Del simple relato "de la Escritura acerca de cómo Jesús sanaba a los enfermos podemos aprender algo con respecto al modo de ir a Cristo para que nos perdone nuestros pecados." CC p.50 La única manera de ir a Cristo para que nos perdone nuestros pecados es a través de la presencia del Espíritu Santo en el corazón. "[...] y todo anhelo de volver a Dios que se despierte en su alma no es sino una tierna súplica del Espíritu, que insta, ruega y atrae al extraviado al seno amorosísimo de su Padre." CC p.53 Esto significa que Jesús hizo sus milagros por medio del poder del Espíritu Santo. De manera que cuando Jesús usó su Palabra para sanar y bendecir, quiso enseñarnos cual fue el método que empleó en su obra creadora. La comunión de Cristo con su Padre mediante la presencia del Espíritu de Dios en su corazón, nos habla de la armonía maravillosa que por siempre ha existido entre los Tres miembros de la Familia eterna.

El Espíritu Santo era la puerta que permitía el ingreso de la humanidad de Cristo a su divinidad. Fue por medio del Espíritu Santo que Jesús tuvo acceso al poder que le acompañó por toda la eternidad mientras caminó en medio de los hombres. De la misma forma, el Espíritu Santo era la puerta que al abrirse daba acceso a los discípulos al poder de Cristo, fue de esa forma como se obraron los milagros en la era apostólica. Desde su nacimiento en Belén, Cristo fue siempre humano, pero nunca dejó de ser divino.

"Las dos naturalezas se mezclaron misteriosamente en una sola persona: el hombre Cristo Jesús. En él moraba toda la plenitud de la Deidad corporalmente." Exaltad a Jesús (EJ) p.70

No obstante, ni la salvación obtenida por el ministerio de Cristo, ni su vida limpia del virus del pecado, ni el poder que se manifestó durante tres años y medio, habrían podido ser concebidos sin la presencia de la fe que como ser humano Jesús desarrolló. Y si el Hijo de Dios necesitó producir el fruto de la fe para alcanzar su propósito, cuanto más nosotros ovejitas descarriadas y sin fuerza. La fe no es un esfuerzo que hace el hombre para convencerse de que Dios hará lo que le pidió. La fe es el producto natural que brota como resultado de que el Padre y el Hijo hayan hecho morada en el corazón. Esta experiencia es el resultado de la obra del Espíritu Santo, quien por su influencia planta la Palabra de Dios en la mente humana. La fe es la certeza de que la presencia de Dios en mi vida es una realidad.

De manera que Natanael había tenido un encuentro verdadero con Dios por medio de su Palabra y el Espíritu Santo se había manifestado en respuesta a su oración. Jesús participó de esta escena no porque hubiese empleado su naturaleza Divina sino porque el Espíritu Santo le reveló los detalles del evento. Tal fue la fe del salvador. La comunión intima que tenía con su Padre y con el Espíritu Santo le hacía elevarse por encima de la impotencia humana. El hecho de que Jesús para hacer sus milagros usara su palabra y sus manos nos dirige directamente a la obra del Espíritu Santo. El Espíritu le proveía al Señor Jesús el acceso a su poder divino y a nosotros nos da acceso al poder de Cristo. Además, podemos decir que ese atributo no fue exclusivo del Hijo de Dios, pues después del pentecostés los discípulos vivieron experiencias idénticas a las de su Maestro. Esto ya había sido anunciado por el Señor.

"De cierto, de cierto os digo: El que en mí cree, las obras que yo hago, él también las hará; y aún mayores hará, porque yo voy al Padre." Juan 14:12

Esto se cumplió durante el ministerio de los discípulos del Señor. "Por la mano de los apóstoles se hacían muchas señales y prodigios en el pueblo. Estaban todos unánimes en el pórtico de Salomón, [...] tanto que sacaban los enfermos a las calles y los ponían en camas y camillas para que, al pasar Pedro, a lo menos su sombra cayera sobre alguno de ellos. Aun de las ciudades vecinas muchos venían a Jerusalén trayendo enfermos y atormentados de espíritus impuros; y todos eran sanados." Hechos 5:12,15,16

LOS PRIMEROS AÑOS DEL SALVADOR EN LA TIERRA

*"**Dijo luego Dios**: «Haya lumbreras en el firmamento de los cielos para separar el día de la noche,[...]"* Génesis 1:14

El cuestionamiento que surge es más profundo aún ¿cómo surgió en el horizonte el Sol de Justicia? Conociendo acerca de la preexistencia de Cristo, ¿puede haber de alguna manera una explicación para entender porque las Escrituras dicen que la lumbrera mayor que lo representa fue creada por la Palabra de Dios?

En el anhelo de conocer a Jesús hemos buscado en todos los testimonios, temas que nos permitan extraer lecciones nuevas y diferentes, sin embargo, hay episodios de la vida del Señor que parecen estar velados a nuestros ojos. En muchas ocasiones nos sentimos como si recibir nueva luz de la Palabra de Dios fuera un campo prohibido y nos alejamos temiendo estar navegando en las aguas de la desobediencia, es cierto que hay misterios que nunca serán revelados porque pertenecen al Altísimo, pero también es cierto que hay joyas de incalculable valor esperando ser descubiertas en las profundidades de la Palabra inspirada.

"Las cosas secretas pertenecen a Jehová, nuestro Dios, pero las reveladas son para nosotros y para nuestros hijos para siempre, a fin de que cumplamos todas las palabras de esta Ley." Deuteronomio 29:29

"Nadie piense que ya no hay más conocimiento que adquirir. La profundidad del intelecto humano puede ser medida; las obras de los autores humanos pueden dominarse, pero el más alto, profundo y ancho arrebato de la imaginación no puede descubrir a Dios. Hay una infinidad más allá de todo lo que podamos comprender. Hemos contemplado solamente una vislumbre de la gloria divina y de la infinitud del conocimiento y la sabiduría; hemos estado trabajando, por así decirlo, en la superficie de la misma, cuando el rico metal del oro está debajo de la superficie, para recompensar al que cave en su búsqueda. El pozo de la mina debe ser ahondado cada vez más, y el resultado será el hallazgo del glorioso tesoro. Por medio de una fe correcta, el conocimiento divino llegará a ser el conocimiento humano." Palabras de Vida del Gran Maestro (PVGM) p.85

"No podemos obtener sabiduría sin una atención verdadera y un estudio con oración. Algunas porciones de la Santa Escritura son en verdad demasiado claras para que se puedan entender mal; pero hay otras cuyo significado no es superficial, y no se discierne a primera vista. Se debe comparar pasaje con pasaje. Debe haber un escudriñamiento cuidadoso y una reflexión acompañada de oración. Y tal estudio será abundantemente recompensado. Como el minero descubre vetas de precioso metal ocultas debajo de la superficie de la tierra, así también el que con perseverancia escudriña la Palabra de Dios en busca de sus tesoros escondidos encontrará verdades del mayor valor ocultas de la vista del investigador descuidado. Las palabras de la inspiración, meditadas en el alma, serán como ríos de agua que manan de la fuente de la vida. Nunca se deben estudiar las Sagradas Escrituras sin oración. Antes de abrir sus páginas debemos pedir la iluminación del Espíritu Santo, y ésta nos será dada." CC p.91

Es el caso de la infancia y juventud del Señor Jesús. El evangelio de Lucas registra algunos apartes de la vida de Cristo, que los otros evangelistas inspirados por el Espíritu Santo omitieron. Un ejemplo de esto es el relato de la presentación del niño luego de participar del rito de la circuncisión y otro, fue el evento que tuvo ocasión a los doce años del Señor, donde los doctores de la ley se maravillaron de su inteligencia. Curiosamente ambos textos concluyen de manera similar. "El niño crecía y se fortalecía, se llenaba de sabiduría y la gracia de Dios era sobre él." "Y Jesús crecía en sabiduría, en estatura y en gracia para con Dios y los hombres." Lucas 2: 40,52

En ambas ocasiones el registro bíblico presenta la gracia de Dios y la presencia de la sabiduría en la vida de Jesús, eso nos da una indicación acerca del camino que recorrió Jesús hasta llegar a la madurez y el inicio de su poderoso ministerio.

Los hechos que explican las particularidades del nacimiento de Cristo están centrados en la idea de que en su nacimiento natural no solo vino de la carne sino también del Espíritu, es decir, que cuando fue engendrado por el Espíritu Santo recibió el nuevo corazón que se le promete al ser humano para que pueda participar de las realidades eternas. Era imposible que Jesús viviera la experiencia del arrepentimiento, el perdón y el nuevo nacimiento, proceso que debe vivir todo aquel que quiera gozar de la vida eterna, porque Aquel de quien hablamos es el inmaculado Hijo de Dios hecho hombre. Aquel que no conoció nunca el pecado. En la preexistencia de Cristo, en su procedencia divina y en la forma como providencialmente nació, yace la diferencia entre Cristo y nosotros, en todo lo demás, era igual a todos los hombres. De Cristo como de Juan el bautista se puede decir lo mismo en cuanto a la presencia del Espíritu Santo. "[...] y será lleno del Espíritu Santo aun desde el vientre de su madre." Lucas 1:15

La vida pública de Jesús fue el resultado de su vida privada. El Señor nació con el nuevo corazón que se nos promete a nosotros una vez aceptamos por fe su expiación. La naturaleza que Cristo compartió con nosotros, aunque caída, poseía la capacidad de vivir una vida santa y apartada del mal; y esa es la promesa que se nos da a nosotros. Jesús no fue dotado con un poder que nosotros no podamos recibir, Él también participó de la inclinación al mal que yace en el corazón humano, pero no alimento de ninguna manera la naturaleza que heredó de su madre. Sin esta característica, es decir, nacer del Espíritu, ni a Jesús, ni al hombre, le hubiera sido posible obedecer la santa ley de Dios o construir un carácter semejante al de nuestro Padre Dios. Únicamente, "Por la fe en el sacrificio expiatorio de Cristo, los hijos de Adán pueden llegar a ser hijos de Dios." CC p.15 Con respecto al único hombre que nació con la capacidad de vivir una vida sin pecar, es decir, Adán, y la diferencia de él con nosotros, la pluma inspirada registró: "Antes que Adán cayese le era posible desarrollar un carácter justo por la obediencia a la ley de Dios. Mas no lo hizo, y por causa de su caída tenemos una naturaleza pecaminosa y no podemos hacernos justos a nosotros mismos." CC p.62

Pero donde Adán falló, Jesús venció. "Así también está escrito: «Fue hecho el primer hombre, Adán, alma viviente»; el postrer Adán, espíritu que da vida." 1 Corintios 15:45 Esto significa que al igual que Adán antes de la desobediencia, al Señor Jesús y a cualquiera que le acepte por la fe, nacer del Espíritu le posibilita para desarrollar un carácter justo, por la obediencia a la ley de Dios.

El nacimiento de Cristo y la creación de Adán tienen una fascinante semejanza, en ambas ocasiones, tanto Cristo como Adán estaban dotados de la capacidad de obedecer, esto proviene para ambos de la concepción Espiritual que les asistió al nacer. Interesantemente la pluma inspirada menciona sobre el momento en que se le fue dada la vida a Adán como un resultado de la Palabra de Dios, esto se ajusta a la interpretación que estudiamos del significado de la Palabra y las manos de Dios, refiriéndose en ambos casos al Espíritu Santo. Veamos: "Dios dice a todos los que están muertos en el pecado: '"Despiértate, tú que duermes, y levántate de los muertos.' Efesios 5:14 Esa palabra es vida eterna. **Como la palabra de Dios, que ordenó al primer hombre que viviera, sigue dándonos vida**; [...]" DTG p.286

Esa naturaleza espiritual que recibieron los dos Adanes, no les quitaba el derecho de escoger desobedecer, esto se vio claramente en la experiencia de Adán y en los intentos de Satanás por estropear el ministerio de Cristo, pero les capacitaba para discernir y escoger lo que reconocían como la voluntad de Dios.

De manera que de la vida previa al pecado de Adán podemos extraer una ampliación de lo que fue la vida del Señor Jesús en su proceso de crecimiento y maduración. Entonces lo que se dijo y se escribió de Adán antes de su desobediencia, se puede decir de Cristo una vez vio la luz de la vida hecho hombre. "[...] el hombre fue creado a semejanza de Dios. Su naturaleza estaba en armonía con la voluntad de Dios. Su mente era capaz de comprender las cosas divinas. Sus afectos eran puros, sus apetitos y pasiones estaban bajo el dominio de la razón. Era santo y se sentía feliz de llevar la imagen de Dios y de mantenerse en perfecta obediencia a la voluntad del Padre." PP p.15

A Cristo como a nuestros primeros padres: "Los misterios del universo visible, 'las maravillas del Perfecto en sabiduría' (Job 37:16), les suministraban una fuente inagotable de instrucción y placer. Las leyes y los procesos de la naturaleza, que han sido objeto del estudio de los hombres durante seis mil años, fueron puestos al alcance de sus mentes por el infinito Forjador y Sustentador de todo. Se entretenían con las hojas, las flores y los árboles, descubriendo en cada uno de ellos los secretos de su vida. [...] La gloria de Dios en los cielos, los innumerables mundos en sus ordenados movimientos, 'las diferencias de las nubes' (Job 37:16), los misterios de la luz y del sonido, de la noche y el día, todo estaba al alcance de la comprensión de nuestros primeros padres. El nombre de Dios estaba escrito en cada hoja del bosque, y en cada piedra de la montaña, en cada brillante estrella, en la tierra, en el aire y en los cielos. El orden y la armonía de la creación les hablaba de una sabiduría y un poder infinitos. Continuamente descubrían algo nuevo que llenaba su corazón del más profundo amor, y les arrancaba nuevas expresiones de gratitud." PP p.32

Así pasó Jesús los primeros años de su vida. Creyendo, investigando, maravillándose en las obras que sus propias manos habían creado. El Creador del universo tuvo al igual que todos los hijos de la tierra que aprender de la sabiduría que le proveía cada tarde y mañana. Por ello la Biblia dice: "el niño crecía y se fortalecía, se llenaba de sabiduría [...]" y luego completando el concepto dice: "Y Jesús crecía en sabiduría, en estatura y en gracia para con Dios y los hombres." Lucas 2:40,52

De esta forma fue como obtuvo la sabiduría de sus enseñanzas, por ello habló del reino de los cielos como si fuera un habitante actual de él, de la ley, de la justicia, de la luz del mundo, de la alegría, de la oración, de la sal; fue por esa sabiduría adquirida del libro de la naturaleza que dijo: "Y por el vestido, ¿por qué os angustiáis? Considerad los lirios del campo, cómo crecen: no trabajan ni hilan; pero os digo que ni aun Salomón con toda su gloria se vistió como uno de ellos." Mateo 6:28,29 De esta manera enseñó del tierno y paternal cuidado del Dios del universo sobre sus hijos.

"La pregunta hecha durante el ministerio del Salvador: '¿Cómo sabe éste letras, no habiendo aprendido?' Juan 7:15 no indica que Jesús no sabía leer, sino meramente que no había recibido una educación rabínica. Puesto que él adquirió saber **como nosotros podemos adquirirlo**, su conocimiento íntimo de las Escrituras nos demuestra cuán diligentemente dedicó sus primeros años al estudio de la Palabra de Dios. Delante de él se extendía **la gran biblioteca de las obras de Dios**. El que había hecho todas las cosas, estudió las lecciones que su propia mano había escrito en la tierra, el mar y el cielo. Apartado de los caminos profanos del mundo, adquiría conocimiento científico de la naturaleza. Estudiaba la vida de las plantas, los animales y los hombres. Desde sus más tiernos años, fue dominado por un propósito: vivió para beneficiar a otros. **Para ello, hallaba recursos en la naturaleza; al estudiar la vida de las plantas y de los animales concebía nuevas ideas de los medios y modos de realizarlo.** Continuamente trataba de sacar de las cosas que veía ilustraciones con las cuales presentar los vivos oráculos de Dios. Las parábolas mediante las cuales, durante su ministerio, le gustaba enseñar sus lecciones de verdad, demuestran cuán abierto estaba su espíritu a la influencia de la naturaleza, y cómo había obtenido enseñanzas espirituales de las cosas que le rodeaban en la vida diaria.

Así se revelaba a Jesús el significado de la Palabra y las obras de Dios, mientras trataba de comprender la razón de las cosas que veía. Le acompañaban los seres celestiales, y se gozaba cultivando santos pensamientos y comuniones. Desde el primer destello de la inteligencia, estuvo constantemente creciendo en gracia espiritual y conocimiento de la verdad. DTG p.51

Jesús aprendió lecciones de la revelación, de la naturaleza y de la providencia. "Nuestro Salvador pasó la mayor parte de su vida terrenal trabajando pacientemente en la carpintería de Nazaret. Los ángeles ministradores acompañaban al Señor de la vida mientras caminaba con campesinos y labradores, desconocido y sin honores. Estaba cumpliendo su misión tan fielmente mientras trabajaba en su humilde oficio como cuando sanaba a los enfermos y andaba sobre las olas tempestuosas del mar de Galilea. Así también nosotros, en los deberes más humildes y en las posiciones más bajas de la vida, podemos andar y trabajar con Jesús." CC p.81,82

La compilación de los escritos de Moisés y los profetas y la meditación profunda en la sagrada ley de Dios, fueron su aliento diario, su fe aumentó cada día en la medida que la Palabra de Dios era guardada en su corazón.

"Su inteligencia era viva y aguda; tenía una reflexión y una sabiduría que superaban a sus años. Sin embargo, su carácter era de hermosa simetría. Las facultades de su intelecto y de su cuerpo se desarrollaban gradualmente, en armonía con las leyes de la niñez." DTG p.49 Esto mismo ocurre a todo aquel que nace de nuevo, aquel que nace del agua y del Espíritu. El constante estudio de la Palabra de Dios agudiza su pensamiento, le fortalece y robustece su inteligencia. Áreas de la ciencia que un día fueran misteriosas y desagradables son ahora un deleite, la naturaleza que antes fuera un tema liviano y pasajero surge ahora con un valor realmente importante. La mente del asiduo estudiante de las Escrituras se convierte en una inmensa bóveda donde almacenar información espiritual y científica se vuelve cada vez más necesario.

"No hay ninguna cosa mejor para fortalecer la inteligencia que el estudio de las Santas Escrituras. Ningún otro libro es tan potente para elevar los pensamientos, para dar vigor a las facultades, como las grandes y ennoblecedoras verdades de la Biblia. Si se estudiara la Palabra de Dios como se debe, los hombres tendrían una grandeza de espíritu, una nobleza de carácter y una firmeza de propósito que raramente pueden verse en estos tiempos." CC p.90

Las Escrituras hicieron que la mente de Jesús madurara sana y naturalmente. El Hijo de Dios al nacer en un cuerpo humano tuvo que experimentar todos los procesos de aprendizaje que nosotros pasamos. Por ello el Sol de Justicia debía venir solo hasta el cuarto milenio de nuestra existencia, cuando las condiciones fueran propias para su sano crecimiento espiritual, mental y físico. Él era la luz que venía a este mundo, pero como hombre cuyo crecimiento espiritual le habilitaría para salvar a la humanidad entera, debía desarrollar un carácter a la medida que su deber le exigía. Para ello la Palabra de Dios era el principal puente entre el cielo y Dios hecho hombre; a través de sus lecciones eternas el Espíritu Santo se movería en la mente del Carpintero Divino y le haría idóneo para su propósito. Por eso la Escritura dice que el astro mayor, símbolo de nuestro hermoso Sol de justicia fue hecho por la Palabra de Dios.

EL SOL DE JUSTICIA Y EL ASTRO MAYOR

"[...] E hizo Dios las dos grandes lumbreras: la lumbrera mayor para que señoreara en el día, [...] Génesis 1:14-16

Fue por la Palabra de Dios que fueron hechas las lumbreras que dan luz a nuestro planeta, fue por la Palabra de Dios que fue moldeado el carácter del Hijo de Dios en la tierra. El ministerio de Cristo solo podía prosperar si Él avanzaba por el sendero que la Providencia había trazado, escudriñando la revelación que Él mismo había dado a sus siervos los profetas; dicho de otra manera, por medio de la Palabra de Dios y el Espíritu Santo como Maestro y Guía.

El poder de la Palabra de Dios es infinito, esto se debe a que su manifestación guarda la plenitud de Dios viajando en el sonido a través del espacio. Tan poderoso es el sonido que sale de la boca de Dios, que a su modulación, nació un astro 1.330.000 veces más grande que nuestro planeta y además con todas las condiciones y características que se requieren para que se cumpla su propósito de servicio en la conservación de la vida en la tierra. Como resultado de ese acto creador, quedó estructurado el paralelo que debía existir entre ese inmenso astro con el Hijo de Dios hecho hombre, pues, lo que es el sol para nuestro planeta, lo es Cristo para la humanidad.

"Él es la luz del sol, la luna y las estrellas. Él era la luz espiritual que mediante símbolos, figuras y profecías, había resplandecido sobre Israel. Pero la luz no era dada solamente para los judíos. **Como los rayos del sol penetran hasta**

los remotos rincones de la tierra, así la luz del Sol de justicia brilla sobre toda alma." DTG p.429

En ese paralelo cuya imagen fue trazada en siete días literales, que se refleja en los siglos de nuestra historia, el Sol de Justicia, el Hijo de Dios hecho hombre, también fue hecho por la Palabra de Dios. Cristo era Dios y siempre lo será, pero el carácter de su naturaleza humana debía ser moldeado y lo fue por la Palabra de Dios.

Una vez el Hijo de Dios cumplió con el tiempo de preparación para su ministerio, dice Génesis que el astro mayor debía ser puesto "[...] en el firmamento de los cielos" es decir, todos debían participar de las buenas nuevas, el Sol de Justicia había nacido y todos gozarían de su luz y calor. Este cumplimento está escrito con detalles en la Palabra de Dios: "Jesús volvió en el poder del Espíritu a Galilea, y se difundió su fama por toda la tierra de alrededor. Enseñaba en las sinagogas de ellos y era glorificado por todos." Lucas 4:14,15.

El propósito por el cual el Sol de Justicia debía ser puesto en lo más alto de los cielos tiene que ver con lo que dice el capítulo uno Génesis: "Las puso Dios en el firmamento de los cielos para **alumbrar sobre la tierra, señorear en el día y en la noche** y para **separar la luz de las tinieblas**." Versos 17,18. En otras palabras para revelar la luz de la vida y disipar las tinieblas de la muerte. "En él estaba la vida, y la vida, era la luz de los hombres. La luz resplandece en las tinieblas y las tinieblas no la dominaron." Juan 1:4,5

¿En qué consistió el calor y la luz que Cristo arrojaría a su pueblo y al mundo? Solamente la inspiración puede describirlo.

Jesús leyó:

"«El Espíritu del Señor está sobre mí, por cuanto me ha ungido para dar buenas nuevas a los pobres; me ha enviado a sanar a los quebrantados de corazón, a pregonar libertad a los cautivos y vista a los ciegos, a poner en libertad a los oprimidos y a predicar el año agradable del Señor.» Lucas 4:18,19

Durante todo el ministerio de Cristo, el frío de muchos corazones fue derretido por el calor que emanaba de la luz de su presencia. Cuando el sonido de su voz hacía contacto con el corazón de los hombres, los más débiles se fortalecían, el ciego espiritual podía ver, las cadenas de los esclavos del pecado se caían como si fueran de papel y los atribulados por el mundo se regocijaban por la paz que emanaba del agua viva que recibían. La sola exposición a esa luz, ese calor, a esa energía vital, sanaba el alma y concedía a quien la recibía el don indescriptible de la libertad. Ese maravilloso don está al alcance de nuestras manos hoy.

El cuarto milenio de nuestra historia fue testigo del más grande acontecimiento ocurrido en todo el universo durante toda la eternidad; el formidable Dios, el Creador de todos los mundos que cuelgan en el vacío, se hizo uno con la última raza creada. Sin embargo, los hombres no le conocieron; la luz que brilló fue rechazada sin consideración alguna. "En el mundo estaba, y el mundo fue hecho por medio de él; pero el mundo no le conoció. A los suyos vino, pero los suyos no le recibieron." Juan 1:10,11

"Y enrollando el libro, lo dio al ministro [...] Los ojos de todos en la sinagoga estaban fijos en él. Y todos le daban testimonio, y estaban maravillados de las palabras de gracia que salían de su boca.

Jesús estaba delante de la gente como exponente vivo de las profecías concernientes a él mismo. Explicando las palabras que había leído, habló del Mesías como del que había de aliviar a los oprimidos, libertar a los cautivos, sanar a los afligidos, devolver la vista a los ciegos y revelar al mundo la luz de la verdad. Su actitud impresionante y el maravilloso significado de sus palabras conmovieron a los oyentes con un poder que nunca antes habían sentido. El flujo de la influencia divina quebrantó toda barrera; como Moisés, contemplaban al Invisible. Mientras sus corazones estaban movidos por el Espíritu Santo, respondieron con fervientes amenes y alabaron al Señor.

Pero cuando Jesús anunció: 'Hoy se ha cumplido esta Escritura en vuestros oídos,' se sintieron inducidos repentinamente a pensar en sí mismos y en los asertos de quien les dirigía la palabra. Ellos, israelitas, hijos de Abrahán, habían sido representados como estando en servidumbre. Se les hablaba como a presos que debían ser librados del poder del mal; como si habitasen en tinieblas, necesitados de la luz de la verdad. Su orgullo se ofendió, y sus recelos se despertaron." DTG p.204

El rechazo de Israel hacia Cristo le privó de la luz y el conocimiento de la verdad absoluta de la vida. En Cristo esta escondida la fuente de toda sabiduría. Esa luz solamente fluye en abundancia en el corazón de quien abre la puerta y le permite entrar. "Como la flor se vuelve hacia el sol para que los brillantes rayos le ayuden a perfeccionar su belleza y simetría, así debemos volvernos hacia el Sol de justicia, a fin de que la luz celestial brille sobre nosotros y nuestro carácter se transforme a la imagen de Cristo." CC p.68

Jesús sostiene en sus manos laceradas dos libros escritos con el mismo dedo de Dios: La revelación escrita y la naturaleza. Estos dos grandes de la literatura eterna, guardan el significado de todas las ciencias y todas las artes, y solo quien en presencia del Espíritu de Dios escudriñe en sus páginas, hallará tesoros de incalculable valor y el secreto de la vida eterna.

"Escudriñad las Escrituras, porque a vosotros os parece que en ellas tenéis la vida eterna, y ellas son las que dan testimonio de mí; [...]." Juan 5:39"

"La naturaleza y la revelación a una dan testimonio del amor de Dios." CC p.9 Es fundamental y urgente que se abra el libro de la naturaleza si queremos extraer el mensaje de Dios para nosotros hoy. La Palabra de Dios si bien es tan profunda como inagotable en sabiduría, nos direcciona a escudriñar los secretos de la maravillosa obra de la creación. Pero para hacer el viaje a través del libro de la naturaleza es indispensable seguir el mapa trazado en la Palabra de Dios, de lo contrario estaremos navegando por una ruta extraña y distante de la verdad.

"Puesto que el libro de la naturaleza y el de la revelación llevan el sello de una Mente maestra, no pueden sino hablar en armonía. Con diferentes métodos y lenguajes, dan testimonio de las mismas grandes verdades. La ciencia descubre siempre nuevas maravillas, pero en su investigación no obtiene nada que correctamente comprendido, discrepe con la revelación divina. **El libro de la naturaleza y la Palabra escrita se alumbran mutuamente.** Nos familiarizan con Dios al enseñarnos algo de las leyes por medio de las cuales él trabaja." La Educación (ED) p.115

A lo largo de este estudio hemos sido testigos de un mensaje excepcional que Dios mismo ligó a la naturaleza en el mismo instante en que la creó. La naturaleza está empapada de mensaje y significado. "El poeta y el naturalista tienen muchas cosas que decir acerca de la naturaleza, pero es el creyente quien más goza de la belleza de la tierra, porque reconoce la obra de las manos de su Padre y percibe su amor, en la flor, el arbusto y el árbol. Nadie que no los mire como una expresión del amor de Dios al hombre puede apreciar plenamente la significación de la colina, del valle, del río y del mar." CC p.87 ...y del sol.

Según la definición de geoenciclopedia.com "El llamado 'astro rey' es el centro del sistema solar en el que se encuentra la tierra. Es el responsable de proveer luz, calor y energía a los seres vivos. Es, desde la perspectiva, el motor de la existencia en el planeta de la vida y generador de los climas en otros planetas. En realidad, el sol es una estrella más en el vasto e insondable universo. Se encuentra a unos 150 millones de kilómetros de la tierra y consiste en una esfera llena de gases calientes, principalmente hidrógeno y helio." En lenguaje coloquial, esto significa, que el sol es una estrella cuyo componente interno le habilita para producir la luz, el calor y la energía indispensables para la preservación de la vida en la tierra.

El vasto universo está lleno de estrellas, sin embargo, el sol es la más cercana a la tierra y esa es la razón por la cual podemos sentir sus efectos y beneficiarnos de su producción. Podríamos dedicar muchas páginas para describir los atributos y la importancia del astro mayor; pero solo vamos a referirnos a estos pocos que mencionamos para extraer el paralelismo de la lumbrera mayor del cuarto día de la creación con nuestro maravilloso Sol de Justicia.

EL MISTERIO DE SU MISIÓN SE ESTABA REVELANDO

"Cuando Jesús vino para ser bautizado, Juan reconoció en él una pureza de carácter que nunca había percibido en nadie. La misma atmósfera de su presencia era santa e inspiraba reverencia." DTG p.84

Juan reconoció en Cristo la revelación que del Mesías le había dado la Providencia a través de Moisés, los profetas y la misma naturaleza. El bautismo de Jesús prefiguraba el desenlace de su ministerio, o sea, su muerte y la victoriosa resurrección. Los ojos del Salvador vieron más allá de lo que veían todos los que venían al bautismo de Juan; por medio de su bautismo Cristo dijo a su Padre que, como resultado de todos los años de educación previa a ese momento, comprendía claramente que Él era su Hijo, que entendía su misión, su propósito y que veía claramente los trazos del pacto que habían sellado antes de la creación del mundo. Por su bautismo en el Jordán, Jesús aceptó morir por el hombre y confiaba en el hecho de levantarse de los muertos según se lo había prometido la Providencia.

"Y Jesús, después que fue bautizado, subió enseguida del agua, y en ese momento los cielos le fueron abiertos, y vio al Espíritu de Dios que descendía como paloma y se posaba sobre él. Y se oyó una voz de los cielos que decía: «Éste es mi Hijo amado, en quien tengo complacencia.»" Mateo 3:16,17

"La mirada del Salvador parece penetrar el cielo mientras vuelca los anhelos de su alma en oración. Pide el testimonio de que Dios acepta la humanidad en la persona de su Hijo.

Nunca antes habían escuchado los ángeles semejante oración. Ellos anhelaban llevar a su amado Comandante un mensaje de seguridad y consuelo. Pero no; el Padre mismo contestará la petición de su Hijo. Salen directamente del trono los rayos de su gloria. Los cielos se abren, y sobre la cabeza del Salvador desciende una forma de paloma de la luz más pura, emblema adecuado del Manso y Humilde.

Juan había quedado profundamente conmovido al ver a Jesús postrarse como suplicante para pedir con lágrimas la aprobación del Padre. Al rodearle la gloria de Dios y oírse la voz del cielo, Juan reconoció la señal que Dios le había prometido. Sabía que era al Redentor del mundo a quien había bautizado. El Espíritu Santo descendió sobre él, y extendiendo la mano, señaló a Jesús y exclamó: "He aquí el Cordero de Dios, que quita el pecado del mundo." DTG p.86,87

Antes de su bautismo y su unción, Jesús no realizó milagro alguno, su vida estuvo basada en prestar el servicio que las fuerzas humanas le proporcionaban; se entregó en amor al hombre de la misma manera tanto al sanar a un enfermo por el poder de su palabra, como al compartir su pan con el hambriento.

"Después de salir del agua, Jesús se arrodilló en oración a orillas del río. Se estaba abriendo ante él una era nueva e importante." DTG p.85

La unción que recibiera en ocasión de su bautismo marcó una gran diferencia en referencia al tiempo que Jesús participó del espacio de los hombres. Aunque la obra del Espíritu Santo siempre se manifestó en la vida de Cristo, el descubrimiento de su origen divino fue un proceso en el que gradualmente Jesús crecía día tras día. A Jesús el Espíritu le reveló su procedencia por medio de las Escrituras, la naturaleza y las obras de la Providencia; todo esto no era algo diferente a un camino que Él mismo, siendo Jehová de los ejércitos, trazó durante los primeros cuatro mil años que de la historia de los hombres había transcurrido hasta ese momento. Fue así como se le reveló a Jesús que Él era el Hijo de Dios y cuál era su cometido en la tierra.

"La Pascua iba seguida de los siete días de panes ázimos. El segundo día de la fiesta, se presentaba una gavilla de cebada delante del Señor como primicias de la mies del año. Todas las ceremonias de la fiesta eran figuras de la obra de Cristo. La liberación de Israel del yugo egipcio era una lección objetiva de la redención, que la Pascua estaba destinada a rememorar. El cordero inmolado, el pan sin levadura, la gavilla de las primicias, representaban al Salvador.

Para la mayor parte del pueblo que vivía en los días de Cristo, la observancia de esta fiesta había degenerado en formalismo. Pero ¡cuál no era su significado para el Hijo de Dios!

Por primera vez, el niño Jesús miraba el templo. Veía a los sacerdotes de albos vestidos cumplir su solemne ministerio. Contemplaba la sangrante víctima sobre el altar del sacrificio. Juntamente con los adoradores, se inclinaba en oración mientras que la nube de incienso ascendía delante de Dios. Presenciaba los impresionantes ritos del servicio pascual. **Día tras día, veía más claramente su significado. Todo acto parecía ligado con su propia vida. Se despertaban nuevos impulsos en él. Silencioso y absorto, parecía estar estudiando un gran problema. El misterio de su misión se estaba revelando al Salvador.**" DTG p.57

Al final de la cuarentena que Cristo experimento en el desierto, las palabras del tentador al decir "Si eres Hijo de Dios, [...]" Mateo 4:3,6 revelan la idea que tuvo Satanás de tratar de introducir dudas a Cristo respecto a su origen celestial y eterno. Pero este camino al árbol de la vida, es decir a la mente de Cristo, ya estaba sellado por la misma Palabra de su Padre. Mediante la declaración: "Este es mi Hijo amado en quien tengo complacencia." la mente de Cristo halló la seguridad que requería para disipar cualquier duda con respecto a su origen y propósito, el Espíritu Santo se posesionó plenamente en su mente y la Divinidad resplandeció plenamente en la naturaleza humana del Hijo de Dios. Tal es el poder de la fe.

"Entre la vasta muchedumbre que estaba congregada a orillas del Jordán, pocos, además de Juan, discernieron la visión celestial. Sin embargo, la solemnidad de la presencia divina embargó la asamblea. El pueblo se quedó mirando silenciosamente a Cristo. Su persona estaba bañada de la luz que rodea siempre el trono de Dios. Su rostro dirigido hacia arriba estaba glorificado como nunca antes habían visto ningún rostro humano." DTG p.86

ESPÍRITU SANTO

Aunque la obra del Espíritu Santo fue descrita por Jesús como el viento del que no se conoce ni su origen ni su destino, no es el Espíritu Santo una fuerza, una energía o una emoción. El Espíritu Santo es la tercera persona de la Trinidad. Las Escrituras lo presentan en muchas ocasiones con diferentes ilustraciones: Él es el agua viva que brota en el interior del creyente. (Juan 7:38,39) Él es "el Espíritu de verdad, al cual el mundo no puede percibir, porque no le ve, ni le conoce." (Juan 20:22) El Espíritu Santo es el Maestro y Guía. (Juan 14:26)

Él, el Espíritu Santo, es Dios manifestado en la tierra en las condiciones necesarias para habitar en el corazón de los hombres. Por otro lado, Jesús, El Hijo de Dios hablando de sí mismo dijo: "Yo soy la luz del mundo" (Juan 8:12) "Yo soy el pan de vida" (Juan 6: 35) "Yo soy el buen pastor" (Juan 10:11) "Yo soy la vid verdadera" (Juan 15:1) "Yo soy la puerta de las ovejas" (Juan 10:7) "Yo soy la resurrección y la vida" (Juan 11:25) "Vosotros me llamáis Maestro y Señor y decís bien, porque lo soy" (Juan 13:13) "Yo soy el camino, la verdad y la vida" (Juan 14:6) Todas estas son ilustraciones hacen parte de la didáctica de Dios para darse a conocer, pero de Jesús no vamos a decir que era un pan, una puerta o una luz; Jesús y el Espíritu Santo son personas tan reales, como lo eres tú amigo lector que estas descifrando estas letras.

El Espíritu de Dios posee exactamente las mismas características que el Padre y el Hijo. Él es amor, es justo y es misericordioso; de Él procede la vida y el perdón, ha participado de la obra de la redención del hombre tanto como el resto de la Familia eterna. Su sabiduría es tan profunda como la eternidad misma, su poder es ilimitado y su amor por el hombre es incalculable; sus obras son incontables y su presencia es la realidad más dichosa de la humanidad. Todos sus caminos conducen a la paz, su voz es más potente que los truenos de la tormenta más feroz y, aun así, el hombre no ha contemplado en ninguna generación tamaña cortesía como la del Espíritu de Dios tocando a la puerta del corazón.

Él es la luz del mundo, de Él mana la vida y el arrepentimiento, su paciencia es inagotable y sus manos son tan suaves como la brisa en primavera. Él era el dedo de Dios escribiendo la ley en el monte y es el sello grabándola en el corazón del hombre.

La Inspiración hace una descripción muy interesante acerca de la manifestación del Espíritu Santo en ocasión del bautismo y la tentación de

Cristo. La Biblia dice: "Y Jesús, después que fue bautizado, subió enseguida del agua, y en ese momento los cielos le fueron abiertos, y vio al Espíritu de Dios que descendía como paloma y se posaba sobre él. Entonces Jesús fue llevado por el Espíritu al desierto para ser tentado por el diablo." Mateo 3:16; 4:1 Y de estas dos ocasiones el espíritu de la profecía amplía: "Salen directamente del trono los rayos de su gloria. Los cielos se abren, y sobre la cabeza del Salvador desciende una forma de paloma de la luz más pura, emblema adecuado del Manso y Humilde." "Cuando Jesús entró en el desierto, fue rodeado por la gloria del Padre. Absorto en la comunión con Dios, se sintió elevado por encima de las debilidades humanas. Pero la gloria se apartó de él, y quedó solo para luchar con la tentación." DTG p.86,92

Jesús recibió los rayos de la gloria de Dios como símbolo de la aprobación de su Padre y de la presencia incesante del Espíritu Santo durante todo su ministerio. "Su persona estaba bañada de la luz que rodea siempre el trono de Dios. Su rostro dirigido hacia arriba estaba glorificado como nunca antes habían visto ningún rostro humano." DTG p.86 Además esta gloria le acompañó en su corazón hasta la entrada al desierto. El producto final de la gloria de Dios derramada en Jesús, fue un sentimiento de seguridad, paz y plenitud tal, que superaba las limitaciones humanas, tal estado es el fruto de la sincera y correcta comunión con Dios; de este poder se bañan los hijos fieles que le buscan cada amanecer, esta es la gloria que describió el apóstol. "Por tanto, nosotros todos, mirando con el rostro descubierto y reflejando como en un espejo la gloria del Señor, **somos transformados de gloria en gloria en su misma imagen, por la acción del Espíritu del Señor.**" 2 Corintios 3:18.

Este sentir ha sido malinterpretado por los hombres que aseguran que la presencia de Dios, es decir, el Espíritu Santo es una emoción en el corazón humano, en realidad es solamente el resultado de que Dios en persona manifieste su presencia, pero esta manifestación en sí misma no es Dios, es la gloria de Dios rociada sobre los hombres.

El Espíritu Santo acompañó a Jesús con el mismo poder cuando le bañó de gozo como cuando los ataques del enemigo le acosaban y parecía estar solo. Cada "Escrito está" que pronunció nuestro Salvador, brotó por la inspiración del Espíritu Santo. "Pero el Consolador, el Espíritu Santo, a quien el Padre enviará en mi nombre, él os enseñará todas las cosas y os recordará todo lo que yo os he dicho." Juan 14:26. Esta promesa antes de cumplirse en cualquier otro ser humano, se cumplió en la vida del Señor Jesús.

Hay momentos en la vida en que pensamos que todo depende de nosotros, pues no hay señal visible de la presencia de Dios; pero como Cristo, quien nunca perdió su confianza en Dios, no necesitamos dudar o temer de si Dios está o no allí; Él está siempre con nosotros. Su compañía es incesante.

Parte de la responsabilidad de los hijos de Dios consiste en reconocer que cada día hay que hacer frente a una decisión importante para la vida. Lo primero que el cristiano debe entender es que debe hacer uso del beneficio de su libertad de elección. Si tu decisión está de acuerdo con la Palabra de Dios, aunque no tengas pruebas inmediatas que lo aseguren, el Espíritu Santo está contigo, puedes estar seguro de que la influencia del Espíritu te llevará a la elección correcta. En algunos casos, pasarán años antes de reconocer que aquella decisión que tanto costó, fue hecha bajo la influencia del Espíritu de Dios, pero en todos los casos, los hijos de Dios pueden estar seguros de que su sabiduría fluye cuando es pedida con un corazón manso y un espíritu humilde.

Para contrarrestar la duda que naturalmente fluye en nuestro interior, debemos hacer uso de la llave que abre las puertas de los cielos, esta es la oración. La sabiduría y la luz de Dios, están a una oración de distancia. "Si alguno de vosotros tiene falta de sabiduría, pídala a Dios, el cual da a todos abundantemente y sin reproche, y le será dada." Santiago 1:5 Una vez ejercites tu libertad escogiendo a Jesús quien es el camino, la verdad y la vida, puedes estar seguro que el Espíritu del Señor será tu Maestro y Guía. "Pues si vosotros, siendo malos, sabéis dar buenas dádivas a vuestros hijos, ¿cuánto más vuestro Padre celestial dará el Espíritu Santo a los que se lo pidan?" Lucas 11:13

LOS PASOS DEL HIJO DE DIOS EN LA TIERRA

Claramente podemos ver como el primer evento del paralelo de Génesis 1:14 se cumplió a cabalidad en la experiencia de Cristo. El astro mayor fue hecho por la Palabra de Dios y Cristo, nuestro Sol de justicia, al hacerse hombre halló la madurez por el poder que le proporcionó la Sagrada Escritura. También vimos que los componentes internos del astro mayor, son símbolos del Espíritu Santo, quien habitó a plenitud en el corazón de nuestro Señor Jesucristo. Acerca de los tiempos en que nació el sol en el horizonte, hallamos que, en la condición del pueblo de Israel, se manifestaron las características de la tarde y de la noche, esto apunta al momento exacto cuando las tinieblas se posesionaron sobre el pueblo que había sido llamado para ser la luz del mundo. Observamos que la presencia de Juan el bautista, representa esa luz que aparece en el cielo durante el tiempo de oscuridad, dicho de otra forma, Juan era símbolo de la luna en la noche y del Espíritu de Dios que, en medio de las tinieblas del principio, se movía sobre la faz de las aguas.

Como ocurre en la naturaleza, la noche llegó de manera casi imperceptible. Lenta y gradualmente, la nación escogida mezcló su conocimiento de la verdad con el orgullo, y el significado de los símbolos que prefiguraban al Redentor prometido, llegó a ser para ellos una pila de tradiciones sin sentido. Alcanzaron una ceguera espiritual tal, que no pudieron ver en Jesús al Mensajero celestial. Esta condición es el resultado natural del pecado contra el Espíritu Santo; de este, (del pecado imperdonable) Jesús fue claro al decir: "» Por tanto os digo: Todo pecado y blasfemia será perdonado a los hombres, pero la blasfemia contra el Espíritu no les será perdonada." Mateo 12:31

La pluma inspirada ilumina el significado de esta condición con las siguientes palabras: "Una vez que el pecado amortiguó la percepción moral, el que obra mal no discierne los defectos de su carácter ni comprende la enormidad del mal que ha cometido; y a menos que ceda al poder convincente del Espíritu Santo **permanecerá parcialmente ciego con respecto a su pecado**. Sus confesiones no son sinceras ni provienen del corazón. Cada vez que reconoce su maldad añade una disculpa de su conducta al declarar que si no hubiese sido por ciertas circunstancias no habría hecho esto o aquello que se le reprocha." CC p.40

A esta ceguera se refieren las Escrituras cuando describen el propósito de Cristo al venir al mundo. "[...] a pregonar libertad a los cautivos y vista a los ciegos, [...]" Lucas 4:18

En el ejercicio del estudio del paralelo de la creación del Sol y la primera venida de Cristo, hay una lección particular que quisiera que revisemos. Todo lo que el sol representa para la tierra lo fue Cristo para los hombres durante los tres años y medio de su ministerio; es decir, luz, calor y energía; estos elementos son representación del resultado de la obra del Espíritu Santo en el corazón del Señor. Jesús dijo "Yo soy la luz del mundo." Juan 8:12, Esa gran luz que resplandeció sobre el pueblo que habitaba en tinieblas y en región de sombra de muerte, creció poderosamente como lo hace el sol cuando nace en el horizonte cada día. Esta luz brilló en toda su potencia al reposar sobre una cruz. La luz de Cristo desenmascaro a Satanás ante todo el universo y reveló la justicia y el amor de Dios por todas sus criaturas.

El Padre del universo fue complacido en todos los pasos que dio su precioso Hijo en la tierra. La satisfacción por la expresión de su amor en las obras de Cristo desbordaba de gloria y rociaba luz en cada rincón del inmenso cielo. Mientras que, en la vasta creación de Dios, millones de seres contemplaban con admiración y asombro la humildad del Carpintero que un día compartió el trono del universo con el Padre celestial.

Jesús fue claro al revelar su naturaleza delante de los hombres, de tal manera que nadie tuviera la posibilidad de declarar excusa alguna:

"—De cierto, de cierto os digo: No puede el Hijo hacer nada por sí mismo, sino lo que ve hacer al Padre. Todo lo que el Padre hace, también lo hace el Hijo igualmente, porque el Padre ama al Hijo y le muestra todas las cosas que él hace; y mayores obras que éstas le mostrará, de modo que vosotros os admiréis. Como el Padre levanta a los muertos y les da vida, así también el Hijo a los que quiere da vida, porque el Padre a nadie juzga, sino que todo el juicio dio al Hijo, para que todos honren al Hijo como honran al Padre. El que no honra al Hijo no honra al Padre, que lo envió." Juan 5:19-23

Además, también dijo: "[...] soy el Hijo de Dios, uno con él en naturaleza, voluntad y propósito. Coopero con Dios en todas sus obras de creación y providencia." DTG p.178

Miles le vieron caminar, pero pocos le vieron descansar, muchos recibieron la sanación que provenía de sus manos, pero pocos le aceptaron con fe. Jamás el universo comprenderá plenamente el significado de la presencia en la tierra de Aquel que, desde allá en la mañana eterna, recibió la honra de millones y millones. Aunque una cosa es segura, sin la luz, el calor y la energía que emanan del magnífico Sol de justicia, la vida en nuestro planeta no podría ser una realidad. "La luz verdadera que alumbra a todo hombre vino a este mundo." Juan 1:9

El ministerio de Cristo se manifestó de manera diferente para cada hombre. Mientras para unos era luz, para otros constituyó el acento de su ceguera, como en la marcha que desembocó en el mar rojo, Jehová era para unos una columna de fuego y para otros una espesa nube de tinieblas. "[...] e iba entre el campamento de los egipcios y el campamento de Israel; para aquellos era una nube tenebrosa, pero a Israel lo alumbraba de noche; [...]" Éxodo 14:20

Aquel cuarto día de la creación, Dios hizo el sol por medio de su Palabra. Teniendo en cuenta que el sol es una estrella, revisemos el caso de la creación del resto de las estrellas.

TODA LA ESCRITURA ES INSPIRADA POR DIOS

"[...]e hizo también las estrellas." Génesis 1:16

Hay en la actualidad hombres dedicados y estudiosos de la Biblia, también hay prominentes investigadores científicos. Es cierto que, como la Biblia, la naturaleza es un libro escrito por Dios para instrucción de la humanidad, sin embargo, es importante entender que existe un orden para el estudio de los dos libros de Dios. En este caso, el orden de los factores si altera el producto. Es decir, no podemos ir a la naturaleza y explicar por ella a Dios, debemos primero ir a la Palabra de Dios y de esta manera entenderemos el verdadero significado de los mensajes consignados en la naturaleza. Si no respetamos este orden, nuestra interpretación de los temas profundos de la naturaleza nos llevarán a mensajes ajenos al propósito divino.

Un ejemplo de este caso se puede ver en la interpretación que algunos han hecho con respecto a la creación de las estrellas, al no entender lo que significó el hecho de que el cuarto día Dios creó las estrellas, tienden a buscar respuestas que justifique su interpretación humana en la ciencia. Es preciso que permitamos a Dios iluminar nuestro camino en el momento que Él lo considere oportuno y no adelantarnos a explicar elementos que aún no hemos comprendido, con razonamientos humanos.

"Es bueno estudiar detenidamente las enseñanzas de la Escritura e investigar "las profundidades de Dios" hasta donde se revelan en ella, porque si bien "las cosas secretas pertenecen a Jehová nuestro Dios," "las reveladas nos pertenecen a nosotros." (Deuteronomio 29:29) Pero Satanás obra para pervertir las facultades de investigación del entendimiento. Cierto orgullo se mezcla con la consideración de la verdad bíblica, de modo que cuando los hombres no pueden explicar todas sus partes como quieren se impacientan y se sienten derrotados. Es para ellos demasiado humillante reconocer que no pueden entender las palabras inspiradas. No están dispuestos a esperar pacientemente hasta que Dios juzgue oportuno revelarles la verdad. Creen que su sabiduría humana sin auxilio alguno basta para hacerles entender la Escritura, y cuando no lo logran niegan virtualmente la autoridad de ésta. Es verdad que muchas teorías y doctrinas que se consideran generalmente derivadas de la Biblia no tienen fundamento en lo que ella enseña, y en realidad contrarían todo el tenor de la inspiración." CC p.108

Con asombro y tristeza he escuchado admirables expositores de la Palabra de Dios referirse al texto de la creación de las estrellas como a "una glosa añadida" que realmente no hace parte del texto inspirado y que por ello no tiene mucho valor, se refieren a las estrellas como un elemento creado por Dios, pero no atribuyen su creación a la obra hecha durante el cuarto día de la creación; para soportar dicha teoría recurren al método científico, argumentando que la distancia que existe entre las estrellas y el planeta tierra es tan inmensa que sería imposible que su luz llegara en un día a la tierra. Creer en esta teoría es el equivalente a decir que para Dios sería imposible conseguir que la luz de las estrellas fuese percibida por el ojo humano el mismo día de su creación. ¡Que pobre razonamiento! Cuan diferente sería el resultado si esperasen a que el Señor mediante su providencia les otorgase las respuestas que no pueden alcanzar por sus propios esfuerzos, según el tiempo de su sabiduría y propósito.

Una definición simple para la palabra glosa —que es según los autores de esta teoría, la explicación de por qué aparece "e hizo también las estrellas" Génesis 1:16 en el texto del relato de la creación— es que, es una explicación o comentario, que se añade a un texto difícil de entender para aclararlo. Pero ¿qué nos aclara esa declaración en el contexto de la creación de los astros y sus funciones? ¿No será más bien que ese texto es algo que no pudieron entender y denominarlo como glosa fue la mejor salida? Recordemos las palabras del apóstol en su carta a Timoteo. "**Toda la Escritura es inspirada por Dios** y útil para enseñar, para redargüir, para corregir, para instruir en justicia, [...]" 2 Timoteo 3:16. Si por alguna razón dudásemos por un instante el hecho de que las estrellas no fueron hechas por Dios el cuarto día de la semana literal de la creación, estaríamos abriendo la puerta al escepticismo, la Palabra de Dios podría contener errores y a inspiración habría sido hackeada y modificada.

El método científico basado en la medición de distancias, velocidades, componentes, pesos y demás, no puede medir las obras de un Dios que con el poder de su Palabra creó los cielos, la tierra y todo lo que en ellos hay. No creó Dios semillas y las plantó el tercer día, definitivamente para el sexto no hubiese fruto alguno para el sustento del hombre, no fue Adán un bebe físicamente al que Dios tuvo que enseñar a caminar, alimentar y guiar según el proceso natural de desarrollo y crecimiento que experimentamos todos los nacidos después de él. No podemos poner una cinta métrica a las obras del Dios todopoderoso del universo.

"Nunca reveló Dios al hombre la manera precisa en que llevó a cabo la obra de la creación; la ciencia humana no puede escudriñar los secretos del Altísimo. Su poder creador es tan incomprensible como su propia existencia.

Dios ha permitido que raudales de luz se derramasen sobre el mundo, tanto en las ciencias como en las artes; pero cuando los llamados hombres de ciencia tratan estos asuntos desde el punto de vista meramente humano, llegan a conclusiones erróneas. Puede ser inocente el especular más allá de lo que Dios ha revelado, si nuestras teorías no contradicen los hechos de la Sagrada Escritura; pero los que dejan a un lado la Palabra de Dios y pugnan por explicar de acuerdo con principios científicos las obras creadas, flotan sin carta de navegación, o sin brújula, en un océano ignoto." PP p.105

Demos acceso total al Espíritu de la vida para que tome posesión completa de nuestras mentes, Él lleva consigo todos los secretos del conocimiento y la sabiduría. "[...] porque el Espíritu todo lo escudriña, aun lo profundo de Dios [...]" 1 Corintios 2:10. Cuando dejamos a un lado el yo, y nos entregamos completamente al dominio del Espíritu Santo, la paciencia y la sencillez que necesitamos para alcanzar el conocimiento profundo de la Palabra de Dios fluyen libre y naturalmente, la mente es refrescada de gloria en gloria y el hombre compartiendo la naturaleza divina de su Autor recibe los atributos mentales y espirituales de la imagen de Dios, que desde el principio Él tenía como propósito proporcionarle.

"Él quiere que aun en esta vida las verdades de su Palabra se vayan revelando de continuo a su pueblo. Y hay solamente un modo por el cual se obtiene este conocimiento. No podemos llegar a entender la Palabra de Dios sino por la iluminación del Espíritu por el cual ella fue dada. 'Las cosas de Dios nadie las conoce, sino el Espíritu de Dios,' 1 Corintios 2:11 Y la promesa del Salvador a sus discípulos fue: 'Mas cuando viniere aquél, el Espíritu de verdad, él os guiará al conocimiento de toda la verdad; ... porque tomará de lo mío, y os lo anunciará.' Juan 16:13,14

Dios desea que el hombre haga uso de su facultad de razonar, y el estudio de la Sagrada Escritura fortalece y eleva la mente como ningún otro estudio puede hacerlo. Con todo, debemos cuidarnos de no deificar la razón, que está sujeta a las debilidades y flaquezas de la humanidad. Si no queremos que las Sagradas Escrituras estén veladas para nuestro entendimiento de modo que no podamos comprender ni las verdades más simples, debemos tener la sencillez y la fe de un niño, estar dispuestos a aprender e implorar la ayuda del Espíritu Santo. El conocimiento del poder y la sabiduría de Dios y la conciencia de nuestra incapacidad para comprender su grandeza, deben inspirarnos humildad, y hemos de abrir su Palabra con santo temor, como si compareciéramos ante Él. Cuando nos acercamos a la Escritura nuestra razón debe reconocer una autoridad superior a ella misma, y el corazón y la inteligencia deben postrarse ante el gran Yo Soy." CC pp.109,110.

Yo creo que Dios "hizo también las estrellas" el cuarto día de la semana literal de la creación. Y no lo creo solo porque lo dice la Biblia, lo creo porque las puedo ver en el ancho y profundo cielo y además lo creo porque en el paralelo del relato de la obra creadora con la historia de los siglos también está registrado ese elemento; este, es una promesa más y un bastón de auxilio para el pueblo del tiempo del fin.

LOS DOCE DE JESÚS

Es un hecho que, como el sol y la luna, las estrellas recibieron la autoridad de "separar el día de la noche", y de servir "de señales para las estaciones, los días y los años" y de ser "lumbreras en el firmamento celeste para alumbrar sobre la tierra," Génesis 1:14,15.

Jesús dijo de sí mismo, —siendo Él el maravilloso Sol de justicia— "Toda potestad me es dada en el cielo y en la tierra." Mateo 28:18 y de sus discípulos dice la Escritura que Jesús les impartió autoridad: "Entonces, llamando a sus doce discípulos, les dio autoridad sobre los espíritus impuros, para que los echaran fuera y para sanar toda enfermedad y toda dolencia." "A estos doce envió Jesús, y les dio instrucciones diciendo: [...] predicad, diciendo: "El reino de los cielos se ha acercado"." Mateo 10:1,5,7 Es decir, Jesús dijo para ellos: Ustedes tienen autoridad sobre las tinieblas, disípenlas con su luz y brillen en el firmamento como yo brillo, resplandezcan en el cielo sobre la tierra con la misma luz que emana de mi interior, la luz pura del Espíritu, "de gracia recibisteis, dad de gracia." (verso 8). Sí, los discípulos de Cristo representan las estrellas que fueron puestas en el firmamento el cuarto día de la semana literal de la creación.

El número doce y las estrellas en las Escrituras tienen un valor simbólico que hace referencia al pueblo de Dios. José, el hijo de Jacob, tuvo un sueño donde él vio once estrellas, siendo el una más; estas según el mismo Jacob representaban a sus hijos. Estos a su vez son cabeza de cada una de las doce tribus que conformaban el pueblo escogido de Dios. "—He tenido otro sueño. Soñé que el sol, la luna y once estrellas se inclinaban hacia mí. Y lo contó a su padre y a sus hermanos; [...]" —Su padre inmediatamente procedió a declarar su interpretación— "—¿Qué sueño es éste que tuviste? ¿Acaso vendremos yo, tu madre y tus hermanos a postrarnos en tierra ante ti?" Génesis 37:9,10

No por casualidad más por causalidad, Jesús escogió a doce, con el mismo propósito. Aunque fueron muchos más los que le siguieron y le acompañaron durante su ministerio, el número doce debía conservarse en los integrantes del discipulado del Señor. Luego de entregar al Señor y ponerle fin a sus días, Judas dejó una vacante en el grupo de los más cercanos seguidores de Jesús, pero ¿por qué debía ser ocupada esa vacante? Si Jesús ahora ascendería al cielo y si en poco tiempo los discípulos se dispersarían por el mundo por causa de la predicación, ¿qué sentido tenía que uno más se agregara a los doce? Pues la Biblia registra que esa vacante debía ser ocupada en el cuerpo apostólico escogido, esto debía ser solucionado prontamente, es decir, era necesario que el número estuviera completo antes de que se cumpliera la promesa de la venida del Espíritu Santo sobre los discípulos. "Tome otro su oficio. —refirió Pedro— Es necesario, pues, que de estos hombres que han estado juntos con nosotros todo el tiempo que el Señor Jesús entraba y salía entre nosotros, comenzando desde el bautismo de Juan hasta el día en que de entre nosotros fue recibido arriba, uno sea hecho con nosotros testigo de su resurrección. —Y luego de orar para que Dios mostrara quien iba a suceder a Judas— Entonces echaron suertes sobre ellos, y la suerte cayó sobre Matías; y fue contado con los once apóstoles." Hechos 1:20,21,22,24,26

El ministerio apostólico durante el ministerio de Cristo ha sido mal comprendido a través de los siglos. Se habla mucho de la falta de prudencia, de los errores y de los descuidos de los discípulos del Señor. La pregunta que nos deberíamos plantear es: ¿acaso pueden las estrellas brillar en el alto cielo a plena luz del día? ¿percibiríamos su luz? Es claro que no, la luz que proviene del sol lo imposibilita. De igual manera era imposible que los discípulos brillaran en sabiduría, poder y servicio. Mientras Jesús estuviera cerca de ellos su pequeñita luz, aunque iría creciendo, sería opacada completamente por la del Astro mayor.

La constante aparente imprudencia de Pedro, el anhelo de supremacía de los hijos del trueno, o la incredulidad de Tomás debían revelarse para evidenciar el poder creador y transformador de Jesús. El hecho de resaltar los defectos del carácter de los doce en las Escrituras, no es otra cosa que la exposición pública de parte del proceso de su formación, con el propósito de darnos esperanza. En cada impertinencia de los discípulos brilló la sabiduría y el amor de Cristo, ¿qué sería de nosotros si estos humildes seguidores no se hubieran mostrado tal y como eran en presencia de su Maestro? Si opuesto a esto, en la Biblia solo se hablara de seguidores previa y perfectamente educados y preparados para el servicio en cualquier área y circunstancia de la vida. Pobres de nosotros hombres y mujeres cargados de defectos y errores, no podríamos mirar con esperanza hacia el futuro.

Sin haber descendido aun la lluvia poderosa del Espíritu Santo y en presencia de Jesús, estos hombres solo podían ser lo que fueron. Seres humanos temerosos, incrédulos y débiles. En muchas ocasiones las Palabras de Cristo estuvieron veladas a propósito para ellos, milagros como el de la alimentación a los cinco mil fue completamente malinterpretado, pues como el pueblo de Israel en general, los discípulos esperaban que Jesús asumiera el trono de David y les librara del yugo romano. La cruz, aunque anunciada muchas veces por Jesús, les tomó por sorpresa y derrumbó sus sueños. Con la muerte de Cristo, murió también la esperanza de los doce; su fe se derritió, y la ambición que tantas veces les vistió, se rasgó, —como lo harían las hojas de higuera que vistieron nuestros primeros padres— ante un leve soplo del viento, de la misma forma que lo hizo el velo del templo de Jerusalén. Su camino, aunque alumbrado por el Sol eterno, se vislumbraba por la oscuridad de su entendimiento.

Pero Aquel que ve el fin desde el principio había dedicado tres años y medio en la educación de estos hombres, no había visto en ellos ningún atributo especial; sabía Cristo de lo que es capaz de llegar a ser una persona cuando le permite hacer parte de su vida. De Juan uno de los dos hermanos a quienes Jesús llamó "hijos del trueno" y quien más tarde fue llamado "el discípulo amado", la pluma inspirada dice: "Juan no poseía por naturaleza la belleza de carácter que reveló en su postrer experiencia. Tenía defectos graves. No solamente era orgulloso, pretencioso y ambicioso de honor, sino también impetuoso, resintiéndose por la injusticia. Él y su hermano eran llamados "hijos del trueno." Mal genio, deseo de venganza, espíritu de crítica, todo eso se encontraba en el discípulo amado. Pero, debajo de ello el Maestro divino discernía un corazón ardiente, sincero y amante. Jesús reprendió su egoísmo, frustró sus ambiciones, probó su fe, y le reveló aquello por lo que su alma suspiraba: la hermosura de la santidad, el poder transformador del amor." HA p.430

Jesús dijo: "Yo soy el camino [...]" (Juan 14:16), y ese fue el sendero que recorrieron los discípulos. La más grande prueba que estos hombres enfrentaron no fue la persecución que por la causa eterna experimentaron, fue la dura batalla contra sus propias pretensiones; estas eran el nido de su temor, incredulidad y fuente de sus continuos desatinos. No hay en esto diferencia entre aquellos hombres y nosotros; hace falta despojarnos de nuestros planes, ambiciones y deseos, ponerlos sobre el altar de Cristo y abandonarnos en sus brazos. No hay manera de fracasar si Aquel que nos sostiene de su mano derecha es Omnipotente.

No obstante sus defectos, los más cercanos seguidores de Cristo, hicieron la parte que les correspondía, ante el llamado de Cristo, decidieron seguirle. Aseguraron con ello la incesante permanencia de Jesús en su corazón, ni uno solo de los días que caminaron en el mundo, después de aceptar al Salvador, estuvieron solos. Uno Invisible los acompañó durante todo el recorrido de sus vidas. Mientras estuvieron sentados a los pies de su Maestro, fueron imperceptiblemente transformados a la imagen de Aquel a quien contemplaban. El mayor milagro que Jesús realizó en la tierra no fue el de caminar sobre las furiosas olas del mar o el de levantar un muerto, esto era muy fácil para Aquel que es la fuente de la vida; el mayor y más portentoso milagro fue el de cambiar un corazón frio y duro por uno ardiente y limpio. Arrancar un corazón de piedra e implantar uno de carne. "Y les daré otro corazón y pondré en ellos un nuevo espíritu; quitaré el corazón de piedra de en medio de su carne y les daré un corazón de carne, para que anden en mis ordenanzas y guarden mis decretos y los cumplan, y sean mi pueblo y yo sea su Dios." Ezequiel 11:19,20. Un corazón en el cual el mismo Hijo de Dios pueda habitar.

No parecía que estos doce escogidos hicieran mucho esfuerzo para imitar a Jesús y sin embargo al final de sus vidas la imagen de Dios había sido recreada en cada uno de ellos, por supuesto con la excepción de Judas.

"Es una ley del espíritu humano que nos hacemos semejantes al objeto que contemplamos." PP p.70 No tiene otra explicación el resultado de la obra que se vio en la vida de los apóstoles. El tiempo diario de convivencia estrecha con el Señor de la vida, resulto inevitablemente en la transformación de su carácter. La manifestación de las obras de misericordia por parte de Cristo hacia los más necesitados, la represión al mal, la profundidad de la sabiduría que brotó de sus labios, todo esto y muchos atributos que en primera fila contemplaron de su Maestro, despertó en sus corazones un deseo de vivir sus vidas como la vivió Él. Por supuesto que ese resultado no fue producido de un día para el otro; en muchas ocasiones se vieron chasqueados por su corta comprensión de las realidades eternas. El poder que transforma las mentes es invisible al ojo humano pero sus resultados son tan reales, como lo es el nacimiento diario del sol en el horizonte.

Podemos describir la metamorfosis de los apóstoles con las palabras de la inspiración: "Como el viento es invisible y, sin embargo, se ven y se sienten claramente sus efectos, así también obra el Espíritu de Dios en el corazón humano. El poder regenerador, que ningún ojo humano puede ver, engendra una vida nueva en el alma; crea un nuevo ser conforme a la imagen de Dios.

Aunque la obra del Espíritu es silenciosa e imperceptible, sus efectos son manifiestos. Cuando el corazón ha sido renovado por el Espíritu de Dios, el hecho se revela en la vida.

Si somos de Cristo, nuestros pensamientos están con Él y le dedicamos nuestras más gratas reflexiones. Le hemos consagrado todo lo que tenemos y somos. Anhelamos ser semejantes a Él, tener su Espíritu, hacer su voluntad y agradarle en todo." CC pp. 57,58

Veamos como a partir de la experiencia de Cristo, la luz que hizo de los apóstoles el símbolo de las estrellas creadas el cuarto día de la semana literal de la creación. El sacrificio y específicamente la sangre de Cristo revela el valor de la luz e hizo de la experiencia apostólica una realidad en la revelación de los símbolos de Génesis Uno.

LA LUZ QUE BROTÓ DE LAS SIENES DE CRISTO

Entendemos pues que Cristo es la representación del Sol y los doce apóstoles de las estrellas; estudiamos que los atributos de luz, calor y energía que se manifestaron primero en la vida de Cristo y posteriormente en la de los doce, tenía como originador al Espíritu Santo, quien habitaba plenamente en sus corazones; sin embargo, es importante resaltar el evento que inmortalizó la obra de cada uno de ellos.

Si el plan de la redención y el primer sacrificio cumplen la representación simbólica de la luz que iluminó los primeros tres milenios de la historia humana, el cuarto milenio que representa la colocación de la principal fuente de luz en el cielo, debe cumplir el simbolismo en la consumación del plan. Es decir, el sacrificio de Cristo en la cruz fue la luz brillando en lo más alto del cielo para iluminar toda la tierra. Repasemos el concepto de la definición bíblica de la vida para que podamos ver con mayor claridad el significado de la luz.

Génesis 9:4,5 dice: "Pero carne con su **vida**, que es su **sangre**, no comeréis, porque ciertamente demandaré la sangre de vuestras vidas; de manos de todo animal la demandaré, y de manos del hombre. A cada hombre demandaré la vida de su prójimo." Es decir, la sangre es la vida de los hombres. Además, el rey Salomón bajo el poder de la inspiración nos da otra ilustración con respecto a la analogía que hay entre la vida y la sangre; en uno de sus proverbios escribió: "Sobre toda cosa que guardes, guarda tu corazón, porque de él mana la vida." Proverbios 4:23 Sabemos que el corazón es un órgano muscular cuya función es bombear la sangre a través de los vasos sanguíneos del organismo. En el contexto del tema que estamos trabajando podemos hallar el valor que da Salomón a la vida comparándola con la sangre.

Juan 1:14 dice de Cristo: "En él estaba **la vida** y **la vida era la luz** de los hombres." Por lo tanto, la sangre es la vida y la vida es la luz. "Otra vez Jesús les habló, diciendo: —Yo soy **la luz** del mundo; el que me sigue no andará en tinieblas, sino que tendrá **la luz de la vida**." Juan 8:12. Cuando la Palabra de Dios resalta que Jesús murió —dio su vida— por nuestros pecados y por ello nos justificó delante del Padre, el concepto según el simbolismo del antiguo pacto recae directamente sobre su sangre; "Y según la Ley, casi todo es purificado con sangre; y sin derramamiento de sangre no hay remisión." Hebreos 9:22 Lo que pone la vida de Cristo y su sangre en el mismo significado de la luz. El apóstol Juan en su evangelio cierra la cadena que unifica estas tres palabras: "[...] si andamos en **luz**, como él está en **luz**, tenemos comunión unos con otros y la **sangre** de Jesucristo, su Hijo, nos limpia de todo pecado." 1 Juan 1:7. Es decir, la manifestación de la luz es la sangre de Cristo en la cruz del Calvario. Confirmamos entonces que espiritualmente las palabras: Luz, vida y sangre son sinónimos.

Con otra visión ahora podemos entender más profundamente las palabras del profeta Malaquías cuando expresó: "Mas para vosotros, los que teméis mi nombre, nacerá el sol de justicia y en sus alas traerá salvación." Malaquías 4:2

Es claro entonces que la sangre del cordero simbólico y el real, es decir, Cristo Jesús, es la luz del mundo; y este gran sacrificio fue el resultado de la obra del Espíritu Santo en el corazón del Hijo de Dios, quien al hacerse hombre vivió y murió para nuestra salvación y pagó con su vida, libre del poder del pecado. "¿Cuánto más la sangre de Cristo, el cual mediante el Espíritu eterno se ofreció a sí mismo sin mancha a Dios, [...]?" Hebreos 9:14

La luz que salvó al mundo, reveló al carácter aborrecible del pecado, desenmascaró al diablo y mostró la pureza del amor eterno del Padre celestial. Aquella luz de vida empezó a brillar con potencia sobre las sienes del Hijo de Dios una noche fría en el huerto de Getsemaní. "—Jesús— Se apartó de ellos a distancia como de un tiro de piedra, y puesto de rodillas oró, diciendo: «Padre, si quieres, pasa de mí esta copa; pero no se haga mi voluntad, sino la tuya.» Entonces se le apareció un ángel del cielo para fortalecerlo. Lleno de angustia oraba más intensamente, y era su sudor como grandes gotas de sangre que caían hasta la tierra." Lucas 22:41-43

"Fue a corta distancia de ellos—no tan lejos que no pudiesen verle y oírle—y cayó postrado en el suelo. Sentía que el pecado le estaba separando de su Padre. La sima era tan ancha, negra y profunda que su espíritu se estremecía ante ella. No debía ejercer su poder divino para escapar de esa agonía. Como hombre, debía sufrir las consecuencias del pecado del hombre. Como hombre, debía soportar la ira de Dios contra la transgresión." DTG p.637

La sangre que salvó a la humanidad de las tinieblas, no fue un pago barato, era la bendita sangre del Dios Creador del universo. De haber fallado en su propósito Cristo se habría visto separado de su Padre para siempre, en Getsemaní este era el pensamiento que agobiaba su alma. La separación que el pecado hace entre Dios y el hombre agudizó el intenso estrés que soporto nuestro amado Salvador. Cristo se hizo pecado. Aunque no conoció pecado se hizo pecado y sufrió el castigo que merecemos. El amor por su Padre y no poder gozar de la plenitud de su presencia, produjo en su corazón una angustia tan grande que solo la sangre podía expresarlo, la sola idea de permanecer separado para siempre de su Padre le robaba el aliento de su alma. Su humanidad no le permitía ver más allá del Getsemaní y tuvo que aferrarse a la fe en su Padre y el amor por los que vino a salvar para soportar el momento más terrible de su vida.

Cristo nació, tuvo que aprender de los libros de la naturaleza, la inspiración y la providencia acerca de su procedencia eterna y celestial. Dejó la gloria que compartía con Dios durante la eternidad, caminó hambriento, sediento, cansado y acechado por el enemigo para encontrar su amada oveja perdida. Sufrió la angustia que ningún hombre de ninguna edad ha sufrido y todo eso por amor a ti y por amor a mí. Puso en riesgo su unión eterna con el Padre por librarnos del castigo eterno. ¿No es eso suficiente para ganarse nuestro corazón?

"¿Qué más podría hacer a mi viña, que yo no haya hecho en ella?" Isaías 54:4

Si, di mi vida, dice el Señor, me hice hombre y dejé en la tierra todo el aliento de mi energía, si entregué hasta la última gota de mi sangre, no me quedó nada, lo di todo porque los amo. ¿Cómo más te lo puedo decir? Dice Jesús el amado Hijo de Dios. ¿Qué parábola te narro? ¿Qué milagro necesitó el hombre que yo no hice? Si levanté los muertos de la tumba, di la vista al ciego, si por mi amor brotó una nueva mano en el pobre que llamaban manco, si caminé sobre las furiosas olas del mar para decirte que no tienes de que preocuparte, que, si yo vencí, tu vencerás porque yo estoy contigo.

Lo que aquella noche estaba en juego retumbaría por todo el universo y hasta la eternidad. Si Cristo vencía recuperaría todos los reinos del mundo y el enemigo sería expulsado para siempre del cielo. Este —Satanás— había recibido acceso al cielo, tomó temporalmente la silla que debía ocupar Adán en el trono del juicio, en la asamblea de los veinticuatro ancianos que reúne a los representantes de los mundos creados por Dios.

"Un día acudieron a presentarse delante de Jehová los hijos de Dios, y entre ellos vino también Satanás. Dijo Jehová a Satanás: —¿De dónde vienes? Respondiendo Satanás a Jehová, dijo: —De rodear la tierra y andar por ella." Job 1:6,7

De manera que esta lucha sería la última oportunidad para el enemigo de las almas. En el desierto había tentado a Cristo a dudar de sí mismo, quien por la fe a la revelación había entendido ser el Hijo de Dios y reconocido sus atributos divinos y eternos. "Si eres Hijo de Dios, [...]" había dicho, poniendo en duda su procedencia, pero un escrito está, en tres ocasiones, fue suficiente para derrotar al rebelde.

"Ahora el tentador había acudido a la última y terrible lucha, para la cual se había estado preparando durante los tres años del ministerio de Cristo. Para él, todo estaba en juego. Si fracasaba aquí, perdía su esperanza de dominio; los reinos del mundo llegarían a ser finalmente de Cristo; él mismo sería derribado y desechado. Pero si podía vencer a Cristo, la tierra llegaría a ser el reino de Satanás, y la familia humana estaría para siempre en su poder." DTG p.638

De las sienes de Cristo estaba brotando la luz que iluminaría al universo por la eternidad. "«Padre, si quieres, pasa de mí esta copa; pero no se haga mi voluntad, sino la tuya.» Lucas 22:42 En estas palabras inspiradas por el Testigo invisible, yace la decisión que salvó a los hijos de la tierra. El Hijo de Dios, Aquel que era igual a Dios, Uno con el Padre por siempre, se sometió a la voluntad de salvación que la Providencia trazó para los hijos de Adán.

CONVICCIÓN

Una vez más y para siempre el diablo fue derrotado. Aunque a partir de las siguientes horas se desenfundó la espada más aguda para lacerar la carne de nuestro Señor Jesús, nada de lo que hiciera Satanás haría mover una micra la decisión del Salvador. Nuevamente la definición de fe se nos da en revelación por acción de una decisión. Nada tuvo que ver con el emocionalismo que define la fe de algunos en la actualidad.

Muchos se preguntan cómo pueden mantener viva su decisión de honrar a Dios con todo su corazón; su motivación inicial es noble e importante y aceptar a Jesús públicamente es en definitiva accionar la llave de la fe que abre las puertas del cielo; pero, permanecer en ese rumbo, seguir en pie en medio de un mundo cambiante y más cuando no existe un corazón humano estable, hace ver el recorrido como un laberinto imposible de superar.

"La guerra contra nosotros mismos es la batalla más grande que jamás se haya reñido. El rendirse a sí mismo, entregando todo a la voluntad de Dios, requiere una lucha; mas para que el alma sea renovada en santidad, debe someterse antes a Dios.

Al consagrarnos a Dios, debemos necesariamente abandonar todo aquello que nos separaría de Él. Por esto dice el Salvador: 'Así, pues, cada uno de vosotros que no renuncia a todo cuanto posee, no puede ser mi discípulo.' Lucas 14:33 Debemos renunciar a todo lo que aleje de Dios nuestro corazón.

No podemos consagrar una parte de nuestro corazón al Señor, y la otra al mundo. No somos hijos de Dios a menos que lo seamos enteramente." CC pp. 43,44

Esa fe que nació como resultado de la decisión de Cristo de someterse a la voluntad de su Padre, le mantuvo firme y seguro durante el terrible camino que prosiguió. Jesús decidió entregar todo, hasta la última gota de su sangre, hasta el último aliento de su vida. Y nosotros, "¿qué abandonamos cuando lo damos todo? Un corazón manchado de pecado, para que el Señor Jesús lo purifique y lo limpie con su propia sangre, para que lo salve con su incomparable amor. Dios no nos pide que renunciemos a cosa alguna cuya retención contribuiría a nuestro mayor provecho. En todo lo que hace, tiene presente el bienestar de sus hijos." CC p.46

La sangre que se abrió paso a causa de la angustia de Cristo, no solo manchó las sienes del Señor, más que esto, selló la salvación de la humanidad. Aunque la ausencia de la simpatía de sus discípulos lacero el corazón del Redentor, aunque el enemigo dibujo delante de Él un futuro oscuro y desalentador, aunque su propio cuerpo atraído por la pesada ley de la gravedad le presionaba contra la tierra y esta se imagen reflejaba el peso del pecado sobre sus hombros, Cristo se mantuvo fiel a su convicción, se aferró fielmente a su propósito, la voluntad del Padre era su único objetivo y aún a pesar de sí mismo la iba a obedecer.

LA REDENCIÓN FUE UNIVERSAL

"El Salvador pisó solo el lagar, y no hubo nadie del pueblo con él. Pero Dios sufrió con su Hijo. Los ángeles contemplaron la agonía del Salvador. Vieron a su Señor rodeado por las legiones de las fuerzas satánicas, y su naturaleza abrumada por un pavor misterioso que lo hacía estremecerse. Hubo silencio en el cielo. Ningún arpa vibraba. Si los mortales hubiesen percibido el asombro de la hueste angélica mientras en silencioso pesar veía **al Padre retirar sus rayos de luz, amor y gloria de su Hijo amado,** comprenderían mejor cuán odioso es a su vista el pecado. Los mundos que no habían caído y los ángeles celestiales habían mirado con intenso interés mientras el conflicto se acercaba a su fin." DTG p.642

En Edén el plan de la redención había sido presentado por el mismo Cristo a Adán y Eva. Sin embargo, en la medida en que este se desarrolló a través de los siglos y el símbolo que prefiguraba el ministerio de Cristo, se desenvolvía, aunque la muerte de los corderos ya revelaba una imagen terrible, el universo solo contempló vagamente el concepto del pecado y sus consecuencias, el verdadero valor de la ley y el carácter misericordioso de Dios. Todo esto era solo una sombra de la realidad que vendría. No fue sino hasta que el Hijo de Dios piso la tierra, que la luz del conocimiento iluminó el entendimiento de los hijos de Dios en toda la extensión de su vasta creación. Este sacrificio no fue solo hecho por el rescate de los hijos de Adán, toda la creación de Dios en el universo era testigo y parte de este gran conflicto, mientras alguna duda en cuanto al carácter, el amor y la justicia de Dios permaneciera en el corazón de cualquiera de sus hijos, la paz del universo durante la eternidad estaría en riesgo.

"Pero el plan de redención tenía un propósito todavía más amplio y profundo que el de salvar al hombre. Cristo no vino a la tierra sólo por este motivo; no vino meramente para que los habitantes de este pequeño mundo acatasen la ley de Dios como debe ser acatada; sino que vino para vindicar el carácter de Dios ante el universo.

El acto de Cristo, de morir por la salvación del hombre, no sólo haría accesible el cielo para los hombres, sino que ante todo el universo justificaría a Dios y a su Hijo en su trato con la rebelión de Satanás. Demostraría la perpetuidad de la ley de Dios, y revelaría la naturaleza y las consecuencias del pecado." PP p.55

A la vista del observador del panorama profético, una vez todas las profecías se han cumplido, es fácil suponer que Cristo no podía haber fallado; todo lo que prefiguró el ministerio terrenal de Cristo antes de su nacimiento, halló perfecto cumplimiento durante su vida en la tierra. Sin embargo, la humanidad del Señor le impidió ver más allá del conocimiento que el Espíritu Santo le impartía cada día.

"Pero el Hijo de Dios se había entregado a la voluntad del Padre y dependía de su poder. Tan completamente había anonadado Cristo al yo que no hacía planes por sí mismo. Aceptaba los planes de Dios para él, y día tras día el Padre se los revelaba. De tal manera debemos depender de Dios que nuestra vida sea el simple desarrollo de su voluntad." DTG p.178

Durante la historia de cuatro mil años que precedieron la encarnación de Cristo, Él mismo, como Dios eterno había guiado a su pueblo, conociendo el pasado y el futuro no solo del tiempo determinado para esta tierra sino de la eternidad a plenitud. Pero helo ahí, el gran Yo Soy, bañado por el rocío de la noche, en una soledad tan inconcebible que maravilló las mentes más vastas de la creación celestial. Derrumbado por el peso del pecado sobre si, desconocía si este misterioso plan le apartaría de su Padre para siempre, mientras sufría por una humanidad que ni siquiera "había podido velar con Él por una hora." Mateo 26:40

SIEMPRE HABRÁ RESPUESTA

"Satanás y su confederación del mal, las legiones de la apostasía, presenciaban atentamente esta gran crisis de la obra de redención. Las potestades del bien y del mal esperaban para ver qué respuesta recibiría la oración tres veces repetida por Cristo. Los ángeles habían anhelado llevar alivio al divino doliente, pero esto no podía ser. Ninguna vía de escape había para el Hijo de Dios." DTG p.643

"Dios nos habla por la naturaleza y por la revelación, por su providencia y por la influencia del Espíritu." CC p.93 El Hijo de Dios había tenido comunión incesante con su Padre por toda la eternidad. Luego de su nacimiento, "sus oraciones silenciosas subían como un precioso incienso ante el trono de la gracia. Satanás nunca pudo vencerlo pues su corazón estaba apoyado en Dios. Nunca vivió un momento en que sintió que era impropio orar a su Padre, la puerta de su corazón estuvo de continuo abierta a su Padre que como hueste celestial venía cada amanecer a morar en Él. Aunque estuvo rodeado de una atmosfera corrompida y mancillada, nunca respiró sus miasmas; antes bien, siempre vivió en el ambiente limpio del cielo. —Este último párrafo ha sido parafraseado del libro "El Camino a Cristo" pp. 99,100—

No hubo una sola oración que su Padre no le contestara. Siempre aceptó su respuesta con humildad y sumisión, entendiendo que Aquel que le guiaba era sabio y poderoso para hacer todas las cosas mucho más abundantemente de lo que pedía o entendía. Efesios 3:20. La frase "hágase tu voluntad" Mateo 26:42 que selló en tres ocasiones la oración que Cristo elevó a su Padre no fue ocasional o circunstancial, era el constante razonamiento de su mente, siempre había dado los mejores resultados y esta vez no sería la excepción.

"En esta terrible crisis, cuando todo estaba en juego, cuando la copa misteriosa temblaba en la mano del Doliente, los cielos se abrieron, una luz resplandeció de en medio de la tempestuosa obscuridad de esa hora crítica, y el poderoso ángel que está en la presencia de Dios ocupando el lugar del cual cayó Satanás, vino al lado de Cristo. No vino para quitar de su mano la copa, sino para fortalecerle a fin de que pudiese beberla, asegurado del amor de su Padre. Vino para dar poder al suplicante divino-humano. Le mostró los cielos abiertos y le habló de las almas que se salvarían como resultado de sus sufrimientos. Le aseguró que su Padre es mayor y más poderoso que Satanás, que su muerte ocasionaría la derrota completa de Satanás, y que el reino de este mundo sería dado a los santos del Altísimo. Le dijo que vería el trabajo de su alma y quedaría satisfecho, porque vería una multitud de seres humanos salvados, eternamente salvos." DTG p.643

Es posible que haya momentos en tu experiencia cuando has sentido que estas solo y que tu Padre que está en los cielos no está cerca de ti. Es muy probable que mires a todas las direcciones y no veas nada, que rodeado de tinieblas sientas que este es el fin; puede que el proceso que se avecina tenga un muy mal aspecto; pero esa no es la realidad de la vida, es solo la limitación de tu mirada. Hay un Vigilante Invisible que más allá de tu presente puede discernir la luz a través de las tinieblas. Él quiere compartir el don de la vista contigo. Jesús quiere que, al abrir los ojos de la fe, puedas reconocer que no estás solo, Él quiere revelarse a sí mismo en tu vida. Muy seguramente ya has tenido esa experiencia en varias ocasiones y sin embargo no piensas que al igual que en esas oportunidades también saldrás adelante. No des oportunidad a que tu mente se sumerja en angustia, en la depresión o en la incredulidad. Recuerda: "Guarda silencio ante Jehová y espera en él." porque "[...] los mansos heredarán la tierra y se recrearán con abundancia de paz." Salmos 37:7,11

LA CONFESIÓN

La hora del sacrificio llegó y el Hijo de Dios se entregó a manos de pecadores. Nadie lo llevó. Él se ofreció. El Señor era consciente de lo que podría sufrir a manos de hombres inundados por el espíritu de las tinieblas. Era indudable que las legiones del mal se ensañarían contra su cuerpo. No obstante, la injusticia que constantemente hace hervir el corazón humano, no consiguió levantar una mínima ola en las apacibles aguas de la mente del Salvador. Golpes iban y golpes venían, burlas rayaban el ambiente, insultos le cubrieron toda aquella noche de atropello e ilegalidad, primero ante Anás y más adelante frente al débil Caifás.

"El que podría haber condenado a sus enemigos a muerte, soportó su crueldad. Su amor por su Padre y el compromiso que contrajera desde la creación del mundo, de venir a llevar el pecado, le indujeron a soportar sin quejarse el trato grosero de aquellos a quienes había venido a salvar. Era parte de su misión soportar, en su humanidad, todas las burlas y los ultrajes que los hombres pudiesen acumular sobre él. La única esperanza de la humanidad estribaba en esta sumisión de Cristo a todo el sufrimiento que el corazón y las manos de los hombres pudieran infligirle." DTG p.650

El orgullo del Sanedrín en cabeza de Anás y Caifás era herido por el porte noble y seguro de Cristo, el silencio del Cordero de Dios era más elocuente que la suma de todas las insensatas acusaciones de sus adversarios. Una y otra vez se estrellaban chasqueados contra el muro de la vida recta del Salvador. Si querían prosperar en su propósito de deshacerse de Jesús, no había otra salida que hacerse a la mentira. Pero ni aún los testigos falsos fueron suficientes para hallarlo culpable. Hasta para ello necesitaron de la ayuda de Cristo.

Estaban perdiendo el caso, el desespero les quemaba las entrañas, necesitaban una declaración de Cristo de donde poder asirse para cumplir con su objetivo. La pasividad y calma con las cuales Jesús les hacía frente les tenía bien sujetos al asta del fracaso. Solamente vieron una puerta de avance cuando Caifás utilizado por el diablo se dirigió a Cristo:

"—Te conjuro por el Dios viviente que nos digas si eres tú el Cristo, el Hijo de Dios." Mateo 26:63

"Cristo no podía callar ante esta demanda. Había tiempo en que debía callar, y tiempo en que debía hablar. No habló hasta que se le interrogó directamente. Sabía que el contestar ahora aseguraría su muerte. Pero la demanda provenía de la más alta autoridad reconocida en la nación, y en el nombre del Altísimo. Cristo no podía menos que demostrar el debido respeto a la ley. Más que esto, su propia relación con el Padre había sido puesta en tela de juicio. Debía presentar claramente su carácter y su misión. Jesús había dicho a sus discípulos: "Cualquiera pues, que me confesare delante de los hombres, le confesaré yo también delante de mi Padre que está en los cielos." Mateo 10:32 Ahora, por su propio ejemplo, repitió la lección."

"—Tú lo has dicho. Y además os digo que desde ahora veréis al Hijo del hombre sentado a la diestra del poder de Dios y viniendo en las nubes del cielo." Mateo 26:64

"Por un momento la divinidad de Cristo fulguró a través de su aspecto humano. El sumo sacerdote vaciló bajo la mirada penetrante del Salvador. Esa mirada parecía leer sus pensamientos ocultos y entrar como fuego hasta su corazón. Nunca, en el resto de su vida, olvidó aquella mirada escrutadora del perseguido Hijo de Dios." DTG pp.653,654

Nadie que un día se encuentra cara a cara con el Hijo de Dios, es igual después, así como es imposible mirar directamente al sol y no sentir que el poder de su luz ciega los ojos, el solo acto de pasar frente a Cristo o frente a su cruz, deja una huella indeleble en la existencia. "[...] sus ojos, como llama de fuego, su voz como el estruendo de muchas aguas, de su boca salía una espada aguda de dos filos y su rostro era como el sol cuando resplandece con toda su fuerza." Apocalipsis 1:14,15,16

No, Jesucristo no era un hombre común, era Dios hecho hombre, el sonido de sus humildes sandalias caminando bajo el sol desgarrador del desierto partió la historia de la humanidad en dos. El poder de su Palabra hizo temblar y huir a la misma muerte y por su sangre recibieron vida miles de todas las generaciones. No, mi Jesús no era un humilde carpintero y nada más, detrás de esa madera con la que se vistió, brillaba el oro cristalino de la joya más preciosa del universo. El juicio, el poder y la gloria son suyos por toda la eternidad. Amén.

"Despreciado y desechado entre los hombres, varón de dolores, experimentado en sufrimiento; y como que escondimos de él el rostro, fue menospreciado y no lo estimamos. Ciertamente llevó él nuestras enfermedades y sufrió nuestros dolores, ¡pero nosotros lo tuvimos por azotado, como herido y afligido por Dios! Mas él fue herido por nuestras rebeliones, molido por nuestros pecados.

Por darnos la paz, cayó sobre él el castigo, y por sus llagas fuimos nosotros curados.

Todos nosotros nos descarriamos como ovejas, cada cual se apartó por su camino; mas Jehová cargó en él el pecado de todos nosotros.

Angustiado él, y afligido, no abrió su boca; como un cordero fue llevado al matadero; como una oveja delante de sus trasquiladores, enmudeció, no abrió su boca." Isaías 53:3-7

EL PICO MÁS ALTO DEL PLAN DE LA REDENCIÓN

Y, "Cuando llegaron al lugar llamado de la Calavera, le crucificaron allí, [...]" Lucas 23:33

Las expresiones "sea la luz" y "y fue la luz" cumplen su representación en la historia de los hijos de la tierra, entre dos eventos, estos son: El concilio de Dios que dio inicio al desarrollo del plan de la redención inmediatamente después de que Adán y Eva cometieron el acto de desacato y el sacrificio que ofreció Abel consumido por el fuego que llovió Dios del cielo. De la misma manera la crucifixión de Cristo es la representación de las palabras "Y fue así" para el caso de la creación del astro mayor el cuarto día de la semana literal de la creación descrito en Génesis 1:15.

"Dios es luz; y en las palabras: 'Yo soy la luz del mundo' Cristo declaró su unidad con Dios, y su relación con toda la familia humana. Era él quien al principio había hecho "que de las tinieblas resplandeciese la luz." 2 Corintios 4:6 **Él es la luz del sol, la luna y las estrellas. Él era la luz espiritual que mediante símbolos, figuras y profecías, había resplandecido sobre Israel.** Pero la luz no era dada solamente para los judíos. Como los rayos del sol penetran hasta los remotos rincones de la tierra, **así la luz del Sol de justicia brilla sobre toda alma.**" DTG p.429

Cuando la luz de Cristo resplandecía sobre la cruz, todos los símbolos respecto al pago de nuestros pecados registrados en el relato del Antiguo Testamento se cumplieron. El sol dejó de brillar porque Jesús era la verdadera luz que venía a este mundo. Por tres horas la tierra se vistió de tinieblas y solo la luz espiritual de la cruz mantuvo la vida de este planeta. Aquel que con la luz de su rostro iluminó la tierra los primeros tres días de la creación, el mismo que era representado por un cordero espiritualmente los tres primeros milenios de la historia humana, fue suficiente y única luz cuando al medio día el astro mayor se apagó. El cordero huyó, el velo se rasgó y el sol desapareció, todo esto para dar cumplimiento al pico más alto del plan de la Redención. En la cruz de Cristo estaba la luz y la vida de los hombres. Aquel instante que para muchos fue tinieblas y confusión, para el ejército del cielo y para las generaciones futuras en la tierra, es la representación de la justicia, la gracia y el almacén que contiene: la luz, el calor y la energía que el universo necesita para conservar la vida.

"Aquella gran luz que su propia mano había puesto en los cielos era una representación más verdadera de la gloria de su misión." DTG p.428

No cabe la menor duda de que la representación de Génesis uno, se cumple a cabalidad en la historia de nuestro planeta, esta es la profecía más extensa de toda la revelación, la obra de la creación en siete días literales es la más profunda expresión de la mente del Dios que creó, sostiene y rige el universo. Esta profecía está escrita en los dos lenguajes de la Providencia: la revelación escrita y la naturaleza.

La Providencia Divina es el libro que desde la infinita eternidad reposa en las manos del Padre y cuyos siete sellos representados en siete días, solo la luz proveniente del Cordero, el Sol de justicia, puede abrir.

LA HISTORIA DE LAS PROVIDENCIAS DE DIOS, LA HISTORIA PROFÉTICA DE LAS NACIONES Y LA IGLESIA

"Vi en la mano derecha del que estaba sentado en el trono un libro escrito por dentro y por fuera, sellado con siete sellos. Y vi un ángel poderoso que pregonaba a gran voz: «¿Quién es digno de abrir el libro y desatar sus sellos?» Pero ninguno, ni en el cielo ni en la tierra ni debajo de la tierra, podía abrir el libro, ni siquiera mirarlo. Y lloraba yo mucho, porque no se hallaba a nadie que fuera digno de abrir el libro, ni siquiera de mirarlo. Entonces uno de los ancianos me dijo: «No llores, porque el León de la tribu de Judá, la raíz de David, ha vencido para abrir el libro y desatar sus siete sellos.»" Apocalipsis 5:1-5

"Allí, en su mano abierta, yacía el libro, el rollo de la historia de las providencias de Dios, la historia profética de las naciones y la iglesia. Aquí estaba contenida las declaraciones divinas, su autoridad, sus mandamientos, sus leyes, todo el consejo simbólico del eterno y la historia de todos los poderes gobernantes en las naciones. En lenguaje simbólico estaba contenido en ese rollo la influencia de cada nación, lengua y gente desde el comienzo de la historia de la tierra hasta su final." Manuscript Releases, Vol. 9 [N. 667]

Esta declaración de la pluma inspirada revela con completa claridad las características del libro que estaba en la mano del que estaba sentado en el trono, ese libro estaba escrito por dentro y por fuera y además tenía siete sellos.

Los capítulos uno y dos de Génesis cumplen a cabalidad con todas las características de esta descripción. El espíritu de profecía dice que el libro contiene "la historia de las providencias de Dios, la historia profética de las naciones y la iglesia." ¿No es acaso ese el tema central de este estudio? ¿No hemos visto como en lenguaje simbólico Dios escribió en cada uno de los días de la semana literal de la creación la historia profética del mundo y de su iglesia? En el primer capítulo de la Santa Biblia, Dios diseñó los planos de todos los eventos que magistralmente estructuraron la historia de las naciones. La belleza de la creación y la profundidad de sus significados en cuanto a su desarrollo y los propósitos de servicio y producción están ligados a las letras de la Sagrada Escritura y a los acontecimientos que se desenvuelven en la vida de cada hombre.

"Nuestro Salvador entrelazó sus preciosas lecciones con las cosas de la naturaleza. Los árboles, los pájaros, las flores de los valles, las colinas, los lagos y los hermosos cielos, así como los incidentes y las circunstancias de la vida diaria, fueron todos ligados a las palabras de verdad, para que así sus lecciones fuesen traídas a menudo a la memoria, aun en medio de los cuidados de la vida de trabajo del hombre." CC p.85

La Palabra de Dios a partir del capítulo tres de Génesis y hasta el último capítulo del libro de Apocalipsis, relata los eventos que rodearon la vida del hombre después de su creación y como una cadena, el último eslabón visible de su extensión entra por las puertas de la eternidad futura. Los capítulos uno y dos de Génesis hasta hoy han sido la respuesta al cuestionamiento que la humanidad ha hecho con respecto al origen de la vida y de los elementos que conservan la existencia en la tierra. Sin embargo, como hemos estudiado, el ojo que todo lo ve y la mano que todo lo puede, redactaron e impregnaron de historia y significado toda la creación.

"A cada nación que subió al escenario de acción se le permitió ocupar su lugar en la tierra, para que pudiese determinarse si iba a cumplir los propósitos del Vigilante y Santo.

A orillas del río Chebar, Ezequiel contempló un torbellino que parecía venir del norte, 'una gran nube, con un fuego envolvente, y en derredor suyo un resplandor, y en medio del fuego una cosa que parecía como de ámbar.' Cierto número de ruedas entrelazadas unas con otras eran movidas por cuatro seres vivientes. Muy alto, por encima de éstos 'veíase la figura de un trono que parecía de piedra de zafiro; y sobre la figura del trono había una semejanza que parecía de hombre sentado sobre él.' 'Y apareció en los querubines la figura de una mano humana debajo de sus alas.' Ezequiel 1:4, 26; 10:8. Las ruedas eran tan complicadas en su ordenamiento, que a primera vista parecían confusas; y sin embargo se movían en armonía perfecta. Seres celestiales, sostenidos y guiados por la mano que había debajo de las alas de los querubines, impelían aquellas ruedas; sobre ellos, en el trono de zafiro, estaba el Eterno; y en derredor del trono, había un arco iris, emblema de la misericordia divina.

Como las complicaciones semejantes a ruedas eran dirigidas por la mano que había debajo de las alas de los querubines, el complicado juego de los acontecimientos humanos se halla bajo el control divino. En medio de las disensiones y el tumulto de las naciones, **el que está sentado más arriba que los querubines, sigue guiando los asuntos de esta tierra.**" PR p. 393

Es cierto que las profecías bíblicas hablan específicamente de algunas naciones e imperios; sin embargo, ninguno de los acontecimientos que ha visto su origen en la tierra ha estado fuera de los límites que la Providencia de Dios trazó. La libertad de conciencia del hombre ha sido respetada en su totalidad. No obstante, el Arquitecto de nuestra existencia puso muros de contención que nadie puede traspasar, aunque en su libertad de expresión y en medio de su inclinación al mal, el hombre ha intentado sobrepasar las fronteras de lo permitido, Dios ha sido suficientemente claro con respecto a su autoridad. Casos como el diluvio, las ciudades de la llanura, la torre de Babel o la experiencia misma del rey Belsasar, muestran que él hombre es libre para escoger el camino que va a recorrer, pero Dios decide cuan larga es la distancia que se le permite avanzar.

La historia de la humanidad desde Adán, hasta el momento en que Jesús aparezca en las nubes de los cielos, ha sido sostenida y guiada por una mano Invisible que nunca ha perdido el control.

"La historia de las naciones nos habla a nosotros hoy. Dios asignó a cada nación e individuo un lugar en su gran plan. Hoy los hombres y las naciones son probados por la plomada que está en la mano de Aquel que no comete error. Por su propia elección, cada uno decide su destino, y Dios lo rige todo para cumplir sus propósitos.

Al unir un eslabón con otro en la cadena de los acontecimientos, desde la eternidad pasada a la eternidad futura, las profecías que el gran YO SOY dio en su Palabra nos dicen dónde estamos hoy en la procesión de los siglos y lo que puede esperarse en el tiempo futuro. Todo lo que la profecía predijo como habiendo de acontecer hasta el momento actual, se lee cumplido en las páginas de la historia, y podemos tener la seguridad de que todo lo que falta por cumplir se realizará en su orden." PR pp.393, 394

En la explicación del texto de Apocalipsis 5 con respecto al libro escrito por dentro y por fuera, el espíritu de la profecía también declara: "[...] Aquí estaba contenida las declaraciones divinas, su autoridad, [...]" Ningún otro pasaje de la Escritura describe tanto acerca de la obra de Dios, como lo hace Génesis uno; absolutamente todo lo que ocurre allí, señala a Dios como su autor, y esa autoría es el fruto de sus declaraciones, es decir, mediante el poder de su Palabra. Tratar de resaltar los pasajes que ubican a Dios como Creador de la tierra y su contenido es prácticamente hacer una transcripción completa del capítulo uno de Génesis. En el contexto histórico, en los significados de los símbolos de este capítulo, no podemos menos que ver la intervención divina en cada evento desarrollado en la tierra. Hombres escogidos, la misma naturaleza actuando de manera magistral y prodigiosa, la revelación escrita y hasta el mismo Dios haciéndose hombre, confirman su continua intervención en la construcción y guía de las ocasiones de todos los siglos.

El texto continúa diciendo "[…] sus mandamientos, sus leyes, todo el consejo simbólico del eterno […]" Como estudiamos páginas atrás, en la representación del árbol del conocimiento del bien y el mal, plantado el tercer día de la creación encontramos la figura de la ley eterna de Dios y en la declaración: "Dijo Dios: «sea la luz»" Génesis 1:3 se encuentra el consejo simbólico, el eterno sello del pacto que dio paso a la liberación del hombre y que conocemos como "EL PLAN DE LA REDENCIÓN".

El texto también menciona que el contenido está escrito en lenguaje simbólico y que además de estar escrito por dentro y por fuera tiene siete sellos.

Estas características se pueden apreciar claramente en los dos lenguajes que empleó la Providencia. El capítulo uno de Génesis traza las líneas que limitaran todos los eventos durante el desarrollo de la historia humana. De manera simbólica los dos lenguajes de la Providencia anuncian el plan de la salvación, su consumación, revelan el carácter de Dios y en perfecta armonía declaran la profundidad de su ilimitado poder, sabiduría e inteligencia.

Estos dos lenguajes de la Providencia son: las Sagradas Escrituras, que representan la escritura interna del rollo y el libro de la naturaleza que representa el texto externo del mismo. Estos dos libros, el de la revelación y el de la naturaleza son la evidencia más concluyente acerca del propósito de Dios para con los hombres. Allí se pueden leer en lenguaje humano, descifrados los códigos de su amor, su poder y su justicia. Además, de todos los aspectos que constituyen los frutos de su carácter, es decir, las leyes relativas al servicio, el orden, la producción y la vida.

"Dios se nos ha revelado en su Palabra y en las obras de la creación. Por el libro de la inspiración y el de la naturaleza hemos de obtener un conocimiento de Dios." PP p.646

"[...] el libro de la naturaleza y la Palabra escrita se iluminan mutuamente." PP p.94

"Además de la Palabra escrita, [Jesús] estudiaba el libro de la naturaleza, hallando deleite en las hermosas cosas de su propia creación." Consejos para los Maestros (CM) p.170

El misterio de porqué sólo el Cordero es digno de desatar los sellos del rollo, lo reveló Cristo mismo cuando en su ministerio terrenal declaró: "» Todas las cosas me fueron entregadas por mi Padre; y nadie conoce al Hijo, sino el Padre, **ni nadie conoce al Padre, sino el Hijo y aquel a quien el Hijo se lo quiera revelar.**" Mateo 11:27

El asunto que custodia el rollo que contiene las providencias de Dios, no es algo diferente a la revelación del carácter justo del Padre por medio de la manifestación de su Hijo, la justicia de su ley, el plan de la salvación del hombre y la herencia de los redimidos. En el conocimiento de Aquel que por su Palabra creó el mundo y todo lo que en él hay, reposa la plenitud del desarrollo de todas las facultades del ser humano. La revelación de Dios que Jesucristo presentó a la humanidad es en sí misma la vida, la felicidad, la ciencia, la sabiduría, la inteligencia, la paz y la fortaleza que los hijos de la tierra buscan en todas las direcciones sin poder encontrar. Estos privilegios que, mediante el conocimiento de Dios, el Eterno otorga a los hombres, yacen en el borde del manto del Maestro de Nazaret, en las manos del Carpintero, en el trueno poderoso de su voz, es más pequeño que un grano de mostaza, tiene el poder de perpetuar la vida y es reconocido en el lenguaje de los hombres como la fe.

En conclusión, el contenido del rollo se abrió en el instante en que la cruz fue levantada, el carácter de Dios fue revelado a los hombres y la máscara de Satanás se derritió ante su luz. Solamente el Cordero de Dios podía mediante su sacrificio mostrar el verdadero carácter del Padre, nadie en el cielo ni en la tierra era digno de abrir el libro y desatar sus sellos, esta era una facultad exclusiva del León de la tribu de Judá. La luz que emana de la cruz de Cristo resplandeció sobre el libro, pero solo hasta el tiempo del fin sus sellos serían desatados. Cada uno de los siete sellos contiene un periodo especial del desarrollo de la historia humana, solamente el pueblo al que se le otorgó el verdadero conocimiento del desarrollo profético de la Palabra de Dios, tiene la facultad de comprender el contenido de lo que custodian los sellos. Para ello es indispensable el estudio de los dos libros que la mano de la Providencia eterna escribió.

EL CORDÓN DE TRES DOBLECES

La Santa Biblia y el espíritu de la profecía son la llave que abre la puerta del conocimiento de Dios en el tiempo del fin. Igual a como se presenta en las Escrituras desde Génesis hasta el Apocalipsis, el espíritu de la profecía desenrolla la madeja de la historia de la humanidad por medio de cinco libros que revelan detalles particulares y especiales del actuar de Dios a través de los siglos. Por medio de los libros: Patriarcas y Profetas, Profetas y Reyes, El Deseado de Todas las Gentes, Hechos de los Apóstoles y El conflicto de los Siglos, Dios reforzó el hilo que conserva su obra en la tierra durante el desarrollo de todos los acontecimientos en ella. Este segundo hilo, —los escritos de la sierva del Señor—, está entretejido con la misma sustancia de la revelación, es decir, con la Palabra de Dios, para direccionar un pueblo especial durante el desarrollo de los eventos finales. La luz menor como se denomina a los escritos de la escogida de Dios, ilumina el sendero que desemboca en el día de la victoria de los redimidos, el gran día de la gloria de nuestro Señor Jesucristo. Mirando desde esta óptica, la oportuna intervención del Espíritu Santo en el tiempo del fin, tenemos un panorama muy claro con respecto a los eventos que se avecinan. Sin duda alguna podemos estar seguros que Dios sigue al control de los tiempos, las ocasiones y del avance de su iglesia.

Estos dos elementos, la Palabra de Dios y el Espíritu de la profecía son la pieza más importante del conocimiento profético, sin embargo, aun hace falta el tercer hilo que se extendió para reforzar la confianza del hombre en el Dios todo poderoso, uno que representa otra maravillosa evidencia del amor de Dios por el hombre, me refiero al libro de la naturaleza. Estos tres elementos forman la cuerda extendida desde el cielo a la tierra para que los hijos de Dios en el tiempo del fin, avancen seguros en su camino al cielo. "A uno que prevalece contra otro, dos lo resisten, pues cordón de tres dobleces no se rompe pronto." Eclesiastés 4:12

El significado profundo de la naturaleza surge del conocimiento previo de la Palabra de Dios. La Biblia y la naturaleza revelan de continuo la forma de pensar de Dios, pero no como describe la idolatra creencia del panteísmo que sugiere que todo es Dios, ni tampoco como la ignorancia de la superstición lo quiere presentar, sino que estos dos libros son la expresión de su gran poder, la exposición de su sabiduría, la obra de sus manos, la revelación de su inteligencia. La Escritura nos habla de Cristo y la naturaleza tiene su Nombre escrito en cada célula; en Él, en Jesús, se resuelven todos los misterios de la ciencia y la sabiduría. La luz que brota de la cruz de Cristo, es la vida y el sustento de toda la creación, en ella por toda la eternidad descansará el alma de los hijos de la tierra que, al mirar las cicatrices de sus manos, doblaran sus rodillas en agradecimiento y loor.

LA LUZ QUE EMANA DE LA CRUZ

"Y como vinieron al lugar que se llama de la Calavera, le crucificaron allí." Lucas 23:33

"'Para santificar al pueblo por su propia sangre, —Cristo— padeció fuera de la puerta.' Hebreos 13:12 Por la transgresión de la ley de Dios, Adán y Eva fueron desterrados del Edén. Cristo, nuestro substituto, iba a sufrir fuera de los límites de Jerusalén." DTG p.690

En este párrafo, Ellen G White, inspirada por el Espíritu Santo presenta nuevamente una analogía entre el jardín del Edén y Jerusalén y agrega una nueva: Jesús y Adán. En la cruz, Cristo estaba recuperando la posición que perdió Adán, "pues por cuanto la muerte entró por un hombre, también por un hombre la resurrección de los muertos. Así como en Adán todos mueren, también en Cristo todos serán vivificados." 1 Corintios 15:21,22

La luz del sacrificio ofrecido por el Hijo de Dios, iluminó hasta el rincón más remoto del universo. Mientras que para los hijos de la tierra aún quedarían dos días, —según la perspectiva de Dios— para estudiar a la luz de la cruz, la profundidad de los efectos del pico más elevado del ministerio de la piedad; para los hijos de Dios en todo el universo, la misericordia y la justicia de Dios y el verdadero rostro del mal en cabeza de Satanás, se revelaron a plenitud.

Cada acto que rodeo los hechos de la crucifixión de Jesús, tiene un valor incalculable y una profundidad inacabable. La luz de la cruz guarda en sus significados el verdadero valor de la vida y es la fuente inagotable de sabiduría para todas las ciencias. El más mínimo detalle, el acto más insignificante, registrado en las Escrituras con respecto a las últimas horas de Jesús en la tierra, es una pieza clave en la estructura del plan de la salvación. Podemos extraer ricos tesoros de conocimiento y desarrollar infinitamente nuestra inteligencia, si dedicamos tiempo a su estudio. Tales beneficios no pueden ser hallados en ningún otro lugar de esta tierra.

"Sería bueno que cada día dedicásemos una hora de reflexión a la contemplación de la vida de Cristo. Debiéramos tomarla **punto por punto**, y dejar que la imaginación se posesione de cada escena, especialmente de las finales. Y mientras nos espaciemos así en su gran sacrificio por nosotros, nuestra confianza en él será más constante, se reavivará nuestro amor, y quedaremos más imbuidos de su Espíritu. Si queremos ser salvos al fin, debemos aprender la lección de penitencia y humillación al pie de la cruz." DTG P.63

"Tan pronto como Jesús estuvo clavado en la cruz, ésta fue levantada por hombres fuertes y plantada con gran violencia en el hoyo preparado para ella. Esto causó los más atroces dolores al Hijo de Dios. Pilato escribió entonces una inscripción en hebreo, griego y latín y la colocó sobre la cruz, más arriba que la cabeza de Jesús. Decía: "Jesús Nazareno, Rey de los Judíos."

Los sacerdotes vieron lo que habían hecho, y pidieron a Pilato que cambiase la inscripción. Dijeron: 'No escribas, Rey de los Judíos: sino, que él dijo: Rey soy de los Judíos.' Pero Pilato estaba airado consigo mismo por su debilidad anterior y despreciaba cabalmente a los celosos y arteros sacerdotes y príncipes. Respondió fríamente: 'Lo que he escrito, he escrito.'

Un poder superior a Pilato y a los judíos había dirigido la colocación de esa inscripción sobre la cabeza de Jesús. En la providencia de Dios, tenía que incitar a reflexionar e investigar las Escrituras. El lugar donde Cristo fue crucificado se hallaba cerca de la ciudad. Miles de personas de todos los países estaban entonces en Jerusalén, y la inscripción que declaraba Mesías a Jesús de Nazaret iba a llegar a su conocimiento. Era una verdad viva transcrita por una mano que Dios había guiado." DTG p.695

De esta manera podemos apreciar como cada elemento que rodeó el evento del sacrificio de Jesús era un símbolo y representación de una pieza clave en el propósito de salvar a la humanidad. La luz que ilumina todas las ciencias tiene como origen un Proveedor cuyo pensamiento y poder es más profundo que mil universos.

"'Aquel era la luz verdadera, que alumbra a todo hombre que viene a este mundo.' El mundo ha tenido sus grandes maestros, hombres de intelecto gigantesco y penetración maravillosa, hombres cuyas declaraciones han estimulado el pensamiento y abierto vastos campos de conocimiento; y esos hombres han sido honrados como guías y benefactores de su raza. Pero hay Uno que está por encima de ellos. 'Mas a todos los que le recibieron, dióles potestad de ser hechos hijos de Dios.' 'A Dios nadie le vio jamás: el unigénito Hijo, que está en el seno del Padre, él le declaró.' Juan 1:12,18 Podemos remontar la línea de los grandes maestros del mundo hasta donde se extienden los anales humanos; pero la Luz era anterior a ellos. Como la luna y los planetas del sistema solar brillan por la luz reflejada del sol, así, hasta donde su enseñanza es verdadera, los grandes pensadores del mundo reflejan los rayos del Sol de justicia. Toda gema del pensamiento, todo destello de la inteligencia, procede de la Luz del mundo. Hoy día oímos hablar mucho de la 'educación superior.' La verdadera 'educación superior' la imparte Aquel 'en el cual están escondidos todos los tesoros de sabiduría y conocimiento.' 'En él estaba la vida, y la vida era la luz de los hombres.' Colosenses 2:3; Juan 1:4 'El que me sigue—dijo Jesús, —no andará en tinieblas, mas tendrá la luz de la vida.'" DTG p.429

El verdadero conocimiento y la verdadera inteligencia tienen una misma fuente, esto es Dios. Cualquier destello de luz que brote en la mente del hombre, proviene del Espíritu que se mueve sobre la faz de las aguas. Ya se nos había anunciado acerca del desarrollo de las capacidades mentales de los hijos de Dios, "la senda de los justos es como la luz de la aurora, que va en aumento hasta que el día es perfecto." Proverbios 4:18 y también la pluma inspirada amplió el concepto cuando al referirse a este, escribió que Dios "quiere que en esta vida las verdades de su Palabra se vayan revelando de continuo a su pueblo." CC p.109

Por la luz que irradia de la cruz, el hombre abre los ojos a una nueva realidad. Las facultades intelectuales se establecen sobre bases sólidas, la mentira del espejismo de este mundo queda al descubierto, la verdad se revela con claridad y el gobierno de la voluntad y los sentidos que una vez fueron la mayor debilidad del hombre, ahora son controlados y redirigidos por una sabiduría que sobrepasa el entendimiento común.

"El misterio de la cruz explica todos los demás misterios. A la luz que irradia del Calvario, los atributos de Dios que nos llenaban de temor respetuoso nos resultan hermosos y atractivos. Se ve que la misericordia, la compasión y el amor paternal se unen a la santidad, la justicia y el poder." El Conflicto Inminente (CI) p.107

La luz de la cruz ilumina el camino al cielo para el hombre, descorre el velo del santuario y lo posesiona en el lugar santísimo; aquel lugar de donde Adán fue expulsado por su decisión errónea. Cristo reestablece la comunión del hombre con su amoroso Padre y eleva nuestra condición, dota la debilidad humana con la potencia divina y limpia nuestros vestidos con su preciosa sangre. "Acerquémonos, pues, confiadamente al trono de la gracia, para alcanzar misericordia y hallar gracia para el oportuno socorro." Hebreos 4:16

"La intercesión de Cristo en beneficio del hombre en el Santuario celestial es tan esencial para el plan de la salvación como lo fue su muerte en la cruz. Por medio de su muerte dio inicio a esa obra para cuya conclusión ascendió al cielo después de su resurrección. Por la fe debemos entrar velo adentro, "donde Jesús entró por nosotros como precursor". Hebreos 6:20. Allí se refleja la luz de la cruz del Calvario. Allí podemos obtener un discernimiento más claro de los misterios de la redención. La salvación del hombre se lleva a cabo a un precio infinito para el cielo; el sacrificio hecho se corresponde con las más amplias exigencias de la ley de Dios quebrantada. Jesús abrió el camino al trono del Padre, y a través de su mediación pueden ser presentados ante Dios los deseos sinceros de todos los que se allegan a él con fe." Cristo En Su Santuario (CES) p.121

Para nosotros, habitantes de la tierra, los más cercanos al fin del tiempo, el estudio de la ciencia de la cruz abrirá portales que la sabiduría eterna ha conservado en su sola potestad desde antes de la creación del mundo. "»¿Has penetrado tú hasta los depósitos de la nieve? ¿Has visto los depósitos del granizo, que tengo reservados para el tiempo de angustia, para el día de la guerra y de la batalla?" Job 38:22,23

El majestuoso acto de colocar el astro mayor en el centro del "firmamento de los cielos para alumbrar sobre la tierra", cumple su representación en la historia en el momento en que Cristo es colgado de la cruz; en ese magnánimo evento, la sangre del Señor cumple con la representación de la luz; y esta, como en aquel cuarto día de la semana literal de la creación fue suficiente para iluminar a todos los habitantes del planeta azul.

"Por la iluminación de Jerusalén, el pueblo expresaba su esperanza en la venida del Mesías para derramar su luz sobre Israel. Pero para Jesús la escena tenía un significado más amplio. Como las lámparas radiantes del templo alumbraban cuanto las rodeaba, así Cristo, la fuente de luz espiritual, ilumina las tinieblas del mundo. Sin embargo, el símbolo era imperfecto. **Aquella gran luz que su propia mano había puesto en los cielos era una representación más verdadera de la gloria de su misión."** DTG p.428

LOS SÍMBOLOS DE LA LUZ

Ahora es tiempo de escudriñar un poco más en las Escrituras acerca de los actos que enmarcan el momento en que se cumple la representación de la colocación de la luna y las estrellas en el firmamento.

Como vimos, las estrellas son representadas por los doce apóstoles de Cristo, habíamos concluido que como ocurre en la naturaleza donde la potencia de la luz del sol opaca la luz de la luna y las estrellas, los discípulos en presencia de Cristo no podían brillar. Puesto que la obra de la creación es un acto ejecutado por el Hijo de Dios, la representación del astro menor y de las estrellas debe cumplir esta característica, es decir, debe ser el resultado de la obra personal del Señor Jesucristo.

También a través de nuestro estudio hemos hallado que previo a la primera venida de Cristo las Escrituras revelan la representación de la luna en hombres que, escogidos por Dios, luego de estar en la presencia de Dios reflejaron en la tierra la luz eterna que les fue dada. Esto significa que, si la luz del astro mayor durante los primeros tres días, tenía un valor simbólico y este se reveló como una figura de la muerte de Cristo por medio del sacrificio un cordero durante los tres primeros milenios; la luz de la luna y las estrellas debía también tener una representación simbólica. Este es el caso de Moisés de quien su vida era una analogía viva de la obra de la luna. Este también fue el caso de los profetas que, al recibir la Palabra de Jehová, la llevaron al pueblo incluso aún a costa de sus vidas. Siendo que la Biblia habla de sí misma como una luz y una lumbrera, podemos decir que la tarea de un profeta consistía en reflejar la luz divina que se les impartía. "Lámpara es a mis pies tu palabra y lumbrera a mi camino." Salmos 119:105

Este también era el caso de los dos Elías, el tisbita y el bautista, quienes aparecen en medio de las tinieblas espirituales en que se había sumergido el pueblo escogido. El mensaje que traían para el pueblo definitivamente era luz proveniente del maravilloso sol de justicia.

Y FUE ASÍ

Hay un evento que revela perfectamente el "Y fue así" de Génesis 1:15, en esta ocasión no nos referimos solamente a la cruz como revelación de la luz del sol sino a la representación del Sol, la luna y las estrellas. Se trata del acontecimiento ocurrido en el lugar conocido como el monte de la transfiguración. Llama la atención que el hecho es registrado en tres evangelios, Mateo 17:1-13, Marcos 9:2-13 y Lucas 9:28-36. Es interesante que, aunque los tres muestran algunas diferencias en la forma en que describen los acontecimientos, ninguno de los testimonios contradice a los otros. Sin embargo, de la manera en que fueron escritos podemos extraer una mayor cantidad de lecciones. La pluma inspirada describe el evento como una representación del gran día final, cuando Cristo en toda su gloria regrese y tome para si al ejército de los redimidos, quienes representados por Moisés y Elías serán arrebatados para compartir la eternidad de su redentor. Uno (Moisés) representa a quienes pasando por la experiencia de la muerte recibirán el galardón de la vida eterna y el otro (Elías) a los que estarán vivos el día en que Cristo aparezca en las nubes de los cielos.

Esta interpretación se ajusta al registro de Marcos 9:2-13, mientras que la descripción que hace Lucas nos lleva a una explicación más profunda respecto al ministerio terrenal de Cristo y su naturaleza Divino-humana. Pero en la narración de Mateo encontramos un cuadro que cumple con las características del cumplimiento de la profecía de Génesis uno. Por supuesto que al tratarse del mismo evento las tres versiones están empapadas de la misma agua viva que brota de las tres interpretaciones. Es decir, tanto el texto de Mateo como el de Marcos y el de Lucas presentan atributos de la segunda venida de Cristo, de su misión, de su naturaleza Divino-humana, la aprobación del Padre y revelan parte del cuadro que resume el evento del cuarto día literal de la creación.

"[...] Jesús tomó a Pedro, a Jacobo y a su hermano Juan, y los llevó aparte a un monte alto. Y se les aparecieron Moisés y Elías, [...]" Mateo 17:1,3

Helos ahí, (Jesús), el Sol de Justicia, (los discípulos), los prototipos de las estrellas y (Moisés y Elías), la representación simbólica de la luz de la luna de los tres primeros días de la creación, o sea, la luz menor del Antiguo Testamento, el satélite natural de la tierra de los primeros tres milenios.

A Jesús le resplandeció el rostro como el sol, a la par de esto, Moisés y Elías hablaban con Él, llevaban consigo la luz que el Padre eterno había preparado para su amado Hijo y Pedro en representación de sus compañeros de aprendizaje —con su comentario— demostró que los discípulos aún no podían brillar, su entendimiento estaba entenebrecido por la ausencia del poder del Espíritu Santo en toda su plenitud. Por ello era necesario que Cristo ascendiera a su Padre, de lo contrario los discípulos nunca podrían resplandecer como lo hacen las estrellas en el firmamento.

La imagen es más que clara, una vez más la profecía de la creación continua progresivamente dando cumplimiento en la historia que se desarrolló y continúa avanzando en la tierra, dando testimonio del poder creador de Dios y del control que del tiempo reposa sobre su magnífica mano. Esa mano que magistralmente comprimió en siete días el ADN de nuestra historia.

E HIZO TAMBIÉN LAS ESTRELLAS

De la representación de las estrellas podemos decir que como ocurre de manera natural, sucede de manera espiritual, no podrían aparecer en el firmamento a la vista del ojo humano hasta que el sol desapareciera en el horizonte. Esto significa que solo hasta que Jesús ascendiera a su Padre e iniciara su labor de intercesión podríamos apreciar el desarrollo ministerial de los apóstoles en el avance de la obra evangelizadora.

Aunque la analogía de la obra de la creación de las estrellas estaba terminada al finalizar el ministerio terrenal de Cristo, su brillo solo aparecería al inicio de la siguiente jornada, es decir, según del orden asignado a los días de la creación, esto sería la tarde del quinto día y en el caso apostólico en la tarde del quinto milenio. Este hecho es claramente legible cuando revisamos los tiempos en que se desarrolló el ministerio de los doce del que como sabemos Juan fue su último expositor, quien en la isla de Patmos alrededor del fin del primer siglo de nuestra era, registró la visión del libro de Apocalipsis. No obstante esto, los doce no conforman la representación del total de las innumerables estrellas del cielo, estos, como los doce hijos de Israel solo eran los prototipos del símbolo; así como el pueblo bajo el gobierno de Salomón era innumerable como el polvo de la tierra, los discípulos que se unieron a la obra de predicación como resultado del ministerio de los doce apóstoles, fue tan inmenso que es imposible contarlo.

Pero, ¿en qué consistió o cual fue el proceso que dio origen al brillo las estrellas? La pluma inspirada describe exactamente el método que empleo la Providencia para construir el carácter de los apóstoles.

"Al ordenar a los doce, se dio el primer paso en la organización de la iglesia que después de la partida de Cristo habría de continuar su obra en la tierra. Respecto a esta ordenación, el relato dice: "Y subió al monte, y llamó a sí a los que él quiso; y vinieron a él. Y estableció doce, para que estuviesen con él, y para enviarlos a predicar." Marcos 3:13, 14." HAp p.16

Las primeras palabras del siguiente párrafo van a describir literalmente la bóveda celeste y sus luminarias. ¡Qué maravillosa escena abre a nuestro entendimiento el Espíritu Santo por medio de la hermana White! No puede ser más evidente el paralelo

"**Contemplemos la impresionante escena. Miremos a la Majestad del cielo rodeada por los doce que había escogido.** Está por apartarlos para su trabajo. Por estos débiles agentes, mediante su Palabra y Espíritu, se propone poner la salvación al alcance de todos.

Con alegría y regocijo, Dios y los ángeles contemplaron esa escena. El Padre sabía que **la luz del cielo habría de irradiar de estos hombres**; que las palabras habladas por ellos como testigos de su Hijo repercutirían de generación en generación hasta el fin del tiempo." HAp p.16

Según el texto de la pluma inspirada, la escena enmarca el momento exacto en que los doce son escogidos para representar las estrellas de la creación de Dios. Veamos:

En la creación del mundo interviene la plenitud de Dios, es decir, el Padre, el Arquitecto de la creación, el Hijo por medio de quien todo fue hecho y el poderoso Espíritu Santo quien se somete a la voz de Cristo para hacer visible lo invisible, es decir, para transformar en materia lo que antes no existía. Este, El Espíritu de Dios, es en quien el Padre y el Hijo habitan para que, mediante Él, los Tres, viajando en el espacio dieran forma, color y vida a los pensamientos de su poderosa mente.

El espíritu de la profecía también menciona que, junto a Dios, los ángeles con alegría y regocijo contemplaron esta escena, esto no difiere en nada a los hechos que caracterizaron el gran evento de la creación. "» ¿Dónde estabas tú cuando yo fundaba la tierra? ¿[...] cuando alababan juntas todas las estrellas del alba y se regocijaban todos los hijos de Dios? Job 38:4,7

De alguna manera la descripción que hace la pluma inspirada acerca del evento del establecimiento de los doce y la presencia del Padre eterno y los ángeles del cielo como testigos, eran una misma figura, eran un reflejo del cielo en la tierra. Cristo en el monte representaba el sol para la tierra, como lo es el Padre eterno para el cielo y los discípulos rodeando al Hijo de Dios representan las estrellas que adornarían la noche en la tierra, como los ángeles que son llamados las estrellas del alba, brillan en torno al Padre en los atrios celestiales.

Es claro que el texto inspirado intrínsicamente contiene una analogía en relación con la creación de las estrellas. Unas líneas más adelante en la misma página la sierva del Señor concluye: "Como en el Antiguo Testamento los doce patriarcas eran los representantes de Israel, así los doce apóstoles son los representantes de la iglesia evangélica." HAp 16

Debemos recordar que en la interpretación del sueño de José de Génesis 37:9,10, las estrellas estaban representando a los doce hijos de Jacob, es decir, a las doce tribus de Israel; además en Génesis 22:17 y 26:4 Abraham e Isaac respectivamente reciben la promesa de parte de Dios de que su descendencia sería como las estrellas del cielo.

Luego de la ordenación de los doce, inició el proceso de la transformación; estos humildes hombres irían cambiando como lo hace el rustico carbón que llega a ser un brillante diamante, como un insignificante grano de arena que al penetrar en una ostra es transformado en una costosa perla, como una simple oruga que llega a ser una majestuosa mariposa, pasaron de ser polvo de la tierra a partículas de luz celestial, de los desechados de los hombres a los escogidos de la Majestad de los cielos.

"Considerad, pues, hermanos, vuestra vocación y ved que no hay muchos sabios según la carne, ni muchos poderosos, ni muchos nobles; sino que lo necio del mundo escogió Dios para avergonzar a los sabios; y lo débil del mundo escogió Dios para avergonzar a lo fuerte; y lo vil del mundo y lo menospreciado escogió Dios, y lo que no es, para deshacer lo que es." 1 Corintios 1:26,27,28

Contemplando al Salvador hallaron el rumbo de sus vidas y el poder para su debilidad.

"Durante tres años y medio, los discípulos estuvieron bajo la instrucción del mayor Maestro que el mundo conoció alguna vez. Mediante el trato y la asociación personales, Cristo los preparó para su servicio. Día tras día caminaban y hablaban con él, **oían sus palabras** de aliento a los cansados y cargados, y veían la manifestación de su poder en favor de los enfermos y afligidos. Algunas veces les enseñaba, sentado entre ellos en la ladera de la montaña; algunas veces junto a la mar, o andando por el camino, les revelaba los misterios del reino de Dios." HAp p.15

"Así fue como los primeros discípulos llegaron a asemejarse a su amado Salvador. Cuando aquellos discípulos oyeron las palabras de Jesús, sintieron su necesidad de Él. Le buscaron, le encontraron y le siguieron. Estaban con Él en la casa, a la mesa, en los lugares apartados, en el campo. Le acompañaban como era costumbre que los discípulos siguiesen a un maestro, y diariamente recibían de sus labios lecciones de santa verdad. Le miraban como los siervos a su señor, para aprender cuáles eran sus deberes. Aquellos discípulos eran hombres sujetos "a las mismas debilidades que nosotros." Santiago 5:17 Tenían que reñir la misma batalla con el pecado. Necesitaban la misma gracia para poder vivir una vida santa." CC p.72

A estos que escogió, Cristo también les dio autoridad y especificas instrucciones acerca del cometido para el que se les había apartado. "Entonces, llamando a sus doce discípulos, les dio autoridad sobre los espíritus impuros, para que los echaran fuera y para sanar toda enfermedad y toda dolencia." Mateo 10:1

"Estando a sólo un paso de su trono celestial, Cristo dio su mandato a sus discípulos: "Toda potestad me es dada en el cielo y en la tierra—dijo. —Por tanto, id, y doctrinad a todos los Gentiles." "Id por todo el mundo; predicad el evangelio a toda criatura." Marcos 16:15. Repitió varias veces estas palabras a fin de que los discípulos comprendiesen su significado. **La luz del cielo debía resplandecer con rayos claros y fuertes sobre todos los habitantes de la tierra, encumbrados y humildes, ricos y pobres.** Los discípulos habían de colaborar con su Redentor en la obra de salvar al mundo." DTG p.757

Para el momento en que Jesús dijo esas palabras, las lámparas de los discípulos ya estaban llenas de aceite, era cuestión de poner el fuego de su Espíritu para que el brillo iluminará toda la casa. Específicamente, solo hasta unos días después de la ascensión de Jesús en medio de la hueste angélica, brillaría su luz como las estrellas en el alto cielo.

LENGUAS DE FUEGO

Según el sitio web "legacy.spitzer.caltech.edu" las estrellas están compuestas de gases muy calientes. Estos gases son en su mayoría Hidrógeno y Helio, los cuales son los dos elementos más ligeros. Las estrellas brillan quemando Hidrógeno para convertirlo en Helio en sus núcleos, y más tarde en sus vidas crean elementos más pesados. Después de que a una estrella se le acaba el combustible, arroja mucho de su material de regreso hacia el espacio. Nuevas estrellas son formadas de este material.

Este concepto habla de dos aspectos importantes que se cumplen también de manera espiritual y que el caso de Cristo representando al sol y el de los discípulos a las estrellas, ilustran perfectamente. Uno es el combustible o los gases internos y el otro es el hecho de que al final de su existencia, su componente esparcido por el espacio, da origen a otras estrellas. Los gases o el combustible representan al Espíritu Santo que es la fuente de su brillo. Y el hecho de que con su muerte da paso a la aparición de nuevas estrellas, se cumple en la reacción que ocasionó la experiencia de la cruz de Cristo y en la forma en que cada uno de los discípulos entregó su vida por la causa eterna. Esta es la misma reacción que produjo la muerte de miles que, por amor a Jesús sufrieron por la espada y con su muerte iluminaron la vida de muchos que se unieron a las filas de la causa redentora.

"Vanos eran los esfuerzos de Satanás para destruir la iglesia de Cristo por medio de la violencia. La gran lucha en que los discípulos de Jesús entregaban la vida, no cesaba cuando estos fieles portaestandartes caían en su puesto. Triunfaban por su derrota. Los siervos de Dios eran sacrificados, pero su obra seguía siempre adelante. El evangelio cundía más y más, y el número de sus adherentes iba en aumento. Alcanzó hasta las regiones inaccesibles para las águilas de Roma. Dijo un cristiano, reconviniendo a los jefes paganos que atizaban la persecución: "Atormentadnos, condenadnos, desmenuzadnos, que vuestra maldad es la prueba de nuestra inocencia. [...] De nada os vale [...] vuestra crueldad". No era más que una instigación más poderosa para traer a otros a su fe. **"Más somos cuanto derramáis más sangre; que la sangre de los cristianos es semilla"** (Tertuliano, *Apología*, párr. 50). CS p.39

En el proceso mediante el cual las estrellas brillan al quemar Hidrógeno, podemos reconocer un elemento muy importante: el fuego. Este elemento aparece como un símbolo del Espíritu Santo una vez que el Señor Jesucristo asciende y los discípulos son beneficiados con el descenso de este poderoso don.

"Cuando llegó el día de Pentecostés estaban todos unánimes juntos. De repente vino del cielo un estruendo como de un viento recio que soplaba, el cual llenó toda la casa donde estaban; y se les aparecieron **lenguas repartidas, como de fuego**, asentándose sobre cada uno de ellos. Todos fueron llenos del **Espíritu Santo** y comenzaron a hablar en otras lenguas, según el Espíritu les daba que hablaran." Hechos 2:1-4

En ese momento Cristo ya no estaba personalmente con ellos, había llegado el momento de brillar a plenitud en medio del cielo. El Señor Jesús les había dicho: "» Vosotros sois la luz del mundo; una ciudad asentada sobre un monte no se puede esconder. Ni se enciende una luz y se pone debajo de una vasija, sino sobre el candelero para que alumbre a todos los que están en casa. Así alumbre vuestra luz delante de los hombres, para que vean vuestras buenas obras y glorifiquen a vuestro Padre que está en los cielos." Mateo 5:14-16

Una vez más el cuadro se presenta con claridad, las señales que muestran que la obra de los siete días de la creación prefiguran el desarrollo de los años de duración de la historia de la tierra, se cumplen al pie de la letra.

Pues bien, aunque aún no tenemos descifrados todos los elementos que componen la obra del cuadro del cuarto día de la creación, porque aún nos falta la luna, debemos avanzar al acontecimiento que dio cierre a los eventos del cronograma del Sol de justicia en su ministerio terrenal. Necesariamente el acontecimiento que debería tratarse con respecto al cuarto día en exclusiva, es el nacimiento del astro mayor, pues naturalmente las estrellas y la luna no se podrían apreciar en el firmamento sino hasta la tarde del siguiente día. Sin embargo, como el desarrollo de la creación de las estrellas fue el cuarto día y ocurrió por la Palabra de Dios, la figura que las representaba en la historia debía tener también esta misma característica, esto significa que solo mediante la Palabra de Dios y la comunión personal con Cristo se podría dar lugar a su nacimiento. Fue así como el carácter de los doce fue transformado de gloria en gloria en semejanza al de su Señor y la representación histórica fue una realidad. Como Cristo representaba la estrella mayor, estos —los discípulos— representarían las demás estrellas del firmamento. Por esta razón era importante revelar el significado de las estrellas en paralelo con el del Sol, porque de la aparición de Uno dependía la creación de las otras. Aunque reitero, su luz no resplandeció sino hasta que Cristo se sentó a la diestra del Padre en el trono de la gracia.

En contraste con el ministerio apostólico, la representación de la luna no surgió como resultado de una participación personal durante el ministerio terrenal de Cristo, sino que estuvo rodeado por otros acontecimientos como ya veremos. De la misma forma en la naturaleza, la luna y las estrellas brillan en el firmamento por medio de procesos completamente diferentes. La Palabra del Señor es clara en ese aspecto porque, aunque el objetivo es el mismo, la luz de cada uno de los astros es diferente. "Uno es el resplandor del sol, otro el de la luna y otro el de las estrellas, pues una estrella es diferente de otra en resplandor." 1 Corintios 15:45 No obstante, cabe resaltar que la aparición de la luna al igual que las estrellas cumple con el mismo principio, su luz no se manifestó sino hasta que el sol desapareció en el horizonte.

Y VIO DIOS QUE ERA BUENO

Una vez más estamos cara a cara con la expresión más fascinante de todo el relato de la creación. "Y vio Dios que era bueno." Génesis 1:18. El momento en que el Señor contempla "el fruto de la aflicción de su alma" y se siente satisfecho. No hay mayor gozo para el Dios eterno que la salvación de los hijos de la tierra. Pero en esta ocasión el gozo fue mucho mayor, pues la victoria obtenida en la cruz, aseguraba la salvación de todo aquel que alzando los ojos al cielo, acepta la gracia provista desde las edades de la eternidad. En esto se gozó Cristo, en esto se gozó el Padre amado, en esto se goza el poderoso Espíritu Santo. En la redención de un hijo de Adán se agrada nuestro amoroso Dios. Uno solo de los redimidos para el cielo, es de más valor que muchos mundos y todo su contenido.

"Esto es bueno y agradable delante de Dios, nuestro Salvador, el cual quiere que todos los hombres sean salvos [...]" 1 Timoteo 2:3,4

"Cristo siempre tenía presente el resultado de su misión. Su vida terrenal, tan recargada de penas y sacrificios, era **alegrada** por el pensamiento de que su trabajo no sería inútil. Dando su vida por la vida de los hombres, iba a restaurar en la humanidad la imagen de Dios. Iba a levantarnos del polvo, a reformar nuestro carácter conforme al suyo, y embellecerlo con su gloria.

Cristo vio 'el fruto de la aflicción de su alma' y quedó 'satisfecho'. Vislumbró lo dilatado de la eternidad, y vio de antemano la felicidad de quienes por medio de su humillación recibirán perdón y vida eterna." El Colportor Evangélico (CE) p.222

"Cristo no entregó su vida hasta que hubo cumplido la obra que había venido a hacer, y con su último aliento exclamó: 'Consumado es.' Juan 19:30 La batalla había sido ganada. Su diestra y su brazo santo le habían conquistado la victoria. Como Vencedor, plantó su estandarte en las alturas eternas. ¡Qué gozo entre los ángeles! Todo el cielo se asoció al triunfo de Cristo. Satanás, derrotado, sabía que había perdido su reino.

El clamor, 'Consumado es,' tuvo profundo significado para los ángeles y los mundos que no habían caído. La gran obra de la redención se realizó tanto para ellos como para nosotros. Ellos comparten con nosotros los frutos de la victoria de Cristo." DTG p.706

Así es, el sacrificio, la resurrección y el ascenso de Cristo representan esa fascinante expresión, "Y vio Dios que era bueno." Génesis 1:18. Los tres actos son símbolos de victoria, justicia y amor.

Por cuarta ocasión los portales celestiales se abrieron para dar la bienvenida al fruto del prodigioso, al resultado del profundo, a la gloria del admirable PLAN DE LA REDENCIÓN. Esta sería la última vez que las puertas eternas se abrirían para recibir representantes de la raza rescatada, antes de que se abran, para recibir a todos los redimidos de todas las generaciones en todos los siglos.

"Todo el cielo estaba esperando para dar la bienvenida al Salvador a los atrios celestiales. Mientras ascendía, iba adelante, y la multitud de cautivos libertados en ocasión de su resurrección le seguía. La hueste celestial, con aclamaciones de alabanza y canto celestial, acompañaba al gozoso séquito.

Al acercarse a la ciudad de Dios, la escolta de ángeles demanda: *"Alzad, oh puertas, vuestras cabezas, y alzaos vosotras, puertas eternas, Y entrará el Rey de gloria."*

Gozosamente, los centinelas de guardia responden:
"¿Quién es este Rey de gloria?"

Dicen esto, no porque no sepan quién es, sino porque quieren oír la respuesta de sublime loor:
"Jehová el fuerte y valiente, Jehová el poderoso en batalla. Alzad, oh puertas, vuestras cabezas, y alzaos vosotras, puertas eternas, y entrará el Rey de gloria."

Vuelve a oírse otra vez: "¿Quién es este Rey de gloria?" porque los ángeles no se cansan nunca de oír ensalzar su nombre. Y los ángeles de la escolta responden: "Jehová de los ejércitos, Él es el Rey de gloria." Salmos 24:7-10" DTG pp. 772,773

Aquel cuarto día de la creación, cuando el Padre y el Hijo ejecutaban los planos que ambos habían trazado en épocas de la eternidad; luego de poner el sol, la luna y las estrellas en la extensión de los cielos; juntos, contemplaron el futuro, vieron el sacrificio del Hijo eterno, su resurrección y su regreso al cielo. Inexorablemente los brazos del Padre rodearon a su amado Hijo y todo el amor del universo se concentró en esta expresión de afecto.

La pluma inspirada registró en el libro El Deseado de Todas las Gentes: "Aun antes de asumir la humanidad, vio toda la senda que debía recorrer a fin de salvar lo que se había perdido. Cada angustia que iba a desgarrar su corazón, cada insulto que iba a amontonarse sobre su cabeza, cada privación que estaba llamado a soportar, fueron presentados a su vista antes que pusiera a un lado su corona y manto reales y bajara del trono para revestir su divinidad con la humanidad. La senda del pesebre hasta el Calvario estuvo toda delante de sus ojos. Conoció la angustia que le sobrevendría." DTG p.378

El costo de la salvación humana era demasiado alto, la vía extremadamente dolorosa y la separación inevitable. No obstante, en su viaje juntos a través de las edades de los hombres, el Padre Dios y su amado Hijo, vieron la gran multitud de cautivos que serían liberados, los trofeos del triunfo que su expiación conquistaría; entonces el corazón del Padre y el Hijo es satisfecho, el sentimiento que generó el peso del sacrificio es superado por la dicha de la gloria de los frutos de la redención.

Entonces frente a las páginas de la historia humana, y con el sol, la luna y las estrellas como testigos: "Vio Dios que era bueno."

"(Cristo) Entra a la presencia de su Padre. Señala su cabeza herida, su costado traspasado, sus pies lacerados; alza sus manos que llevan la señal de los clavos. Presenta los trofeos de su triunfo; ofrece a Dios la gavilla de las primicias, aquellos que resucitaron con él como representantes de la gran multitud que saldrá de la tumba en ocasión de su segunda venida. Se acerca al Padre, ante quien hay regocijo por un solo pecador que se arrepiente. Desde antes que fueran echados los cimientos de la tierra, el Padre y el Hijo se habían unido en un pacto para redimir al hombre en caso de que fuese vencido por Satanás. Habían unido sus manos en un solemne compromiso de que Cristo sería fiador de la especie humana. Cristo había cumplido este compromiso. Cuando sobre la cruz exclamó: "Consumado es," se dirigió al

Padre. El pacto había sido llevado plenamente a cabo. Ahora declara: Padre, consumado es. He hecho tu voluntad, oh Dios mío. He completado la obra de la redención. Si tu justicia está satisfecha, "aquellos que me has dado, quiero que donde yo estoy, ellos estén también conmigo." Juan 19:30; 17:24

Se oye entonces la voz de Dios proclamando que la justicia está satisfecha. Satanás está vencido. Los hijos de Cristo, que trabajan y luchan en la tierra, son "aceptos en el Amado." Efesios 1:6 Delante de los ángeles celestiales y los representantes de los mundos que no cayeron, son declarados justificados. Donde él esté, allí estará su iglesia. "La misericordia y la verdad se encontraron: la justicia y la paz se besaron." Salmos 85:10 Los brazos del Padre rodean a su Hijo, y se da la orden: "Adórenlo todos los ángeles de Dios." Hebreos 1:6 DTG pp. 773,774.

De esta manera transcurrió la tarde y la mañana del cuarto día de la semana literal de la creación y su paralelo con el cuarto milenio de Dios en la historia de los hijos de la tierra.

LA LUNA

Como hemos visto, aunque las estrellas y la luna fueron creadas el cuarto día, su luz solo se vio en el cielo hasta iniciar la tarde del siguiente día. Cristo es representado por el sol, los doce representan las estrellas, pero ¿quién cumple las características de la representación de la luna? Revisemos algunos datos del satélite natural que acompaña nuestro planeta y de esta forma podremos reconocer más claramente su representación.

La luna es un astro, es un cuerpo celeste que gira alrededor de la tierra y refleja sobre esta la luz del sol. La luna en su trayecto alrededor de la tierra presenta algunas fases que se pueden distinguir con facilidad. Estas fases "son los cambios en la forma de la parte iluminada de la luna cuando es vista por un observador en la tierra. Estos cambios son cíclicos de acuerdo a la posición de la luna respecto a la tierra y al sol." gioenciclopedia.com

En el estudio de las fases lunares hay una puerta que, al abrirse, revela cualidades especiales que posee el siervo escogido para representar al astro menor en la historia de los siglos. Es interesante notar como cada evento natural está estrechamente ligado a la historia y narrado con detalles en la Sagrada Escritura. En el libro de la naturaleza, en el capítulo que describe la luna y sus fases, encontraremos que todos los ciclos con respecto a su manifestación en la tierra son el resultado de su interacción con el astro mayor.

"Las cuatro formas más conocidas son la luna nueva, la luna llena, el cuarto menguante y el cuarto creciente, pero existen otras intermedias. Su apariencia varía de 0% de iluminación durante la luna nueva, hasta el 100% cuando es luna llena" geoenciclopedia.com

De manera que estos particulares rasgos distintivos, deben poder apreciarse en la experiencia de la persona que represente la luna en la historia de los siglos, en relación con el paralelo de la obra de la creación, narrada en el primer capítulo de Génesis.

"**Luna nueva o Novilunio.** En esta etapa el satélite natural de la tierra está muy oscuro y es muy difícil vislumbrarlo, porque prácticamente toda la superficie que se ve desde el planeta está en sombras, pero iluminada por el sol del otro lado que no es visible para los humanos." gioenciclopedia.com

UNO QUE IBA A SER EL SÍMBOLO DE LA LUNA

Esteban era uno de los siete diáconos a quienes los apóstoles escogieron. De él dice en las Escrituras que era "hombre lleno de fe y del Espíritu Santo, lleno de gracia y de poder, que hacía grandes prodigios y señales entre el pueblo." A este cuya sabiduría nadie podía resistir, algunos miembros de la sinagoga, llevaron al concilio para dar testimonio de su fe. Con falsas acusaciones y sobornando a la guardia romana le juzgaron y en un despliegue de ira ciega, le apedrearon, no sin escuchar y ver pruebas irrefutables del apoyo y la compañía de Dios hacia su humilde siervo. "Entonces todos los que estaban sentados en el concilio, al fijar los ojos en él, vieron su rostro como de un ángel." Hechos 6:3,5,8,10,13,15

"Mientras Esteban se hallaba frente a frente con sus jueces para responder a la acusación de blasfemia, brillaba sobre su semblante un santo fulgor de luz, [...] Muchos de los que contemplaron esa luz, temblaron y encubrieron su rostro; pero la obstinada incredulidad y los prejuicios de los magistrados no vacilaron." HAp p.81 Esa luz que resplandeció en el rostro de Esteban era la luz proveniente del Sol de justicia que, al caer sobre el rostro de su siervo, iluminó los ojos de los miembros del concilio. El acto de la Providencia de reflejar la luz del cielo sobre un hombre, revela que Esteban era parte del plan original de Dios de representar la luna en un siervo.

"(Esteban) Perdió de vista el espectáculo que se ofrecía a sus ojos, se le entreabrieron las puertas del cielo, y vio la gloria de los atrios de Dios y a Cristo que se levantaba de su trono como para sostener a su siervo. Con voz de triunfo exclamó Esteban: "He aquí, veo los cielos abiertos, y al Hijo del hombre que está a la diestra de Dios." La historia Bíblica confirma el hecho cuando relata la experiencia de Moisés quien, al haber estado en la presencia de Dios, presentó la misma peculiaridad.

Sin embargo, el acto seguido a esta manifestación, cambió por completo el símbolo de Esteban en el paralelo de la historia con la semana literal de la creación.

"Entonces ellos, gritando, se taparon los oídos y arremetieron a una contra él. Lo echaron fuera de la ciudad y lo apedrearon. [...] Mientras lo apedreaban, Esteban oraba y decía: «Señor Jesús, recibe mi espíritu.» Y puesto de rodillas, clamó a gran voz: «Señor, no les tomes en cuenta este pecado.» Habiendo dicho esto, durmió." Hechos 7:57-60

Las últimas palabras de Esteban son una réplica exacta de las últimas palabras que pronunció Jesús desde la cruz, esto significa que el sacrificio de Esteban, le catapultó de ser el símbolo de la luna al de una estrella, en este caso, la primera estrella que aparece en el firmamento al llegar la tarde, de la misma manera que el sacrificio de Cristo y el de sus apóstoles les colocó en esta misma representación. Además, es claro que su muerte al igual que ocurre cuando llega el final del ciclo de una estrella en el espacio, —como veremos— dio el nacimiento de un nuevo astro. Si decimos que Esteban pudo ser el representante de la luna y no lo fue, entonces ¿quién lo fue?

EL REPRESENTANTE DE LA LUNA

En realidad, cualquiera de los miembros del concilio o de los testigos del apedreamiento de Esteban cumple los requisitos de la plaza. Todos al igual que la primera fase de la luna, daban la espalda al Sol de justicia. Realmente la oscuridad en la cara que es visible en la tierra es la única cualidad que manifiesta la luna en su primera fase. Pero, hubo uno que sobresalió en aquel traumático evento.
"Los testigos pusieron sus ropas a los pies de un joven que se llamaba Saulo." Hechos 7:58

La experiencia de Esteban el último instante de su vida, en relación con el nacimiento del astro menor, era la luz del sol brillando en el otro lado de la luna, el lado que no es visible para los humanos.

"El martirio de Esteban impresionó profundamente a cuantos lo presenciaron. El recuerdo de la señal de Dios en su rostro; sus palabras, que conmovieron hasta el alma a cuantos las escucharon, quedaron en las mentes de los circunstantes y atestiguaron la verdad de lo que él había proclamado. Su muerte fue una dura prueba para la iglesia; pero en cambio produjo convicción en Saulo, quien no podía borrar de su memoria la fe y la constancia del mártir y **el resplandor que había iluminado su semblante.**" HAp p. 83

"Saulo, por su parte, asolaba la iglesia; entrando casa por casa, arrastraba a hombres y mujeres y los enviaba a la cárcel." Hechos 8:3

La persecución de Saulo a la iglesia es la prueba mayor con respecto a la oscuridad en que vivía el perseguidor, dando por completo la espalda a la luz del maravilloso Sol eterno. Sin embargo, solo una de las caras estaba oscura, ya en su interior se había encendido una luz que es imposible de apagar. Mientras para los hombres Saulo solo era un tirano herramienta del enemigo, por otro lado, el Espíritu trabajaba a toda marcha impresionando su corazón.

Esto apreciado amigo, es un cuadro perfecto de la luna en su primera fase.

Con respecto a la obra del Espíritu Santo, el Señor Jesucristo dijo: "El viento sopla de donde quiere, y oyes su sonido, pero no sabes de dónde viene ni a dónde va. Así es todo aquel que nace del Espíritu." Juan 3:8

Nuevamente el Espíritu se mueve sobre la faz de las aguas, Él es la luz resplandeciendo en la cara posterior de la luna, Él es la luz que ningún ojo humano puede ver. Cuando el ladrón arrepentido se llegó a Jesús confesando la más sincera fe y la más honesta entrega a Dios, no fue movido por un reconocimiento de último momento. Su última confesión fue el resultado de la obra que durante toda su vida el Espíritu había realizado. Esta obra que es imperceptible a la vista del hombre natural, para ese momento ya había desarrollado en su mente una convicción que ni la más cruel muerte puede desarraigar. Así es la fuerza de la fe de aquel a quien el Espíritu Santo le revela la verdadera identidad de Cristo. Aunque sus actos inmediatos parecían estar en un camino completamente diferente a la senda de la salvación, Dios que conoce el corazón, sabía exactamente como redireccionar su vida.

"Este hombre no era un criminal empedernido. Había sido extraviado por las malas compañías, pero era menos culpable que muchos de aquellos que estaban al lado de la cruz vilipendiando al Salvador. Había visto y oído a Jesús y se había convencido por su enseñanza, pero había sido desviado de él por los sacerdotes y príncipes. Procurando ahogar su convicción, se había hundido más y más en el pecado, hasta que fue arrestado, juzgado como criminal y condenado a morir en la cruz.

Vio las cabezas que se sacudían, oyó cómo su compañero de culpabilidad repetía las palabras de reproche: "Si tú eres el Cristo, sálvate a ti mismo y a nosotros." Entre los que pasaban, oía a muchos que defendían a Jesús. Les oía repetir sus palabras y hablar de sus obras. Penetró de nuevo en su corazón la convicción de que era el Cristo.

Nada ponía ya en tela de juicio. No expresaba dudas ni reproches. Al ser condenado por su crimen, el ladrón se había llenado de desesperación; pero ahora brotaban en su mente pensamientos extraños, impregnados de ternura. Recordaba todo lo que había oído decir acerca de Jesús, cómo había sanado a los enfermos y perdonado el pecado. Había oído las palabras de los que creían en Jesús y le seguían llorando. Había visto y leído el título puesto sobre la cabeza del Salvador. Había oído a los transeúntes repetirlo, algunos con labios temblorosos y afligidos, otros con escarnio y burla. El Espíritu Santo iluminó su mente y poco a poco se fue eslabonando la cadena de la evidencia. En Jesús, magullado, escarnecido y colgado de la cruz, vio al Cordero de Dios, que quita el pecado del mundo. La esperanza se mezcló con la angustia en su voz, mientras que su alma desamparada se aferraba de un Salvador moribundo. "Señor, acuérdate de mí—exclamó, —cuando vinieres en tu reino." DTG p.698 Lucas 23:42

La misma cadena de evidencias se estaba tejiendo en la mente de Saulo, lenta pero firmemente la convicción de que las cosas no estaban en el lugar en que debían estar se fue arraigando en su corazón. Este, Saulo, había sido receptáculo de la más alta educación, tenía en alto el dogma que los líderes judíos habían construido al precio de la oscuridad de su nación. El celo por la causa israelita en contra del naciente movimiento cristiano cegaba de tal manera su entendimiento que le era imposible apreciar la obra del Redentor del mundo.

En medio de su ceguera espiritual, Saulo recibió una revelación que trastornó fuertemente sus convicciones. "Saulo había tomado una parte destacada en el juicio y la condena de Esteban; y las impresionantes evidencias de la presencia de Dios con el mártir le habían inducido a dudar de la justicia de la causa que defendía contra los seguidores de Jesús. Su mente estaba profundamente impresionada." HAp p.93

No existe un corazón tan duro, que el Espíritu de Dios no pueda transformar.

La mente del perseguidor estaba sedienta de un agua que no puede ser producida por este mundo. Dudas y un extraño presentimiento de estar yendo por el camino equivocado hacían de continuo eco en su corazón. Saulo consiguió acallar la voz de su conciencia por un tiempo con las absurdas explicaciones de los miembros del sanedrín. Esto le permitió continuar con su obstinada tarea de erradicar la nueva secta.

"Durante algún tiempo fue un poderoso instrumento en manos de Satanás para proseguir su rebelión contra el Hijo de Dios. Pero pronto este implacable perseguidor iba a ser empleado para edificar la iglesia que estaba a la sazón demoliendo. **Alguien más poderoso que Satanás había escogido a Saulo para ocupar el sitio del martirizado Esteban**, para predicar y sufrir por el Nombre y difundir extensamente las nuevas de salvación por medio de su sangre." HAp p.85

Este comentario confirma que Esteban era el escogido para ser la representación de la luna; sin embargo, las circunstancias que acabaron en su martirio, le cambiaron el símbolo al de la primera estrella de la tarde.

Sobre Saulo recayó la asignación. Este que luego sería conocido como el apóstol Pablo, cumple plenamente con las características de la representación del astro menor en el paralelo de Génesis uno, con la historia de los siglos.

La primera fase lunar esta notoriamente representada en la experiencia descrita en las Escrituras y el espíritu de profecía con respecto a los primeros eventos donde aparece el nombre de Saulo.

"Saulo, respirando aún amenazas y muerte contra los discípulos del Señor, vino al Sumo sacerdote y le pidió cartas para las sinagogas de Damasco, a fin de que si hallaba algunos hombres o mujeres de este Camino, los trajera presos a Jerusalén." Hechos 9:1,2

"Saulo de Tarso, en la fuerza de su edad viril e inflamado de un celo equivocado, emprendió el memorable viaje en que iba a ocurrirle el singular suceso que cambiaría por completo el curso de su vida.

El último día del viaje, '**en mitad del día**,' los fatigados caminantes, al acercarse a Damasco, [...] 'súbitamente' vieron una luz del cielo, 'la cual—según él declaró después—me rodeó y a los que iban conmigo;' '**una luz del cielo que sobrepujaba el resplandor del sol**' (Hechos 26:13, 14), demasiado esplendente para que la soportaran ojos humanos. Ofuscado y aturdido, cayó Saulo postrado en tierra." HAp p.93

¿Por qué para que Saulo se rindiera a las tiernas suplicas del Espíritu, fue necesario que Jesucristo mismo se le presentara en el camino a Damasco? ¿Por qué no fue enviado un discípulo, como lo fue Felipe al etíope? ¿Por qué no se presentó un ángel?

La respuesta está registrada a todas luces en el libro de la naturaleza. Como la luna no puede producir luz para iluminar al mundo y depende completamente del sol, el escogido para representar el astro menor de la creación, debía encontrarse cara a cara con el Sol de Justicia. De otra forma no habría posibilidad alguna de que el nuevo apóstol produjera la luz que debía compartir con la humanidad.

EN EL TALLER DEL CARPINTERO DE NAZARET

Los tres días que siguieron a la revelación de Jesucristo en el camino a Damasco, llevaban en sí mismos la representación de lo que ocurriría antes de iniciar el poderoso ministerio de Pablo.

"Así que, llevándolo de la mano, lo metieron en Damasco, donde estuvo tres días sin ver, y no comió ni bebió." Hechos 9:8,9

Estos tres días eran la figura del tiempo que emplearía el Señor Jesús, para preparar su magistral herramienta para la predicación del evangelio. El corazón de Saulo debía ser cambiado, le era necesario nacer de nuevo. Aunque su mente conservaba mucho conocimiento sobre la ley y la tradición judía, nada de ello contaba delante del Autor de la ley y Creador del universo.

Los hábitos que gobernaban su vida, los sueños que albergaba su corazón, la escasa percepción sobre el verdadero carácter del reino de Dios y la justicia eterna, le inhabilitaban para cumplir con la tarea que le aguardaba. Completamente diferente era el caso de Esteban quien, lleno del Espíritu Santo gozaba de una sabiduría indisputable.

Tres días de preparación para ser librado de la ceguera que le limitaba, tres días en ayuno y oración preparándose para recibir el bautismo del Espíritu Santo, su lluvia tardía personal. Esos tres días le avisaban que venían tres años de capacitación y perfeccionamiento en el taller del Maestro, el Carpintero de Nazaret.

La escuela del reino de los cielos es un proceso necesario que el cristiano debe experimentar. No es fácil reconocer que no se sabe realmente nada, no es sencillo abandonar tus sueños para empezar a vivir los sueños de Dios. Habituarse para vivir una vida de devoción y comunión permanente con Jesús, te pondrá en el frente de una lucha contra tu propia naturaleza; en muchas ocasiones te vencerá, pero con persistencia y fe alcanzarás la victoria. No es liviano el proceso de doblegar la naturaleza humana y ponerla a disposición del Salvador; no que esto sirva para alcanzar la salvación pues esto es un don gratuito; sino que hace parte del proceso que implanta en el hombre la imagen del Creador.

El tiempo que toma al Espíritu de Dios para con este polvo crear un ser a la semejanza de Dios, varía de acuerdo a la persona y al propósito. Fueron sesenta y cinco años para Enoc quien caminó con Dios después del nacimiento de su hijo Matusalén. Génesis 5:22 Para Moisés cuarenta años habitando en el desierto, en tierra de Madián. Hechos 7:30 Para Cristo treinta años en medio de la escasez y la incomprensión, tres años y medio para los discípulos y tres años para el apóstol Pablo. (Gálatas 1:18) Años de enseñanza, años de transformación, años de comunión, años de revelación.

No me puedo imaginar cuantos serán para ti, pero según el propósito para el que fuiste creado, ten por seguro que va a ser necesario que pases por la educación directa del Señor. Puede ser que como Nicodemo y el mismo apóstol Pablo hayas pasado por las más espléndidas academias de enseñanza que este mundo posee y creas que no necesitas aprender algo nuevo. Puede que, como los apóstoles, seas considerado el ignorante de la sociedad y pienses que no hay algo para ti a diferencia de un barco corroído por los años y un producto con el olor desagradable del pescado. Puede que los años ya estén marcados en tus cabellos y en tu rostro, puede que poseas la fuerza de la juventud y creas tener el poder de alcanzar el cielo; pero como en todos los casos de los aspirantes al reino de los cielos, necesitas nacer de nuevo y por ello, una educación temprana que te capacite para lograr los grandes propósitos que Dios tiene para tu vida. El periodo de educación temprana en la vida espiritual no solo es importante sino indispensable.

"Día tras día, Dios instruye a sus hijos. Por las circunstancias de la vida diaria, los está preparando para desempeñar su parte en aquel escenario más amplio que su providencia les ha designado. Es el resultado de la prueba diaria lo que determina su victoria o su derrota en la gran crisis de la vida." DTG p. 345

En ese tiempo de comunión intima con Dios, el apóstol Pablo, al igual que Adán, Moisés, Salomón, Elías, Juan el bautista y todo aquel que nació de nuevo; recibió de los libros de la revelación, de la naturaleza y de las obras de la Providencia eterna, la educación que le haría el paladín que escribió catorce libros de la Biblia.

"Pero os hago saber, hermanos, que el evangelio anunciado por mí no es invención humana, pues yo ni lo recibí ni lo aprendí de hombre alguno, sino por revelación de Jesucristo. Pero cuando agradó a Dios, que me apartó desde el vientre de mi madre y me llamó por su gracia, revelar a su Hijo en mí, para que yo lo predicara entre los gentiles, no me apresuré a consultar con carne y sangre. Tampoco subí a Jerusalén para ver a los que eran apóstoles antes que yo; sino que fui a Arabia y volví de nuevo a Damasco.

Después, **pasados tres años**, subí a Jerusalén [...]; En esto que os escribo, os aseguro delante de Dios que no miento." Gálatas 1:11,12,15-18,20

Según el relato de Lucas, en el libro de Los Hechos de los Apóstoles, en el capítulo nueve, en los versos diecisiete en adelante; luego de terminados esos tres días, Ananías fue enviado para poner sobre Saulo sus manos, para que él recibiera la vista y fuera lleno del Espíritu Santo.

El Apóstol, terminado el tiempo de su preparación se consagró en un ministerio evangelístico del que no se tuvo igual en toda la existencia de los hombres en la tierra. En medio de las más profundas tinieblas espirituales, la luz que el apóstol Pablo, recibió de Cristo, fue reflejada sobre los hombres, cumpliendo cada uno de los ciclos que naturalmente cumple el astro menor en la extensión de los cielos.

LA LUZ MENOR

Para ese momento las Escrituras del Nuevo Testamento no habían sido redactadas en su totalidad, las cartas de Pablo eran una luz menor que iluminaban en la temprana noche, siendo el Antiguo Testamento la luz mayor donde reposaba la fe de los creyentes.

De estas, de las Escrituras del Antiguo Testamento, Pablo escribiendo a Timoteo dice: "Pero persiste tú en lo que has aprendido y te persuadiste, sabiendo de quién has aprendido y que desde la niñez has sabido las Sagradas Escrituras, las cuales te pueden hacer sabio para la salvación por la fe que es en Cristo Jesús. Toda la Escritura es inspirada por Dios y útil para enseñar, para redargüir, para corregir, para instruir en justicia, a fin de que el hombre de Dios sea perfecto, enteramente preparado para toda buena obra." 2 Timoteo 3:14-17 Nada se imaginaba Pablo del efecto que producirían sus letras en los corazones de millones entre los moradores de la tierra.

¿No es este acaso otro reflejo del paralelo que venimos estudiando? Así como la luna aparece en la noche para alumbrar sobre la plenitud de la tierra, las cartas del apóstol serían reconocidas por toda la humanidad como la luz que iluminaría el camino de los hombres de todas las naciones, lenguas y pueblos en todo el mundo.

Aquel que se consideró a sí mismo como "el más pequeño de los apóstoles e indigno de ser llamado apóstol por haber perseguido a la iglesia", 1 Corintios 15:9, cumplió con el propósito que la Providencia había trazado, ser una luz en el firmamento; y luego, así como Esteban lo hiciera, Pablo, mudó su simbolismo al de una extraordinaria estrella, cuando a través del martirio sellara su alma para la eternidad.

El mismo apóstol escribió: "Uno es el resplandor del sol, otro el de la luna y otro el de las estrellas, pues una estrella es diferente de otra en resplandor." 1 Corintios 15:41 Nuestro Señor Jesucristo, sus discípulos, Esteban, el apóstol Pablo y un sin número de amados hijos de Dios, concluyeron su ministerio en el martirio, eso hizo de ellos un símbolo de las estrellas del cielo, pero es claro que como dice Pablo "una estrella es diferente a otra en resplandor." No podemos comparar el brillo de la luz de Cristo con el brillo de la luz de los apóstoles, ni el de los apóstoles con el del apóstol pablo, tampoco es igual el resplandor del apóstol Pablo con el de miles de mártires que iluminaron la línea de tiempo cuyo extremo nos alcanza y desemboca en la eternidad. De esta manera podemos decir "Y fue la tarde y la mañana del cuarto día." Génesis

1:19 o en nuestro minucioso cotejo del relato de la creación con la empresa de los siglos, fue la tarde y la mañana del cuarto día de Dios, en la historia de los hijos de la tierra.

CAPÍTULO 2 / QUINTO DÍA
GÉNESIS 1:20-23

EL AUTOR DE LA INFORMACIÓN GENÉTICA

Hay una teoría que sostiene que, entre los días primero y cuarto, segundo y quinto y tercero y sexto del relato de la obra de la creación, hay una conexión que intencionalmente el Espíritu entrelazó. No solo es una teoría correcta, sino que esta conexión espiritual está cargada de símbolo y significado. Hay además en este vínculo un alto grado de profundidad y propósito, que son características especiales del carácter del Autor; y por lo mismo es un vasto campo de investigación tanto científico y teológico como profético e histórico.

Suponer que una sola mente es capaz de revelar el contenido de la obra magistral de la creación, es pensar que el corazón finito del hombre puede contener la mente del Dios del universo. Esto no es solo imposible sino un absurdo. El motivo de este estudio no es de dar a entender que tenemos definida por completo la obra de Dios, sino crear un punto de partida que sirva de base para la investigación de aquel que busca a su Padre en las hojas sagradas de los escritos inspirados. Es también razón de nuestro estudio entender como la mano providencial de Dios ha guiado todos los eventos de la historia humana y ver que, en las primeras líneas de la Sagrada Escritura, su propia mano diseñó en un lenguaje simbólico, los planos de su intervención durante todos los siglos de nuestra estancia en la tierra. Este es el lenguaje de la Providencia, el ADN de la tierra, el libro de las intervenciones de Dios durante el nacimiento y transición de todas las generaciones que habitaron nuestro planeta.

A través de estas páginas hemos construido un cuadro panorámico de la historia de la vida en la tierra, la visión de Dios sobre su posesión es revelada por intermedio del lenguaje profundo de la Providencia. Génesis Uno es el ADN de la tierra. Como el ADN del hombre, este contiene la información que revela características del individuo del que se extrae.

"El ADN, si lo sabemos interpretar, es nuestro manual de instrucciones. En cada célula está toda nuestra información genética; si tenemos un elevado riesgo de sufrir enfermedad de Parkinson o Alzheimer, si somos portadores de mutaciones causantes de fibrosis quística o de ceguera hereditaria, si somos explosivos o resistentes en la práctica del deporte", destaca Gemma Marfany, profesora de Genética de la Universidad de Barcelona (UB). Además, "Se está avanzando en el conocimiento de los genes que determinan las características faciales." Por medio del ADN "con la tecnología actual ya se puede conocer el color de los ojos, de la piel, la distancia entre los ojos, la amplitud de la nariz o la forma de la barbilla." Esteve Giralt 17/05/2015 lavanguardia.com

Lo que es y representa el guion al cineasta, los planos al arquitecto, el índice a un libro o el ADN al hombre, lo es la narración de Génesis uno a la historia de la tierra. Una de las características que hacen de este capítulo algo tan especial y particular, tiene que ver con la ausencia de la participación del hombre; por el contrario, el ser humano es uno más de los resultados de la obra relatada. Solo y exclusivamente Dios es el protagonista de la narración. Es Él quien, en el contexto del ADN, el guion, el plano o el índice, revela que todo lo que se desarrollará en el despliegue de todos eventos debajo del sol. En síntesis, la historia humana está bajo el control absoluto del Creador.

Ha habido periodos en la historia humana en los que "parece" que Dios ha perdido el control y las tinieblas han reposado sobre toda la extensión de la tierra. Pero este no es un pensamiento correcto. Si bien es cierto que las guerras, las persecuciones y la misma muerte han sido protagonistas en ciertos momentos críticos de la historia, no por ello podemos pensar que Dios ha dejado al hombre a su suerte o peor que eso, en manos del enemigo de las almas. Si en algún momento de nuestra trayectoria, la mano sostenedora de Dios hubiese soltado al mundo, cualquier manifestación de vida sobre la tierra habría desaparecido. No solo el hombre, sino también los animales y las plantas habrían sido reducidos a cenizas.

"Ni siquiera un gorrión cae al suelo sin que lo note el Padre. El odio de Satanás contra Dios le induce a odiar todo objeto del cuidado del Salvador. Trata de arruinar la obra de Dios y se deleita en destruir aun a los animales. Es únicamente por el cuidado protector de Dios como los pájaros son conservados para alegrarnos con sus cantos de gozo. Pero él no se olvida ni aun de los pájaros. "Así que, no temáis: más valéis vosotros que muchos pajarillos." DTG p.323

Si aún podemos disfrutar del canto de las aves, si el aroma de las flores es aún tan agradable, si el agua potable está al alcance de nuestras manos, si los frutos conservan su dulzura y la tierra produce para nuestro sustento; si todavía la familia se puede reunir en paz alrededor de la mesa, si los niños pueden correr y alegrar el corazón de sus padres con sus inocentes risas, si los jóvenes aún pueden soñar con un mañana mejor; es por el tierno cuidado de nuestro Padre, es por la gracia que llueve del trono celestial, es por el maravilloso amor de Jesús sobre su creación.

EL VELO QUE SEPARA LO VISIBLE DE LO INVISIBLE

El capítulo que nos aguarda tiene como característica especial que muestra una faceta del carácter de Dios que no es comprensible a simple vista por el ojo humano. Es necesario ungir nuestros ojos con el colirio del Espíritu si nuestro objetivo es comprender las sazones del Padre eterno. Por supuesto que no es la voluntad de Dios que sus hijos sufran, no hay duda de que el bienestar de sus criaturas es su mayor cometido. No es conveniente guardar en la mente un pensamiento irracional con respecto al carácter de nuestro Dios. Dios no necesita que los hombres le excusen o le defiendan frente a la sociedad por lo que Él permite o no. Él quiere que racionalmente sus hijos entiendan los motivos por los cuales Él actúa y la manera por la que lo hace. El Espíritu Santo tiene la respuesta a todas las dudas que el hombre guarda en su cabeza, solamente aguarda por el momento indicado para dar la respuesta.

Históricamente el panorama es igual, los episodios que vistieron de luto a los hombres y que trajeron las tragedias más hórridas de la historia, tienen un originador y un propósito. Todo esto aconteció bajo la supervisión de nuestro Dios, nada de lo que ha ocurrido en la tierra tomó por sorpresa al Originador de la vida. A simple vista Job, en medio de su miseria física y mental parecía un ser olvidado de Dios y entregado a las manos del mal, pero en el contexto de su experiencia, tras el velo que separa lo visible de lo invisible, estaba la respuesta de todo lo que le ocurrió. Dios no solo estaba atento a lo que ocurría en la vida de Job, en realidad Dios trajo el nombre de Job al centro del escenario.

"Jehová dijo a Satanás: —¿No te has fijado en mi siervo Job, que no hay otro como él en la tierra, varón perfecto y recto, temeroso de Dios y apartado del mal?" Job 1:8

Una mirada desde lo general, nos describe un terrible aguacero que acabo con los planes de los hombres en época de Noé. A simple vista Noé solo era un anciano loco martillando maderas para construir un arca, porque según él, el fin se aproximaba. Solamente quien con los ojos de la fe contempla la realidad de las cosas, podría entender el verdadero significado de los hechos.

El Santo Colirio en los ojos de los hombres abre las puertas del universo invisible y revela la realidad de la vida. El contexto del plan de la salvación, la lucha entre el bien y el mal, el conflicto entre Cristo y Satanás, todo esto es legible sólo para aquel a quien el Espíritu de Dios le proveyó un nuevo corazón. Es por eso que todo aquel que nace del Espíritu nace como un heraldo de la verdad. Es imposible que un hombre reconozca las verdades del mundo espiritual y continúe viviendo una vida de indiferencia, es absurdo que un hombre sea participe de las realidades del reino de los cielos y continúe alimentando el orgullo.

LA CONEXIÓN DE LOS DÍAS

La luz que iluminó el planeta los tres primeros días de la semana literal de la creación y la luz del sol que apareció el cuarto día, cumplían las mismas funciones y propósito. Espiritualmente es igual, la luz que simbólicamente iluminó al planeta los tres primeros días del tiempo de Dios, es decir, el plan de la redención, figurado en el sacrificio de un cordero, fue suficiente y cumplió con el propósito para el que fue establecido, y la función que cumpliría el sacrificio del Hijo de Dios en rescate por la humanidad perdida que no por coincidencia ocurrió en el año 4000 de nuestra historia, supliría la misma necesidad.

El día uno de la creación, el rostro del Señor era la fuente la luz que iluminaría el planeta durante el proceso de creación de los siguientes dos. Con respecto a esta afirmación, hay una multitud de textos la corroboran y que como resultado nos revelan una ubicación exacta de la posición espacio-temporal de nuestro Creador durante esos tres primeros días.

"Haz resplandecer tu rostro sobre tu siervo; [...]" Salmos 31:16 "[...]sino tu diestra, tu brazo, y la luz de tu rostro," Salmos 44:3 "Haga resplandecer su rostro sobre nosotros; [...]" Salmos 67:1, Estos, entre muchos otros textos del Antiguo Testamento afirman que en el rostro del Señor resplandece la luz. La lista se hace más larga cuando encontramos que en el Nuevo Testamento; los escritores bíblicos hacen la misma afirmación, solo que ahora definen que la luz que proviene del rostro del Señor no viene de un Jehová invisible sino un Jesús tangible. Y Además ya no aluden solamente a la luz, sino que la comparan con el sol. "Seis días después, Jesús tomó a Pedro, a Jacobo y a su hermano Juan, y los llevó aparte a un monte alto. Allí se transfiguró delante de ellos, **y resplandeció su rostro como el sol**, [...]" Mateo 17:1,2 "Y vuelto, vi [...] a uno semejante al Hijo del hombre, [...] **y su rostro era como el sol cuando resplandece con toda su fuerza**." Apocalipsis 1:11,13,17 "Vi descender del cielo otro ángel fuerte, envuelto en una nube, con el arco iris sobre su cabeza. **Su rostro era como el sol** [...]" Apocalipsis 10:1

Este lenguaje que describe el rostro del Hijo de Dios con un brillo como el del sol, aunque, según el apóstol Pablo era "[...] una luz del cielo que **sobrepasaba el resplandor del sol**, [...]" Hechos 26:13, no es un asunto meramente simbólico sino literal.

Con relación a la ubicación del Creador esos tres primeros días de la semana literal de la creación, hay una conclusión lógica. Si el sol no existía aún y la luz de su rostro iluminó nuestro planeta, entonces el lugar que hoy ocupa el astro mayor, fue la posición del Hijo de Dios en aquella ocasión. Por esto, cada vez que veas nacer el sol en el horizonte, recuerda que un día Jesús ocupó ese mismo lugar hasta que el cuarto día (tanto literal como en el símbolo de los milenios de Dios), descendió a la tierra y colocó en su lugar la lumbrera mayor que podemos contemplar cada mañana.

"La luz verdadera que alumbra a todo hombre venía a este mundo." Juan 1:9

Cabe resaltar que David menciona "¡Haz resplandecer tu rostro y seremos salvos!" Salmos 80:3 y Malaquías 4:2 dice: "[...] nacerá el sol de justicia y en sus alas traerá salvación." Dando a entender que no solo literal, sino que espiritualmente la luz que emana de Cristo puede dar vida eterna a los hombres. "En Él estaba la vida, y la vida era la luz de los hombres." Juan 1:4 Esta conclusión es solo un rayo de la luz infinita que emana de la unión que hay entre los símbolos del relato día primero y el cuarto de la semana literal de la creación.

Esta característica es una evidencia irrefutable con respecto al paralelo de Génesis uno con los siglos de la humanidad, además es una luz que ilumina el puente que conecta los días uno y cuatro de la semana literal de la creación y los milenios primero y cuarto de nuestra historia.

En el estudio de este capítulo veremos si entre el día dos y el quinto de la creación y el segundo milenio y el quinto hay alguna conexión.

CONTRASTES EN EL LIBRO DE LA NATURALEZA

Por el poder de la Palabra de Dios la obra del quinto día de la creación fue una hermosa realidad. La abundancia de vida que contienen los océanos, habla de la vasta inteligencia del Creador. La interesante belleza que expone cada ser y el misterio de sus profundidades, son, en las páginas del libro de la naturaleza, elementos dignos de las más agudas investigaciones. El océano guarda hermosos paisajes tan recónditos que el ojo humano, apenas en estas últimas décadas y a causa del desarrollo tecnológico, los ha podido contemplar. Miles de especies abundan en la gran reunión de las aguas y cada una cumple el propósito para el que fue particularmente creada. Sin embargo, a pesar del propósito original, los animales acuáticos no escapan a la realidad de poseer una naturaleza inclinada al mal.

La razón por la cual el mundo actual no es nuestro hogar, radica en que todo lo que podemos ver está contaminado con el mal. Desde los animales a quienes la ciencia ya tiene contado un aproximado de la duración de sus vidas, el hombre de quien dice la Sagrada Escritura: "Los días de nuestra edad son setenta años. Si en los más robustos son ochenta años, con todo, su fortaleza es molestia y trabajo, porque pronto pasan y volamos." Salmos 90:10, hasta los objetos inanimados que tienden a perder consistencia, forma y valor, todos arrastramos con esta condición.

La belleza del exquisito porte del león se desvanece al verle saciar su apetito con una criatura inferior e indefensa. Las experiencias que causan dolor y sufrimiento a los seres vivos que hacen parte de la naturaleza en la tierra, son la consecuencia de la desobediencia a las leyes que rigen armoniosamente el universo. La salud y la enfermedad, la vida y la muerte, son opuestos que experimentamos a diario, pero no vienen de la mente del divino Autor. Estos son los efectos resultantes de haber comido del árbol del conocimiento del bien y el mal. Este conocimiento no era una catedra en la escuela del Edén; Dios si quería que el hombre reconociera la existencia del mal, pero no quería que participara de su producción y mucho menos de sus consecuencias. Aunque el mal ya estaba allí, porque la serpiente que habló a la mujer da testimonio de su presencia, Dios había dado la orden, no coman para que no mueran. Dios no quería la muerte de ninguna de sus criaturas y ese pensamiento no ha cambiado con el paso de los siglos. El mismo mensaje que un día Dios dio a Israel, resuena a través de los siglos y llega con el mismo significado para nosotros hoy.

"A los cielos y a la tierra llamo por testigos hoy contra vosotros, de que os he puesto delante la vida y la muerte, la bendición y la maldición; escoge, pues, la vida, para que vivas tú y tu descendencia, amando a Jehová, tu Dios, atendiendo a su voz y siguiéndolo a él, pues él es tu vida, así como la prolongación de tus días, a fin de que habites sobre la tierra que juró Jehová a tus padres, Abraham, Isaac y Jacob, que les había de dar." Deuteronomio 30:19

El conocimiento del bien y el mal que la primera pareja compartía con Dios, "Luego dijo Jehová Dios: «El hombre ha venido a ser como uno de nosotros, conocedor del bien y el mal; [...]»" Génesis 3:22 Se extendió a cada criatura de la vasta creación de Dios que, aunque lleva consigo un espíritu inclinado al mal, conserva la firma de su autor en cada átomo de su ser. Esta es una realidad irrefutable.

"Dios hizo al hombre perfectamente santo y feliz; y la hermosa tierra no tenía, al salir de la mano del Creador, mancha de decadencia, ni sombra de maldición. La transgresión de la ley de Dios, de la ley de amor, fue lo que trajo consigo dolor y muerte. Sin embargo, en medio del sufrimiento resultante del pecado se manifiesta el amor de Dios. Está escrito que Dios maldijo la tierra por causa del hombre. Génesis 3:17. Los cardos y espinas, las dificultades y pruebas que colman su vida de afán y cuidado, le fueron asignados para su bien, como parte de la preparación necesaria, según el plan de Dios, para levantarle de la ruina y degradación que el pecado había causado. El mundo, aunque caído, no es todo tristeza y miseria. En la naturaleza misma hay mensajes de esperanza y consuelo. Hay flores en los cardos, y las espinas están cubiertas de rosas." CC p.10

El surgimiento del temor y el desagrado que producen ciertos elementos de la naturaleza en el hombre, crearon la perspectiva visual de que hay criaturas bellas y horribles, buenas y malas; la aparición de la muerte, el peligro y la división de lo material y lo espiritual, es decir, de las cosas del mundo y el reino de Dios, hizo que muchas de las criaturas de la creación parezcan desagradables y repulsivas; pero en el principio no era así.

La caída del hombre extendió por un poco más de tiempo la exposición del poder dado a Satanás y sus secuaces. En ese tiempo debía desarrollarse el plan que concluiría con la reivindicación de Dios ante el universo, la exaltación de la ley eterna y la redención del hombre. Durante seis días en el tiempo de Dios, es decir, un periodo que rodea los seis mil años, el ser humano pasaría por una prueba que le capacitaría para recibir la herencia de gloria para la cual había sido creado. Su carácter debía ser restaurado al del primer hombre antes de la caída, en otras palabras, solo un ser a la imagen de su Creador podría llevar a cabo los propósitos para los cuales Dios creó la tierra en el principio. Desafortunadamente el enemigo de Dios también se fijó un objetivo, este se propuso arrastrar consigo a la mayor cantidad de los descendientes de Adán que le fuera posible; conociendo del inmenso amor de Dios por sus hijos, esta era la "mejor" forma de manifestar su oposición.

LAS DOS CARAS DE LA TIERRA

Según la ilustración que plantea el libro de la naturaleza, al periodo de tiempo, cuando un sector de la tierra está en el lado completamente opuesto al sol se le conoce como: La noche. Indiscutiblemente la noche no es el resultado del pecado, antes de que nuestros primeros padres desobedecieran ya existía, ese contraste de significados en el libro de la naturaleza tenía como propósito desarrollar el conocimiento de la existencia del mal no solo en el hombre sino en todo el universo.

La libertad que Dios puso en las manos del ser humano, el esfuerzo de Satanás por sabotear la obra de Dios, sumado a la decisión de desobediencia de Adán dio paso a la hora de las tinieblas en la tierra. Luego de la caída de Adán, la noche, o las tinieblas asumieron la posición del trono de Satanás, un lugar desde donde desarrollaría todos los planes de destrucción. Esto es debido a que con la aparición de la luz (El plan de la Redención), Dios se posesionó en el otro costado de la experiencia en la tierra. En palabras más sencillas, Dios obraría en el día y Satanás en la noche. Este no es un asunto meramente físico o natural, sino que histórica y espiritualmente tiene el mismo significado. Cabe resaltar que el espíritu del mal no se mueve sin supervisión, pues a la noche más oscura, no solo se le decoró con la luna más hermosa, sino que las estrellas también brillan en lo más alto del firmamento.

De la hora en que Satanás obraría, el Señor Jesús declaró: "Habiendo estado con vosotros cada día en el Templo, no extendisteis las manos contra mí; pero ésta es vuestra hora y la potestad de las tinieblas." Lucas 22:53

La historia de nuestro planeta es semejante a un juicio en contra de Dios, el universo contempla para reconocer si las acusaciones en contra de la justicia del Dios eterno son verdaderas o falsas. Dios proporcionó en la tierra todos los elementos necesarios para desenredar la madeja de la justicia, y el pecado de Adán abrió la puerta para que la mentira de Satanás pudiera exponer sus argumentos. A través de la ilustración del día y la noche, la luz y las tinieblas, Dios quiso dar oportunidad a los hombres y a sus criaturas en todo el universo de ver las obras que Él como autor y mantenedor de la vida haría para revelar su carácter. Además, este "juicio" fue establecido para que Satanás fuese desenmascarado por medio de la exposición de las obras de su misma mano. Esto no significa que el hombre, quien estaría en medio de la lucha, durante la exposición del mal sería abandonado, sino que, si por su inviolable libertad de elección decidía honrar al Creador, su vida estaría guardada a salvo para que pudiera participar de la eternidad. Pero si por el contrario rechazaba al Dador de la vida, su destino sería idéntico al de Satanás y sus ángeles.

LA TIERRA Y EL AGUA: ELEMENTOS OPUESTOS

Si recordamos, el segundo milenio de la historia fue un tiempo que no agradó al Creador. En el segundo día del relato de la semana literal de la creación no hay registro de la expresión "Y vio Dios que era bueno" en cambio de los días que se desarrollaron durante el segundo milenio, en Génesis 6:6 dice: "y se arrepintió Jehová de haber hecho al hombre en la tierra, y le dolió en su corazón." El diluvio y la desaparición casi por completo de la raza humana con la excepción de ocho personas, no causo placer al Dios del universo. En esa característica negativa se esconde la ligación que hay entre el día segundo y el quinto y la representación de ellos en la historia de los siglos. Una simple observación general de los elementos, los acontecimientos y los propósitos que rodearon los eventos de estos dos días, podrían conducirnos a una interpretación muy superficial de sus significados tanto naturales como teológicos, es por ello que la introducción de este nuevo segmento tiene el propósito de crear un contexto que desarrolle el punto de partida de nuestra investigación.

El contexto es este: El conocimiento del bien y el mal es principal protagonista de nuestra historia. El día y la noche son sus principales representaciones, el día es el momento en que el Dios, es decir, la luz y la vida manifiestan su poder; y la noche, es la hora de las tinieblas, la hora de la muerte, el temor y la oscuridad, sin que esto signifique que el hombre deba enfrentar este periodo solo; Dios en la persona del Espíritu Santo y a través del ministerio angélico, representan la luz en la hora de las tinieblas, por ello dice la Escritura que el Espíritu de Jehová se movía sobre la faz de las aguas. (Génesis 1:2). La historia de nuestra existencia en la tierra está construida de días y noches. Sin embargo, siendo que la libertad del hombre es el eje central de esta experiencia, ni la fuerza del bien ni la fuerza del mal, puede forzar la decisión humana de corresponder a una de las dos invitaciones. Jesucristo fue muy específico con respecto al lugar en que se encuentran todos aquellos que no están de su lado, es claro que para estar del lado del mal no es necesario elegir racionalmente, es cuestión de seguir los deseos de nuestra naturaleza carnal. "» El que no es conmigo, contra mí es; y el que conmigo no recoge, desparrama." Lucas 11:23

Satanás es un actor del conflicto y tiene oportunidad de dar rienda suelta a sus propósitos destructivos, pero no puede forzar la libertad del hombre, además debe someterse a los límites que Dios le impone. Así es, desafortunadamente hay una hora de las tinieblas y la historia testifica acerca de sus momentos de saña en contra del ser humano.

El Autor de nuestra vida ya había previsto que esto ocurriría, el relato de Génesis uno es la prueba más fehaciente de la profundidad de su visión. Todo aquello que hizo el Señor durante los siete días de la creación, lo hizo pensando en mantener la vida en la tierra, sin embargo, hay dos elementos que, aunque son trascendentales y podría decirse indispensables para el desarrollo de la creación de todo lo que hay, no aparecen en el relato como creados durante la primera semana. Esto no significa que no fueron creados por Dios, esto significa que antes de que el proceso de los siete días de la creación diera inicio, había una historia previa. Estos elementos son el agua y la tierra.

Cada uno de ellos tiene una representación, la tierra fue la sustancia de la vida en nuestro planeta, por la palabra de Dios la tierra produjo hierba verde y árboles, también "Jehová Dios formó, pues, de la tierra toda bestia del campo y toda ave de los cielos," y finalmente también "Jehová Dios formó al hombre del polvo de la tierra." En conclusión, la tierra es el elemento que Dios usó para impartir vida en la tierra. En contraste de esto, las aguas no son presentadas en el relato de la creación como productor de vida, salvo una excepción: "Dijo Dios: «Produzcan las aguas seres vivientes, [...]» Y creó Dios los grandes monstruos marinos y todo ser viviente que se mueve, que las aguas produjeron según su especie, [...]" Génesis 1:20,21

LOS HIJOS DE LAS AGUAS

Hay algunas características con respecto a los seres que habitan en las aguas que no poseen aquellos que fueron creados en la tierra. Los que tienen como origen las aguas no dependen para vivir de los beneficios que mantienen la vida en la tierra. Es decir, no requieren, ni de la energía que la luz solar provee, ni del oxígeno para respirar, ni de lo provisto para que los demás animales se alimenten, es más, cuando Dios asignó la alimentación al hombre y a los animales no incluyó a los habitantes de las aguas.

"Después dijo Dios: «Mirad, os he dado toda planta que da semilla, que está sobre toda la tierra, así como todo árbol en que hay fruto y da semilla. De todo esto podréis comer.

»Pero a toda bestia de la tierra, a todas las aves de los cielos y a todo lo que tiene vida y se arrastra sobre la tierra, les doy toda planta verde para comer.»" Genesis 1:29,30

No aparecen los seres vivientes que las aguas produjeron, no hay una provisión para estos, no tienen pulmones, no dependen de los ricos beneficios que provee el sol y algunos viven en las tinieblas más absolutas. No parece que tuvieran parte de la gran provisión que Dios hizo para mantener la vida en la tierra. Es más, el mecanismo por el cual los animales acuáticos procesan el oxígeno es tan diferente al de los terrestres, que estar expuestos a un periodo corto fuera del agua es fatal.

Esto no significa que no puedan beneficiarse con uno que otro de los elementos que mantienen la vida en la tierra. Aunque los animales acuáticos no fueron creados iguales a los demás animales y la luz solar no es un elemento indispensable para su subsistencia, esta energía puede producir un mejor desarrollo en aquellos seres acuáticos que suben a la superficie a recibir un baño de luz.

"Ni se broncean ni necesitan crema solar, pero los peces también toman el sol. Lo más probable es que no lo supieras porque la costumbre no aparece en los libros de texto, pero unos científicos de la Universidad de Lineo, en Suecia, acaban de verificarla por primera vez. Según sus experimentos, los peces tienen buenos motivos para buscar los rayos del astro rey en la superficie del agua: aquellos que tomaron el sol durante sus experimentos crecieron más rápido que los que se refugiaron las profundidades.

Los científicos pensaban hasta ahora que los peces eran una excepción entre animales de sangre fría como los lagartos, las serpientes y los insectos, que calientan su organismo gracias a la luz del sol. La idea predominante entre la comunidad científica era que el agua absorbía la energía solar y que por eso no llegaba a los animales.

Aparte del beneficio que obtienen en su crecimiento, 'tomar el sol en la superficie puede permitir la limpieza de parásitos vía relaciones simbióticas de limpieza de la piel. También se sabe que la luz del sol posee efectos beneficiosos en infecciones microbianas y en varias enfermedades cutáneas', explican los autores de la investigación en el artículo que han publicado, en la revista *Proceedings of the Royal Society B."* Andrés Masa junio 7, 2018 TWC España.

Es decir, la luz que Dios proveyó para que la vida se mantuviera en la tierra, puede beneficiar en algo, pero no es indispensable para los habitantes de las aguas. El sol, el aire, la hierba verde o los mismos frutos de los árboles no fueron preparados para las criaturas creadas en la primera parte del quinto día. Pueden recibir el sol y ser beneficiados por sus nutrientes, pueden y necesitan del oxígeno para vivir, pero no de la misma forma que los demás seres creados, puede que para algunos alimentarse de una planta sea su forma de mantenimiento, pero no disfrutan de los mismos recursos que los animales terrestres. Parece que los elementos que conservan la vida del resto de los animales y del hombre, no fueron hechos para ellos, ni ellos diseñados para disfrutarlos, es como si la vida no fuera el propósito final de los peces. Es más, según el orden de tarde y mañana, los seres vivientes de las aguas fueron creados en la primera parte del día, cuando las tinieblas empiezan a tomar fuerza a razón del descenso de potencia de la luz solar.

Es tan diferente el proceder de Dios para con los peces con respecto del resto de los animales, que ni siquiera fue dado un nombre para cada uno de ellos. Cuando Dios trajo los animales a Adán para que viera como los había de llamar, los peces no aparecen en la lista.

"Jehová Dios formó, pues, de la tierra toda bestia del campo y toda ave de los cielos, y las trajo a Adán para que viera cómo las había de llamar; y el nombre que Adán dio a los seres vivientes, ése es su nombre. Y puso Adán nombre a toda bestia, a toda ave de los cielos y a todo ganado del campo; pero no se halló ayuda idónea para él." Génesis 2:19,20

Conociendo el valor de los nombres en la Biblia, y que en la mayoría de las veces su significado representa el carácter mismo de quien lo lleva, el hecho de no haberse preparado un nombre para los seres que las aguas produjeron, nos da a entender que no había un carácter que resaltar. **Los peces son símbolo del estado de oscuridad en que todos nacemos naturalmente.** Solamente la muerte del yo que sería el equivalente a que los peces salieran las aguas, es contado para vida delante de los ojos del Creador.

"El que halle su vida, la perderá; y el que pierda su vida por causa de mí, la hallará." Mateo 10:39

Y para sentenciar este pensamiento de manera espiritual, el Señor Jesús en el llamado a sus primeros discípulos escogió pescadores y con las palabras: "—Venid en pos de mí, y os haré pescadores de hombres." Mateo 4:19 Reveló el significado espiritual de los peces al compararlos con los hombres que habitan el mundo de las tinieblas, que necesitan salir de la oscuridad, morir a su naturaleza y nacer de nuevo.

Sabemos que por su poder el Señor Jesús multiplicó los panes y los peces. Estos últimos representaban la muerte de la naturaleza inclinada al mal que debe atravesar todo aquel que anhela participar de la salvación que Cristo ofrece. Y al complementarse el milagro con panes, dio la razón para morir, es decir, por la fe en el sacrificio del cuerpo del Señor, teniendo en cuenta lo que el Señor Jesús dijo con respecto al símbolo del pan en la última cena. Los peces para ser útiles según el plan divino, debían estar definitivamente fuera del agua, aunque para ello su vida tuviese que menguar.

Todo esto tiene un valor y un significado, Dios es el Autor y dador de la vida, no de la muerte. La muerte que debe sufrir cada pez al salir del agua es vista desde el cielo como un nuevo nacimiento y no como perdida de la vida. Solo así un hijo de la tierra se hace apto y útil para los propósitos del reino de Dios. Es la naturaleza inclinada al mal que, para dar paso a la nueva vida en el hombre, debe ser sacrificada. Los beneficios solares que puede recibir un pez al acercarse a la superficie, son para el hombre que aún vive en el mundo, la representación de mirar a Dios a lo lejos, son figura de entender que Dios es bueno y generoso con los buenos y los malos, son la representación de un tiempo de paz, sanidad y prosperidad; no obstante, si el cometido es el reino de Dios, solo nacer del agua y del Espíritu es suficiente.

LOS DOS LIBROS SE ILUMINAN MUTUAMENTE

Históricamente hay también una representación con respecto a los seres que Dios creó a partir de la orden que dio a las aguas, de hecho, develar esta simbología es el centro de nuestro estudio en este momento. Para esclarecer los significados de esta figura debemos retomar el camino en la línea de tiempo que hemos ido trazando según el registro bíblico, el lineamiento profético desarrollado en los cinco libros del gran conflicto y según el libro de la naturaleza presentado en Génesis uno. En todos los casos esta línea de tiempo tiene el mismo valor, pero ha sido escrita en lenguajes diferentes. En el caso de la Biblia, el espíritu de la profecía hace la revelación más clara, pero con respecto al libro de la naturaleza es importante reconocer el valor de cada símbolo.

Ya hemos mencionado que es imposible obtener el correcto significado de la naturaleza sin llevar la antorcha de la fe que es la Palabra de Dios. Ese error, el de pretender que nuestro entendimiento es suficiente para comprender las profundidades de la significación de las obras de Dios, es por el contrario un arma letal contra la fe. La teoría de la evolución expuesta por Darwin nació a partir de ese fatal descuido, suponer que la sola naturaleza puede dar las respuestas sin ayuda de la espléndida luz que emana de la Palabra de Dios.

"Dios es el fundamento de todas las cosas. Toda verdadera ciencia está en armonía con sus obras; toda verdadera educación nos guía a obedecer a su gobierno. La ciencia abre nuevas maravillas ante nuestra vista, se remonta alto, y explora nuevas profundidades; pero de su búsqueda no trae nada que esté en conflicto con la divina revelación. La ignorancia puede tratar de respaldar puntos de vista falsos con respecto a Dios valiéndose para ello de la ciencia; pero **el libro de la naturaleza y la Palabra escrita se iluminan mutuamente.** De esa manera somos guiados a adorar al Creador, y confiar con inteligencia en su Palabra.

Ninguna mente finita puede comprender plenamente el poder, la sabiduría, o las obras del Infinito. El escritor sagrado dice: "¿Descubrirás tú los secretos de Dios? ¿Llegarás a la perfección del Todopoderoso? Es más alta que los cielos: ¿Qué harás? Es más profunda que el seol: ¿Cómo la conocerás? En longitud sobrepasa a la tierra, y es más ancha que el mar". Job 11:7-9. Los intelectos más poderosos de la tierra no pueden comprender a Dios. Los hombres podrán investigar y aprender siempre; pero habrá siempre un infinito inalcanzable para ellos.

Sin embargo, las obras de la creación dan testimonio de la grandeza y del poder de Dios. "Los cielos cuentan la gloria de Dios y el firmamento anuncia la obra de sus manos". Salmos 19:1. Los que reciben la Palabra escrita como su consejera encontrarán en la ciencia un auxiliar para comprender a Dios. 'Lo invisible de él, su eterno poder y su deidad, se hace claramente visible desde la creación del mundo y se puede discernir por medio de las cosas hechas'. Romanos 1:20." PP p.94

EL TIEMPO EXACTO DEL RETORNO DE CRISTO ES UN MISTERIO DE DIOS

Hasta este momento, como pueden corroborarlo las páginas de este texto, no he usado fechas para describir los periodos que abarcan los días del tiempo de Dios, es decir los días cercanos a mil años con los cuales Dios ha considerado dividir la historia humana. Y esto tiene una razón muy importante. Aunque, desde la Genealogía de Génesis 5 la Biblia contiene datos importantes referentes a las fechas que dan continuidad a la línea de tiempo de nuestra historia, y podemos ubicarnos fácilmente en las fechas exactas de los tiempos de cada día de Dios compuesto por alrededor de los mil años; del fin del sexto milenio solo sabemos que terminará en medio de la más oscura noche. "Pero el día del Señor vendrá como ladrón **en la noche**. Entonces los cielos pasarán con gran estruendo, los elementos ardiendo serán deshechos y la tierra y las obras que en ella hay serán quemadas." 2 Pedro 3:10. El fin de la historia en la tierra llegará con el retorno del Señor Jesús y de este gran evento, **nadie sabe la fecha ni la hora.**

Si desde el principio hubiésemos basado este estudio en las fechas que contiene le Biblia para narrar la historia, podría darse la impresión de que es posible tener una fecha en cuanto a la venida del Señor Jesús. Aunque claramente la naturaleza nos revela que un día no es de la misma duración que otro por razón de la inclinación de la tierra y el movimiento rotatorio, es ahí donde esta guardado el secreto de la venida del Señor, este dato tiene un sello que nadie en el universo con la excepción de la plenitud de Dios puede desatar.

Es claro el texto de la revelación que dice que un día para Dios es **como** mil años y mil años **como** un día, es decir, no exactamente mil años, algunos sin tener esta idea como base, han intentado exponer una fecha para el regreso de nuestro Señor Jesucristo, basándose solo en los seis mil años de historia en la tierra. Esto no solo es delicado sino muy peligroso. Está en juego la fe de muchos, que como "encantados" ante la "sabiduría" de algunos "estudiosos" de la Biblia pueden ser extraviados de su fe y perderse de la recompensa de los santos.

El Señor Jesús dijo a sus discípulos: "—No os toca a vosotros saber los tiempos o las ocasiones que el Padre puso en su sola potestad." Hechos 1:7 y antes de ello ya les había anunciado: "» Pero del día y la hora nadie sabe, ni aun los ángeles de los cielos, sino sólo mi Padre." Mateo 24:36

"Pero el día y la hora de su venida, Cristo no los ha revelado. Explicó claramente a sus discípulos que él mismo no podía dar a conocer el día o la hora de su segunda aparición. Si hubiese tenido libertad para revelarlo, ¿por qué habría necesitado exhortarlos a mantener una actitud de constante expectativa? Hay quienes aseveran conocer el día y la hora de la aparición de nuestro Señor. Son muy fervientes en trazar el mapa del futuro. Pero el Señor los ha amonestado a que se aparten de este terreno. El tiempo exacto de la segunda venida del Hijo del hombre es un misterio de Dios." DTG p.586

Este es un paréntesis imprescindible para este tratado, pues, como hemos podido ver, la profecía de la creación indica todos y cada uno de los eventos trascendentales de la experiencia humana, y la segunda venida de Cristo, es junto a la primera, el evento más destacado no solo en la experiencia de los habitantes de la tierra sino del universo de Dios. No obstante, con la excepción de la fecha del regreso del Señor que es imposible de saber, no podemos dejar de referirnos a los datos temporales registrados no solo en las Sagradas Escrituras sino en la historia de la humanidad. Estos son tanto elementos de aprendizaje como hechos irrefutables.

LOS DOS MILENIOS DE LA PROFECÍA DE DANIEL 8:14

Uno de los muchos atributos que posee la Palabra de Dios es el de ser un tratado que contiene: hechos, lugares, fechas, biografías y todo tipo características indispensables para el desarrollo de la ciencia que conocemos como historia. Partiendo en Génesis, cuando el capítulo cinco especifica la edad de los patriarcas, podemos trazar una línea de tiempo que nos dejaría interesantemente posesionados en el día de hoy. Esta, la Biblia, sin lugar a dudas es la fuente más fidedigna, en cuanto a los hechos históricos que se tenga registro en la tierra.

La Iglesia Adventista del Séptimo Día, el pueblo de Dios en el tiempo del fin, ha sido privilegiada en cuanto a la luz que ha recibido. No cabe la menor duda de que Cristo por medio del Espíritu Santo ha sido nuestro Maestro y Guía. Profecías como la registrada en Daniel 8:14 referente a las "dos mil trescientas tardes y mañanas," que requieren para su interpretación un conocimiento amplio del tema del Santuario y sus servicios, ha sido el pilar de nuestra fe. Durante más de 170 años el pueblo adventista ha sido prodigiosamente iluminado con la luz proveniente de los significados de esta profecía, que revela los trazos finales en el plano histórico del magistral plan de la redención.

El periodo profético de dos mil y trescientas tardes y mañanas, que en su desarrollo da cumplimiento a otros periodos no menos importantes, pero de menor duración, es claramente una profecía de tiempo. Esto significa que tiene una fecha específica de inicio y una fecha determinada para su fin.
"Y él dijo: "Hasta dos mil trescientas tardes y mañanas; luego el santuario será purificado." Daniel 8:14

Las palabras que escuchó Daniel y que definen a está profecía tienen un valor semántico muy interesante. Particularmente la primera parte que describe la extensión y la composición del tiempo, es decir "dos mil trescientas" y "tardes y mañanas". Este lenguaje que cuenta el tiempo en miles de años no es común en el contenido bíblico, esto nos refiere una singularidad en el mensaje. A través de toda la extensión de las Escrituras, son muy escasos los versos que utilizan el milenio para referirse al tiempo de duración de un evento, incluso en el caso de las más extensas profecías. Esta particularidad es presentada por David y Pedro quienes como hemos estudiado hacen uso del milenio para definir el tiempo de Dios, al hacer referencia del equivalente de un día que, para Dios es como mil años y mil años como un día. Otros autores bíblicos que presentan el milenio como medida de tiempo son el mismo Daniel en tres ocasiones, (Daniel 8:14; 12:11; y 12:12) y el apóstol Juan quien en Apocalipsis 11:3; 12:6; y 20:2-7 lo emplea.

Para alcanzar el objetivo de esta obra es relevante repasar esta característica, pues lo que estamos haciendo es, entender como a través de un valor simbólico que Dios dio al relato de los siete días literales de la creación, enlazó la historia de la tierra, y según esto, cada día de tarde y mañana está representando un día en el tiempo de Dios que según la inspiración es equivalente a un periodo cercano a los mil años. Cabe resaltar que **no estamos invalidando la interpretación profética de un día por año que revela el simbolismo particularmente de la profecía de Daniel**

8:14 sino que nos referimos a un tiempo que Dios determino para la existencia humana y que Él mismo estipuló como un día según su cosmovisión de la vida en la tierra.

Sin querer adelantarnos al orden que hemos llevado, podemos anticipar algunos valores que presenta la profecía de las dos mil trescientas tardes y mañanas. El equivalente del cuarto día de la creación en el símil del cuarto milenio inicia en el año 457 a.c. exactamente en el mismo inicio de la profecía de Daniel 8:14 y se extiende hasta el 538 d.C. cuando da inicio la profecía de los 1.260 días. (Daniel 7:25; 12;7; Apocalipsis 12:6; 12;14; y 13:15) Este hecho nos deja ubicados en la duración exacta de la representación del quinto día de la creación, en otras palabras, el quinto milenio esta descrito en las Escrituras por un periodo de 1.260 días equivalentes a años proféticos. Con fechas exactas podemos decir que el quinto milenio va desde el año 538 d.C. hasta el año 1798; históricamente se encuentra descrito con los eventos del inicio de la Supremacía política del papa (Decreto de Justiniano y expulsión de los ostrogodos) y termina con la detención del papa Pío VI, a manos del general francés Louis Alexandre Berthier.

Es decir, la profecía de las dos mil trescientas tardes y mañanas contienen el significado de los símbolos de los días cuarto y quinto del relato de la semana literal de la creación. Estos son el cuarto y quinto milenio de nuestra historia.

EREV, LA MEZCLA DE LA LUZ CON LAS TINIEBLAS

Según la cronología histórica del pueblo de Dios en la tierra, lo que siguió al ministerio evangélico de los discípulos de Cristo y al del apóstol Pablo, fue un periodo de persecución incesante por parte, primero de los líderes religiosos de Jerusalén y luego del mismo imperio romano, cuando ya el evangelio había penetrado cada rincón del mundo conocido de la época.

"Los poderes de la tierra y del infierno se coligaron para atacar a Cristo en la persona de sus discípulos. El paganismo previó que de triunfar el evangelio, sus templos y sus altares serían derribados, y reunió sus fuerzas para destruir el cristianismo. Encendióse el fuego de la persecución. Los cristianos fueron despojados de sus posesiones y expulsados de sus hogares. Todos ellos sufrieron "gran combate de aflicciones". "Experimentaron vituperios y azotes; y a más de esto prisiones y cárceles". Hebreos 10:32; 11:36.

Muchos sellaron su testimonio con su sangre. Nobles y esclavos, ricos y pobres, sabios e ignorantes, todos eran muertos sin misericordia.

Estas persecuciones que empezaron bajo el imperio de Nerón, cerca del tiempo del martirio de San Pablo, continuaron con mayor o menor furia por varios siglos." CS p.38

Esos primeros siglos de persecución a la iglesia de Cristo, no fueron otra cosa que el fin del cuarto milenio; representa el momento cuando por primera vez se puede ver en el ancho cielo la luz de la luna y las estrellas. Una vez nuestro gran Sol de justicia se sentó a la diestra del Padre eterno, las siguientes horas anunciaron el terrible tiempo de oscuridad que envolvería la tierra. Este periodo de tiempo, cuando el sol abandona el centro del ancho cielo y gradualmente atraviesa el borde del horizonte, ese lapso previo a la noche, se llama tarde y está registrado en el capítulo uno de Génesis para dar inicio a cada día de la semana literal de la creación.

En el hebreo, idioma en el que originalmente fue escrito el capítulo uno de Génesis encontramos que para la palabra tarde fue usado el vocablo *"erev"*. Es interesante que esa misma forma verbal, es usada en otros lugares de la escritura en un contexto diferente al de la tarde registrada en Génesis. Por ejemplo, esta palabra *"erev"* sumándole el vocablo *"rav"* significa "multitud mixta" y hace referencia al grupo de egipcios que se sumaron a las tribus de Israel durante el éxodo. En ese caso *"erev"* significa mezcla o mixta y *"rav"* multitud o forasteros. Este grupo es mencionado en Éxodo 12:38

Si hacemos un paralelo de los dos contextos en que se hace uso del vocablo *"erev"* vamos a tener un panorama más claro con respecto al significado de la tarde que menciona el capítulo uno de Génesis, cuando al concluir los eventos de cada día, usa la expresión "fue la tarde y la mañana [...]".

La palabra *"erev"* o tarde se refiere a la mezcla de la luz y las tinieblas. La ausencia progresiva de la luz da lugar a las tinieblas. A ese periodo transicional no podemos llamarlo mañana, pues la luz del sol no va en aumento sino en un continuo decrecimiento. Luego de puesto el sol por completo hay un corto periodo de tiempo que para el hombre es aún laborable, alrededor de cuatro horas, es realmente el tiempo que en la Escritura se ha traducido como tarde. Es decir, desde la puesta del sol en el ecuador (alrededor de las 6:00 pm) hasta alrededor de las diez de la noche. Ese lapso corto de tiempo se puede medir teniendo en cuenta el tiempo cuando el ser humano aun participa de las actividades del día. Esa fragmentación del último período del día es más fácil de reconocer en el idioma inglés. A la tarde que aún posee algún atributo solar se le llama *"afternoon"*, a la primera parte de la noche, que es el momento donde aún el hombre participa de las actividades del día se le llama *"evening"* y al resto del periodo de oscuridad se le conoce como *"night"*. De hecho, en el texto de Génesis en diferentes versiones de la traducción al inglés, podemos apreciar esa diferencia.

"And God called the **light Day**, and **the darkness** he called **Night**. And the **evening** and the **morning** were the first day." Genesis 1:5 (King James Version)

Las palabras resaltadas con negrita son las piezas claves para entender el asunto, "**light Day**" es decir, "**luz Día**" hace referencia al periodo de tiempo donde la luz del sol se manifiesta. Las siguientes, o sea, "**the darkness**" y "**Night**" que significan "**la oscuridad**" y "**Noche**" aclaran que la noche se refiere a la parte de la tierra que no recibe la luz del sol, es decir, el momento oscuro. Y finalizando, el texto registra la palabra "**evening**" que en español es traducida como "**tarde**", para referirse al último periodo de actividad humana en relación al día.

Ese último momento del día, es decir, "***evening***" que significa *"tarde"* hace referencia puntual a la primera parte de cada jornada que el Señor empleó cada día en su obra creadora. En otras palabras, podemos decir que las tardes que Dios usó durante la semana de la creación se miden entre la puesta del sol y cierto punto cercano a las diez de la noche.

LAS TARDES DE LOS DOS PRIMEROS DÍAS

Histórica y espiritualmente encontramos ese mismo fenómeno que conocemos como tarde en el inicio de cada milenio. La tarde del primer día no se desarrolló en la tierra, por primera vez el universo contempló la misteriosa mezcla de la luz y las tinieblas cuando Lucifer de quien la Biblia en Isaías 14:12 revela el nombre como "hijo de la mañana". Este querubín privilegiado permitió el desarrollo gradual del orgullo en su corazón. Lucifer fue apartándose casi imperceptiblemente de la incesante luz que el Padre eterno le proveía y se expuso a las tinieblas de la autosuficiencia y la mentira. La luz se mezcló con las tinieblas cuando el querubín cubridor inició el proceso de ausentarse lenta y progresivamente de la fuente de luz, es decir, de su Padre Dios.

El instante a partir de que el mal dio origen en el corazón de Lucifer, hasta cuando este mostró públicamente su oposición al gobierno de Dios, **representa** lo que en ingles se denomina "***afternoon***"; un periodo de tiempo que abarca alrededor de tres horas, es decir, aproximadamente desde las tres de la tarde hasta que el sol se pone; en muchos países esto varía dependiendo de la estación del año. Aunque el mal ya estaba en el corazón de ese poderoso ángel, este vivía una lucha interna en su interior, su cuerpo se inclinaba delante del Poderoso del universo, pero su mente y corazón no estaban en completa armonía con su adoración externa.

El tiempo que el Padre eterno, el Hijo y el maravilloso Espíritu de Dios usaron para mostrar a Lucifer el gran error en que se estaba envolviendo, después de que este mostró abiertamente su rebelión, cuando aún existía la posibilidad de dar marcha atrás, representa lo que en ingles se denomina "***evening***". Este fue la **analogía** del tiempo que da lugar a partir de la puesta del sol y que termina cuando cesan las actividades de los hombres es decir aproximadamente hasta las diez de la noche.

Al final de esto, Lucifer, el ángel que seguía en categoría, al Todopoderoso Hijo de Dios, quedó envuelto en la más espesa oscuridad y por esa razón Satanás el rebelde, es conocido como el padre de la noche. A partir de la expulsión de Satanás y sus ángeles del cielo a la tierra, hasta la aparición de la luz podemos ver la representación de la noche. Es por esta razón que los días de la semana de la creación se cuentan a partir de una tarde y una mañana. Por ello la primera descripción de la tierra presenta desorden, vacío, el abismo y las tinieblas, todas estas características espirituales y físicas, exclusivas de la noche.

El segundo periodo de la historia que muestra esta misma característica esta registrado en el capítulo de seis de Génesis con las palabras: "[...] al ver los hijos de Dios que las hijas de los hombres eran hermosas tomaron para sí mujeres, escogiendo entre todas." Génesis 6:2. Luego de un largo periodo en que los hijos de Adán iluminaron la tierra compartiendo la antorcha de la promesa del Mesías y ofreciendo el sacrificio, símbolo de la redención que el Hijo de Dios traería al mundo, las hijas de Caín consiguieron cegar el entendimiento de los hijos de Dios. A través de la exaltación de sus atributos físicos y el engaño sutil, sumado a la decisión libre de los escogidos, fue derribada la muralla que refrenaba el poder de las pasiones en la naturaleza del corazón que los hijos de Dios habían heredado de su padre Adán. El desenfreno lentamente se fue posesionando en la mente de todos los hombres que habitaban la tierra. Entonces, "Vio Jehová que la maldad de los hombres era mucha en la tierra, y que todo designio de los pensamientos de su corazón sólo era de continuo el mal; [...]" Génesis 6:5

Una vez más la luz se mezcló con las tinieblas, la ausencia de la luz que provenía del sacrificio que declaraba la aceptación de salvación, dio lugar a las tinieblas. Esto finalmente ocasionó la aparición de la tarde que está registrada como el inicio de una nueva jornada en la historia de los milenios de la tierra.

Estos dos periodos son el ejemplo de lo que ha sucedido en la tierra durante todo el desarrollo del gran conflicto entre el bien y el mal. Esa es la respuesta al por qué Dios contó el inicio de cada día de la creación con un segmento al que llamó tarde. Para nosotros tiene más sentido pensar que un día inicia a la medianoche cuando el reloj marca las doce, sin embargo, los libros de la revelación y la naturaleza contienen el verdadero significado de todas las ciencias. No es que la naturaleza sea sabia, es que obedece a las leyes que le implantó su Autor. La Providencia que guía la historia de los hombres, está sujeta al guion que se redactó antes de la creación del mundo. Los libros que la mano de Dios escribió, tienen letras eternas, ya lo dijo el Creador del mundo: "El cielo y la tierra pasarán, pero mis palabras no pasarán." Mateo 24:35

Gracias a Dios que envió a su Hijo para que tengamos la esperanza de una nueva mañana, pues, de la misma forma en que sin faltar llega la noche, amanece día tras día el Sol de justicia. "Para esto apareció el Hijo de Dios, para deshacer las obras del diablo." 1 Juan 3:8 Este pensamiento nos sitúa directamente en la definición de la mañana que está incluida en la descripción de cada día literal de la semana de la creación.

BOKER TOV

En Génesis uno la palabra en el idioma hebreo para mañana es *"boker"*. Esta palabra es muy familiar para la comunidad hebrea, pues sumando el vocablo *"tov"* es empleada como el primer saludo del día, es decir, ¡buenos días! ¡*Boker Tov*! "BKR" literalmente significa luz de la mañana. El significado de la raíz "BKR" en hebreo es usado para referirse al verbo cortar, partir o quebrar. En el contexto de su uso para referirse a la primera luz del día podemos entender que *"BKR"* o *"boker"* describe el momento en que la luz de un nuevo día quiebra el poder de las tinieblas consiguiendo que estas desaparezcan en su totalidad. Esto es completamente opuesto a la definición de tarde que constituye la mezcla imperceptible de las tinieblas con la luz; en ese acto no ocurre un desplazamiento de la luz, sino que, al girar la tierra, la parte que estaba directamente en frente al sol se aparta gradualmente de la única fuente de iluminación. Por lo tanto, la tarde es el proceso de ausencia gradual de la luz, esta no surge como resultado del poder de las tinieblas, sino ante la ausencia de luz.

Con este repaso de conocimiento básico, tenemos una idea de la manera en que de forma natural se desarrollan los procesos de tarde y mañana. No obstante, hay un periodo de tiempo que no es tomado en cuenta como parte de la composición de cada día en la narración en el primer capítulo de Génesis. La noche solamente es mencionada en dos ocasiones: Génesis 1:5 que hace una definición de esta "[...] y a las tinieblas llamó noche." y en los versos 14 hasta el 18 cuando se le somete a la autoridad de los astros creados el cuarto día.

Aunque la noche literal y naturalmente hace parte de la composición del día, no es tenida en cuenta como un periodo provisto para el desarrollo de los planos de la creación. Génesis uno solo hace referencia a la tarde y a la mañana.

La noche cuyo nombre previo era tinieblas es el antónimo de luz cuya fuente es Dios mismo. "[...] Dios es luz y no hay ningunas tinieblas en él." 1 Juan 1:5

UNA DE LAS VIGILIAS DE LA NOCHE

Para estas alturas ya debes haberte preguntado ¿qué tienen que ver históricamente, los seres vivos que Dios creó en el agua y las aves de los cielos, con el periodo más oscuro que la historia de la tierra registró? Referente a ese cuestionamiento seguimos en el proceso de trazar un camino que nos permita adentrarnos en la interpretación histórica de los símbolos del paralelo del quinto día de la semana literal de la creación y el quinto milenio de nuestra historia.

Entendemos que el quinto milenio es descrito en la Biblia como un periodo de mil doscientos sesenta días, tiempo tiempos y medio tiempo y cuarenta y dos meses. Apocalipsis 12:6; 13:5; Daniel 7:25. Este periodo de tiempo se caracteriza por ser una época de tinieblas. Como resultado de la terrible persecución que sufrió el pueblo de Dios, sobreabundó la muerte. Pero ¿cómo concuerda este tiempo con la definición de un día de Dios que es descrito como mil años o un tiempo cercano a los mil años? Y ¿cómo podemos vincular los eventos del quinto día de la creación con un periodo tan oscuro, donde la tiranía levantó su bandera en el monte más alto de la tierra? En cuestión de tiempo 1.260 años es un periodo cercano a los mil años que describen las escrituras como un día en el tiempo de Dios. A decir verdad, no es difícil armonizar una época de oscuridad total con un día del tiempo de Dios, pues hay suficiente luz en la Escritura para entenderlo.

Moisés escribió: "Ciertamente mil años delante de tus ojos son como el día de ayer, que pasó, **y como una de las vigilias de la noche**." Salmos 90:4

Definitivamente el quinto milenio es una de las vigilias de la noche en la historia de los hijos de la tierra. Es un periodo que nació con la mezcla de la luz y las tinieblas y se desarrolló en la más terrible oscuridad espiritual que se haya registrado.

Por un periodo de cinco siglos después de la muerte y resurrección de Cristo, la anchura del firmamento contemplo el nacimiento de miles de estrellas. Estos eran hombres y mujeres, que ofrendaron sus vidas y sellaron el pacto de salvación con el poderoso Dios del universo. Estos, "no aceptaron el rescate, a fin de obtener mejor resurrección." Hebreos 11:35

"Dijo un cristiano, reconviniendo a los jefes paganos que atizaban la persecución: "Atormentadnos, condenadnos, desmenuzadnos, que vuestra maldad es la prueba de nuestra inocencia. [...] De nada os vale [...] vuestra crueldad". No era más que una instigación más poderosa para traer a otros a su fe. "Más somos cuanto derramáis más sangre; que la sangre de los cristianos es semilla" (Tertuliano, *Apología*, párr. 50).

Miles de cristianos eran encarcelados y muertos, pero otros los reemplazaban. Y los que sufrían el martirio por su fe quedaban asegurados para Cristo y tenidos por él como conquistadores. Habían peleado la buena batalla y recibirían la corona de gloria cuando Cristo viniese. Los padecimientos unían a los cristianos unos con otros y con su Redentor. El ejemplo que daban en vida y su testimonio al morir eran una constante atestación de la verdad; y donde menos se esperaba, los súbditos de Satanás abandonaban su servicio y se alistaban bajo el estandarte de Cristo." CS p.p. 45,46

Este lapso de tiempo, es decir, esos cinco siglos de persecución eran la representación de la tarde, "***afternoon***" un momento cuando todavía había restos de la luz que iluminó el cuarto milenio, estos eran los hijos de la obra apostólica, esta aun no era la representación de la primera parte del quinto milenio, pero daban una idea del terrible periodo que estaba por llegar. La sangre de aquellos mártires era la luz de las estrellas que, junto a los doce y al apóstol Pablo fue puesta en el firmamento para testimonio del cielo y la tierra en los siglos posteriores.

Lamentablemente la mayoría de las siguientes generaciones no consiguieron conservar pura la fe que heredaron; Satanás reestructuró su plan. El engaño de la falsa paz y la introducción de la mentira en la iglesia dio resultados escabrosos y procuró cubrir de tinieblas el camino que dirigía a los hombres a los atrios celestiales.

Interesantemente el capítulo tres del libro "El Conflicto de los Siglos" que registra el inicio de este período de oscuridad, lo titula "**Una Era De Tinieblas Espirituales**". Es importante resaltar la magistral armonía que hay en la narración histórica de las Escrituras, la línea de tiempo que presenta el espíritu de la profecía, la historia humana y el capítulo uno de Génesis; esta no es más que otra evidencia de que la misma Inteligencia cifró todos esos códigos.

"Poco a poco, primero solapadamente y a hurtadillas, y después con más desembozo, conforme iba cobrando fuerza y dominio sobre los espíritus de los hombres, "el misterio de iniquidad" hizo progresar su obra engañosa y blasfema. De un modo casi imperceptible las costumbres del paganismo penetraron en la iglesia cristiana." CS p.53

El más poderoso de los engaños, el que más daño causó al profeso pueblo de Dios fue el de quitar la Biblia de los hogares. No habiendo una fuente que fortaleciera la fe, proveyera sabiduría y erradicara las tinieblas del engaño, el territorio de la apostasía era el único destino. "Por centenares de años fue prohibida la circulación de la Biblia. No se permitía a la gente que la leyese ni que la tuviese en sus casas, y sacerdotes y prelados sin principios interpretaban las enseñanzas de ella para sostener sus pretensiones." CS p.55

SALMO 23:4

"Aunque ande en valle de sombra de muerte, no temeré mal alguno, porque tú estarás conmigo; tu vara y tu cayado me infundirán aliento."

"Para el año 538 d.C. y tras el derrocamiento de tres tribus bárbaras, como ya lo había previsto la profecía de Daniel 7:8, el obispo de Roma se consolidó como el único emperador político y religioso de la época. El paganismo había dejado el lugar al papado. El dragón dio a la bestia 'su poder y su trono, y grande autoridad'. Apocalipsis 13:2. Entonces empezaron a correr los 1260 años de la opresión papal predicha en las profecías de Daniel y en el Apocalipsis. Daniel 7:25; Apocalipsis 13:5-7. Los cristianos se vieron obligados a optar entre sacrificar su integridad y aceptar el culto y las ceremonias papales, o pasar la vida encerrados en los calabozos o morir en el tormento, en la hoguera o bajo el hacha del verdugo. Entonces se cumplieron las palabras de Jesús: 'Seréis entregados aun de vuestros padres, y hermanos, y parientes, y amigos; y matarán a algunos de vosotros. Y seréis aborrecidos de todos por causa de mi nombre'. Lucas 21:16, 17. La persecución se desencadenó sobre los fieles con furia jamás conocida hasta entonces, y el mundo vino a ser un vasto campo de batalla. Por centenares de años la iglesia de Cristo no halló más refugio que en la reclusión y en la obscuridad. Así lo dice el profeta: 'Y la mujer huyó al desierto, donde tiene lugar aparejado de Dios, para que allí la mantengan mil doscientos y sesenta días.' Apocalipsis 12:6.

El advenimiento de la iglesia romana al poder marcó el principio de la Edad Media. A medida que crecía su poder, **las tinieblas se hacían más densas.**" CS p.p. 58,59

Esta vigilia de la noche que comparó Moisés con mil años delante de los ojos de Dios, representa al momento más oscuro de la noche, cuando las tinieblas se han asentado por completo sobre la tierra. El relato de los días literales de la creación no describe ninguna actividad de Dios en ese periodo de tiempo. Génesis uno únicamente resalta la tarde y la mañana como el tiempo que emplea el Señor para el desarrollo de su obra creadora. Por ello la historia de nuestro planeta registra lapsos temporales donde parece haber una ausencia o un silencio de Dios. Aunque el cuarto día con la aparición de la luna y las estrellas se asegura la presencia de la poderosa Mano de Dios en todos los tiempos de la tierra. Además, el movimiento del Espíritu de Dios sobre la faz de las aguas justo cuando las tinieblas están sobre la faz del abismo, corroboran su obra protectora, redentora y su constante guía en esos momentos donde se puede pensar que Dios guarda silencio.

Estos lapsos temporales hacen parte del desarrollo del conflicto entre el bien y el mal y es el tiempo en que las tinieblas ejecutan su estrategia; esa es la hora del poder de las tinieblas. Pero ¿por qué Dios lo permite? Por el valor de la libertad de elección de los hombres, sumado a la puerta que en su desobediencia abrió Adán al principio.

Las escenas que se desenvuelven en estos periodos de oscuridad, revelan cual sería el resultado de las pretensiones de Satanás en el cielo. Las consecuencias que ocasionaría un gobierno sin ley se muestran como son en realidad, y la justicia, la misericordia y el amor de Dios, en contraste con la obra que desarrolla Satanás, expone la completa necesidad de la presencia de Dios en el universo, su justicia y la perfección de su carácter.

A los cuestionamientos que quedaron grabados en el corazón de los hijos de Dios, luego de la expulsión de Satanás y de la tercera parte de los ángeles del cielo, referente a, qué habría sucedido si se le hubiese otorgado el cetro de poder que Lucifer reclamaba, debía proveerse una respuesta. Esta se expone en los periodos que representan las noches de la historia de la tierra y particularmente la vigilia de la noche que duró 1.260 años. No podemos pensar en ningún momento que Dios dejó a su suerte a los humildes siervos que se mantuvieron fieles hasta la muerte, estos que morían cantando y en medio de oraciones gozosas, experimentaron la gloria de Dios que supera el sufrimiento mental y el dolor físico que surge por la tortura y la muerte. No obstante, su decisión debía hacerse sin ningún elemento que hiciera parecer que el camino era fácil debido a la presencia de Dios; estos no podían imaginarse que cuando llegase el momento de poner sus vidas sobre el altar, el bálsamo del Espíritu de Dios les habilitaría para cruza el valle de la sombra de muerte sin temor alguno.

"Aunque ande en valle de sombra de muerte, no temeré mal alguno, porque tú estarás conmigo; tu vara y tu cayado me infundirán aliento." Salmos 23:4

"Aunque el Señor no prometió eximir a su pueblo de tribulación, le prometió algo mucho mejor. Le dijo: 'Como tus días serán tus fuerzas'. "Bástate mi gracia; porque mi poder se perfecciona en la debilidad". Deuteronomio 33:25; 2 Corintios 12:9 Si somos llamados a entrar en el horno de fuego por amor de Jesús, él estará a nuestro lado, así como estuvo con los tres fieles en Babilonia." El Discurso Maestro de Jesucristo (DMJ) p.29

A la pregunta ¿dónde está Dios cuando la noche cae sobre la tierra, cuando el dolor y la injusticia parece que inundan cada rincón de nuestro planeta? Dios ha respondido de muchas maneras.

Él es la luz que refleja la luna e ilumina la tierra en la noche de nuestras vidas. Su presencia se revela en cada lección que brota de la naturaleza y en cada promesa de su Palabra. Está en el mismo lugar que estaba cuando su Hijo amado pendía de una cruz. Está junto a ti, aunque no lo puedas ver, aunque no los sientas, aunque no lo entiendas.

"A todos los que tantean para sentir la mano guiadora de Dios, el momento de mayor desaliento es cuando más cerca está la ayuda divina. Mirarán atrás con agradecimiento, a la parte más obscura del camino. 'Sabe el Señor librar de tentación a los píos.' 2 Pedro 2:9 Salen de toda tentación y prueba con una fe más firme y una experiencia más rica." DTG p.487

Ninguna noche es eterna. Mil doscientos sesenta años registran la más larga de la historia. Con todo y la terrible oscuridad que cubrió la tierra, cientos de miles libre y voluntariamente escogieron mantenerse firmes en su convicción de amar, obedecer y aferrarse a la gracia del Cordero que los rescató. Ofrecieron sus vidas aquí, para ganar una eterna allá. Confiaron en la promesa del regreso del Señor, Aquel que traerá para cada uno de ellos una corona tallada con sus propias manos.

SALIR DE LAS AGUAS

"Dijo Dios: «Produzcan las aguas seres vivientes, [...]" Génesis 1:20

"Fue necesario sostener una lucha desesperada por parte de los que deseaban ser fieles y firmes, contra los engaños y las abominaciones que, envueltos en las vestiduras sacerdotales, se introducían en la iglesia. La Biblia no fue aceptada como regla de fe. A la doctrina de la libertad religiosa se la llamó herejía, y sus sostenedores fueron aborrecidos y proscritos." CS p.49

Abandonar las filas de la iglesia que para ese momento era el poder que regía la ley moral y política era un elevado sacrificio en aquellos días. Se auto condenaba aquel que rechazara los dogmas eclesiásticos de la recién levantada Roma papal. No obstante, este era el sacrificio que agradaba a Dios. Este principio ya lo había presentado la inspiración cuando en ocasión de la detención de Juan y Pedro, estos ante el concilió dijeron: "—Es necesario obedecer a Dios antes que a los hombres." Hechos 5:29

No es fácil para el ser humano natural, entender acerca del sacrificio voluntario que un recién nacido hijo de Dios hace por motivo de acoger el plan de la salvación en su corazón. Casas, trabajos, carreras profesionales y aún familias pierden por completo su valor cuando estas representan una amenaza a la fe y es un obstáculo entre el hombre arrepentido y su comunión con Dios. El hecho de que el hombre del mundo no comprenda los actos del que ahora es una nueva criatura en Cristo es apenas normal, pues, "el hombre natural no percibe las cosas que son del Espíritu de Dios, porque para él son locura; y no las puede entender, porque se han de discernir espiritualmente." 1 Corintios 2:14

Todo aquel que ha nacido del agua y del Espíritu, ha recibido el don de la vida. "De modo que si alguno está en Cristo, nueva criatura es: las cosas viejas pasaron; todas son hechas nuevas." 2 Corintios 5:17 La expresión "las cosas viejas pasaron" hace referencia a la muerte del hombre natural; mientras que, "todas son hechas nuevas" apunta a un nuevo nacimiento. Ese fue el caso de un sin número de hombres en la Edad Media, quienes descontentos por la idolatría y la supresión papal, escogieron morir al mundo para nacer en Cristo. Fueron como peces recogidos por la red del Pescador celestial, sabían que la muerte sería una realidad, pero la tuvieron por gozo, con tal de recibir la herencia eterna. En su mente moraba la potencia del Eterno, habían abierto las puertas de su corazón y ahora Cristo cenaba con ellos y ellos con Él. El mundo aún no se explica cómo podían cantar en medio de la hoguera o mientras feroces fieras les devoraban. ¿De dónde provenía la paz y la serenidad de su corazón? El mundo jamás obtendrá esa respuesta, pues un asunto espiritual solo espiritualmente se discierne.

La coyuntura que relata las escenas de la exposición de la gran fe de los mártires tiene su representación en los seres creados en las aguas. Este símbolo fue usado por Cristo cuando al llamar a Pedro y a su hermano les aseguró: "—Venid en pos de mí, y os haré pescadores de hombres." Mateo 4:19 El mismo Creador de Génesis uno, dijo a dos de sus discípulos que los peces eran símbolos de hombres y el mar una representación del mundo. Como los peces mueren al ser sacados de las aguas, en todo aquel que acepte seguir a Cristo debe manifestarse esa experiencia. Como el apóstol Pablo, el lema de su vida debe ser: "Con Cristo estoy juntamente crucificado, y ya no vivo yo, mas vive Cristo en mí; y lo que ahora vivo en la carne, lo vivo en la fe del Hijo de Dios, el cual me amó y se entregó a sí mismo por mí." Gálatas 2:20

El proceso que rige la supervivencia de los habitantes de las aguas, donde los más grandes se alimentan de los más chicos, es una ilustración de lo que estaba ocurriendo en la edad media y de lo que espiritualmente ocurre en la actualidad.

La bestia que Juan vio subir del mar y que registró en Apocalipsis 13:1, la cuarta bestia que Daniel vio en su sueño también subiendo del mar, Daniel 7:2,3,7 representan al mismo poder perseguidor usado por Satanás para atacar al pueblo de Dios. No cabe duda que los habitantes del mundo —es decir, del mar— son el alimento de esta bestia y a menos que salgan del mar, —del mundo— su final será la muerte eterna. Este es el clamor de Dios a sus hijos amados "«¡Salid de ella, pueblo mío, para que no seáis partícipes de sus pecados ni recibáis parte de sus plagas!, [...]" Apocalipsis 18:4

PESCADO, MIEL Y PAN

La inspiración no registró mucho de la experiencia del Salvador en su paso por la tierra, con respecto a la satisfacción de las necesidades básicas que su cuerpo humano le exigía; en contraste a ello, cuando tuvo hambre y sus discípulos le llevaron alimento, "Él les dijo: —Yo tengo una comida que comer, que vosotros no sabéis. [...] —Mi comida es que haga la voluntad del que me envió y que acabe su obra." Juan 4:32,34 En ocasión de la tentación en el desierto, al pedido de Satanás de convertir las piedras en pan, aún luego de cuarenta días de ayuno, Jesús respondió: "—Escrito está: "No sólo de pan vivirá el hombre, sino de toda palabra que sale de la boca de Dios." Mateo 4:4

Esta característica es muy interesante porque, si, en ocasiones tan relevantes del ministerio terrenal de Jesús, la lección consistía en no dar un puesto importante a las necesidades del cuerpo, aun siendo estas indispensables para la conservación de la vida misma, no es porque Jesús no reconociera la importancia de ello. Fue Él quien el tercer día de la semana de la creación pensando en las necesidades físicas del hombre creó los frutos de la tierra; fue el quien dijo al hombre: "«Mirad, os he dado toda planta que da semilla, que está sobre toda la tierra, así como todo árbol en que hay fruto y da semilla. De todo esto podréis comer." Génesis 1:29 Además, en la oración modelo, Cristo había enseñado a sus discípulos a pedir de su Padre: "El pan nuestro de cada día, dánoslo hoy." Mateo 6:11 Esto significa que el hecho de que en algún aparte, las Escrituras presenten a Jesús proveyéndose de este beneficio físico, es porque hay un mensaje, un valor y un propósito. En otras palabras, si hay un relato en el que se muestre a Jesús comiendo, ahí podemos excavar, esa es una mina de oro.

Entre los eventos que rodearon la resurrección de Cristo, Lucas registra un hecho que tuvo lugar luego de la experiencia del camino a Emaús, en esa ocasión Jesús se presentó delante de sus discípulos, quienes atemorizados creían que Cristo era un espíritu. Puede parecer que la declaración del Salvador busqué solamente demostrar su condición humana, sin embargo, hay un mensaje mucho más profundo detrás de este acontecimiento.

"Mientras aún hablaban de estas cosas, Jesús se puso en medio de ellos y les dijo:

—¡Paz a vosotros!

Entonces, espantados y atemorizados, pensaban que veían un espíritu. Pero él les dijo:

—¿Por qué estáis turbados y vienen a vuestro corazón estos pensamientos? Mirad mis manos y mis pies, que yo mismo soy. Palpad y ved, porque un espíritu no tiene carne ni huesos como veis que yo tengo.

Y diciendo esto, les mostró las manos y los pies. Pero como todavía ellos, de gozo, no lo creían y estaban maravillados, les dijo:

—¿Tenéis aquí algo de comer?

Entonces le dieron un trozo de pescado asado y un panal de miel. Él lo tomó y comió delante de ellos." Lucas 24:36-42

Luego de haber comido, el Señor le da valor al símbolo de lo que acabo de acontecer, el pez que Cristo comió era el emblema de su sacrificio, la insignia de su muerte; y el panal de miel era la representación de su victoria sobre la muerte, es decir, de su resurrección.

"Entonces les abrió el entendimiento para que comprendieran las Escrituras; y les dijo: —Así está escrito, y así fue necesario que el Cristo padeciera y resucitara de los muertos al tercer día;" Lucas 24:45,46

Una vez más, luego de su resurrección, las Escrituras relatan un encuentro de Jesús con sus discípulos, en este encuentro hay un factor relevante que se destaca y es que nuevamente hay alimentos y el pescado es el plato principal. La diferencia entre estos dos eventos radica en que no es Cristo el que come el pescado sino sus discípulos, y esta vez no es acompañado por un panal de miel sino por pan. Sabemos que el pan es símbolo del cuerpo de Cristo. "También tomó el pan y dio gracias, y lo partió y les dio, diciendo: —Esto es mi cuerpo, que por vosotros es dado; haced esto en memoria de mí." Lucas 22:19 El evento en las Escrituras al que hacemos referencia se encuentra en Juan 21:1-14

"Al descender a tierra, vieron brasas puestas y un pescado encima de ellas, y pan. Les dijo Jesús: —Venid, comed. Vino, pues, Jesús, y tomó el pan y les dio, y asimismo del pescado." Juan 21:9,12,13

El valor espiritual que contiene este suceso se reveló para los discípulos en dos ocasiones. Cada uno de los discípulos fue beneficiado con el sacrificio de Cristo para recibir el perdón de los pecados, es decir, comieron del pan símbolo de su cuerpo; y al poner sus vidas en el altar del martirio los discípulos comieron del pescado que Cristo mismo les dio y que es símbolo de la muerte del Señor Jesús. Parafraseando el inicio de los 1.260 años en el contexto del relato de la comida a orillas del mar, podríamos decir: A partir del año 538 d.C. cientos de miles de cristianos martirizados, comieron del pan y el pescado que Cristo les tenía preparado, a su salida del mar en la orilla de la playa. Murieron para el mundo, pero su nombre está sellado en el libro de la vida. Por cuarenta y dos meses como los peces, millones salieron del mar, emergieron de las aguas del mundo, para morir a una vida vacía y gracias al sacrificio de Cristo, nacer de nuevo para el reino de los cielos.

A través de los siglos que contemplaron la historia de los 1.260 años hay un sinnúmero de elementos que indican que los peces cumplían con las características del pueblo de Dios de la analogía de la historia con Génesis uno.

EL SÍMBOLO

"El **ichtus** o **ichthys** (en griego ΙΧΘΥΣ *ijcís* "pez") es un símbolo que consiste en dos arcos que se interceptan de forma que parece el perfil de un pez a modo de una *vesica piscis* o mandorla horizontal, y que fue empleado por los primeros cristianos como un símbolo secreto.

El uso del *ichtus* como símbolo secreto pudo haber sido el siguiente: una persona dibujaba unas líneas rectas y curvas en la arena de forma aparentemente aleatoria, de las que una de ellas era un arco circular (medio ichtus). Si otra persona dibujaba más líneas en el suelo y completaba la figura, los dos sabrían que ambos eran cristianos.

También era usado secretamente cuando dos personas, que no se conocían muy bien, se veían nuevamente; entonces, una de ellas le hacía la mitad del símbolo del pez en la palma de la mano a uno al saludarlo, y el otro respondía haciendo la otra mitad si también era cristiano, si no pasaba como una cosquilla o accidente, pero la mayoría de las veces se tomaban muchas precauciones, como el de investigar de antemano a la otra persona." San Agustín: Ciudad de Dios, libro XVIII, cap. XXIII. / Paul Fieldhouse, *Food, Feasts, and Faith: An Encyclopedia of Food Culture in World Religions*, ABC-CLIO, USA, 2017, p. 214

Tenemos pues, otra perspectiva desde donde podemos ver al cristianismo desde sus propios orígenes, relacionado con el símbolo de los peces. Este articulo parece no ser muy relevante en la interpretación Bíblica, sin embargo, es muy interesante porque apunta histórica y directamente a un pueblo que como hemos estudiado posee en Génesis la misma simbología. Pero veamos como concluye:

"Antes del Edicto de Milán, los cristianos no podían revelar abiertamente su fe, ya que corrían el peligro de ser perseguidos o ejecutados.

El pez se interpreta asimismo desde la psicología arquetípica como símbolo de la verdad profunda (bajo el agua) que se oculta para ser atrapada y, a continuación, salir a la luz. Que brilla en secreto en un primer momento, y el pescador debe obtenerlo para alimentarse. En la Biblia aparece Pedro como pescador, y Jesús se representaría simbólicamente como el guía hacia la verdad.

Puede haberse establecido un vínculo entre Jesús y el pez a partir del baño en el *baptisterio* (piscina para bautismos, o "lugar para sumergir") y la parábola de los pescadores de hombres que refería a los apóstoles. Igualmente se designaba a los recién convertidos como "pisciculi" (pececillos), y el pez se convirtió, junto con el pan, en símbolo de la eucaristía." Hans Biedermann. Pág. 357.

Nuevamente no es casualidad, el tiempo en que aparece el simbolismo, la representación tan gráfica y literal del quinto día de la creación justo en la primera parte del quinto milenio de la historia humana.

Claro que los seres vivos que nacieron aquel quinto día de la semana literal de la creación, no se limita a los peces que hacen parte del arte de la pesca. No obstante, estos son el mayor interés del cielo en el desarrollo del plan de la redención. Los peces que aparentan no tener un valor en sí mismos diferente a un plato de comida, son la representación de aquellos que cautivan la atención del Padre eterno, ellos son presa fácil de los grandes monstruos marinos, son aparentemente criaturas sencillas y secundarias, pero la sangre de Cristo que pagó por el rescate de cada uno de ellos, incrementa su valor ilimitadamente.

Hay, además, con respecto a los seres que las aguas produjeron el quinto día, otra lección espiritual que apunta directamente a nuestra actualidad. El gran océano es símbolo del mundo, los peces representan el estado de todos aquellos que no han visto la verdadera luz de la vida, todos ellos para quienes pasar por esta tierra no tiene propósito más allá de lo que pueden contemplar, algunos de ellos ya han derrochado su juventud, sus fuerzas y sus posesiones en los espejismos de este siglo. En algún momento de su experiencia fueron grandes cetáceos que se alimentaban de pequeños peces, seres humanos "inferiores" desde su punto de vista.

La mentira, el adulterio, la codicia, el robo, el orgullo eran la base de su fortaleza, eran tiburones en el océano del mundo, su único interés era devorar sin misericordia todo lo que se presentaba con vida ante su vista. Pero luego de muchas tardes y mañanas, encontraron en el vacío que el mundo deja, su ruina. La cárcel, los hospitales, la soledad, las cadenas de un vicio, la bancarrota o simplemente el peso de la vida que con el paso de los años se llevó sus fuerzas; en ese momento se han convertido en peces, aparentemente sin valor, sin futuro y sin esperanza. A esos ha venido a buscar el Hijo de Dios.

Por ello en su mensaje a los perdidos el Señor declaró: "[...] porque tuve hambre y me disteis de comer; tuve sed y me disteis de beber; fui forastero y me recogisteis; estuve desnudo y me vestisteis; enfermo y me visitasteis; en la cárcel y fuisteis a verme." Mateo 25:35,36 Jesús quien no cometió pecado, se identifica plenamente con aquellos que viven en condiciones desafortunadas, bien sea por causa de sus errores propios o por obra de las injusticias de este mundo. Aquellos hombres golpeados por las consecuencias de sus actos o alcanzados por las consecuencias del pecado, que viven por el mundo corriendo el riesgo de morir en manos de los grandes monstruos marinos fue a quienes vino Cristo a Salvar, estos son el objetivo de los discípulos llamados a ser pescadores de hombres. De hombres con ese tipo de pasado está llena la iglesia del Señor. Hicieron parte de las redes llenas que los pescadores de hombres arrebataron a las aguas agitadas de este siglo. Nacieron para el cielo por haber muerto al mundo. Ya no son más parte de la oscuridad de las aguas, ahora son hijos de la luz, son luces del firmamento.

TARDE: TIATIRA / MAÑANA: SARDIS

Aunque, como hemos apreciado, el quinto día de la creación representado por el quinto milenio, es figura de una de las vigilias de la noche según el salmo 90:4, este tiene la misma composición que todos los demás días, es decir, esta descrito en Génesis uno como un día de tarde y mañana. Es cierto que las tinieblas cubrieron la tierra durante 1.260 años y cada martirio de los seguidores de Cristo es también inmortalizado por la representación de las estrellas del cielo. "Creció hasta llegar al ejército del cielo; y parte del ejército y de las estrellas echó por tierra, y las pisoteó." Daniel 8:10 Pero en medio de la oscuridad de la noche que vistió la tierra, existe una división en el periodo de tiempo que corresponde a los cuarenta y dos meses.

El mensaje a las siete iglesias que Dios envió por medio de Juan, abarca desde el tiempo apostólico hasta la última etapa que se desarrollará en la tierra, el instante previo a la venida del Señor. En estas cartas podemos encontrar el lapso temporal que le corresponde a la profecía de los 1260 días. Este evento se encuentra en las cartas a las iglesias de **Tiatira y Sardis**. El mensaje a la iglesia de Tiatira inicia en el año 538 d.C. y finaliza en el año 1517. El mensaje a la iglesia de Sardis cubre el periodo entre los años 1517 y 1798, allí concluye el símbolo de tiempo, tiempos y la mitad de un tiempo.

El quinto día de la creación también resalta dos eventos específicos, la creación de todas las criaturas que habitan en las aguas y las aves que vuelan sobre la tierra en el firmamento de los cielos. Uno de ellos, las criaturas de las aguas, fueron creadas en la tarde y el otro las aves, en la mañana.

Al lapso temporal que abarca el mensaje a la iglesia de Tiatira, se le conoce como "La Era de las Tinieblas", esta es la analogía de la producción del ejército de las aguas. Y a la tarde del quinto milenio, o sea, al segmento que comprende el mensaje a la iglesia de Sardis, se le conoce como "La Era de la Reforma". Este periodo representa la creación de las aves y la mañana del quinto día.

Todos los detalles de estos dos segmentos de tiempo de la historia eclesiástica, están narrados magistralmente en el libro "El Conflicto de los Siglos" por la pluma inspirada de Ellen Gould White. En él, está relatado minuciosamente cada pormenor de la línea de tiempo referente a la época que estudiamos. Es interesante que los títulos de los capítulos que contienen estos acontecimientos, describen de manera precisa el tiempo de tinieblas por el que atravesó el pueblo de Dios y armonizan perfectamente con el contexto de la analogía que estamos estudiando. "Capítulo 3 — Una Era de Tinieblas, Capítulo 4 —Fieles Porta antorchas, Capitulo 5 — El Lucero de la Reforma" por tomar algunos ejemplos.

Si quisiéramos resaltar todos los detalles de este periodo de 1260 años, tendríamos que hacer una transcripción completa de muchos capítulos de esta obra maestra de la literatura universal. No existe otra fuente diferente al libro el Conflicto de los Siglos, que contenga tantas primicias y pormenores de la historia y que sea tan confiable en cuanto a su veracidad. Es por ello que le referimos directamente a él.

EL ESPÍRITU DE LA PROFECÍA

En un sinnúmero de ocasiones hemos soportado nuestro estudio en los escritos de nuestra hermana White; creemos que ella fue inspirada y dirigida por el Espíritu Santo y que su autoridad es divina, no pensamos que sea superior al de la Biblia, pero creemos que tienen al mismo Autor, por lo tanto, es tan confiable como ella misma. Aunque con un propósito diferente al de las Sagradas Escrituras, los escritos del espíritu de la profecía hacen parte fundamental del avance del plan de la redención en los eventos finales en este mundo.

Solamente quien profundiza en los escritos de la pluma inspirada puede comprobar la seguridad de andar sobre un puente inquebrantable. Los pensamientos plasmados en cada página, armonizan perfectamente con la Palabra de Dios e iluminan ampliamente su significado. Creemos que el don de profecía es la luna que refleja sobre el pueblo de Dios, la luz de su Santa Palabra y alumbra el camino del remanente, durante este, el último segmento de nuestra historia. No pensamos que los escritos de la hermana White, contengan una luz diferente de la que ha iluminado a los escogidos de Dios en todas las generaciones, creemos que, siendo parte de la misma fuente, son como más aceite en la misma lampara, entendiendo que la Palabra de Dios es esa lampará ardiendo con más poder a un mundo que vive en tinieblas y el Espíritu Santo es representado por el aceite en ella. "Lampara es a mis pies tu palabra y lumbrera a mi camino." Salmos 119:105

Por lo tanto, el brillo que emana del don profético, no es en sí mismo una fuente, mucho menos proviene de la inteligencia de la sierva que lo escribió; no, es una luz que viene directamente del que está sentado en el trono eterno, particularmente de los "siete espíritus de Dios enviados a la tierra." Apocalipsis 5:6

El don profético es tan profundo como la mente de su Autor, este es el Espíritu Santo. La misma característica de los escritos de la Biblia, se encuentra en los libros del espíritu de la profecía, esta a saber es: La misteriosa unión del pensamiento humano y el divino. "«Oídme, Judá y habitantes de Jerusalén. Creed en Jehová, vuestro Dios y estaréis seguros; creed a sus profetas y seréis prosperados.» 2 Crónicas 20:20

CONCLUSIONES DE LA QUINTA TARDE

El capítulo uno de Génesis contiene la profecía que abarca la historia de toda la humanidad. Cada día de tarde y mañana representa un periodo de tiempo cercano a los mil años. Cada uno de los elementos que la Escritura presenta como un actor principal de la semana literal de la creación está representado en la historia por un evento, un hombre y en algunos casos, un pueblo, un imperio, una nación o una institución.

Por mencionar algunos ejemplos podemos decir que el magistral plan de la redención, representa la luz del primer día; Satanás es el símbolo de las tinieblas que luego Dios llamó noche; David y Salomón son símbolos de los árboles que Dios plantó en medio del huerto, los árboles de la vida y el de la ciencia del bien y el mal; el pueblo de Israel representaba cada uno de los demás árboles que adornaban el huerto del Edén. El Señor Jesús en su primera venida, es la analogía del astro mayor que brilló el cuarto día; los doce apóstoles, reproducen el significado de las estrellas y el apóstol Pablo con sus cartas encarna el valor de la luna.

El quinto día de Génesis nos presenta la aparición de los seres acuáticos y de las aves, estos a su vez son representados por un pueblo especial que vivió en dos periodos de tiempo, uno llamado "la era de las tinieblas" este para los seres de las aguas y el otro "la era de la reforma" para las aves. No obstante, aunque no hay un nombre particular que nos dé el valor del símbolo de los peces, la historia presenta algunas referencias acerca de los fieles a quienes se les puede asignar esta alegoría.

"El mismo espíritu que crucificara a Cristo y que matara a los apóstoles, el mismo que impulsara al sanguinario Nerón contra los fieles de su tiempo, estaba empeñado en exterminar a aquellos que eran amados de Dios.

Las persecuciones que por muchos siglos cayeron sobre esta gente temerosa de Dios fueron soportadas por ella con una paciencia y constancia que honraban a su Redentor. No obstante, las cruzadas lanzadas contra ellos y la inhumana matanza a que fueron entregados, siguieron enviando a sus misioneros a diseminar la preciosa verdad. Se los buscaba para darles muerte; y con todo, su sangre regó la semilla sembrada, que no dejó de dar fruto. De esta manera fueron los valdenses testigos de Dios siglos antes del nacimiento de Lutero. Esparcidos por muchas tierras, arrojaron la semilla de la Reforma que brotó en tiempo de Wiclef, se desarrolló y echó raíces en días de Lutero, para seguir creciendo hasta el fin de los tiempos mediante el esfuerzo de todos cuantos estén listos para sufrirlo todo "a causa de la Palabra de Dios y del testimonio de Jesús". Apocalipsis 1:9 (VM)." CS p.73,74

Los peces entonces, son representados por el grupo de mártires que dio su vida por amor al redentor. Los mártires como los peces no aparecieron con el propósito que aparecieron el resto de los animales y el hombre, de disfrutar de todos los beneficios que Dios había provisto para la sustentación de la vida, es decir, el aire puro, los frutos de la tierra o la luz del sol, por el contrario, su valor radicó en lo que significa su sacrificio. Su entrega sin reservas ha sido fuente de sustento para todas las generaciones que les sucedieron. El testimonio de sus cortas y despreciadas vidas son el alimento para el espíritu del hombre del tiempo del fin. Su surgimiento en el gran mar y su sacrificio sustentan la analogía de Génesis 1:22. Estos a diferencia de los animales del sexto día, sí recibieron la bendición de Dios y mientras más se multiplicaron, más coronas de victoria se esculpían en el cielo. "Y los bendijo Dios, diciendo: «Fructificad y multiplicaos, llenad las aguas en los mares y multiplíquense las aves en la tierra.»" Génesis 1:22

UNA AUTENTICA OBRA DE INGENIERÍA NATURAL

"[...] y aves que vuelen sobre la tierra, en el firmamento de los cielos." Génesis 1:20

La libertad y belleza que expresa un ave cuando despliega sus alas y se desliza por el cielo azul, es un espectáculo magistral que solo la naturaleza puede presentar. Esta destreza innata para flotar en el aire que ningún otro animal puede conseguir, la majestuosidad de aquellos seres cuyo sendero invisible fue trazado el quinto día de la creación, irrefutablemente dirige nuestro pensamiento hacia un Diseñador.

Cada parte en la composición anatómica de las aves, habla del propósito para el cual fueron diseñadas. El sistema óseo está formado por huesos huecos, pero de estructura resistente; este hecho les confiere ligereza. Sus cavidades óseas están llenas de aire y conectan directamente con el sistema respiratorio. Hay además una característica que sobresale en la fisiología de las aves, el sentido de la vista. El sistema visual de las aves es altísimamente efectivo. Las aves denominadas "rapaces" tienen una gran agudeza visual, dos o tres veces mejor que la de un ser humano. Además, entre las aves rapaces hay un grupo denominado "rapaces nocturnos" estos son conocidos como búhos y lechuzas. A diferencia de los otros rapaces, estas aves tienen una mayor capacidad auditiva. Son animales que viven en el mundo de la noche, en el que el oído es mucho más importante que la vista.

Por otro lado, las plumas de muchas de sus especies son una autentica obra de ingeniería natural que ha inspirado incluso a ingenieros aeronáuticos. Se cuenta entre las aves a los halcones y a los cernícalos que no son animales de gran tamaño, y sin embargo son los más veloces del mundo. El halcón peregrino puede llegar a los 380 Km/h.

Todas las cualidades de esta especie, dirige nuestra atención hacia una inteligencia superior, un Diseñador altísimamente sabio que impregnó cada pluma, cada hueso, cada pico, de propósito, significado y ciencia; eso sin contar la infinidad de lecciones espirituales y providenciales que poseen.

El Señor Jesús dirigió la atención de toda la humanidad hacia esta menospreciada especie cuando dijo: "Mirad las aves del cielo, que no siembran, ni siegan, ni recogen en graneros; y, sin embargo, vuestro Padre celestial las alimenta. ¿No valéis vosotros mucho más que ellas?" Mateo 6:26

Estas, las aves del cielo, en contraste con los peces, no tienen ninguna relación con la aplicación espiritual referente a la muerte como condición para alcanzar una nueva vida y sobre todo la eterna. No que aquellos que hacen parte de esa simbología, no requieran este paso con el fin de ser transformados de una naturaleza carnal a una espiritual, sino que estos ya pasaron por este episodio y su símbolo ya cambió. Ya no son peces en el mar del mundo sino hijos del reino de los cielos cuyo propósito se cumple cuando experimentan la libertad de volar en las alas de la libertad por toda la extensión de la bóveda celeste. Es más, al cambiar su símbolo, de peces a aves, estos se transforman en pescadores, esto significa que su nueva naturaleza les mueve a alcanzar a otros para que pasen por la misma experiencia de liberación.

LÁMPARA DEL CUERPO

"La visión es el más importante de los sentidos de las aves, dado que es esencial para un vuelo seguro, y este grupo tiene un número de adaptaciones que permiten una agudeza visual superior a la de otros grupos de vertebrados. Para resaltar esto, por ejemplo, se ha descrito a la paloma como 'dos ojos con alas'." Güntürkün, Onur, "Structure and functions of the eye" in Sturkie (1998) 1-18

Algunas de las más importantes lecciones que guardan las aves, tienen origen en su alta efectividad visual; la capacidad de ver sujetos diminutos a distancias extensas. También hay sabiduría en su capacidad auditiva y su pericia al volar por encima de la tierra y el mar. Muchas de ellas ven mejor de lo que nadie puede ver y oyen mejor de lo que nadie puede oír. De la misma forma, los que han aceptado a Cristo y siguen según los lineamientos de su sabiduría, pueden ver lo que nadie puede ver y de seguro oyen cosas que jamás el oído humano escuchó. Ven a Dios y a sus ángeles, la revelación de su poder y sus obras providenciales y escuchan la poderosa voz del Espíritu que se manifiesta en los lenguajes de la revelación y la naturaleza.

Uno de los dos más grandes problemas que han enfrentado los hijos de la tierra en todas las edades, ha sido el de la ceguera espiritual. La incapacidad de ver a Dios, de percibir la obra de su providencia y apreciar su amor manifestado en toda la creación. El otro y no menos importante es la imposibilidad de escuchar la voz de Dios.

El ser humano es sustentado y fortalecido físicamente a través de los alimentos materiales, el pan diario que mencionó el Señor Jesús en la oración modelo; pero el espíritu se fortalece por medio de lo que el hombre ve y lo que oye. de ahí la importancia de cuidar las avenidas de nuestra alma.

Jesús nuevamente: "» La lámpara del cuerpo es el ojo; así que, si tu ojo es bueno, todo tu cuerpo estará lleno de luz; pero si tu ojo es maligno, todo tu cuerpo estará en tinieblas. Así que, si la luz que hay en ti es tinieblas, ¿cuántas no serán las mismas tinieblas?" Mateo 6:22,23

Satanás **vio** con codicia la posición de Cristo y esto dio origen al mal en su corazón, "Tú que decías en tu corazón: Subiré al cielo. En lo alto, junto a las estrellas de Dios, levantaré mi trono y en el monte del testimonio me sentaré, en los extremos del norte; sobre las alturas de las nubes subiré y seré semejante al Altísimo." Isaías 14:13,14 Los descendientes de Set, **vieron** con deseo las hijas de Caín y al tomarlas perdieron la santidad que caracteriza a los fieles de Dios. "[...] al **ver** los hijos de Dios que las hijas de los hombres eran hermosas tomaron para sí mujeres, escogiendo entre todas." y como resultado: "**Vio** Jehová que la maldad de los hombres era mucha en la tierra, y que todo designio de los pensamientos de su corazón sólo era de continuo el mal; [...]." Génesis 6:2,5

El Señor Jesús dijo que dar la vista a los ciegos era una parte importante de la razón de su primera venida a este mundo. "«El Espíritu del Señor está sobre mí, por cuanto me ha ungido para dar buenas nuevas a los pobres; me ha enviado a sanar a los quebrantados de corazón, a pregonar libertad a los cautivos **y vista a los ciegos**, a poner en libertad a los oprimidos y a predicar el año agradable del Señor.» Lucas 4:18,19

Además, también "Dijo Jesús: —Para juicio he venido yo a este mundo, para que los que no **ven**, **vean**, y los que **ven**, sean **cegados**. Entonces algunos de los fariseos que estaban con él, al oír esto, le dijeron: —¿Acaso también nosotros somos ciegos? Jesús les respondió: —Si fuerais ciegos no tendríais pecado, pero ahora, porque decís: "**Vemos**", vuestro pecado permanece." Juan 9:39-41

La ceguera espiritual es producida por la mezcla entre la desobediencia a los preceptos divinos y la justificación propia. Esta es la principal característica de la iglesia tibia de Laodicea.

"Una vez que el pecado amortiguó la percepción moral, el que obra mal no discierne los defectos de su carácter ni comprende la enormidad del mal que ha cometido; y a menos que ceda al poder convincente del Espíritu Santo

permanecerá parcialmente ciego con respecto a su pecado. Sus confesiones no son sinceras ni provienen del corazón. Cada vez que reconoce su maldad **añade una disculpa de su conducta** al declarar que si no hubiese sido por ciertas circunstancias no habría hecho esto o aquello que se le reprocha." CC p.40

Muchos cristianos al inicio de la Edad Media, vieron que al cesar la persecución por parte de Roma en ocasión de su "conversión" al cristianismo, debían permanecer del lado del imperio mutado en iglesia. "Pero no hay unión entre el Príncipe de luz y el príncipe de las tinieblas, ni puede haberla entre los adherentes del uno y los del otro. Cuando los cristianos consintieron en unirse con los paganos que solo se habían convertido a medias, entraron por una senda que les apartó más y más de la verdad. Satanás se alegró mucho de haber logrado engañar a tan crecido número de discípulos de Cristo; [...]" CS p.42

Todos estos son ejemplos de lo trascendental que puede llegar a ser convertirse en un ciego espiritual. Lo más absurdo de todos estos casos, es que, antes de la ceguera había una nítida compresión de las realidades eternas. No obstante, existe una contraparte. De la misma forma como algunos viendo, llegaron a convertirse en ciegos; hubo otros que, como las aves, recibieron el don de ver más allá de lo que los ojos humanos pueden ver.

De las aves resaltamos la cualidad de la vista, esta fascinante característica, espiritualmente se aplica a quienes ungieron sus ojos con el colirio del Espíritu Santo. Estos perciben la luz que brilla en el reino de los cielos, estos han nacido de nuevo del agua y del Espíritu. Por medio de la experiencia de la conversión son capaces de diferenciar el bien del mal pues la sabiduría mora en su corazón; estas nuevas criaturas contemplan la luz que emana del rostro de Cristo quien es el camino la verdad y la vida.

HABILIDAD NATURAL

Un valor agregado que solo poseen las aves es su capacidad de volar. Esta particularidad que les hace tan especiales, también está cargada de lecciones físicas y espirituales.

Dios dio ese don exclusivamente a las aves, ningún otro animal creado lo posee, ni siquiera el hombre, la corona de la creación, goza de ese privilegio.

Durante todas las épocas de la historia, el hombre ha soñado con levantarse en vuelo y unirse en el viaje del viento; pero solo ahora en el último periodo de la historia humana, ha visto su sueño hacerse realidad. Por medio del ingenio y la inteligencia, hemos conseguido poner máquinas de mucho peso, en medio de las nubes del cielo. No obstante esta maravilla, no fuimos diseñados anatómicamente para volar.

Aunque levantarnos en alas no fue una facultad añadida a la gran lista que poseemos, el vuelo de las aves tiene un valor simbólico que se puede reconocer en la vida de los hombres. El mundo actual está saturado de hombres que poseen un talento natural indescriptible. Genios, elocuentes motivadores, pensadores en todas las áreas, científicos, programadores de sistemas informáticos, investigadores que con sus hallazgos maravillan el mundo y artistas de toda clase, son el pan de cada día que alimenta la sociedad actual.

Te podrías preguntar ¿cómo Wolfgang Amadeus Mozart, consiguió tocar el clavicordio a la edad de cuatro años, a los ocho años realizar su primera sinfonía y una ópera a los doce? Esto es poco, William James Sidis, era capaz de hablar ocho idiomas con solo ocho años, Michael Kevin Kearney quien nació el 18 de enero de 1984, pronunció sus primeras palabras a los cuatro meses, a la edad de seis meses le dijo a su pediatra, "tengo una infección en el oído izquierdo", y aprendió a leer a la edad de tan solo diez meses. Asistió a San Martin High School, en Novato California, por un año, graduándose a la edad de seis años en 1990. A la edad de 18 años ya contaba con dos títulos de educación superior y dos maestrías. La lista de personas con cualidades excepcionales reconocidas, es interminable.

Estas historias se han convertido en discursos motivacionales para soñadores de todas las ciencias y las artes, sin embargo, es un hecho comprobado que nadie ha conseguido convertir sus habilidades normales en cualidades extraordinarias por sus propios esfuerzos a menos que pase por un proceso largo y desgastante.

Lo que para muchos es tan fácil como caminar o sonreír, para otros es tan difícil, que requiere el uso de toda su concentración, habilidad, esfuerzo e inteligencia, y aún el depósito de todas sus facultades puestas en ello, no garantiza el éxito de su propósito. Estos "talentos naturales" si pudiéramos llamarlos así, son el símil que el hombre tiene con el vuelo de las aves. Estos le capacitan para que, como los seres alados, el hombre alcance niveles elevadísimos en el desarrollo de ciertas capacidades espirituales, mentales y físicas.

El uso que una persona da a sus talentos, revela el verdadero significado de su experiencia. Una habilidad puesta al servicio y bienestar de la sociedad implanta en el carácter generosidad y bondad. El uso incorrecto de las facultades humanas, alimenta el egoísmo y degrada al hombre hasta el nivel más bajo de la vida.

Durante la época en que los fieles de Cristo fueron perseguidos, aparecieron en el firmamento los nombres de unos pocos que luego serían conocidos como reformadores. Estos eran hombres inteligentes que en su mayoría provenían de hogares humildes, a quienes las limitaciones económicas obligaron a desarrollar lo que con el paso de los años llegaron a ser. Algunos rasgos que les resaltaron en la sociedad en la que les tocó crecer tienen que ver con la manifestación de elocuencia, integridad y un muy alto nivel de coherencia.

"En los diferentes países de Europa hubo hombres que se sintieron impulsados por el Espíritu de Dios a buscar la verdad como un tesoro escondido, y que, siendo guiados providencialmente hacia las Santas Escrituras, estudiaron las sagradas páginas con el más profundo interés. Deseaban adquirir la luz a cualquier costo. Aunque no lo veían todo con claridad, **pudieron discernir muchas verdades** que hacía tiempo yacían sepultadas." CS p.75

LA MAÑANA DEL QUINTO MILENIO

La tarde de aquel quinto día de la creación había presenciado el origen de la vida en las aguas y la mañana llegaría junto con la vida de quienes, proviniendo de la tierra, flotarían en la inmensa expansión de los cielos.

"Había ya pasado la oscura medianoche para el mundo; fenecían las horas de tinieblas, y en muchas partes aparecían señales del alba que estaba por rayar." CS p.76

Fue exactamente eso lo que ocurrió en la mañana del quinto milenio, el primero de los hombres, quien sería llamado "el lucero de la Reforma" surgió de la tierra para volar en medio de las nubes, muchas generaciones como mirando un ave flotar en el inmenso cielo azul, se beneficiarían con la obra de su fidelidad.

"En el siglo XIV salió en Inglaterra 'el lucero de la Reforma', Juan Wiclef, que fue el heraldo de la Reforma no solo para Inglaterra sino para toda la cristiandad. La gran protesta que contra Roma le fue dado lanzar, no iba a ser nunca acallada, porque inició la lucha que iba a dar por resultado la emancipación de los individuos, las iglesias y las naciones.

Recibió Wiclef una educación liberal y para él era el amor de Jehová el principio de la sabiduría. Se distinguió en el colegio por su ferviente piedad, a la vez que por su talento notable y su profunda erudición. En su sed de saber trató de conocer todos los ramos de la ciencia. Se educó en la filosofía escolástica, en los cánones de la iglesia y en el derecho civil, especialmente en el de su país. En sus trabajos posteriores le fue muy provechosa esta temprana enseñanza. Debido a su completo conocimiento de la filosofía especulativa de su tiempo, pudo exponer los errores de ella, y el estudio de las leyes civiles y eclesiásticas le preparó para tomar parte en la gran lucha por la libertad civil y religiosa. A la vez que podía manejar las armas que encontraba en la Palabra de Dios, había adquirido la disciplina intelectual de las escuelas, y comprendía la táctica de los hombres de escuela. El poder de su genio y sus conocimientos extensos y profundos le granjearon el respeto de amigos y enemigos. Sus partidarios veían con orgullo que su campeón **sobresalía entre los intelectos más notables de la nación**; y sus enemigos se veían imposibilitados para arrojar desdén sobre la causa de la reforma por una exposición de la ignorancia o debilidad de su defensor.

Cuando la atención de Wiclef fue dirigida a las Sagradas Escrituras, se consagró a escudriñarlas con el mismo empeño que había desplegado para adueñarse por completo de la instrucción que se impartía en los colegios. Hasta entonces había experimentado una necesidad que ni sus estudios escolares ni las enseñanzas de la iglesia habían podido satisfacer. Encontró en la Palabra de Dios lo que antes había buscado en vano. En ella halló revelado el plan de la salvación, y vio a Cristo representado como el único abogado para el hombre. Se entregó al servicio de Cristo y resolvió proclamar las verdades que había descubierto." CS p.p. 76,77

¡Ese es el secreto del verdadero éxito! ¡De eso se trata! De alimentar nuestras cualidades con el pan de vida que es toda palabra que sale de la boca del Señor. Así como la semilla reposa y es sustentada por los nutrientes de la tierra, hemos de permitir que el Espíritu de Dios desarrolle por medio la

Palabra, todas las facultades que generosamente se nos han dado para administrar. Ningún valor hay en un genio dedicado a la complacencia propia, al final cosechará el fruto de lo que sembró. Porque "¿De qué le servirá al hombre ganar todo el mundo, si pierde su alma? Mateo 16:26

TALENTO INÉDITO Y MAGISTRAL

En las sabias páginas del libro de la naturaleza, está registrada la belleza y la majestuosidad del vuelo de las aves; pero también allí está escrita la diferencia entre algunas de sus especies. Mientras que unas aves decoran el cielo y se recrean felizmente en el don maravilloso de deslizarse en los brazos del viento, otras solamente flotan a la espera por encontrar carne en descomposición. Esa especie es conocida como ave de carroña. Esta característica ilustra una lección espiritual muy importante.

"Pero el hombre natural no percibe las cosas que son del Espíritu de Dios, porque para él son locura; y no las puede entender, porque se han de discernir espiritualmente." 1 Corintios 2:14

Las redes sociales están saturadas de hombres que con un talento inédito y magistral atraen la atención de la sociedad en pleno hacia ellos. Estos, que en muchas ocasiones provienen de hogares de muy bajos recursos, en muy corto tiempo logran adquirir ingresos económicos sumamente elevados y con el paso del tiempo llegan a ser parte del largo listado de influenciadores del mundo.

En el transcurso de las últimas décadas hemos sido testigos del paso de muchos ídolos de momento. Generalmente luego de algunos años de abundancia y prosperidad, ven el desvanecimiento de su fama y poder cuando una nueva generación se levanta. Despiertan del sueño de la gloria a una realidad vacía y sin significado, su mayor propósito fue sumar a su propiedad material, llenar sus bolsillos rotos con aplausos efímeros, likes, dinero y excentricidades. "[...] me dejaron a mí, fuente de agua viva, y cavaron para sí cisternas, cisternas rotas que no retienen el agua." Jeremías 2:13

Pero mientras los días de su esplendor brillan, les es imposible mirar las realidades eternas, por mucho tiempo han llamado a lo bueno malo y a lo malo bueno, se alimentan con las carnes muertas de la vanidad y el orgullo y degradan la imagen de Aquel que los dotó con una capacidad superior, deshonran el propósito para el que han sido llamados y rechazan la gracia de la salvación.

Hubo uno a quien Dios proporcionó un don que le hacía físicamente superior a todos los hombres de su generación. Había un propósito trascendental cuando la Providencia decidió conferir este bien a uno de los hijos de la tierra. Liberar y traer la paz a los oprimidos y violentados hijos de Israel y guiarlos de regreso al camino de la fidelidad a Dios. Sin embargo, este hombre se apropió de un poder que no le pertenecía y lo usó para beneficio de su placer personal. Sansón era un ave de plumaje brillante y exótico. Volaba por encima de su pueblo con pericia y valentía; fue admirado por su gran fuerza y respetado por los más grandes de su época. No obstante, fue derrotado por la fuerza sus pasiones y perdió la batalla en las manos de la seducción y el placer. Tan bajo cayó en su orgullo y autosuficiencia, que perdió hasta la facultad de la visión física. Por fortuna para él, en esa ocasión, la historia no terminó allí.

Existe un "pero" que le dio la posibilidad de saborear el placer de la victoria en Dios. Pero, al final de sus días, luego de reconocer que su poder no tenía fundamento en sí mismo, reconoció a Dios como la fuente de su don y se le otorgó el desarrollo de la más importante de las facultades, es decir, la fe. Aunque sin ojos, sin la más mínima posibilidad de volver a contemplar la luz del día, su vista espiritual se encendió, la luz que emana del trono Eterno reposó en su corazón, su fuerza fue restablecida y alcanzó el propósito para el cual había sido llamado.

Por la fe Sansón es puesto a la altura de los más grandes de la tierra, Samuel, David y todos los profetas; por la fe Sansón, aunque sin ojos, pudo ver al invisible; por esa fe Sansón hace parte del cuadro de honor que honra a los fieles de Dios en la tierra, no por su fuerza sino por la confianza en la gracia de Dios. "porque por gracia sois salvos por medio de la fe; y esto no de vosotros, pues es don de Dios. No por obras, para que nadie se gloríe, [...]" Efesios 2:8,9

"¿Y qué más digo? El tiempo me faltaría para hablar de Gedeón, de Barac, **de Sansón**, de Jefté, de David, así como de Samuel y de los profetas. Todos ellos, por fe, conquistaron reinos, hicieron justicia, alcanzaron promesas, taparon bocas de leones, apagaron fuegos impetuosos, evitaron filo de espada, sacaron fuerzas de debilidad, se hicieron fuertes en batallas, pusieron en fuga ejércitos extranjeros." Hebreos 11:32-34

ÁGUILAS

Así fe fue la experiencia de Juan Wiclef, quien desde temprana edad había dado muestras de genialidad y sabiduría. Siendo superior a todos los que conocía, no asumió una actitud de soberbia y autoconfianza, imitó, aunque sin saberlo, al gran Maestro de maestros, quien, "[...] siendo en forma de Dios, no estimó el ser igual a Dios como cosa a que aferrarse, sino que se despojó a sí mismo, tomó la forma de siervo y se hizo semejante a los hombres. Mas aún, hallándose en la condición de hombre, se humilló a sí mismo, haciéndose obediente hasta la muerte, y muerte de cruz. Por eso Dios también lo exaltó sobre todas las cosas y le dio un nombre que es sobre todo nombre, para que en el nombre de Jesús se doble toda rodilla de los que están en los cielos, en la tierra y debajo de la tierra; y toda lengua confiese que Jesucristo es el Señor, para gloria de Dios Padre." Filipenses 2:6-11

"Wiclef fue uno de los mayores reformadores. Por la amplitud de su inteligencia, la claridad de su pensamiento, su firmeza para sostener la verdad y su intrepidez para defenderla, fueron pocos los que le igualaron entre los que se levantaron tras él. Caracterizaban al primero de los reformadores su pureza de vida, su actividad incansable en el estudio y el trabajo, su integridad intachable, su fidelidad en el ministerio y sus nobles sentimientos, que eran los mismos que se notaron en Cristo Jesús. Y esto, no obstante la oscuridad intelectual y la corrupción moral de la época en que vivió.

El carácter de Wiclef es una prueba del poder educador y transformador de las Santas Escrituras. A la Biblia debió él todo lo que fue. El esfuerzo hecho para comprender las grandes verdades de la revelación imparte vigor a todas las facultades y las fortalece; ensancha el entendimiento, aguza las percepciones y madura el juicio. El estudio de la Biblia ennoblecerá como ningún otro estudio el pensamiento, los sentimientos y las aspiraciones. Da constancia en los propósitos, paciencia, valor y perseverancia; refina el carácter y santifica el alma. Un estudio serio y reverente de las Santas Escrituras, al poner la mente de quienes se dedicarán a él en contacto directo con la mente del Todopoderoso, daría al mundo hombres de intelecto mayor y más activo, como también de principios más nobles que los que pueden resultar de la más hábil enseñanza de la filosofía humana. "La entrada de tus palabras—dice el salmista—alumbra; a los simples les da inteligencia". Salmos 119:130 (VM)." CS p.88

Aunque increíblemente, la historia no es muy abarcante en cuanto a la importancia del ministerio de Wiclef como lo hace con otros reformadores como Lutero y Calvino entre otros, es importante resaltar el hecho de que el inicio de la reforma tiene sus bases en los ministerios de Wiclef, Hus, Jerónimo y un sin número de fieles de quien sus obras están registradas en detalle en el libro de la vida del Cordero.

La luz de estos brillantes hombres iluminó al mundo con un poder que provenía de Cristo mismo, sin embargo, de los siguientes reformadores se hace más referencia porque las acciones de sus vidas tienen un directo desenlace en las generaciones actuales. Este hecho habla del propósito particular de Dios en la vida de cada uno de sus escogidos.

Durante el periodo que representa el día de la creación de las aves, el ángel con el evangelio eterno surco los cielos en la persona de un grupo reconocido como "los reformadores protestantes de la iglesia cristiana".

"El más distinguido de todos los que fueron llamados a guiar a la iglesia de las tinieblas del papado a la luz de una fe más pura, fue Martín Lutero. Celoso, ardiente y abnegado, sin más temor que el temor de Dios y sin reconocer otro fundamento de la fe religiosa que el de las Santas Escrituras, fue Lutero el hombre de su época. Por su medio realizó Dios una gran obra para reformar a la iglesia e iluminar al mundo." CS p.129

Es mucho lo que se podría decir no solo de Lutero sino de sus predecesores y de todos los que avanzaron después de él en el mismo trayecto. No alcanzaría este escrito para resaltar la importancia de lo que la fe de los reformadores significa para el pueblo de Dios en el tiempo actual. Estos no solo se levantaron en contra de las imposiciones erróneas de la iglesia de Roma, sino que aparte de eso, predicaron la verdad, escribieron libros que fueron una fuente de luz donde quiera que se abrían, además pusieron las Sagradas Escrituras en el idioma del pueblo, aun poniendo en peligro sus propias vidas. Otros sellaron su pacto con el cielo en la hoguera, su sacrificio hizo brillar más la corona que les aguarda al final de los días, pues estos no tuvieron por valiosa esta vida o cualquier beneficio que el mundo pueda ofrecer. Como aves, surcaron el cielo llevando las buenas nuevas de la salvación, para que muchos saliendo del mar, que es este mundo, murieran a una vida pasajera y nacieran para la vida eterna.

En el desarrollo de los procesos que hoy conocemos como naturales, después de la caída de nuestros primeros padres, algunas aves se dedicaron a la pesca como fuente de sustento. En la experiencia espiritual de aquellos que representan a las aves sucede lo mismo. Era necesario que muchos se levantaran para ser pescadores de hombres y esto no solo se cumplió en la época de los reformadores, aun hoy en día se pueden ver siervos de Dios que como el águila poseen una visión más desarrollada que la que cualquier otro hombre y la usan para buscar en las aguas de este mundo, a algunos que necesitan pasar por la experiencia de la transformación, mediante el nuevo nacimiento en Cristo Jesús, nuestro eterno Dios.

¿EXISTE UNA HISTORIA ECLESIÁSTICA Y UNA SECULAR?

La creación literal del mundo dio como resultado una obra viva. La constante en el proceso de la vida en la tierra es la multiplicación. La vida produce vida, esa es la voluntad del Creador y toda la naturaleza obedece sin falta.

Continuando con la creación de las aves y su analogía durante el quinto milenio, es importante hacer una aclaración con respecto a la intervención de Dios en la historia humana.

La Biblia contiene referencias que involucran directamente al pueblo escogido de Dios en relación con su historia, o sea, el Israel literal y el espiritual. Profecías de tiempo cuyo cumplimiento está enfocado exclusivamente a la experiencia de la iglesia de Dios. Sin embargo, la Escritura también contiene textos donde específicamente se describen imperios cuyo poder, podría decirse que esta está en una categoría secular y su dominio se extiende sobre toda la tierra. Ese es el caso de los capítulos 2, 7 y 8 de Daniel, quien, en diferentes visiones, ve representaciones de grandes naciones luchando y conquistando al mundo.

Nabucodonosor, un rey pagano respondió al llamado de la Providencia y aunque sin saberlo, cumplió con todos los requerimientos de esta; claro está, no sin recibir el salario de la promesa eterna por sus acciones.

El Señor había dicho a través del profeta Jeremías:

"Toda esta tierra será convertida en ruinas y en espanto; y servirán estas naciones al rey de Babilonia durante setenta años. Y cuando se hayan cumplido los setenta años, dice Jehová, castigaré al rey de Babilonia y a aquella nación, por su maldad, y a la tierra de los caldeos; y la convertiré en desolación perpetua.

Porque así dijo Jehová: Cuando en Babilonia se cumplan los setenta años, yo os visitaré y despertaré sobre vosotros mi buena palabra, para haceros volver a este lugar." Jeremías 2:11,12; 29:10

El rey de Babilonia a quien el Señor castigó no fue Nabucodonosor sino su hijo Belsasar, quien, doblegado por las bajas pasiones de su corazón, se ensoberbeció contra el Señor de los cielos y la tierra. El mismo día que el hijo de Nabucodonosor fue juzgado, fue dictada y ejecutada la sentencia. Belsasar fue depuesto, perdió el reino y la vida, la misma noche de su juicio.

Este evento hacía parte del cumplimiento de las visiones de Daniel y se adentraba cada vez más en la batalla de esas increíbles bestias imperiales que luchaban hasta la muerte por el control del mundo.

Ninguno de los eventos que interpretó el profeta Daniel, con respecto a lo que sucedería en la historia, pudo desquiciarse al menos un milímetro de la línea temporal que había sido trazada antes de la creación de los cielos y la tierra. Con todo y ello, los protagonistas dejaron en la batalla toda su fuerza, poder y el despliegue total de su inteligencia.

Ahora bien, aunque estos eventos proféticos tienen como centro y protagonista a Dios, quien se ha manifestado incesantemente durante el desarrollo de la vida en la tierra, la historia tiene un paralelo "secular", que no deja de ser importante o de tener relevancia para nosotros, los que vivimos con los efectos que produjeron las acciones de los siglos que nos precedieron. En otras palabras, hay hechos históricos que se desarrollaron simultáneamente a la historia Bíblica y que, aunque no están mencionados directamente en las Escrituras, son muy importantes en relación al cumplimiento de los propósitos divinos según los planes de su Providencia.

No existen dos historias de la humanidad como se podría pensar, no cabe una historia secular y una eclesiástica como podría parecer. Es solo que la Biblia contiene específicamente los detalles de los picos más elevados del desarrollo del gran plan de la salvación, pero esto no significa que aquello que no se encuentre literalmente escrito en las páginas de la revelación, no tenga una representación en ellas o haya sido ajeno a la dirección que, de la historia de la tierra, ha estado bajo el control de la mano del Eterno.

LAS DOS REFORMAS

Durante el periodo de la reforma espiritual, hubo un evento paralelo que también llevaba el sello de la Providencia eterna. Se trata del inicio de la reforma científica.

Por cientos de años el libro que contenía la Palabra de Dios fue puesto en cadenas y ocultado para el pueblo en general. De la misma manera el mensaje que podía exponer el verdadero significado de la naturaleza, fue escondido a la vista de todos los hombres. Estas dos fuentes de luz fueron reemplazadas por las erróneas tradiciones de Roma y las fabulas que nacieron en el territorio griego; de esta manera se suplantó la fuente de la verdad.

Los dos testigos de Dios que en Apocalipsis 11:7-10 están descritos como vencidos, nuevamente recibieron la vida por medio del espíritu de la reforma que no era otro que el Espíritu de Dios. La luz del evangelio volvió a fulgurar, y con ella, era inevitable que la verdadera significación de la naturaleza se revelara. A todos aquellos que participaron en este despertar espiritual y científico se les reconoce como los héroes de la reforma. Estos genios de la ciencia y de la religión, pusieron las conclusiones de su ejercicio intelectual y espiritual a disposición de todo el mundo; de tal manera que, hoy revisando los anales de la historia, podemos alimentarnos con las obras de su sabiduría. Estos volaron por los cielos llevando una verdad que alimentaba la esperanza de una mañana mejor.

Según el plan del príncipe de las tinieblas, los dos lenguajes de la Providencia debían ser callados, Dios no debía tener una voz en medio de la terrible noche que envolvía la tierra. Sin embargo, el Espíritu de Dios aún se movía sobre la superficie de las aguas e incluso en medio de la mentira, las tradiciones y el poder opresor, la voz de Dios se pudo escuchar de manera clara y poderosa.

"Dios nos habla por la naturaleza y por la revelación, por su providencia y por la influencia de su Espíritu." CC p.93

Por la reforma científica se libró al mundo de un peso similar al que imponía la iglesia de Roma al cristianismo; hasta ese momento, el conocimiento de los verdaderos significados de la naturaleza, estaban sujetos a la carga fantástica que la filosofía griega y a los dogmas que la iglesia de Roma había impuesto como verdad absoluta. Una descarga de conceptos sin base científica o bíblica habían enredado de tal manera la explicación del mundo natural e incluso el espiritual, que al ojo del hombre común era imposible distinguir entre lo verdadero y lo falso. La mentira que había impuesto el imperio papal y las fabulas que relataban los pensadores griegos, hicieron del hombre un simple autómata sin la posibilidad de crecer intelectual o espiritualmente. Era necesario hacer una reforma, levantar la bandera de la verdad y encender la luz que yacía en abundancia en los dos libros que la Providencia redactó para el beneficio de la humanidad.

"En el siglo XIX William Whewell estableció la noción de una revolución en la ciencia misma (o el método científico) que había tenido lugar en el siglo XV – XVI. Entre las más visibles de las revoluciones que han experimentado las opiniones sobre este tema, está la transición de una confianza implícita en las facultades internas de la mente del hombre a una profesa dependencia de la observación externa y una veneración ilimitada por la sabiduría del pasado, a una ferviente expectativa de cambio y mejora." *Whewell, William (1840) Philosophy of the inductive sciences (Filosofía de las ciencias inductivas) 2 p.318*

"Una nueva visión de la naturaleza surgió, reemplazando la visión griega que había dominado la ciencia durante casi 2000 años. La ciencia se convirtió en una disciplina autónoma, distinta de la filosofía y la tecnología" Encyclopedia Britannica (Ciencias físicas) 1993 p.830

La ciencia diferenciada de la filosofía y de la tecnología o revolución científica como es conocida, no es otra cosa que el estudio minucioso del desarrollo de los procesos de la naturaleza. Sin embargo, el gran propósito que despertó esta reforma, era mucho más distante que simplemente conocer más acerca del entorno natural; el verdadero propósito de esta reforma era el de tener un conocimiento más profundo de Dios.

Es por ello que la Biblia es el factor desequilibrante de este periodo. En la Palabra de Dios fue detallada la manera en que fue creada la tierra y todo lo que hay en ella. Cuando las Sagradas Escrituras fueron escondidas y prohibidas, el conocimiento de cualquier verdad con respecto al evangelio o a los procesos de la naturaleza fue fácilmente suplantado por el error y la fantasía.

Sin embargo y a pesar de lo que las condiciones del mundo puedan describir como oscuro y desesperanzador, Dios nunca cesó de irradiar luz sobre sus fieles. "Aun en los tiempos más sombríos hubo hombres fieles que amaron la Palabra de Dios y se manifestaron celosos por defender su honor. A estos fieles siervos de Dios les fueron dados poder, sabiduría y autoridad para que divulgasen la verdad durante todo este periodo." CS p.271

Como lo hizo Jesús con los astros el cuarto día de la creación y los discípulos al inicio del ministerio del Señor, muchos en la era más oscura de la tierra, recibieron poder sobre las tinieblas y el aceite suficiente para resplandecer en el ancho y profundo cielo.

Aunque los llamados héroes de la reforma liderados por Wiclef y Lutero levantaron la bandera de la verdad y la Palabra de Dios amaneció en los corazones de los escogidos de Dios; era necesario que surgieran hombres de ciencia, hombres que poseyeran facultades especiales para iluminar la tierra con el conocimiento de las verdades escondidas del libro de la naturaleza. De esta manera el hacha de la verdad fue puesta sobre los árboles sin frutos de la filosofía griega, aquella que había saturado el mundo con los espejismos que producía la ignorancia y el error.

LA FUENTE DE TODAS LAS CIENCIAS

La Biblia fue puesta en el lenguaje de las naciones, esto representó alimento sólido para el espíritu y desarrollo de las facultades intelectuales. Nada tiene mayor provecho que escuchar la voz de Dios con el poder de sus propias cuerdas vocales, nada más seguro y claro que dar un vistazo al cuadro de la creación en compañía del gran Artista.

Aunque la Biblia ya tenía algunas traducciones a idiomas diferentes al latín y eso mantuvo viva la llama de la fe durante el terrible tiempo de persecución, para la época previa a la reforma no contaba con una traducción a la que el pueblo pudiera recurrir. "Lutero resolvió poner la Biblia en un alemán natural y contundente de modo que hablara al corazón de todos. 'Mi deseo para Dios, —dijo Lutero— es que este libro estuviera en todas las lenguas, y en todos los hogares.' Su trabajo de traducción de la Biblia fue tan bien hecho que su traducción de la Biblia todavía estaría en uso cientos de años más tarde."
comibam.org/es/historia-de-la-traduccion-de-la-biblia/

Esto ocurrió en el año 1522, para el 1530 William Tyndale ya se había encargado de que la Palabra inspirada estuviera en inglés; el esfuerzo que adelantó la reforma llevando la Biblia a los más reconocidos idiomas de ese periodo, fue como abrir la puerta de la luz, por donde hoy todas las culturas de la tierra pueden adentrarse. Si bien es cierto que aún hay dialectos que necesitan hacerse de este beneficio, en la actualidad se pueden contar 450 lenguas que tienen la Biblia en su totalidad y más de 2000 en forma parcial. Como todas las obras vivas que provienen del divino Creador, la Palabra de

Dios, no solo se ha multiplicado, sino que ha dado innumerables frutos de vida eterna.

Una vez la Biblia estuvo al alcance de los pueblos, el movimiento de la revolución científica obtuvo la herramienta más importante para cavar en busca del conocimiento. La Biblia fue, es y será la única y verdadera fuente de todas las ciencias.

Aunque el pensamiento griego no tenía fundamento en las Escrituras y el contenido de su filosofía no puede ser una base para el avance del propósito de Dios para su pueblo en la tierra; podemos decir que en cierta forma la filosofía griega hizo un gran aporte para el desarrollo de la ciencia, pues, introdujo en la sociedad una manera distinta pensar y cuestionar el entorno, las características de la mente del hombre, su origen y aunque de alguna manera fantástica, la existencia de Dios.

Estas bases fueron adoptadas por hombres de ciencia que, al tener un ejemplar de las Escrituras, entendieron que las obras de Dios en la naturaleza están ordenadas y establecidas en fundamentos lógicos, matemáticos y científicos.

"La tradición de una teología monoteísta creada por los fundadores del cristianismo proporcionó una sensación de orden en el universo. Se apoyaba en la idea de que existe un Creador todo poderoso que mantiene el universo y le da un soplo de vida, consiguiendo así el orden de todas las cosas.

Los únicos pensadores cristianos que dedicaron su vida al desarrollo de la ciencia, desde Roger Bacon hasta Newton, lo hicieron porque deseaban desentrañar lo que para ellos era la verdad fundamental. Buscaban comprender el orden del universo para poder así acercarse más a Dios."
Michael White – Galileo Anticristo. Una biografía p.72

Nombres como Nicolás Copérnico, (1473 - 1543); Galileo Galilei, (1564 - 1642); Francis Bacon, (1561 - 1626) y hasta el memorable Isaac Newton, (1642 - 1727) quedaron inmortalizados no solo en los libros de la historia científica, sino que también aparecen en el gran libro de la Providencia eterna, estos hacen parte del plan que fue concebido desde antes de la fundación del mundo. El propósito para el que fueron llamados fue una realidad y es el fundamento de lo que actualmente conocemos como ciencia y tecnología.

Esto ocurrió a pesar de que el enemigo de las almas nunca quiso que el hombre viera la luz de Dios en la naturaleza. Como lo hace el hombre hoy en muchos lugares, ocultó la sabiduría de la naturaleza que habla de su Autor y lo mezcló con la idolatría y las supersticiones de la hechicería y la astrología; alejando así la vista del hombre de los verdaderos significados de las obras de las manos de Dios.

Copérnico fue el primero de los reformadores del pensamiento científico, no obstante, aunque su teoría correspondía cien por ciento a la verdad revelada, no fue sino hasta el año de su muerte que publicó la obra que defendía su punto de vista titulado "el modelo heliocéntrico" cuyo valor es considerado como una de las principales bases de la ciencia actual.

"La teoría heliocéntrica o heliocentrismo es un modelo astronómico según el cual la tierra y los planetas se mueven alrededor de un sol relativamente estacionario y que está al centro del sistema solar. Históricamente, el heliocentrismo se oponía al geocentrismo, que colocaba en el centro a la Tierra." europapress.es/portaltic/internet/noticia-teoria-heliocentrica-nicolas-copernico 19 feb. 2013

Los pioneros de la investigación natural que dieron inicio a la revolución científica, poseían características muy similares a los héroes de la reforma espiritual; su notable inteligencia y el coraje de pensar diferente en una época en la que esto podría significar el cargo de herejía y como consecuencia la hoguera, incrementa amplísimamente el valor de sus obras.

De los padres de la reforma de la iglesia podemos decir que levantaron en alto la Revelación escrita, en otras palabras, proclamaron la verdad por medio de la Biblia; de los padres de la ciencia, podemos decir que rescataron la verdad a partir del estudio del libro de la naturaleza, es decir, el segundo libro, el libro de las obras de Dios. De esta forma la verdad fue escuchada en los dos lenguajes de la Providencia. Conocemos pues, con nombre propio a algunos de los hombres que cumplen con la representación de las aves creadas el quinto día de la semana literal de la creación. No fue casualidad que el quinto milenio y justo en momentos previos al fin de los 1.260 años de la profecía, aparecieran en lo alto del firmamento, simultáneamente la obra de la Reforma espiritual y la Revolución científica. Todos estos trayendo luz proveniente de la Palabra de Dios, separaron la verdad de la mentira en un mundo que venía de un terrible tiempo de tinieblas espirituales, una noche que dejó como resultado ignorancia y pobreza.

PERSPECTIVA Y COSMOVISIÓN DE DIOS

"Y creó Dios los grandes monstruos marinos y todo ser viviente que se mueve, que las aguas produjeron según su especie, y toda ave alada según su especie. Y vio Dios que era bueno." *Génesis 1:21*

Al final de este verso podemos leer lo que vemos como una valoración divina, con respecto al trabajo que Dios realizó ese día. "Y vio Dios que era bueno." Génesis 1:21 En contraste con el segundo día con el cual se asocia al quinto, este si tiene una valoración positiva, y no solo eso, sino que después de que Dios ve que es bueno, declara una bendición sobre sus seres recién creados.

En la analogía del segundo y el quinto día de la semana literal de la creación con los días de milenios de Dios, podemos resaltar que la obra se refiere a periodos extremadamente insólitos e inéditos, en consideración al carácter y la obra de la salvación que Dios había planificado antes de la creación del cielo y la tierra.

Para la mente humana natural es imposible desenredar la madeja de los acontecimientos que rodean la exposición del bien y el mal que se ha desarrollado a través de los siglos. Solamente por medio de la presencia y guía del Espíritu Santo, podemos acercarnos a la luz de la verdad y ver un panorama más claro y profundo de las razones que llevaron la lucha a extremos tan recónditos y misteriosos. A lo que me refiero en estos dos últimos párrafos es a lo inexplicable que parece ser el hecho de que la muerte tenga un poder tan relevante en estos dos periodos de la historia.

De todo esto, inspirado por el Espíritu Santo el apóstol Pablo escribió: "Pero Dios nos las reveló a nosotros por el Espíritu, porque el Espíritu todo lo escudriña, aun lo profundo de Dios, porque ¿quién de entre los hombres conoce las cosas del hombre, sino el espíritu del hombre que está en él? Del mismo modo, nadie conoció las cosas de Dios, sino el Espíritu de Dios. Y nosotros no hemos recibido el espíritu del mundo, sino el Espíritu que proviene de Dios, para que sepamos lo que Dios nos ha concedido." Y confirma el asunto diciendo: "De estas cosas hablamos, no con palabras enseñadas por la sabiduría humana, sino con las que enseña el Espíritu, acomodando lo espiritual a lo espiritual." 1 Corintios 2:10-13

La erradicación de toda la generación antediluviana con la excepción de Noé y su familia y la terrible persecución y el martirio de decenas de miles que amaban la verdad y cuyo único anhelo era adorar al verdadero Dios de los cielos, es resultado de la exposición de los poderes del bien y del mal. Es la expresión más elocuente de la justicia divina y la mentira satánica.

Interesantemente en ambas ocasiones la mezcla entre el bien y el mal fue la razón que desencadenó la perdida fatal de millones de vidas, es por ello que es muy importante, entender ese concepto, especialmente ahora en el tiempo del fin. Es imposible que la luz y las tinieblas tengan alguna comunión. Lamentablemente en la carta a la iglesia de Laodicea, el apóstol Juan describe al pueblo de Dios del tiempo del fin, en una tibieza espiritual tal, que resulta ser un vomitivo para Dios. Es por ello que la separación de la luz de las tinieblas es indispensable.

En el principio, el resultado de la separación de las dos simientes solamente guardó la vida de ocho personas, de quienes sabemos que, por la duración extensa de sus días en la tierra, murieron el tercer milenio, alcanzando el propósito de la redención en un día diferente al segundo milenio. Sin embargo, y esta es la razón por la que **Dios vio que era bueno** el quinto milenio; fueron miles los que alcanzaron la salvación, separándose de las tinieblas y aun al precio de sus propias vidas, cantaron el himno de victoria que extrajo una sonrisa en el rostro del tierno Padre celestial.

Aunque la muerte es el común denominador entre los dos milenios, hay una colosal diferencia entre los que perecieron en el diluvio y los que murieron a causa del martirio. Ante los ojos del ser humano natural, el concepto de la muerte es muy diferente al concepto que aprende de Dios el hombre espiritual. El Espíritu Santo al revelar el plan de la salvación en la mente humana, la capacita para discernir la diferencia del que muere para condenación y del que solo duerme aguardando la corona de la vida.

El tiempo, el espacio, la vida, la muerte, el bien y el mal, guardan su verdadero significado en la mente del Altísimo; de ahí que el ministerio de Cristo y la obra del Espíritu Santo tengan el propósito de transformar nuestra mente. Es el plan de Dios que sus hijos en la tierra pensemos con una perspectiva idéntica a la suya. Nuestros pensamientos deben ser el reflejo de los pensamientos de Dios, nuestros conceptos deben provenir de la mente de Dios y nuestra visión debe poseer las bases de la cosmovisión del Eterno.

"En cambio, el espiritual juzga todas las cosas, sin que él sea juzgado por nadie. ¿Quién conoció la mente del Señor? ¿Quién lo instruirá? **Pues bien, nosotros tenemos la mente de Cristo.**" 1 Corintios 2:15,16

La explicación de porque mil años delante de sus ojos son como el día de ayer que pasó y un día es como mil años, está relacionada directamente con el significado de los símbolos del relato de la creación, con el tema del santuario y la obra sacerdotal de Cristo y con el concepto del tiempo en la tierra a la vista de Dios. Cada elemento de la obra de creación tiene una representación en el tiempo y el espacio. Es por ello que el valor simbólico del tiempo de manera espiritual, ante los ojos del Dios del universo, no hace referencia solo a un cuando sino un donde. Un lugar que Él puede visitar en el momento que lo considere oportuno, es más, el tiempo es un sitio al que puede llevar y mostrar a quien Él desee y su propósito lo requiera.

El relato de la creación descrito en el primer capítulo de Génesis da testimonio de la veracidad de este concepto con respecto al tiempo según la visión de Dios. Cada día está compuesto por una tarde y una mañana literal, estos a su vez son la representación de un periodo extenso de tiempo donde cada elemento resultante de la obra creadora, según lo presenta Moisés, tiene un valor, es decir, es la analogía de un evento que tiene como protagonista un personaje, una institución o una nación que, tuvo, tiene y tendrá parte en el desarrollo de la historia humana. No queremos con esta declaración decir que la creación no es un evento literal, sino que cada detalle en la narración de esta, tiene un valor simbólico y representa un significado. Creemos que la semana en que Dios dio origen a todas las cosas que abundan de vida en la tierra está compuesta por días literales de veinticuatro horas, equivalentes a un giro de la tierra sobre su propio eje.

El Espíritu Santo impregnó el relato de la creación de orden y significado, y con ello reveló en el lenguaje de los hombres el carácter de Dios, según su plan de salvarles y guiarles hasta la herencia en gloria que preparó desde la mañana gloriosa de la eternidad.

Siendo que la tierra es un lugar y cada elemento de la creación representa un evento en el tiempo, desde la óptica divina, el tiempo adquiere las características de un lugar.

Desde esa perspectiva, el tiempo según los ojos del Eterno no se limita a los movimientos del sistema solar, Aquel que camina entre los candelabros de oro se mueve en el tiempo sin los limitantes que los seres humanos perciben. Jesús camina fácilmente a través del pasado, el presente y el futuro de la historia humana y nos deja saber aquello que es importante para nuestro bien, según su plan de salvarnos, por medio de profecías.

Adán fue el primer hombre en participar de lo que se podría llamar: "un viaje al futuro". El primer hombre participó de una travesía desde su época en el primer milenio de la tierra, hasta la primera venida de Cristo en el cuarto.

"En esa forma se revelaron a Adán importantes acontecimientos que se producirían en la historia humana, desde el tiempo en que fue pronunciada la sentencia divina en el Edén hasta el diluvio, y desde allí hasta el primer advenimiento del Hijo de Dios." PP p.48

En términos del relato de la creación se puede decir que Dios le llevó en un viaje desde "Y fue la luz." Génesis 1:3 hasta "«Haya lumbreras en el firmamento de los cielos [...]»." (verso 14) Es en este sentido que los eventos y los elementos de la creación adquieren el valor del tiempo y el tiempo al valor de lugar.

Con respecto a los seres humanos a quienes se les ha concedido el privilegio de visitar el futuro la pluma inspirada registró:

"Enoc poseía una mente poderosa, bien cultivada, y profundos conocimientos. Dios lo había honrado con revelaciones especiales; [...] En visión profética se le instruyó concerniente a la muerte de Cristo y se le mostró su venida en gloria, acompañado de todos los santos ángeles, para rescatar a su pueblo de la tumba. También vio la corrupción que habría en el mundo cuando Cristo viniera por segunda vez, y habría una generación presumida, jactanciosa y empecinada, que negaría al único Dios y al Señor Jesucristo, pisoteando la ley y despreciando la redención. Vio a los justos coronados de gloria y honor, y a los impíos desechados de la presencia del Señor, y destruidos por el fuego." PP p.73

A Moisés en momentos previos a su muerte, "se le presentó una visión panorámica de la tierra prometida. En esta escena se le presentó esa tierra, no con el aspecto que tenía entonces sino como había de llegar a ser bajo la bendición de Dios cuando sea posesión de Israel. Le pareció estar contemplando un segundo Edén.

Se le permitió mirar a través de los tiempos futuros y contemplar el primer advenimiento de nuestro Salvador. Siguió al Salvador a Getsemaní y contempló su agonía en el huerto, y cómo sería entregado, escarnecido, flagelado y crucificado. Lo vio cuando yacía en la tumba nueva de José de Arimatea. Las tinieblas de la desesperación parecían envolver el mundo, pero miró otra vez, y lo vio salir vencedor de la tumba y ascender a los cielos escoltado por los ángeles que lo adoraban, y encabezando una multitud de cautivos.

Moisés vio cómo los discípulos de Jesús salían a predicar el evangelio a todo el mundo. Vio la segunda venida de Cristo en gloria, a los muertos resucitar para recibir la vida eterna, y a los santos vivos trasladados sin ver la muerte, para ascender juntos con cantos de alabanza y alegría a la ciudad eterna de Dios." PP p.p.505,507,508,509

Que diremos de Daniel quien vio el futuro vestido de bestias, estatuas y piedras; como no mencionar al Maestro de los maestros haciendo una magistral fusión entre los eventos del fin de Jerusalén y los eventos finales previos a su retorno a esta tierra, como olvidarnos de Juan y la revelación que recibió en Patmos, donde fue llevado a visitar tanto eventos del pasado como del futuro con la misma facilidad de quien se mueve de un lugar a otro.

No podemos cerrar este círculo de testigos sin referirnos a la hermana Ellen Gould White, quien narra de forma extraordinaria eventos de sus visitas al pasado, situaciones de su actualidad y ocasiones que para nosotros son promesas, y ella vio cumplidas en el futuro. Estos no fueron eventos en los que ella participó solo de vista, sino que ella relata interacciones con ángeles, el mismo Cristo y hasta con personas de otros mundos.

De una visita al pasado, la pluma inspirada relató: "El cielo se llenó de pesar cuando todos se dieron cuenta de que el hombre estaba perdido y que el mundo creado por Dios se llenaría de mortales condenados a la miseria, la enfermedad y la muerte, y que no había vía de escape para el ofensor. Toda la familia de Adán debía morir. Contemplé al amante Jesús y percibí una expresión de simpatía y pesar en su rostro. Pronto lo vi aproximarse al extraordinario y brillante resplandor que rodea al Altísimo. **Mi ángel acompañante dijo:** "Está en íntima comunión con su Padre". HR p.43

De una visita al futuro ella escribió: "Allí vimos el árbol de la vida y el trono de Dios, [...] Todos nos ubicamos bajo el árbol, y nos sentamos para contemplar la gloria de aquel paraje, cuando los Hnos. Fitch y Stockman, que habían predicado el evangelio del reino y a quienes Dios había puesto en el sepulcro para salvarlos, se llegaron a nosotros y nos preguntaron qué había sucedido mientras ellos dormían. Procuramos recordar las pruebas más grandes por las que habíamos pasado, pero resultaban tan insignificantes frente al incomparable y eterno peso de gloria que nos rodeaba, que no pudimos referirlas, y todos exclamamos: "¡Aleluya! Muy poco nos ha costado el cielo". Pulsamos entonces nuestras áureas arpas cuyos ecos resonaron en las bóvedas del cielo." CPI p.61

También Juan, el discípulo amado, relató eventos de su interacción con los hijos de Dios en su viaje al futuro: "Fui donde el ángel, diciéndole que me diera el librito. Y él me dijo: «Toma y cómelo; te amargará el vientre, pero en tu boca será dulce como la miel.» Entonces tomé el librito de la mano del ángel y lo comí. En mi boca era dulce como la miel, pero cuando lo hube comido amargó mi vientre." Apocalipsis 10:9,10 Si bien este evento tiene un valor simbólico en cada uno de los detalles que describe, para Juan fue una representación real de un acontecimiento que tendría lugar en el futuro.

El pasado y el futuro es para Dios, lo que el presente es para nosotros. El pasado y el futuro para Dios es tangible y real. El Señor no ve a sus siervos que perecen en la tierra como los vemos nosotros, sino que, al contemplarlos, participa hoy, del abrazo que les dará en la bienvenida al cielo, en el futuro. Dios no puede extrañar a alguien a quien ya tiene entre sus brazos. No puede sentir como una perdida a aquellos con quienes ya está compartiendo la eternidad según el poder de su visión.

CON LOS OJOS DEL ESPÍRITU

Entendiendo que la tierra y los componentes de esta son físicos y según las Sagradas Escrituras Dios es Espíritu, "Dios es Espíritu, y los que lo adoran, en espíritu y en verdad es necesario que lo adoren." Juan 4:24, solamente cuando miremos la obra de sus manos con los ojos del Espíritu, podremos comprender el verdadero valor de las cosas y las ocasiones. La única manera de entender los eventos que se desarrollan actualmente, los que se avecinan y visualizar hechos del pasado desde la plataforma de la verdad, es si el Espíritu Santo nos acompaña para explicar y revelar sus significados. El Espíritu Santo a los hijos de Dios es lo que la luz a los ojos, sin su iluminación las realidades eternas están veladas. Cada vez que nos acercamos a los libros de la revelación y la naturaleza sin antes entregarnos a su dirección y guía, estamos expuestos al peligro de cometer grandes errores y nuestra interpretación no será confiable.

"Nunca se deben estudiar las Sagradas Escrituras sin oración. Antes de abrir sus páginas debemos pedir la iluminación del Espíritu Santo, y ésta nos será dada." CC p.99

"Él quiere que aun en esta vida las verdades de su Palabra se vayan revelando de continuo a su pueblo. Y hay solamente un modo por el cual se obtiene este conocimiento. No podemos llegar a entender la Palabra de Dios sino por la iluminación del Espíritu por el cual ella fue dada. 'Las cosas de Dios nadie las conoce, sino el Espíritu de Dios,' 1 Corintios 2:11 'porque el Espíritu escudriña todas las cosas, y aun las cosas profundas de Dios.' 1 Corintios 2:10 Y la promesa del Salvador a sus discípulos fue: 'Mas cuando viniere aquél, el Espíritu de verdad, él os guiará al conocimiento de toda la verdad; ... porque tomará de lo mío, y os lo anunciará.' Juan 16:13,14

Si no queremos que las Sagradas Escrituras estén veladas para nuestro entendimiento de modo que no podamos comprender ni las verdades más simples, debemos tener la sencillez y la fe de un niño, estar dispuestos a aprender e implorar la ayuda del Espíritu Santo." CC p.p.109,110

Teniendo claro el concepto del valor del significado del tiempo ante la formidable visión de Dios, podemos obtener una perspectiva diferente de lo que un elemento como la muerte de un hijo de Dios en la tierra representa. La muerte para el ser humano natural es una pérdida irreparable, es el fin, un misterio indescifrable, hay incluso quienes fantásticamente sugieren que es el paso a otro estado de la existencia, lo cual no tiene un fundamento diferente al de la pobre imaginación de un hombre con respecto a las realidades de la vida. Revelando la verdad referente a ese pensamiento Salomón escribió: "Porque los que viven saben que han de morir, pero los muertos nada saben, ni tienen más recompensa. Su memoria cae en el olvido. También perecen su amor, su odio y su envidia; y ya nunca más tendrán parte en todo lo que se hace debajo del sol." Eclesiastés 9:5,6

El Señor Jesús habló de la muerte comparándola con el sueño de la noche:

"les dijo: —Apartaos, porque la niña no está muerta, sino que duerme." Mateo 9:24

Más tarde refiriéndose a la situación que estaba experimentando su amigo Lázaro, Jesús dijo:

"—Nuestro amigo Lázaro duerme, pero voy a despertarlo.
Dijeron entonces sus discípulos:
—Señor, si duerme, sanará.
Jesús decía esto de la muerte de Lázaro, pero ellos pensaron que hablaba del reposar del sueño. Entonces Jesús les dijo claramente:
—Lázaro ha muerto, [...]" Juan 11:11-14

Esto nos da una visión más clara con respecto al pensamiento de Dios sobre el tema de la muerte.

"Pero en cuanto a que los muertos han de resucitar, aun Moisés lo enseñó en el pasaje de la zarza, cuando llama al Señor, Dios de Abraham, Dios de Isaac y Dios de Jacob, porque Dios no es Dios de muertos, sino de vivos, pues para él todos viven." Lucas 20:37,38

ÉL LLEVÓ CONSIGO NUESTRA FORMA AL CIELO

No obstante la perspectiva que produce el conocimiento que Dios tiene sobre el futuro, este poder no hace insensible a Dios en cuanto al dolor que ocasiona la enfermedad, el sufrimiento y la muerte en el hombre. Si bien es cierto que la muerte de uno de los redimidos es una victoria para el cielo, el sufrimiento del que aún está en medio de la batalla es un asunto de suma importancia para la plenitud de Dios.

Por ello el Hijo de Dios vino a este mundo. Él, quien compartía el trono con su Padre por la eternidad, se identifica con nuestras necesidades y dolores, empatiza con nuestras experiencias, pues Él mismo las vivió. "Jesús lloró" Juan 11:35 Llevó consigo nuestra forma al cielo y la compartirá por las edades sin fin. No se derrama una lágrima sin que Dios lo note, no hay tristeza para Él, que no pueda comprender.

"Porque de tal manera amó Dios al mundo, que dio a su Hijo unigénito." "Lo dio, no sólo para que viviese entre los hombres, llevase los pecados de ellos y muriese para expiarlos, sino que lo dio a la raza caída. **Cristo debía identificarse con los intereses y las necesidades de la humanidad. El que era uno con Dios se vinculó con los hijos de los hombres mediante lazos que jamás serán quebrantados.** Jesús 'no se avergüenza de llamarlos hermanos.' Hebreos 2:11 Es nuestro Sacrificio, nuestro Abogado, nuestro Hermano, que lleva nuestra forma humana delante del trono del Padre, y por las edades eternas será uno con la raza a la cual redimió: es el Hijo del hombre.

PROVIDENCIA

Y todo esto para que el hombre fuese levantado de la ruina y degradación del pecado, para que reflejase el amor de Dios y compartiese el gozo de la santidad." CC p.14

"El que sustenta los innumerables mundos diseminados por la inmensidad, también tiene cuidado del gorrioncillo que entona sin temor su humilde canto. Cuando los hombres van a su trabajo, o están orando; cuando se acuestan por la noche o se levantan por la mañana; cuando el rico se sacia en el palacio, o cuando el pobre reúne a sus hijos alrededor de su escasa mesa, el Padre celestial vigila tiernamente a todos. No se derraman lágrimas sin que Él lo note. No hay sonrisa que para Él pase inadvertida.

Si creyéramos implícitamente esto, desecharíamos toda ansiedad indebida. Nuestras vidas no estarían tan llenas de desengaños como ahora; porque cada cosa, grande o pequeña, se dejaría en las manos de Dios, quien no se confunde por la multiplicidad de los cuidados, ni se abruma por su peso. Entonces nuestra alma gozaría de un reposo que muchos desconocen desde hace largo tiempo." CC p.86

Si Dios vio que era bueno, es porque realmente fue bueno, a pesar del sufrimiento, pese a que el mundo recuerde a la generación que representa a los peces que surgieron durante los 1.260 días con lastima, para el cielo están tan solo dormidos y aguardando el sonido de la trompeta; se levantarán para escuchar el canto de los ángeles dándoles la bienvenida a los atrios celestiales.

Este grupo fue representado por una multitud de salvos que Jesús llevo consigo al cielo en ocasión de su victoria sobre la muerte. Con respecto a los salvos del quinto milenio y a los de la primera parte del sexto (tarde y mañana del quinto día y tarde del sexto) en relación a su representación de la expresión "Y vio Dios que era bueno" Génesis 1:21,25 la Biblia dice: "Pero ahora Cristo ha resucitado de los muertos; primicias de los que murieron es hecho, pues por cuanto la muerte entró por un hombre, también por un hombre la resurrección de los muertos. Así como en Adán todos mueren, también en Cristo todos serán vivificados. **Pero cada uno en su debido orden: Cristo, las primicias; luego los que son de Cristo, en su venida."**
1 Corintios 15:20-23

Veamos qué valor simbólico tienen las primicias, es decir, el grupo de redimidos que Cristo llevó consigo al cielo. Así como en el ascenso de Enoc y la muerte de Abel se halla el cumplimiento del significado del primer "Y vio

Dios que la luz era buena." Génesis 1:4; en la muerte y resurrección de Moisés se cumple el valor de la misma expresión durante la primera parte del tercer día registrada en Génesis 1:10; en el ascenso de Elías al cielo sin conocer la muerte se cumple la analogía del tercer "Y vio Dios que era bueno", Génesis 1:12; en la resurrección y ascenso de Cristo al cielo y el martirio de los doce y del apóstol Pablo se cumple el símbolo de la misma expresión para el cuarto día, Génesis 1:18; las primicias de 1 Corintios 15:23, representan el "Y vio Dios que era bueno" de los versículos 21 y 25 del primer capítulo de Génesis.

"[...] los sepulcros se abrieron y muchos cuerpos de santos que habían dormido, se levantaron; y después que él resucitó, salieron de los sepulcros, entraron en la santa ciudad y aparecieron a muchos." Mateo 27:52,53

"Al resucitar Cristo, sacó de la tumba una multitud de cautivos. El terremoto ocurrido en ocasión de su muerte había abierto sus tumbas, y cuando él resucitó salieron con él. Eran aquellos que habían sido colaboradores con Dios y que, a costa de su vida, habían dado testimonio de la verdad. Ahora iban a ser testigos de Aquel que los había resucitado."

"[...] los que salieron de la tumba en ocasión de la resurrección de Cristo fueron resucitados para vida eterna. Ascendieron con él como trofeos de su victoria sobre la muerte y el sepulcro. Estos, dijo Cristo, no son ya cautivos de Satanás; los he redimido. Los he traído de la tumba como primicias de mi poder, para que estén conmigo donde yo esté y no vean nunca más la muerte ni experimenten dolor." DTG p.730

"Allí está el trono, y en torno de él el arco de la promesa. Hay serafines y querubines. Los ángeles lo rodean, pero Cristo les indica que se alejen. Entra en la presencia del Padre. Muestra el símbolo de su triunfo: **las primicias, los resucitados con él, los representantes de los muertos cautivos que saldrán de sus tumbas cuando suene la trompeta.** Se aproxima al Padre, y si hay gozo en el cielo por un pecador que se arrepiente, si el Padre se regocija por uno con cánticos, procure captar esto la imaginación. Cristo dice: Padre, consumado es. He hecho tu voluntad, oh mi Dios. He completado la obra de la redención. Si tu justicia está satisfecha, "aquellos que me has dado, quiero que donde yo estoy, también ellos estén conmigo". Juan 17:24. Y se oye la voz de Dios; la justicia está satisfecha; Satanás está vencido. "La misericordia y la verdad se encontraron; la justicia y la paz se besaron". Salmos 85:10. Los brazos del Padre rodean al Hijo, y se oye su voz que dice: "Adórenle todos los ángeles de Dios". Hebreos 1:6. Mensajes Selectos Tomo 1(1MS) p. 361

En la medida que el tiempo avanzó, los habitantes del mar y las aves del cielo, continuaron multiplicándose y dando fruto según la orden que su creador les había dado. De la misma manera, después de los 1.260 años y hasta la actualidad muchos hombres siguen menospreciando sus vidas, aguardando por una mejor; poniendo sus almas en altar del sacrificio, por amor de su amado Señor. A la par de estos, los hombres que fueron privilegiados por una mejor visión de las cosas celestiales, siguen surcando los cielos en toda la extensión del planeta para advertir al mundo del gran peligro de una muerte eterna y a través de la Palabra de Dios, reparten vida a aquellos que en el mar perecen sin el auxilio apropiado.

Si quisiéramos observar la expresión "Y vio Dios que era bueno" Génesis 1:21 desde un contexto diferente al de la consumación del plan de la redención, es decir, en un plano físico, las aves y su representación en los reformadores de la iglesia y los científicos, encontraríamos que todas las obras de esos pioneros, son las bases de la tecnología, la ciencia y la religión actual. Por ello y por el contexto espiritual, vio Dios que era bueno.

LLENAD LAS AGUAS

Según el contexto que expone que la tierra está regida por la ciencia del bien y del mal, nuestro planeta está planteado para actuar como un libro de texto. Nuestro planeta fue configurado para ser una gran fuente de investigación y conocimiento para los hijos de Dios en todo el universo. Este propósito no es el resultado de la desobediencia del hombre, sino que fue presentado de esta manera a causa de la necesidad de que todos los seres, a quienes Dios compartió el maravilloso don de la vida y la libertad de decisión, tuvieran el pleno conocimiento de la existencia del mal y lo que este representa en contraste con el bien.

Es indudable el hecho de que por las consecuencias de la desobediencia de nuestros primeros padres la naturaleza del corazón humano se transformó. Por razón de su naturaleza inclinada al mal, desde que el hombre nace lleva sobre si un peso superior al de sus fuerzas y a consecuencia de esto, está sometido por sus pasiones. La fuerza de la gravedad es desde el punto de vista natural, el mejor ejemplo de lo que representa la naturaleza del hombre con respecto a la carne. Su propio peso, hace del ser humano un ser terrestre y le hace imposible alcanzar el ideal de libertad con el que fue creado. Sin una ayuda extraordinaria, estamos condenados a vivir sujetos a la tierra, hasta volver al polvo de donde fuimos tomados.

A todo esto, aún debemos sumar el peso que la tierra recibió al descargarse sobre ella una maldición, "—Por cuanto obedeciste a la voz de tu mujer y comiste del árbol de que te mandé diciendo: "No comerás de él", maldita será la tierra por tu causa; [...]" Génesis 3:17 Dios pronunció esa aterradora sentencia por causa de la extraña mutación que afectó no solo a los seres creados a la imagen de Dios, sino a todas las criaturas de la naturaleza. Pero en el principio no era así, esto ocurrió para que el hombre pudiera apreciar en todo el entorno de su habitación, las consecuencias de sus actos y para que sus ojos al mirar al cielo reconocieron su fragilidad y su necesidad de un Salvador.

"[...] en medio del sufrimiento resultante del pecado se manifiesta el amor de Dios. Está escrito que Dios maldijo la tierra por causa del hombre. Génesis 3:17 Los cardos y espinas, las dificultades y pruebas que colman su vida de afán y cuidado, le fueron asignados para su bien, como parte de la preparación necesaria, según el plan de Dios, para levantarle de la ruina y degradación que el pecado había causado." CC p.9

Todo esto sin mencionar el hecho de que existe un ser, (Satanás), que tiene como objetivo arrástranos a la condenación que ya pesa sobre él. Un ser mezquino martirizado por su frustración y su culpa. Dominado por el dolor que ocasionan las constantes derrotas que experimenta a manos del Hijo de Dios. Desesperado, por el poco tiempo que le resta para intentar crecer en su obra de malignidad. Un ser que representa a todos los significados de las tinieblas. La Biblia dice que Satanás es como un león rugiente buscando a quien devorar. Este cuadro produce temor en los hijos de Dios. Sin embargo, eso no debería ser fuente de temor, si pudiéramos aprender la lección de la victoria de la luz sobre las tinieblas en cada amanecer; nuestra confianza en Dios disiparía el temor que nace por asunto de la duda y la desconfianza.

Al parecer todos estos elementos mencionados juegan en nuestra contra. No obstante, el tema de los cardos y las espinas que surgieron como resultado de la maldición sobre la tierra es un asunto planificado y con propósito. La vulnerabilidad que se manifiesta a través de las pruebas y las dificultades, es la oportunidad para que el brazo poderoso de Dios se manifieste. De hecho, las luchas que el hombre debe afrontar están diseñadas según sus fuerzas y el nivel de madurez espiritual que este haya alcanzado. En todos los casos, el medio más efectivo para impulsar el crecimiento espiritual, estimular su fe y moldear al hombre conforme a la imagen de su Creador es pasar por el fuego de la prueba. "El encontrar oposición y pruebas os llevará a leer la Escritura y a orar. Creceréis en la gracia y en el conocimiento de Cristo y adquiriréis una rica experiencia." CC p.80

Además, la Palabra de Dios dice: "No os ha sobrevenido ninguna prueba que no sea humana; pero fiel es Dios, que no os dejará ser probados más de lo que podéis resistir, sino que dará también juntamente con la prueba la salida, para que podáis soportarla."

Jesús mismo hablando de las aflicciones que verían no solo sus discípulos sino todos los que creerían en Él, dijo: "En el mundo tendréis aflicción, pero confiad, yo he vencido al mundo." Juan 16:33 El Señor mencionó esto recordando que durante el paso de los hombres por la tierra experimentarían aflicción y da a entender que el mundo es el centro de operaciones del mal. Del mundo viene el dolor, la enfermedad, la injusticia y la muerte. Además, el discípulo amado en un espléndido razonamiento, define el mundo como el origen de los apetitos de la carne. "No améis al mundo ni las cosas que están en el mundo. Si alguno ama al mundo, el amor del Padre no está en él, porque nada de lo que hay en el mundo —los deseos de la carne, los deseos de los ojos y la vanagloria de la vida— proviene del Padre, sino del mundo. Y el mundo pasa, y sus deseos, pero el que hace la voluntad de Dios permanece para siempre." 1 Juan 2:15-17

Cuando Dios maldijo la tierra por causa de la desobediencia del hombre, no estaba imponiendo un "hechizo" sobre ella. No era un castigo que el hombre debía recibir por causa de su pecado. Dios que conocía la nueva inclinación del corazón humano, vio la única forma mediante la cual el hombre reconocería su debilidad y buscaría a su Creador. Permíteme repetir el concepto que presenta el espíritu de profecía en cuanto a este asunto: "Los cardos y espinas, las dificultades y pruebas que colman su vida de afán y cuidado, le fueron asignados para su bien, como parte de la preparación necesaria, según el plan de Dios, para levantarle de la ruina y degradación que el pecado había causado." CC p.9 Es decir, aunque las pruebas no son operadas por Dios, Él permite que se presenten para nuestro propio beneficio. Una mirada superficial del asunto desde ese ángulo, pone a Dios como responsable directo de lo que nos puede acontecer. Sin embargo, conociendo el carácter de Dios no podemos menos que observar un propósito de salvación en medio de las dificultades.

"El mundo, aunque caído, no es todo tristeza y miseria. En la naturaleza misma hay mensajes de esperanza y consuelo. Hay flores en los cardos, y las espinas están cubiertas de rosas." CC p.9

Pero, ¿qué tienen que ver el mundo y las pruebas y las dificultades del hombre con los elementos que surgieron a causa de la obra de Dios durante el quinto día de la semana literal de la creación? La Biblia dice:

"Y los bendijo Dios, diciendo: «Fructificad y multiplicaos, llenad las aguas en los mares y multiplíquense las aves en la tierra.» Génesis 1:22

Fue por medio de la persecución y la prueba que vino del mundo, que aparecieron aquellos que representan a los seres que viven en las aguas. Los cardos y las espinas resultado de la Palabra de Dios, "[...]maldita será la tierra por tu causa; [...], espinos y cardos te producirá [...]." Génesis 3:17,18; sumado a las injusticias que despiertan la sed del alma, "Bienaventurados los que tienen hambre y sed de justicia, porque serán saciados." Mateo 5:6 y las continuas derrotas en la dura batalla contra nosotros mismos, son el origen del símbolo de aquellos que representan a los peces del gran mar. En la medida que la miseria, la enfermedad, la injusticia y la muerte, se acerca y toca la piel del ser humano, la sensibilidad espiritual se agudiza, el Espíritu de Dios crea en la mente del hombre el reconocimiento de su fragilidad y le guía en la búsqueda de alguna forma de reestablecer su comunión con Aquel maravilloso Ser que dio su vida por salvarnos. Al buscar a Dios abandonando el mundo y sus deseos, el ser humano consigue salir de las tempestuosas aguas del mundo, es entonces que es derrotada la naturaleza caída que el hombre trae desde su concepción y nace un nuevo ser en la familia de Dios.

No podemos ni debemos, avergonzarnos ni pensar que es el final cuando las consecuencias de nuestros actos, las injusticias de este mundo o los ataques de Satanás tocan nuestra vida. Debemos reconocer que es en medio del fuego de la prueba que en la mayoría de los casos reside nuestra mejor oportunidad para nacer en el reino de los cielos.

"Y me ha dicho: «Bástate mi gracia, porque mi poder se perfecciona en la debilidad.» Por tanto, de buena gana me gloriaré más bien en mis debilidades, para que repose sobre mí el poder de Cristo. Por lo cual, por amor a Cristo me gozo en las debilidades, en insultos, en necesidades, en persecuciones, en angustias; porque cuando soy débil, entonces soy fuerte." 2 Corintios 12:9,10

En la conclusión de este asunto, resaltamos el hecho de que, a la bendición que Dios pronunció el quinto día de la semana literal de la creación, le siguió una absoluta y natural obediencia por parte de los seres que las aguas produjeron y de los que vuelan por los cielos. Todo esto, en el contexto de la representación histórica, significa que mientras exista la pobreza, la enfermedad, mientras las consecuencias de nuestros actos nos hieran y el mal en la tierra sea la más triste realidad, existirán las condiciones para que Dios pueda operar su misión de rescatarnos. El fracaso, la derrota, el engaño, la profunda soledad y la aflicción tienen el poder único de vencer el amor propio del hombre. El orgullo que nos separa de Dios muere en los hospitales, en las cárceles o en medio del hambre, es por eso que, aunque las injusticias nunca fueron parte del plan de Dios, son las oportunidades que Él tiene para mostrar su amor por la humanidad. Dios no propicia ninguna injusticia, pero permite que pasemos por el fuego de la prueba para manifestar su gloria, su poder y su amor.

"Iba Jesús de camino cuando vio a un hombre ciego de nacimiento. Sus discípulos le preguntaron:

— Maestro, ¿quién tiene la culpa de que haya nacido ciego este hombre? ¿Sus pecados o los de sus padres?

Jesús respondió:

— Ni sus propios pecados ni los de sus padres tienen la culpa; nació así para que el poder de Dios resplandezca en él." Juan 9:1-3 La Palabra (Versión Hispanoamericana)

La debilidad del hombre es en sí misma un gran argumento a su favor. La oración del hombre que humildemente se rinde a los pies del Señor llega al corazón de nuestro Padre Dios.
"Dijo luego Jehová: —Bien he visto la aflicción de mi pueblo que está en Egipto, y he oído su clamor a causa de sus opresores, pues he conocido sus angustias. Por eso he descendido para librarlos de manos de los egipcios y sacarlos de aquella tierra a una tierra buena y ancha, a una tierra que fluye leche y miel, [...]. El clamor, pues, de los hijos de Israel ha llegado ante mí, y también he visto la opresión con que los egipcios los oprimen. Ven, por tanto, ahora, y te enviaré al faraón para que saques de Egipto a mi pueblo, a los hijos de Israel." Éxodo 3:7-10

Hay una nueva vida llena de victorias, hay un cielo esperando para aquellos que decidan salir del mar y morir a esa vida de sufrimiento, hay un nuevo corazón preparado para ti. Hay un lugar donde fluyen la leche y la miel esperando por ti. Vuela alto en las alas de la redención y alcanza las moradas eternas, donde ni la polilla ni el moho destruyen, y donde ladrones no entran ni hurtan.

Y FUE LA TARDE Y LA MAÑANA DEL QUINTO DÍA

A estas alturas de nuestro camino, entendiendo los símbolos del primer capítulo de la Biblia y su relación con la historia de la tierra, no queda más que admirarse y postrar nuestra débil humanidad ante la majestad y la sabiduría del Creador de los cielos y la tierra.

Quien para este momento aún crea en la casualidad y dude de la dirección de Dios en absolutamente todos los acontecimientos de la historia pasada y lo porvenir, acérquese "confiadamente al trono de la gracia" y pida sabiduría "a Dios, el cual da a todos abundantemente y sin reproche, y le será dada. Pero pida con fe, no dudando nada, porque el que duda es semejante a la onda del mar, que es arrastrada por el viento y echada de una parte a otra. No piense, pues, quien tal haga, que recibirá cosa alguna del Señor, [...]" Hebreos 4:16; Santiago 1:5-7

"El plan de nuestra redención no fue una reflexión ulterior, formulada después de la caída de Adán. Fue una revelación "del misterio que por tiempos eternos fue guardado en silencio". Romanos 16:25. Fue una manifestación de los principios que desde edades eternas habían sido el fundamento del trono de Dios. Desde el principio, Dios y Cristo sabían de la apostasía de Satanás y de la caída del hombre seducido por el apóstata. Dios no ordenó que el pecado existiese, sino que previó su existencia, e hizo provisión para hacer frente a la terrible emergencia. Tan grande fue su amor por el mundo, que se comprometió a dar a su Hijo unigénito "para que todo aquel que en él cree, no se pierda, mas tenga vida eterna". Juan 3:16... DTG p.13

En tiempos muy distantes, durante la eternidad pasada, es decir, antes de la creación de los cielos y la tierra. La plenitud de Dios en un concilio extraordinario desarrolló cada detalle del portentoso y misterioso PLAN DE LA REDENCIÓN. Este no consistía meramente en el sacrificio que el Hijo de Dios haría en favor de la raza caída, aunque definitivamente este hecho era el pico más alto de su cumplimiento. Dios en un despliegue de su brillante inteligencia escogió cada uno de los actores que harían parte de la inédita experiencia en la tierra. Asignó a cada uno de sus siervos la posición desde donde cada uno de ellos desarrollaría un ministerio, en pro del propósito de iluminar el universo en relación con la verdad que Satanás intentaría echar por tierra. Además de salvar al hombre, el plan de la redención revelaría el verdadero carácter del Padre y reivindicaría la justicia y la verdad con respecto a la sagrada ley de Dios.

La anticipada herencia dada al hombre al crearle a la imagen y semejanza del Ser supremo del universo, el propósito y la manera como el ser humano poblaría la tierra, el poder que ejercería la Palabra de Dios, los roles que desempeñaría cada uno de los miembros de la Familia eterna y aun el juego y contrajuego del bien y mal durante el desarrollo del plan, todo fue detalladamente considerado y registrado durante el más excepcional concilio divino. El plan de la redención dio vida a los dos lenguajes mediante los cuales Dios transmitiría todos los conceptos de la verdad a la tierra y al cielo. Es decir, a la Palabra escrita y a la naturaleza. A través de estos, Dios revelaría su carácter y la plenitud de su misericordia. El amor de Dios por los seres humanos es un amor que trasciende tiempo y espacio. No ha pasado un instante, sin que el maravilloso Padre eternal nos contemple, no ha pasado un minuto desde nuestro nacimiento en el que Jesús aparte su mirada de nuestras vidas, no se puede contar un segundo de nuestra existencia cuando el Espíritu eterno de Dios haya abandonado nuestra vida a su suerte. Si hubo un momento en el que parecía que Dios no estaba presente, es solo un engaño de nuestro corazón, el asunto no es que Dios no nos acompañe, sino que el hombre haciendo uso de su libertad y a causa de la naturaleza inclinada al mal que posee, ha limitado la intervención de Dios en cada situación de la vida.

"Desde las edades eternas, había sido el propósito de Dios que todo ser creado, desde el resplandeciente y santo serafín hasta el hombre, fuese un templo para que en él habitase el Creador. A causa del pecado, la humanidad había dejado de ser templo de Dios. Ensombrecido y contaminado por el pecado, el corazón del hombre no revelaba la gloria del Ser divino. Pero por la encarnación del Hijo de Dios, se cumple el propósito del Cielo. Dios mora en la humanidad, y mediante la gracia salvadora, el corazón del hombre vuelve a ser su templo." DTG p.132 En este hecho se cumple el propósito del asombroso plan de la redención.

El plan de Dios de salvar a la humanidad esta ingeniosamente ilustrado en la armadura que describe el apóstol Pablo en Efesios 6:10-18. Esta armadura fue tallada magistralmente por el Artista divino con la más alta ingeniería en el taller de la omnipotencia. Ha sido diseñada de tal manera que el hombre al vestirla sea cubierto de un poder inquebrantable, pues, ha sido blindada con el indescriptible amor que guarda el Padre para cada uno de sus hijos en la tierra.

El plan de la redención fue escrito por el mismo dedo que grabó la ley de Dios en el Monte Sinaí. El libro que contiene el acta del concilio, fue sellado y nadie podía mirarlo y mucho menos abrirlo. Solamente la sangre del Cordero podía romper sus sellos. Era imposible que se le diera acceso a algún ser creado a la información que contenía el libro. La única llave que controlaba el acceso al libro de la Providencia eterna yacía en la mano del Hijo amado de Dios. "y cantaban un nuevo cántico, diciendo: «Digno eres de tomar el libro y de abrir sus sellos, porque tú fuiste inmolado, y con Tu sangre compraste para Dios a gente de toda tribu, lengua, pueblo y nación.»" Apocalipsis 5:9 (Nueva Biblia de las Américas).

Solo el Hijo de Dios era digno de abrir los sellos del libro escrito antes de que cualquier cosa visible e invisible fuera creada. El libro que contiene la sustancia de la misericordia de Dios, fue puesto en las manos del amado Hijo de Dios una vez se hizo hombre.

"Nadie sino el Hijo de Dios podía efectuar nuestra redención; porque sólo Él, que estaba en el seno del Padre, podía darle a conocer. Sólo Él, que conocía la altura y la profundidad del amor de Dios, podía manifestarlo. Nada que fuese inferior al infinito sacrificio hecho por Cristo en favor del hombre podía expresar el amor del Padre hacia la perdida humanidad." CC p.14

"Cristo, el amado Hijo de Dios, tenía la preeminencia sobre todas las huestes angélicas. Era uno con el Padre antes que los ángeles fueran creados.

Debía obrar especialmente en unión con él en el proyecto de creación de la tierra y de todo ser viviente que habría de existir en ella. Ejecutaría su voluntad. No haría nada por sí mismo. La voluntad del Padre se cumpliría en él.

Cristo formaba parte del consejo especial de Dios para considerar sus planes, mientras Lucifer los desconocía. No comprendía, ni se le permitía conocer los propósitos de Dios. En cambio, Cristo era reconocido como Soberano del Cielo, con poder y autoridad iguales a los de Dios." Historia de la Redención (HR) p. 13,14

El plan que el concilio eterno había trazado estaba por muchísimo, lejos de la comprensión de cualquier ser creado. El mismo Lucifer quien era el siguiente a Dios en el orden de las jerarquías celestiales, no podía procesar información que contenía sabiduría eterna e ilimitada.

Si por alguna razón se le hubiese permitido dar un vistazo al libro de la Providencia, que contenía el plan de la redención, habría visto su caída y cada detalle de la obra de Dios en relación con el manejo y la erradicación del mal en el universo. El plan por el cual se llevaría a cabo la salvación al ser humano, se habría expuesto al fracaso. El conocimiento de los detalles de la manera como Dios rige cada asunto del universo, visto desde la perspectiva profética le habrían representado armas muy poderosas, que sin duda habría empleado en contra del gobierno del Eterno.

Hay ocasiones en que algunos miembros del cuerpo de Cristo se refieren a Satanás admirados acerca del conocimiento que este tiene sobre las Sagradas Escrituras. Es cierto que un ser espiritual que conoce el contexto de lo que revela la Palabra de Dios, que conoce por experiencia propia la mano de Dios, que desarrolló un concepto opuesto a la ley y el orden en el cielo, tiene un panorama más amplio con respecto a las realidades del gobierno celestial y su proyección escatológica. No obstante, gran parte del conocimiento que Satanás con el tiempo de existencia en la tierra ha obtenido, no ha sido procesado por medio de su prodigiosa inteligencia; el enemigo de las almas ha dependido en la mayoría de las ocasiones de la luz que el Espíritu Santo derrama sobre el pueblo de Dios.

Solamente el Espíritu Santo escudriña la mente de Dios para revelar las verdades a la iglesia de Cristo, esa luz está velada para todo aquel que con otro espíritu se acerque a la verdadera fuente de toda sabiduría.

A ningún ser creado le era posible abrir las páginas de los designios de la mente del Eterno. Los mensajes de tan poderosa fuente, solo se tradujeron en un lenguaje legible para las criaturas creadas de los cielos y de la tierra, cuando el Hijo de Dios atravesó el lumbral misterioso de la encarnación. No fue una resolución arbitraria la que cerró la puerta a Lucifer con respecto a los concilios de Dios, pero este se ensañó contra Cristo al no comprender los verdaderos motivos de la respuesta negativa a su petición.

La obediencia de Lucifer y de todo ser viviente a Dios, debía y debe ser libre y verdadera; aún, aunque no se comprendan los motivos que mueven a

PROVIDENCIA

Dios a responder de la manera como lo hace, debemos confiar en que es lo mejor para nuestras vidas.

"La seguridad es amplia e ilimitada, y fiel es el que ha prometido. Cuando no recibimos precisamente y al instante las cosas que pedimos, debemos seguir creyendo que el Señor oye y que contestará nuestras oraciones. Somos tan cortos de vista y propensos a errar, que algunas veces pedimos cosas que no serían una bendición para nosotros, y nuestro Padre celestial contesta con amor nuestras oraciones dándonos aquello que es para nuestro más alto bien, aquello que nosotros mismos desearíamos si, alumbrados de celestial saber, pudiéramos ver todas las cosas como realmente son. Cuando nos parezca que nuestras oraciones no son contestadas, debemos aferrarnos a la promesa; porque el tiempo de recibir contestación vendrá seguramente y recibiremos las bendiciones que más necesitamos. Por supuesto, pretender que nuestras oraciones sean siempre contestadas en la misma forma y según la cosa particular que pidamos, es presunción. Dios es demasiado sabio para equivocarse, y demasiado bueno para negar un bien a los que andan en integridad. Así que no temáis confiar en Él, aunque no veáis la inmediata respuesta a vuestras oraciones. Confiad en la seguridad de su promesa: 'Pedid, y se os dará.'" CC p.96

Muchos se preguntan, por qué Satanás no fue destruido inmediatamente después de su rebelión en el cielo y con ello se hubiesen evitado todas las consecuencias que sus actos provocaron. La respuesta a este obvio interrogante tiene que ver con el propósito mismo de la gestación de un plan de salvación. El espíritu que se levantó contra la autoridad del Altísimo, no mostró su verdadero rostro desde un principio, la mentira y el orgullo nacieron en el mismo corazón y como resultado, este, plantó en todos los habitantes del universo un sin número de cuestionamientos con respecto al gobierno de Dios y el valor de su sagrada Ley. Refiriéndose a Satanás Jesús dijo: "Él ha sido homicida desde el principio y no ha permanecido en la verdad, porque no hay verdad en él. Cuando habla mentira, de suyo habla, pues es mentiroso y padre de mentira." Juan 8:44

"Satanás había dicho desde el principio que no estaba en rebeldía. El universo entero había de ver al engañador desenmascarado.

Aun cuando Satanás fue arrojado del cielo, la Sabiduría infinita no lo aniquiló. Puesto que solo el servicio inspirado por el amor puede ser aceptable para Dios, la lealtad de sus criaturas debe basarse en la convicción de que es justo y misericordioso. Por no estar los habitantes del cielo y de los mundos preparados para entender la naturaleza o las consecuencias del pecado, no podrían haber discernido la justicia de Dios en la destrucción de Satanás. Si se le hubiera suprimido inmediatamente, algunos habrían servido a Dios por temor más bien que por amor. La influencia del engañador no habría sido anulada totalmente, ni se habría extirpado por completo el espíritu de rebelión. Para el bien del universo entero a través de los siglos sin fin, era necesario que Satanás desarrollara más ampliamente sus principios, para que todos los seres creados pudieran reconocer la naturaleza de sus acusaciones contra el gobierno divino y para que la justicia y la misericordia de Dios y la inmutabilidad de su ley quedasen establecidas para siempre." PP p.22

El quinto milenio de la historia puso en una plataforma el verdadero carácter del rebelde. Un gobierno que elimina a todos aquellos que no están de acuerdo con sus imposiciones. A diferencia del segundo milenio, cuando Dios dio al mundo a través de la predicación de Noé ciento veinte años de gracia, el gobierno bajo la administración de Satanás se desarrolló en medio del engaño, la imposición, el terror y la muerte repentina. Un claro ejemplo acerca del método por el cual fue gobernado el mundo en la era de las tinieblas, se presentó en la matanza de San Bartolomé. La pluma inspirada lo registra de la siguiente manera:

"Pero lo más inicuo que se registra en el lóbrego catálogo de los crímenes, el más horrible de los actos diabólicos de aquella sucesión de siglos espantosos, fue la 'matanza de San Bartolomé'. Todavía se estremece horrorizado el mundo al recordar las escenas de aquella carnicería, la más vil y alevosa que se registra. El rey de Francia instado por los sacerdotes y prelados de Roma sancionó tan espantoso crimen. El tañido de una campana, resonando a medianoche, dio la señal del degüello. Millares de protestantes que dormían tranquilamente en sus casas, confiando en la palabra que les había dado el rey, asegurándoles protección, fueron arrastrados a la calle sin previo aviso y asesinados a sangre fría.

Así como Cristo era el jefe invisible de su pueblo cuando salió de la esclavitud de Egipto, así lo fue Satanás de sus súbditos cuando acometieron la horrenda tarea de multiplicar el número de los mártires. La matanza continuó en París por siete días, con una furia indescriptible durante los tres primeros. Y no se limitó a la ciudad, sino que por decreto especial del rey se hizo extensiva a todas las provincias y pueblos donde había protestantes. No se respetaba edad ni sexo. No escapaba el inocente niño ni el anciano de canas. Nobles y campesinos, viejos y jóvenes, madres y niños, sucumbían juntos. La matanza siguió en Francia por espacio de dos meses. Perecieron en ella setenta mil personas de la flor y nata de la nación.

Cuando la noticia de la matanza llegó a Roma, el regocijo del clero no tuvo límites. El cardenal de Lorena premió al mensajero con mil duros; el cañón de San Ángelo tronó en alegres salvas; se oyeron las campanas de todas las torres; innumerables fogatas convirtieron la noche en día; y Gregorio XIII acompañado de los cardenales y otros dignatarios eclesiásticos, se encaminó en larga procesión hacia la iglesia de San Luis, donde el cardenal de Lorena cantó el *Te Deum* [...]. Se acuñó una medalla para conmemorar la matanza, y aun pueden verse en el Vaticano tres frescos de Vasari, representando la agresión contra el almirante, al rey en el concilio maquinando la matanza, y la matanza misma. Gregorio envió a Carlos la Rosa de Oro; y a los cuatro meses de la matanza, [...] escuchó complacido el sermón de un sacerdote francés, [...] que habló de 'ese día tan lleno de dicha y alegría, cuando el santísimo padre recibió la noticia y se encaminó hacia San Luis en solemne comitiva para dar gracias a Dios'" (H. White, *The Massacre of St. Bartholomew*, cap. 14)." CS p.275

Miles murieron fieles a la convicción de un gobierno celestial justo y leal, otros fueron perseguidos, desterrados y amenazados; de manera que Satanás hizo la presentación de lo que hubiese sido su gobierno si se le hubiese permitido tener el poder.

Aunque Satanás tenía libertad de desarrollar su gobierno y el poder le permitía imponerse a la fuerza sobre los hombres, la conciencia es una caja fuerte a la que el enemigo de las almas no tiene acceso. La libertad de escoger aceptar la invitación de Jesús aun a pesar de las circunstancias, fue el "sentimiento que, desafiando leyes humanas, sostuvo tantos mártires en tormentos y llamas. Reconocían que su deber para con Dios era superior a los decretos de los hombres y que nadie podía ejercer autoridad sobre sus conciencias." Congregassional Documents (E.U.A) Serie No.200, p.271

Durante el transcurso de 1260 años, la bandera que se izara en la tierra tenía el símbolo de la muerte. Aquella visión que se le robó la salud al profeta Daniel, no era otra que la exposición del gobierno del mal, cuando liderado por el "rey altivo de rostro y entendido en enigmas" Daniel 8:23, ejecutara el poder que se le prestaría.

"»Yo, Daniel, quedé quebrantado, y estuve enfermo algunos días. Cuando me levanté, atendí los negocios del rey; pero estaba espantado a causa de la visión, y no la entendía.»" Daniel 8:27

Solamente por contemplar la terrible obra que desarrollaría Satanás durante este periodo, la salud del siervo de Dios se quebrantó; cuanto mayor fue el sufrimiento que experimentaron aquellos humildes siervos que, fieles a Dios, soportaron con valentía la encarnizada hora de persecución y muerte.

La máscara del archienemigo de Dios se cayó de su rostro y el universo entero contemplo la verdadera cara del mal. Si con el ministerio perfecto, la muerte y resurrección de Cristo, Satanás había sido derrotado, con el despliegue de sus propósitos, el universo presenció algo de lo que habría sido del cielo y de todos los mundos creados, si se le hubiese permitido ocupar un lugar en el concilio de la plenitud de Dios.

Una de aquellas veces cuando el mal reveló su verdadera cara ocurrió en el Sinaí, aquel horrible momento cuando los hebreos inspirados por el espíritu de las tinieblas levantaron un becerro para adorarlo. Las consecuencias fueron desastrosas, no obstante, en esa ocasión la justicia, la gracia y el amor de Dios también se manifestaron delante de los testigos invisibles en todo el universo.

"Todo el universo presenció las escenas del Sinaí. En la actuación de las dos administraciones se vio el contraste entre el gobierno de Dios y el de Satanás. Otra vez los inmaculados habitantes de los otros mundos volvieron a ver los resultados de la apostasía de Satanás, y la clase de gobierno que él habría establecido en el cielo, si se le hubiera dejado dominar." PP p.306

Esa manifestación del mal durante los 1260 años de oscuridad, es una de las muchas exposiciones que Satanás presentó acerca de su plan de gobierno. La historia registra momentos en que la aparición del archienemigo de Dios representó muerte, miseria y calamidad para los habitantes de la tierra. No obstante, y aunque aún prepara su última intervención, donde la fe de los hijos de Dios será severamente probada, Satanás ya fue desenmascarado delante del universo en pleno.

Entonces podemos concluir diciendo: "Y fue la tarde y la mañana del quinto día" Génesis 1:23

CAPÍTULO 3 — SEXTO DÍA
Génesis 1:24-31

UN DÍA EMITE PALABRA A OTRO DÍA

Durante el progreso de las reformas protestante y científica, el desenvolvimiento de las facultades de la mente fue muy poderoso. Durante el transcurso de los siglos XV al XVIII la luz que iluminó a los hombres con respecto a la Biblia y a la profundidad de los procesos de la naturaleza fue superior a la de los anteriores quince siglos. La justificación por la fe se estableció como el nuevo escudo del pueblo de Dios en la tierra, mientras que el movimiento científico avanzó en todas las direcciones.

En un periodo de 300 años las columnas que sostienen el peso de la ciencia moderna fueron levantadas en diferentes partes del mundo. Usando el lenguaje que el paralelo de Génesis Uno con la historia nos presenta, podemos decir que las aves que aparecieron en el firmamento en obediencia a la palabra de Dios, están representando las mentes a través de las cuales las grandes instituciones científicas de la actualidad tienen origen.

Habiendo revisado el testamento escrito en la última parte del quinto milenio por medio de los reformadores tanto de la iglesia como de la ciencia, podemos decir que la riqueza que nos heredó el milenio anterior, son las bases sólidas donde descansa en conocimiento intelectual y espiritual de la sociedad moderna. Esto espiritualmente revela cual es la manera como "un día emite palabra a otro día y una noche a otra noche declara sabiduría." Salmos 19:2

Con respecto a los hombres de ciencia que pusieron la primera piedra del conocimiento actual, podemos decir que es una lista inmensa, tan extensa como especies de aves hay en la naturaleza. Aquí relacionaremos solo una porción en contraste con la innumerable cantidad, que compone el grupo de los pioneros de la ciencia, quienes, junto a los reformadores de la iglesia, hacen parte del símbolo de las aves del cielo creadas el quinto día de la semana literal de la creación.

"Una de las disciplinas científicas que más se desarrolló en esta época fue la astronomía, gracias especialmente a la figura de Nicolás Copérnico. Este científico polaco fue el difusor de la teoría heliocéntrica —los planetas giran alrededor del sol" AA.VV. (1997) Enciclopedia Salvat. Barcelona Salvat p.1019

"Galileo Galilei sistematizó estos conocimientos y formuló los principios modernos del conocimiento científico, por lo que fue procesado por la inquisición y obligado a retractarse; sin embargo, está considerado por ello como el fundador de la física moderna." Morías, Julian (2001) Historia de la filosofía p.194

"En 1582 el papa Gregorio XIII introdujo el calendario gregoriano que sustituyó al anterior calendario juliano." Enciclopedia Salvat. Barcelona Salvat P.662

"Las matemáticas también avanzaron notablemente en esta época: Christoph Rudolff desarrolló la utilización de las fracciones decimales; Regioromano estudió la trigonometría esférica y rectilínea; los italianos Gerolamo Cardano y Ludovico Ferrari resolvieron las ecuaciones de tercer y cuarto grado, respectivamente; otro italiano, Tartaglia, utilizó el triángulo aritmético para calcular los coeficientes de un binomio." Tartaglia (1556) Tratado general de números y medidas.

"En ciencias naturales y medicina también hubo importantes avances: en 1543 Andrés Vesalio publicó 'De humani corporis fabrica', un compendio de anatomía con profusas ilustraciones considerado uno de los más influyentes libros científicos de todos los tiempos; Bartolomeo Eustachio descubrió las capsulas suprarrenales; Ambroise Paré inició la cirugía moderna; Conrao Von Gesnes inauguró la zoología moderna con una primera clasificación de los animales por géneros y familias; Miguel Servet describió la circulación pulmonar y William Harvey la de la sangre; Gabriele Fallopio estudió la estructura interna del oído; Ulisse Aldrovandi creó el primer jardín botánico en Bolonia; Bernard Palissy fundamentó la paleogeografía; Caspar Bauhin introdujo un primer método de clasificación de las plantas; y Zacharias Janssen inventó el microscopio en 1590" AA. VV. (1990). *Diccionario Enciclopédico Larousse*. Barcelona: Planeta. p. 639.

"También avanzó notablemente la geografía y la cartografía, gracias a los numerosos descubrimientos realizados en esta época. Cabe destacar la labor del flamenco Gerardus Mercator, autor del primer mapa del mundo (1538) y descubridor de un método de posicionamiento geográfico sobre un mapa del rumbo dado por una aguja imantada. AA. VV. (1997). *Enciclopedia Salvat*. Barcelona: Salvat. p. 2502.

La química y las artes también participaron de un desarrollo importante. Todos estos descubrimientos y e interpretaciones no eran otra cosa que los primeros pasos de los gigantes que conocemos hoy en día. Nombres como el del mismo Leonardo da Vinci quien expuso al mundo una figura polifacética participó en el desarrollo del principio de diferentes áreas de la ciencia, el diseño y el arte. "En el terreno de la ciencia, realizó varios proyectos como máquinas voladoras, concentradores de energía solar o calculadoras, que no pasaron de meros proyectos teóricos. También realizó trabajos de ingeniería, hidráulica y mecánica, y estudios de anatomía, óptica, botánica, geología, paleontología y otras disciplinas." AA. VV. (1997). *Enciclopedia Salvat*. Barcelona: Salvat. p. 2273.

Intento resaltar solo algunos de los nombres más representativos de la época, sin embargo, la lista y los hechos son demasiado extensos como para citarlos a todos. No es una coincidencia el que, justo terminando una era de oscuridad, la luz de este amplio conocimiento inunde un mundo sediento de verdad y respuestas claras.

CUATRO GRANDES INSTITUCIONES

Avancemos en el estudio de lo que representan los símbolos de la narración de la obra que literalmente realizó Dios el último día de la semana de la creación.

Hay muchas cualidades especiales que resaltan en los seres vivientes creados en la primera parte del sexto día, o sea, la tarde del último día laboral de Dios; y que es importante que revisemos para obtener la imagen clara con respecto a la representación el sexto milenio de la historia humana, según la visión que Dios tiene de esta.

El libro de Daniel en el capítulo siete, hace referencia a cuatro bestias terribles, todas ellas diferentes y cada una de ellas proveniente del mar. Al final de la descripción de las bestias, la Biblia presenta a un hijo de hombre al que fue dado dominio, gloria reino. (versículos 13,14) A partir del verso 17 se explica a Daniel el significado de la extraordinario visión que ha tenido.

"Estas cuatro grandes bestias son cuatro reyes que se levantarán en la tierra. Después recibirán el reino los santos del Altísimo, y poseerán el reino hasta el siglo, eternamente y para siempre." Daniel 7:17,18

Estos cuatro poderes previos al segundo advenimiento de Cristo, son en su simbología la dinámica de como Dios quiso presentar su previo conocimiento del futuro y su control total sobre la historia, a la vez que resalta a las grandes instituciones que gobernarían la tierra en diferentes periodos de nuestra línea temporal.

Ha habido durante el desarrollo de esta empresa llamada Tierra, un buen número de naciones que en algún momento tuvieron gran relevancia a medida que la madeja de los acontecimientos en nuestro planeta se desenredó; sin embargo, ninguna de estas ha sido descrita por la revelación de la manera en que estos cuatro imperios lo fueron.

Eso no significa que estas naciones que no aparecen descritas en los registros proféticos estaban fuera del alcance del control de Dios o que fueran de menor consideración con respecto al fin que se esperaba obtener, pues para quien creó todo lo que existe, ningún elemento es de menor o mayor importancia que otro y Él mismo, tiene potestad sobre toda la creación y todos los procesos naturales de esta. Las cuatro bestias que contempló Daniel, tienen relevancia y su valor simbólico se incrementa por algunas características que presentan según lo describe la Sagrada Escritura. Por el lugar de donde surgieron, el rol que desempeñaron, la época de su aparición, la influencia que tuvieron sobre el mundo conocido y el desarrollo de su fuerza según el designio que la Providencia les proveyó.

Al rey Nabucodonosor por medio de la interpretación del sueño descrito en el capítulo 4 del libro de Daniel, se le dijo: "[...] hasta que conozcas que **el Altísimo tiene dominio en el reino de los hombres**, y que lo da a quien él quiere. [...] significa que tu reino te quedará firme, después que reconozcas que **es el cielo el que gobierna.**" Daniel 4:25,26

Esto es importante pues, siendo que el reinado de Nabucodonosor estuvo representado por una de las bestias que vio Daniel, significa que cada una de ellas recibe el poder y el tiempo de gobierno que el Altísimo tenga a su parecer darle. Reconociendo que es exclusivamente el poder de Dios, el que permite el avance de cualquier proceso, de cualquier nación o de cualquier institución, podemos ver en primer plano el único principio sobre el cual podremos recostar la interpretación de este tratado: Dios está completamente al control de todos los acontecimientos que se despliegan en torno a la existencia humana.

EL CONTEXTO DE LA OBRA DEL SEXTO DÍA

A finales del siglo XV se dio inicio a un periodo conocido como "la colonización europea en América." Este empezó después de que Cristóbal Colón llegara en 1492 con el apoyo de la corona de Castilla. A partir de ahí, el imperio español, el imperio portugués y desde comienzos del siglo XVII el imperio británico (1608), Francia (1609) y los Países Bajos (1625), conquistaron y colonizaron una gran parte del territorio americano.

El imperio español y el imperio portugués fueron los primeros en realizar la conquista y se asentaron principalmente en el sur de Norteamérica, Centroamérica y en el área andina de Sudamérica. España fue la potencia que mayor presencia colonial logró en América. Portugal se apropió de la mayor parte de la franja costera atlántica de la parte norte de América del sur, que más tarde originaría el estado de Brasil. Inglaterra estableció trece colonias en la franja costera atlántica norteamericana, además de algunas islas caribeñas. Francia ocupó la actual Guyana Francesa en Sudamérica (aún bajo su dominio), Luisiana en el Golfo de México, algunas islas del caribe y la región canadiense de Quebec. Holanda estableció colonias en Norteamérica (Nueva Ámsterdam que luego sería Nueva York), norte de América del Sur (Guyana Neerlandesa, hoy Surinam) y algunos asentamientos en islas caribeñas (Antillas Neerlandesas y Aruba).

Entre los siglos XV al XVIII, mientras la Roma papal perseguía, encarcelaba y martirizaba a los amados hijos de Dios, las naciones regían sus propósitos bajo la figura del rey. El absolutismo monárquico fue un régimen político característico de la etapa de transición entre la edad media y moderna en Europa Occidental. Su característica más destacada es la concentración de todo el poder político en las manos de un monarca.

En realidad, este régimen no era más que un reflejo de lo que Roma en cabeza del papa había definido como la única forma de gobierno a las naciones. De igual manera que el pontífice de Roma a los reyes se les veneraba con el respeto que merecía un dios en la tierra. Su palabra era la ley y su cetro la justicia, no había una voz que reprendiera su juicio y mucho menos una ley que permitiera discernir entre el bien y el mal de sus acciones. Era suficiente un reproche en alta voz para pasar la cabeza del rebelde por el filo de la guillotina.

Con el despertar religioso y científico surgió la era de la ilustración. Este movimiento en realidad fue una moneda de dos caras; Por un lado, inspiró profundos cambios culturales y sociales. Debido a su declarada finalidad de disipar las tinieblas de la ignorancia mediante las luces del conocimiento y la razón. Por otra parte, fue el movimiento de la ilustración el causante de la división de los dos libros que la Providencia había preparado para la humanidad y que en conjunto traerían la verdad más completa con respecto al verdadero carácter de Dios, la relevancia de su Ley y todos los detalles del magistral plan de la redención. Se trata de la separación de la Biblia y la naturaleza, la religión y la ciencia, la fe y la razón. A pesar de ello, este periodo es conocido como el siglo de las luces.

Hubo una nación que se prestó como herramienta del mal en el objetivo de crear el muro de separación entre la ciencia y la religión. Por su mano, el mensaje del libro de la naturaleza se vistió con los trapos del pensamiento humano. La misión de Satanás en otro intento por apagar la luz de la verdad fue desviar la ruta que llevaría la mente humana al conocimiento del verdadero carácter de Dios. Para ello, desaparecer las Escrituras era clave, dejando sin bases los verdaderos significados de la naturaleza, exaltaría la razón y el camino se entenebrecería.

FRANCIA

Francia fue sede y epicentro de la más abierta declaración en contra de la Palabra de Dios.

"La guerra que se hizo en Francia contra la Biblia durante tantos siglos llegó a su mayor grado en los días de la Revolución. Esa terrible insurrección del pueblo no fue sino resultado natural de la supresión que Roma había hecho de las Sagradas Escrituras. Fue la ilustración más elocuente que jamás presenciara el mundo, de las maquinaciones de la política papal, y una ilustración de los resultados hacia los cuales tendían durante más de mil años las enseñanzas de la iglesia de Roma." CS p.270

La profecía señalada en Apocalipsis 11 en relación a los dos testigos y en particular la derrota y muerte de ellos mismos, relatada en los versos 7 al 9 tiene directa relación con los acontecimientos que rodearon el periodo denominado "la revolución francesa". Este fue el resultado del desconocimiento del vínculo entre la Biblia y la naturaleza y la consecuencia de la extensa supremacía romana papal sobre el mundo.

Francia por todas las características que poseía en abierta oposición a Dios y particularmente su aversión a la Palabra de Dios cumple con los requerimientos del símbolo de "la gran ciudad que en sentido espiritual se llama Sodoma y Egipto" (verso 8)

"Esta profecía se cumplió de un modo muy preciso y sorprendente en la historia de Francia. Durante la Revolución, en 1793, 'el mundo oyó por primera vez a toda una asamblea de hombres nacidos y educados en la civilización, que se habían arrogado el derecho de gobernar a una de las más admirables naciones europeas, levantar unánime voz para negar la verdad más solemne para las almas y renunciar de común acuerdo a la fe y a la adoración que se deben tributar a la Deidad' (Sir Walter Scott, *Life of Napoleon Bonaparte*, tomo 1, cap. 17). 'Francia ha sido la única nación del mundo acerca de la cual consta en forma auténtica que fue una nación erguida en rebelión contra el Autor del universo. Muchos blasfemos, muchos infieles hay y seguirá habiéndolos en Inglaterra, Alemania, España y en otras partes; pero Francia es la única nación en la historia del mundo, que por decreto de su asamblea legislativa, declaró que no hay Dios, cosa que regocijó a todos los habitantes de la capital, y entre una gran mayoría de otros pueblos, cantaron y bailaron hombres y mujeres al aceptar el manifiesto". Blackwood's Magazine, noviembre, 1870. CS p.273

Aquello que en un inicio había despertado el interés y la sed de conocimiento sobre las cosas de la naturaleza, y que debía convertirse en el faro que desde Francia iluminara a todo el continente europeo, terminó en una abierta rebelión en contra del Dios que creó los cielos y la tierra.

El nuevo panorama que surgió con el inicio del estudio detallado de todas las ramas de la ciencia debía ser complementado por el poder que resulta del estudio de la Palabra de Dios. De otra manera el camino de la verdad se haría cada vez más denso y naturalmente la visión clara de un Dios Creador cuyo nombre está escrito en cada partícula de su obra, desaparecería como lo hace el sol cada tarde en el horizonte. La razón por si sola, ocuparía el lugar del rey contra el cual el movimiento de la reforma había luchado.

No obstante, "Aun en los tiempos más sombríos hubo hombres fieles que amaron la Palabra de Dios y se manifestaron celosos por defender su honor. A estos fieles siervos de Dios les fueron dados poder, sabiduría y autoridad para que divulgasen la verdad durante todo este período." CS p. 271

La división entre los libros de la Palabra de Dios y la naturaleza avanzó lenta y progresivamente, de la misma forma en que las invasiones de las potencias europeas progresaron metro a metro en territorio del "nuevo mundo". Las guerras que se desataron entre Francia, Inglaterra, España y Portugal por la extensión de su dominio y su poder, sacudieron al viejo continente y el sonido de los cañones retumbó en América.

Los cuarenta y dos meses y los 1.260 días que presenta la Escritura designan el mismo plazo, este era el tiempo durante el cual la iglesia de Cristo iba a sufrir bajo la opresión romana. Los 1.260 años del dominio del papa comenzaron en el año 538 d.C. y debía terminar en el año 1.798. En dicha fecha ingresó a Roma un ejército francés que tomó preso al papa, el cual murió en el destierro. A pesar de haberse elegido un nuevo papa al poco tiempo, la jerarquía pontificia no volvió a alcanzar el esplendor y poderío que antes tuviera.

Para ese momento había comenzado la maratónica marcha de Napoleón Bonaparte quien al estilo de Nabucodonosor y el griego Alejandro Magno estaba decidido a poner el mundo ante sus pies. Interesantemente ni las profecías de Daniel, ni ninguna otra profecía, pone al gran general francés como parte activa de cualquier movimiento con respecto a los poderes que recibieron o recibirían el gobierno mundial, aunque definitivamente la época de la revolución francesa pudo haberse descrito como otra batalla de bestias en el gran mar. Francia, Inglaterra, España y Portugal protagonizaron un período de lucha sin precedentes.

El impacto que causo la exclusión de la fe y las Escrituras, produjo una oscuridad espiritual tan terrible como la que por tantos años bajo la opresión de Roma el mundo presenció. La revolución francesa con una máscara de iluminación se ensañó con los fieles de Dios y se dio a una encarnizada persecución contra aquellos de quienes se decía habían sido inducidos por la fe y la reforma a la locura.

"Roma no fue tardía para inflamar los temores y los celos de los reyes. Decía el papa al regente de Francia en 1525: 'Esta manía [el protestantismo] no solo confundirá y acabará con la religión, sino hasta con los principados, con la nobleza, con las leyes, con el orden y con las jerarquías' (G. de Felice, *Histoire des protestants de France*, lib. 1, cap. 2). Y pocos años después un nuncio papal le daba este aviso al rey: 'Señor, no os engañéis. Los protestantes van a trastornar tanto el orden civil como el religioso [...]. El trono peligra tanto como el altar [...]. Al introducirse una nueva religión se introduce necesariamente un nuevo gobierno' (D'Aubigné, *Histoire de la Réformation au temps de Calvin*, lib. 2, cap. 36). Y los teólogos apelaban a las preocupaciones del pueblo al declarar que las doctrinas protestantes 'seducen a los hombres hacia las novedades y la locura; roban así al rey el afecto leal de sus súbditos y destruyen la iglesia y el estado al mismo tiempo'. De ese modo logró Roma predisponer a Francia contra la Reforma. Y la espada de la persecución se desenvainó por primera vez en Francia para sostener el trono, resguardar a los nobles y conservar las leyes" (Wylie, lib. 13, cap. 4)." CS p.279

Un tiempo previo al evento en que la bestia de Apocalipsis 13:3 recibiera la herida mortal, Roma hizo uso de toda su influencia para hacer considerar a todos los pueblos como esclavos y a los reyes como títeres de su imperio. El más grande ejemplo es fácilmente visible en los libros que registran la historia francesa. El asunto crítico que se reveló en esa coyuntura tuvo que ver con lo que sucedía no solo internamente sino en el exterior de Francia.

La guerra interna que produjo la revolución en Francia, sumado a la lucha con las potencias vecinas le debilitó al punto de ver morir de hambre a muchos de sus ciudadanos y a otro gran número caer bajo el filo de la guillotina. Francia era como una bestia fantástica, un ser extraño que se laceraba a sí mismo, mientras que sus enemigos le atacaban desde afuera.

Los únicos que podían ofrecer alguna vía de escape estaban siendo perseguidos. "Pero un fanatismo ciego e inexorable echó de su suelo a todos los que enseñaban la virtud, a los campeones del orden y a los honrados defensores del trono; dijo a los que hubieran podido dar a su país 'renombre y gloria': Escoged entre la hoguera o el destierro. Al fin la ruina del estado fue completa; ya no quedaba en el país conciencia que proscribir, religión que arrastrar a la hoguera ni patriotismo que desterrar" (Wylie, lib. 13, cap. 20). Todo lo cual dio por resultado la Revolución con sus horrores." CS p.281

LA PALABRA DE DIOS, LA TIERRA Y LOS ANIMALES

"Luego dijo Dios: «Produzca la tierra seres vivientes según su especie: […]" Génesis 1:24

"A principios del siglo XVII el monarca que acababa de subir al trono de Inglaterra declaró que estaba resuelto a hacer que los puritanos 'se conformaran, o de lo contrario […] que fueran expulsados del país, o tratados todavía peor.' (George Bancroft, *History of the United States of America*, parte 1, cap. 12). Acechados, perseguidos, apresados, no esperaban mejores días para lo por venir y muchos se convencieron de que para los que deseaban servir a Dios según el dictado de su conciencia, 'Inglaterra había dejado de ser lugar habitable'" (J. G. Palfrey, *History of New England*, cap. 3).

Esto desencadenó la salida de algunos de su país de origen para refugiarse en tierras holandesas; allí cargando el peso que representa ser extranjero, oyeron las buenas nuevas de una tierra nueva que les permitiría expresar su fe en completa libertad. América se presentó ante ellos como una puerta de esperanza, en esa dirección, llevando únicamente su fe como valijas, avanzaron los primeros cristianos que llegaron a América. A diferencia de muchos de sus hermanos europeos, estos vieron la luz de la vida brillar más allá de los cristales sucios que resguardaban las fronteras del viejo continente.

"Aunque vivían en el destierro y en medio de contratiempos, crecían su amor y su fe; confiaban en las promesas del Señor, el cual no los olvidó en el tiempo de la prueba. Sus ángeles estaban a su lado para animarlos y sostenerlos. Y cuando les pareció ver la mano de Dios señalándoles hacia más allá del mar una tierra en donde podrían fundar un estado, y dejar a sus hijos el precioso legado de la libertad religiosa, avanzaron sin miedo por el camino que la Providencia les indicaba.

Dios había permitido que viniesen pruebas sobre su pueblo con el fin de habilitarlo para la realización de los planes misericordiosos que él tenía preparados para ellos. La iglesia había sido humillada para ser después ensalzada. Dios iba a manifestar su poder en ella e iba a dar al mundo otra prueba de que él no abandona a los que en él confían. Él había predominado sobre los acontecimientos para conseguir que la ira de Satanás y la conspiración de los malvados redundasen para su gloria y llevaran a su pueblo a un lugar seguro. La persecución y el destierro abrieron el camino de la libertad." CS p.293

"Tras su llegada a la nueva tierra pudieron iniciar una vida sin la presión y el temor que infundían el rey y la iglesia romana. **La Biblia era considerada como la base de la fe, la fuente de la sabiduría y la carta magna de la libertad.** Sus principios se enseñaban cuidadosamente en los hogares, en las escuelas y en las iglesias, y sus frutos se hicieron manifiestos, en lo que se ganó en inteligencia, en pureza y en templanza. Podíase vivir por años entre los puritanos 'sin ver un borracho, ni oír una blasfemia ni encontrar un mendigo' (Bancroft, parte 1, cap. 19). Quedaba demostrado que los principios de la Biblia son las más eficaces salvaguardias de la grandeza nacional. Las colonias débiles y aisladas vinieron a convertirse pronto en **una confederación de estados poderosos**, y el mundo pudo fijarse admirado en la paz y prosperidad de una 'iglesia sin papa y de un estado sin rey'." CS p.298

Viajando a través de los siglos XV – XVIII, desatamos poco a poco el nudo de la historia que dio inicio al último día de los milenios que Dios proveyó para el desarrollo pleno del plan de la redención. En las dos primeras frases con las que Génesis 1:24 da inicio al relato de los hechos del sexto día de la creación, encontramos dos particularidades que son el eje central del inicio de las obras de la tarde del sexto día. Estas frases son: "Luego dijo Dios: [...]" y "produzca la tierra" La primera definitivamente se refiere a la Palabra de Dios como protagonista en este momento introductorio en la historia del último milenio de la humanidad. Y la segunda, es decir, "la tierra" se refiere a los Estados Unidos de América. El último párrafo que compartimos del libro el Conflicto de los Siglos en la página 298, hace referencia directamente a estos dos elementos que aborda Génesis 1:24

Esto significa que el rol que desempeñarían tanto la Palabra de Dios como los Estados Unidos, en esta última etapa de la historia sería fundamental según el desarrollo del propósito divino. Para el caso de Génesis la Palabra de Dios produjo de la tierra "seres vivientes según su especie: bestias, serpientes y animales de la tierra según su especie.»" Y para el caso del cumplimiento histórico: por la Palabra de Dios, se produjo el nacimiento de naciones y de instituciones que desde los Estados Unidos se esparcirían por el mundo. Entendemos que los animales representan naciones e instituciones según el contexto profético que nos dan Daniel y Juan respectivamente, según el cual, grandes bestias representan las potencias que se posesionarían como gobernadores políticos y religiosos del mundo.

Por un lado, Juan en el libro de Apocalipsis en el capítulo trece, describió la institución religiosa que recibirá el poder, es decir, la iglesia romana, como una bestia; y a los Estados Unidos, el poder político que dará su poder a la primera bestia también como una bestia. Mientras que el profeta Daniel se hizo del mismo elemento para representar a las naciones y a la institución romana.

La Biblia en diferentes apartes presenta el mismo lenguaje al hacer uso de a los animales como representación de instituciones, pueblos o países.

"Este pueblo, como león se levanta, como león se yergue." Números 23:24

Moisés en su bendición a las tribus de Israel: "Como el primogénito de su toro es su gloria; sus cuernos, como cuernos de búfalo. Con ellos corneará a todos los pueblos hasta los confines de la tierra. ellos son los diez millares de Efraín, y ellos son los millares de Manasés.»" Deuteronomio 33:17

A Dan le dijo: "«Dan es cachorro de león que salta desde Basán.»" Deuteronomio 33:22

Una vez más Salomón: "Como rugido de un cachorro de león es la ira del rey, [...]" Proverbios 19:12

"León rugiente y oso hambriento es el malvado que gobierna sobre el pueblo pobre." Proverbios 28:15

"Miré, y vi un caballo blanco. El que lo montaba tenía un arco y le fue dada una corona, y salió venciendo y para vencer." Apocalipsis 6:2 "La visión de un caballo blanco y su jinete, con un arco en sus manos y una corona en su cabeza, representa la pureza del primer periodo de la iglesia cristiana (años 31 al 100). Es la época de los apóstoles. Ellos predicaron la doctrina pura de Dios." Comentario de la Biblia Misionera Adventista, Reina Valera 1995 p.1232.

"En cuanto al carnero que viste, que tenía dos cuernos: éstos son los reyes de Media y de Persia. El macho cabrío es el rey de Grecia, [...]" Daniel 8:20,21.

Esto quiere decir que, si los animales en la Biblia representan reyes, imperios, potencias, naciones, pueblos, iglesias o instituciones, durante el periodo que es simbólicamente paralelo con el sexto día de la creación debe haber una nunca antes vista, aparición de naciones, pueblos, iglesias e instituciones. Quisiera usar mis propias palabras para confirmar lo que sucedió con este respecto, pero la historia, la Palabra de Dios y el espíritu de profecía son más elocuentes y confiables.

INDEPENDENCIA

El eco que retumbo en América de la guerra europea, trajo consigo toda la presión de la misma: muerte, opresión e injusticia. Las grandes bestias europeas en su extravagante ruido durante su lucha por extender sus dominios, despertaron poco a poco la sed de libertad y justicia de los habitantes del nuevo mundo. Impuestos, abusos e imposición eran las cartas que desde sus tronos enviaban los monarcas del viejo mundo a tierras americanas; desde la hermosa Argentina hasta la introvertida Canadá se sintieron los pasos de los gigantes invasores.

No obstante los escasos recursos, la inexperiencia y la notable desventaja, la pasión que el anhelo de la libertad despierta y la fuerza que nace en el alma, fueron los recursos que la Providencia usó para dar descanso a los oprimidos de la nueva tierra de la libertad. Si bien es cierto que los procesos que dieron como resultado el nacimiento e independencia de los países que conforman el continente americano son completamente diferentes, el propósito para todos era el mismo. Ninguno de los protagonistas de las guerras independentistas podía mirar hacia el futuro y contemplar los frutos que la lucha que enfrentaban produciría. Solamente aquel que mueve providencialmente el hilo de la historia, tenía un panorama claro y un propósito específico para cada nación. La fuerza era producida por el anhelo de la libertad.

Todo el resultado de la luz que brilló en Europa a través del proceso de las reformas protestante y científica, desembocó en tierras americanas. La doctrina protestante ocasionó un despertar religioso pocas veces visto en la historia y la revolución científica un avance tecnológico que solo puede explicarse como una muestra del poder providencial de Aquel que guio todos los acontecimientos.

Para Benjamín Franklin era imposible imaginarse que en su investigación sobre la energía se encontraría con la electricidad, y mucho menos reconocer apropiadamente el valor de su descubrimiento. Cómo calcular que su investigación se convertiría en la base de miles de inventos que se desarrollarían a plenitud durante el transcurso de los siguientes siglos. Ni hablar del trabajo de Volta, quien inventó la pila Voltaica o de la ingeniosa obra de Thomas Edison, a quien muchos señalan como el mayor responsable de los avances del mundo moderno y una de las figuras más influyentes del milenio en lo que respecta a las invenciones electrónicas. No, no es casualidad el lugar y el tiempo en que empezaron a surgir estas singularidades de la historia humana. Estos, y muchos más que aportaron su conocimiento en el nacimiento y desarrollo de lo que hoy llamamos tecnología, hacen parte de la simbología de Génesis. El hilo invisible e inquebrantable de la Providencia ha sido extendido en la tierra a lo largo de seis mil años de existencia y no podrá ser cortado por ninguna fuerza ni espiritual ni física. El plano que fue trazado en Génesis Uno, se ha desarrollado al pie de la letra y no contiene error.

La guerra en Europa consumió las riquezas de las naciones más poderosas, al punto de necesitar de lo que sus conquistas en el mundo nuevo les pudieran generar. Los impuestos eran cada vez una carga más pesada para los pocos habitantes de América. No obstante, esa carga fue el punto de partida del pensamiento independentista de las naciones del nuevo mundo.

El tiempo en que se registraron las independencias de los países del continente americano, rodean la fecha del final de los 1.260 años de persecución de la iglesia romana. La tierra que sería el material para la formación de los animales y más tarde del hombre, fue abonada por la sangre de los héroes de las independencias.

La expulsión de los españoles, ingleses, franceses y portugueses del nuevo mundo, era el acto de remover de la tierra todas las malas hierbas que no permitirían el sano crecimiento de las naciones que hoy no podemos más que apreciar.

Con respecto al periodo de la independencia de América del sur (alrededor de 1800 - 1820) dijo el libertador Simón Bolívar:

"«No daré descanso a mi brazo ni a mi espada hasta el día en que hayamos roto las cadenas del dominio español que nos oprime»."

"Simón Bolívar, quien después se convertiría en uno de los héroes de la Independencia, pronunció con orgullo y coraje estas palabras en Roma, Italia, cuando decidió pelear por la libertad de todo un continente que se encontraba bajo el yugo colonial de los españoles. Bolívar fue pieza fundamental para inspirar a un territorio y consiguió después de una ardua lucha liberar Venezuela, Colombia y Ecuador."

"Además de él, otros personajes participaron en la independencia de América del Sur ganándose el sobrenombre de Libertadores de América. En sus respectivos países se les admira por la valentía con la que pelearon hasta obtener la soberanía de sus naciones. Las guerras napoleónicas en las que participó España fueron el hecho que aprovecharon los libertarios sudamericanos para alzarse en armas contra los españoles, quienes de alguna manera se hallaban distraídos por el conflicto en Europa." culturacolectiva.com
- Rodrigo Ayala Cárdenas. 13 de septiembre, 2019

Si la lucha entre los gigantes de Europa puede ilustrarse como una pelea de bestias salvajes en el mar, entonces en la batalla independentista del continente americano se podría usar la lección del cazador y la presa, con la característica particular de que en esa ocasión el cazador no consiguió quedarse con el botín. La imagen podría ser la de un búfalo que al ser atacado por una manada de leones se libra de ser devorado gracias al respaldo que su propia manada le da. La naturaleza muestra realidades de nuestra vida; no siempre el cazador consigue ganarle a su presa, pero tampoco le es posible a la presa escapar en todas las ocasiones. Esta es una realidad de lo que sucedió en Europa y América.

El gran general Bonaparte fue derrotado finalmente por el ejército inglés y con ello sepultó sus sueños de grandeza y poder; por otra parte, el valiente Bolívar con el respaldo de un grupo de humildes campesinos y contra todos los pronósticos, obtuvo la victoria y con ello la libertad de varias naciones en Sudamérica. La historia guarda en sus páginas el testimonio del sacrificio que pago el precio de la libertad en todo el territorio americano. Una vez más Dios demostró que su poder se perfecciona en la debilidad y el principio Bíblico que el apóstol Pablo presentó, refuerza su significado en los hechos de la historia.

"Considerad, pues, hermanos, vuestra vocación y ved que no hay muchos sabios según la carne, ni muchos poderosos, ni muchos nobles; sino que lo necio del mundo escogió Dios para avergonzar a los sabios; y lo débil del mundo escogió Dios para avergonzar a lo fuerte; y lo vil del mundo y lo menospreciado escogió Dios, y lo que no es, para deshacer lo que es a fin de que nadie se jacte en su presencia." 1 Corintios 1:26-29

Un ejército conformado por humildes campesinos, desterró del territorio americano a los más poderosos ejércitos de la época. Otros héroes de la empresa independentista fueron Francisco de Paula Santander en Colombia, José Antonio Páez en Venezuela, Andrés de Santa Cruz en Bolivia y Perú, Antonio José de Sucre en Bolivia, José de San Martín en Argentina y en Chile el militar y gobernante Bernardo O'Higgins Riquelme.

La independencia de la primera sección de Norteamérica ocurrió algunos años antes que la sudamericana.

La independencia de los Estados Unidos de América tuvo un costo altísimo. Miles de hombres, mujeres y niños murieron a causa del fuego Ingles, otro gran número de americanos pereció en las más hediondas de las prisiones, especialmente en New York, las tropas inglesas casi destruyeron por completo lo que hasta ese entonces hacia parte de la hoy famosa capital del mundo.

"Cuando la ciudad Nueva York y las áreas circundantes se desarrollaron, comenzaron a crecer entre algunos residentes fuertes deseos de independencia, a pesar de que la zona estaba férreamente controlada por los ingleses y sus seguidores.

La ciudad se convirtió en el centro británico de operaciones políticas y militares en Norte América y vigilada permanentemente por las fuerzas reales.

Nathan Hale, un soldado de la Armada Continental, fue ahorcado en Manhattan después de la Batalla de Long Island y ese solo fue uno de tantos. Los británicos convirtieron a la mayoría de los americanos en prisioneros de guerra y ante la falta de cárceles, utilizaron navíos que funcionaban como prisiones en Wallabout Bay, Brooklyn.

Muchos americanos perdieron la vida a bordo de estos barcos-prisión, más de los que murieron en el campo de batalla. Unos 11,500 prisioneros de guerra murieron en cautiverio a bordo de 16 barcos prisiones británicos durante la Guerra de la Revolución Americana. Los barcos incluían el HMS Jersey, Scorpion, Hope, Falmouth, Stromboli, Hunter y otros."
http://www.eleditor.net - La vergonzosa historia de los barcos-prisión de Nueva York, por Juan Carlos Fernández.

Con la rendición del general Charles Conrwallis en la batalla de Yorktown, se dio por terminada la guerra de independencia de los Estados Unidos.

"Librado entre el Ejército Continental y las fuerzas británicas, el sitio tuvo lugar en Yorktown, Virginia. George Washington y el Marqués de Lafayette asaltaron a la ciudad el 28 de septiembre de 1781, cuando el general británico Charles Cornwallis había estacionado sus tropas con la intención de atrapar los líderes estadounidenses en el cabo.

Con el apoyo de la Armada francesa, Washington y Lafayette acamparon en las inmediaciones durante tres semanas. Con el ejército estadounidense-francés ganando terreno después de varias escaramuzas, la situación británica comenzó a deteriorarse rápidamente y Cornwallis se ofreció a negociar las condiciones de su rendición el 17 de octubre. Dos días más tarde, el ejército británico se rindió formalmente." fandom.com

En 1783 se firmó en Paris el tratado de paz que puso fin a la guerra de independencia de los Estados Unidos, esta duró ocho inesperados y largos años. En el tratado se reconoce a los Estados Unidos de América como una nación independiente.

Todo esto para decir que la tierra que diera origen a la representación del evento de la creación de los animales y del hombre mismo, no fue un territorio libre que la Providencia separó. Satanás usó las más grandes potencias de la época para continuar con la obra de mal que por muchos siglos se le permitió ejecutar en el viejo continente. Sin embargo, aunque la diferencia entre las fuerzas armadas era descomunal, los más humildes, los más débiles, lo despreciado, fue suficiente para que, en las manos de Dios, cumplieran el objetivo. "[...] sino que lo necio del mundo escogió Dios para avergonzar a los sabios; y lo débil del mundo escogió Dios para avergonzar a lo fuerte; y lo vil del mundo y lo menospreciado escogió Dios, y lo que no es, para deshacer lo que es, a fin de que nadie se jacte en su presencia." 1 Corintios 1:27-29

ALIENTO DE VIDA

El significado histórico de la expresión "Luego dijo Dios [...]" de Génesis 1:24, se refiere, tanto al proceso mediante el cual la Palabra de Dios guio las riendas de la construcción de una nueva nación en el norte de América, como a las incursiones que hizo en el centro y el sur. Detrás de la imagen de subdesarrollo de las naciones que habitan el centro y sur de América, existe un valiosísimo tesoro que poco a poco ha ido saliendo a la luz. La influencia que ha tenido la Palabra de Dios en cientos de miles de almas, está llevando a que la gran obra de predicación del evangelio en el mundo crezca de una manera exponencial. Más allá del vestido humilde que llevan los pueblos del centro y sur de América, la imagen de Aquel que descendió del cielo para buscar a la humanidad perdida, deja ver destellos de una luz poderosa que pronto brillará a plenitud. La poderosa obra que, como resultado de la presencia de la Palabra de Dios, se ha realizado en estas naciones, habla no de una limitación debida al territorio en donde les tocó nacer, sino del desarrollo de las facultades de la mente, de quienes también llevan la imagen y fueron creados a semejanza de un Dios todopoderoso. Las palabras del salmista son la única explicación referente al crecimiento de la obra evangelizadora en todos estos países del continente americano: "La exposición de tus palabras alumbra; hace entender a los sencillos." Salmos 119:130

En el libro de la Providencia también está registrado el proceso en que las naciones del cono sur abrazarían el plan de la redención.

"La presencia de la Biblia en el continente latinoamericano comenzó a hacerse notoria a partir de las luchas independentistas del siglo XIX. La prohibición de que la «gente común» leyera las Sagradas Escrituras, vigente durante todo el período colonial, no prosperaría en las nacientes repúblicas. Esto ofreció la oportunidad de que las Sociedades Bíblicas llevaran a cabo sus primeras distribuciones.

Fue así que en 1806, los primeros 600 ejemplares de la Biblia en español, enviados por la Sociedad Bíblica Británica y Extranjera (SBBE), llegaron a Buenos Aires, Argentina, y Montevideo, Uruguay.

De 1804 a 1807, la SBBE imprimió 20.000 ejemplares del Nuevo Testamento en portugués, que marinos y comerciantes de ultramar distribuyeron en las costas de Brasil. Asimismo, en 1808 los cuáqueros llevaron ejemplares de las Sagradas Escrituras a Antigua y otras islas caribeñas, que repartieron entre soldados, marineros y enfermos.

Durante los siguientes ocho años (1808-1816), pobladores de la entonces Federación de las Indias Occidentales —islas situadas en el mar Caribe y regidas por Gran Bretaña—, así como el territorio que ahora ocupan Honduras y las Guayanas, recibieron 4.000 ejemplares de la Biblia y 11.500 del Nuevo Testamento en español, francés, inglés y holandés. Comerciantes, viajeros y capitanes de barco contribuyeron a esta nueva aventura de distribuir las Sagradas Escrituras.

Durante ese período se distingue el trabajo de James Thomson, más conocido como Diego Thomson, un misionero que viajó por iniciativa propia a América Latina para promover el método de enseñanza lancasteriano, que en sus inicios se basó en la Biblia como texto principal.

Entre 1835 y 1854, con la ayuda de voluntarios, se llevó a América del Sur y Central poco más de 21.000 ejemplares de las Sagradas Escrituras en castellano, portugués, alemán, italiano y francés. Todo esto a pesar de la fuerte oposición para que la población pudiera leer o tener una Biblia. «Señor, tu palabra es eterna; ¡afirmada está en el cielo.» (Salmo 119:89, versión Dios Habla Hoy).

Fuente: ¿Cómo nos llegó la Biblia? Historia del Libro que Cambió el Mundo. Meryl Doney. Sociedades Bíblicas Unidas.1998" Sociedad Bíblica Chilena. www.sbch.cl/sitio/2010/como-llego-la-biblia-a-america/

Ya hemos mencionado en diferentes ocasiones que los animales representan pueblos, naciones, potencias o instituciones; no es obra del azar el surgimiento de todas estas naciones, las independencias y la presencia de la Biblia como actor fundamental para la construcción de las bases de cada pueblo, justo en este último periodo de la historia. En Génesis uno ya estaba escrito simbólicamente este orden según el relato de la creación de los animales. En esta representación vemos como cada una de estas naciones fue moldeada por la mano del sacrificio y la lucha. Cada territorio especifico recibió el aliento de vida cuando la Palabra de Dios se hizo presente. En ese aspecto no hay diferencia entre un hombre quien recibe espiritualmente el aliento de vida cuando acepta el llamado que proviene de Dios a través de las Sagradas Escrituras y las naciones del territorio americano que aceptaron construir sus bases en los principios eternos de la Palabra de Dios. De esta singularidad escribió el sabio Salomón:

"Pues lo mismo les sucede a los hijos de los hombres que a las bestias: como mueren las unas, así mueren los otros, y **todos tienen un mismo aliento de vida**. No es más el hombre que la bestia, porque todo es vanidad. Todo va a un mismo lugar; todo fue hecho del polvo, y todo al polvo volverá." Eclesiastés 3:19,20

Poco a poco, paso a paso, año tras año, la representación de la tierra de Génesis 1:24, es decir, el territorio donde se asentaría el continente americano, vivió el proceso de gestación y el nacimiento de las naciones que cumplirían con parte del símbolo de los animales, en la interpretación del relato de Génesis uno y su paralelo con la historia de la humanidad.

Sin embargo, la formación de los países que conforman el continente americano es solo una pequeña, pero muy relevante porción del cumplimiento del símbolo; pues los 35 países soberanos (países completamente independientes y reconocidos) que conforman el nuevo mundo, en número son muy pocos, si pensamos en la astronómica cifra de aproximadamente 7.77 millones de especies de animales que existen.

Esto significa que dentro del territorio americano y en mayor proporción en los Estados Unidos, que fue el único al que la Providencia incluyó en la profecía, (véase Apocalipsis 13 y los capítulos 17 al 26 del libro el Conflicto de los Siglos) surgirían el resto de los elementos que completarían el símbolo de los animales y su analogía con la historia de los siglos.

Al final del camino de las gestas independentistas, se abrió un sin número de posibilidades para las naciones con respecto a la libertad religiosa y el conocimiento de la ciencia en todas sus áreas. Inevitablemente el concepto de ciudadano como se conoce actualmente, siendo este parte activa y lejos del autoritarismo de la monarquía, y el hermosísimo paisaje de la libertad puso a la humanidad a soñar con un mundo nuevo y diferente, libre y desarrollado.

Este era el resultado de la naciente aurora. La luz del conocimiento de Dios, de sus propósitos y de sus obras providenciales, fue levantándose con la misma fuerza que lo hace el sol cada día en su ascenso.

Mientras que en Europa la razón y la ciencia se apartaban de la Palabra de Dios, al otro lado del Atlántico, en América, la voz del Eterno empezó a escucharse claramente desde el frío del extremo en el norte hasta el lugar más lejano del sur.

Muchos se preguntan el porqué de la prosperidad y el protagonismo de los Estados Unidos en la era actual. ¿Por qué se le llama la tierra de la libertad y por qué el sueño americano se ha anclado en el corazón de tantos? La respuesta tiene que ver con la obra que Dios ha hecho en este lugar. No se trata de un donde, se trata de un Quien. Cuando las puertas de una nación se abren para recibir al Creador del universo, la bendición que viene es abundante e incontable; cuando los hijos de la tierra son tratados con igualdad, respeto y dignidad, Dios asume ese trato como algo personal. "De cierto os digo que en cuanto lo hicisteis a uno de estos mis hermanos más pequeños, a mí lo hicisteis." Mateo 25:39

En la medida que los gobernantes de las naciones del mundo dicten sus leyes y políticas basados en las directrices y los principios que provee la Palabra de Dios, la bendición de Cristo abrazará la nación entera. Este pudo haber sido el caso de Francia, quien en tiempos de la Revolución mostró su oposición a la Palabra de Dios y exaltó la razón. Con ello no solo perdió las más excelsas bendiciones que Dios tenía para ella, sino que atrajo el hambre, la miseria y la muerte a sus ciudadanos.

"[...] si hubiera sido dedicada la sabiduría de tan nobles hijos a dirigir sus asambleas, su valor a pelear sus batallas, y su equidad a formular las leyes, y la religión de la Biblia a robustecer la inteligencia y dirigir las conciencias del pueblo, ¡qué inmensa gloria no tendría Francia hoy! ¡Qué grande, qué próspera y qué dichoso país no sería! [...] ¡Toda una nación modelo!" CS p.280

EL LLAMADO DE LA PROVIDENCIA: GUILLERMO MILLER

"Un agricultor íntegro y de corazón recto, que había llegado a dudar de la autoridad divina de las Santas Escrituras, pero que deseaba sinceramente conocer la verdad, fue el hombre especialmente escogido por Dios para dar principio a la proclamación de la segunda venida de Cristo. **Como otros muchos reformadores.** Guillermo Miller había batallado con la pobreza en su juventud, y así había aprendido grandes lecciones de energía y abnegación. Los miembros de la familia de que descendía se habían distinguido por un espíritu independiente y amante de la libertad, por su capacidad de resistencia y ardiente patriotismo; y estos rasgos sobresalían también en el carácter de Guillermo. Su padre fue capitán en la guerra de la independencia norteamericana, y a los sacrificios que hizo durante las luchas de aquella época tempestuosa pueden achacarse las circunstancias apremiantes que rodearon la juventud de Miller.

Poseía una robusta constitución, y ya desde su niñez dio pruebas de una inteligencia poco común, que se fue acentuando con la edad. Su espíritu era activo y bien desarrollado, y ardiente su sed de saber. Aunque no gozara de las ventajas de una instrucción académica, su amor al estudio y el hábito de reflexionar cuidadosamente, junto con su agudo criterio, hacían de él un hombre de sano juicio y de vasta comprensión. Su carácter moral era irreprochable, y gozaba de envidiable reputación, siendo generalmente estimado por su integridad, su frugalidad y su benevolencia." CS p.317

A través del transcurso de la historia, no solo la registrada en las Sagradas Escrituras sino en el registro general que guarda la humanidad; Dios ha escogido hombres y mujeres para llevar a cabo sus propósitos. Nunca dependió de los atributos intelectuales, posición económica o social para llevar a cabo sus planes. Es más, Dios ha desechado la sabiduría humana, las riquezas, la posición y los títulos que los hombres han alcanzado previamente a su llamado, y les ha guiado por un camino completamente diferente al que ellos hubiesen trazado por sí mismos.

El apóstol Pedro no tenía un proyecto de vida diferente al de seguir siendo un pescador más entre aquellos que, en las aguas del mar de Galilea buscaban el sustento para sus familias. Poco y nada se imaginaba este, del encumbrado plan que la Mano de Dios había escrito para él. Juan y su hermano habían soñado siempre bajo la influencia de su madre con una posición alta, esto fue algo tan real en sus vidas, que no pudieron esconderlo durante su caminata con Cristo. Pero en contraste con sus planes terrenales, encontrarse con el humilde Carpintero celestial fue el pico más alto de su existencia. Ver Aquel rostro que brilla más fuerte que el sol, transforma la vida, los sueños, las intenciones del corazón y cambia el espíritu. En consecuencia, el camino del hombre es redireccionado y todas las cosas son hechas nuevas. Nadie que un día se encontró con Jesús, continúo viviendo una vida igual a la que llevaba.

Que podríamos decir de Saulo, o mejor Pablo, porque hasta el nombre cambió una vez estuvo en presencia del Sol de justicia. Toda una vida de preparación y estudio, el acariciado sueño de tener una silla en el sanedrín cumplido, la posición social y aun su ciudadanía romana, todo, todo ello y más, fue puesto en el cesto de la basura cuando leyó la carta del llamado de Dios.

El llamado de la Providencia siempre viene acompañado por una promesa. El Autor de la vida lo definió en pocas palabras: "Y cualquiera que haya dejado casas, o hermanos, o hermanas, o padre, o madre, o mujer, o hijos, o tierras, por mi nombre, recibirá cien veces más, y heredará la vida eterna." Mateo 19:29

Qué decir de Lutero, que de ser un humilde sacerdote y luego un respetado catedrático, dejándolo todo, pareciéndole nada, siguió a Cristo y lo alcanzó todo, sin poder abrazar su nuevo tesoro con toda la extensión de sus brazos. Hoy Lutero es reconocido como "[...] el más distinguido de todos los que fueron llamados a guiar a la iglesia de las tinieblas del papado a la luz de una fe más pura." CS p.129

Qué tal la experiencia de Noé, quien heredó para él y para su descendencia todo un planeta; o la de Abraham quien a avanzada edad se olvidó de sí mismo y mirando con los ojos de la fe llegó a una tierra extraña para recibirla como heredad. Quizás podemos también mencionar a Moisés quien, "Por la fe, hecho ya grande, rehusó llamarse hijo de la hija del faraón, prefiriendo ser

maltratado con el pueblo de Dios, antes que gozar de los deleites temporales del pecado, teniendo por mayores riquezas el oprobio de Cristo que los tesoros de los egipcios, porque tenía puesta la mirada en la recompensa."
Hebreos 11:24-26

El mejor negocio en esta vida es entregar el corazón a Cristo. Aquel lugar donde guardamos nuestros más fuertes afectos y atesoramos lo que creemos de más alto valor, vendrá a ser la habitación del Altísimo y la plenitud de la vida brotará como un rio de agua viva. "—El que me ama, mi palabra guardará; y mi Padre lo amará, y vendremos a él y haremos morada con él." Juan 14:23 Entonces se cumplirá en nosotros la promesa: "«Cosas que ojo no vio ni oído oyó ni han subido al corazón del hombre, son las que Dios ha preparado para los que lo aman.»" 1 Corintios 2:9

Guillermo Miller fue el hombre llamado por Dios para iniciar el proceso de este nuevo capítulo con respecto al pueblo de Dios en la tierra. Como todos los profetas, desde Adán hasta Juan el bautista, el mismo Cristo, los doce discípulos, el apóstol Pablo y Lutero, la Palabra de Dios fue el medio por el cual Dios transformó la vida de Guillermo Miller. De la misma forma como ocurrió en la creación donde cada día inicia con un "dijo Dios", la Palabra de Dios es el primer y actor principal en la obra de la redención.

LA FUENTE DEL VERDADERO SIGNIFICADO DE LA NATURALEZA

De Jesús el apóstol Juan escribió: "En el principio era el **Verbo**, el **Verbo** estaba con Dios y **el Verbo era Dios.**" "**Y el Verbo se hizo carne** y habitó entre nosotros lleno de gracia y de verdad; y vimos su gloria, gloria como del unigénito del Padre." Juan1:1,14 Y más adelante el apóstol Pablo refiriéndose a la Palabra de Dios escribió: "La palabra de Dios es viva, eficaz y más cortante que toda espada de dos filos: penetra hasta partir el alma y el espíritu, las coyunturas y los tuétanos, y discierne los pensamientos y las intenciones del corazón. Y no hay cosa creada que no sea manifiesta en su presencia; [...]"
Hebreos 4:12,13

No hay otro medio por el cual Dios llame a la humanidad para la salvación diferente a su Palabra. Del libro de la naturaleza se pueden extraer tanto, lecciones importantísimas para la vida, como conocimiento acerca de la poderosa mente de Dios, sin embargo, la misma naturaleza es fruto de la

Palabra de Dios y el significado de las cosas que se pueden ver, surge por el conocimiento de las escritas en el Texto Sagrado. La "Sola Escritura" a la que se refería Lutero no quería poner por menos el valor de los significados de la naturaleza, sino darle el lugar que le corresponde a la Palabra de Dios.

El libro de la naturaleza está contenido en su totalidad dentro de las páginas de la Santa Biblia. Se puede estudiar solo la Biblia y comprender a plenitud a la naturaleza, pero no se puede estudiar la naturaleza sin la Biblia y entender el verdadero significado y propósito de ella.

"El poeta y el naturalista tienen muchas cosas que decir acerca de la naturaleza, pero es el creyente quien más goza de la belleza de la tierra, porque reconoce la obra de las manos de su Padre y percibe su amor, en la flor, el arbusto y el árbol. Nadie que no los mire como una expresión del amor de Dios al hombre puede apreciar plenamente la significación de la colina, del valle, del río y del mar." CC p.87

Si bien es cierto que "Dios nos habla por la naturaleza y por la revelación, por su providencia y por la influencia de su Espíritu." CC p.93 La voz de estos elementos divinos de comunicación tienen como fuente principal y origen, la Palabra de Dios.

Fue su Palabra la que hizo la luz, fue su Palabra la que hizo el sol, la luna y las estrellas, fue su Palabra la que dio origen a la vida en este planeta y fue su Palabra la que se hizo carne y habitó entre nosotros. La Palabra de Dios es el único camino, la única verdad y la única fuente de vida.

Miller conocía la Palabra de Dios por la influencia de sus padres, desde su infancia escuchó las palabras de la verdad y estas nunca se borraron de su mente. No obstante, con el tiempo se alejó de sus enseñanzas y de su influencia y optó por escoger no creer más en ella. No pasó mucho tiempo hasta que sintió el vacío que deja la ausencia de Cristo en el corazón.

"Me sentía verdaderamente desgraciado, pero sin saber por qué. Murmuraba y me quejaba, pero no sabía de quién. Sabía que algo andaba mal, pero no sabía ni dónde ni cómo encontrar lo correcto y justo. Gemía, pero lo hacía sin esperanza.

En ese estado permaneció varios meses. De pronto—dice— el carácter de un Salvador se grabó hondamente en mi espíritu. Me pareció que bien podía existir un ser tan bueno y compasivo que expiara nuestras transgresiones, y nos librara así de sufrir la pena del pecado. Sentí inmediatamente cuán amable había de ser este alguien, y me imaginé que podría yo echarme en sus brazos y confiar en su misericordia. Pero surgió la pregunta: ¿cómo se puede probar la existencia de tal ser? Encontré que, fuera de la Biblia, no podía obtener prueba alguna de la existencia de semejante Salvador, o siquiera de una existencia futura [...]." CS p.p. 318,319

La Biblia nos habla de Cristo. Desde Génesis hasta el Apocalipsis, el Hijo de Dios es el personaje central; en ella encontramos su testimonio, su nombre y su poder. Podemos seguir sus incesantes huellas desde el nacimiento de la primera generación hasta que en la última los santos reciban la morada eterna. Podemos al abrir el libro de la naturaleza encontrar pruebas irrefutables con respecto a la existencia de un Dios amoroso y sabio, pero solo si acompañamos ese estudio con la Palabra de Dios encontraremos a Cristo en cada una de sus obras. Esta es una realidad innegable. El más claro ejemplo del peligro que puede representar estudiar el libro de la naturaleza sin el complemento bíblico, se presentó cuando un entusiasta investigador se diera a la tarea de abrir el libro de la naturaleza sin el respaldo de las Sagradas Escrituras.

LAS DOS SERPIENTES

El 25 de diciembre de 1831 zarpó de Plymouth, una ciudad del condado de Devon, en el suroeste de Inglaterra, al mando del capitán Robert FitzRoy, la segunda expedición del HMS Beagle, llevando consigo a Charles Robert Darwin, un joven que, con la ilusión de cambiar su vida, la pasión por la naturaleza y sin proponérselo, afiló una de las espadas más peligrosas que alguna vez se levantó en contra de la fe cristiana.

Charles R. Darwin nació en Shrewsbury (Inglaterra), el 12 de febrero de 1809. Fue el segundo hijo varón de Robert Darwin y de Susana Wedgwood. Su abuelo paterno, Erasmus Darwin fue un conocido médico e importante naturalista.

"En octubre de 1825 Darwin ingresó en la Universidad de Edimburgo para estudiar medicina por decisión de su padre, al que siempre recordó con cariño y admiración.

El joven Charles, sin embargo, no consiguió interesarse por la carrera; a la repugnancia por las operaciones quirúrgicas y a la incapacidad del profesorado para captar su atención, vino a sumarse el creciente convencimiento de que la herencia de su padre le iba a permitir una confortable subsistencia sin necesidad de ejercer una profesión como la de médico. De modo que, al cabo de dos cursos, su padre, dispuesto a impedir que se convirtiera en un ocioso hijo de familia, le propuso una carrera eclesiástica. Tras resolver los propios escrúpulos acerca de su fe, Darwin aceptó con gusto la idea de llegar a ser un clérigo rural y, a principios de 1828, después de haber refrescado su formación clásica, ingresó en el Christ's College de Cambridge." biografiasyvidas.com/monografia/darwin/

Al mismo tiempo que en América se empezaba a sentir el hambre por el conocimiento de la Palabra de Dios, en Europa todo se disponía para el nacimiento de un movimiento que sería completamente opuesto. Como en la sala de Faraón cuando Moisés y Aarón por mandato y poder de Dios convirtieron su vara en serpiente y los sabios y hechiceros del rey hicieron lo mismo, en esta importante época de la historia, en la vida de estos dos, se vio la misma representación, uno (Miller) representaba la serpiente creada por Dios y el otro (Darwin) la ilusión que desplegaron los hechiceros. Esto es definitivamente la representación del nacimiento de un par de animales, (uno verdadero y el otro una falsificación), en el paralelo de la historia con el primer capítulo de Génesis.

Con respecto al evento en Egipto, la inspiración tiene registrado: "Fueron, pues, Moisés y Aarón ante el faraón, e hicieron como lo había mandado Jehová. Y echó Aarón su vara delante del faraón y de sus siervos, y se convirtió en una culebra. Entonces llamó también el faraón a los sabios y hechiceros, e hicieron también lo mismo los hechiceros de Egipto con sus encantamientos; pues cada uno echó su vara, las cuales se volvieron culebras; pero la vara de Aarón devoró las varas de ellos." Éxodo 7:10-12

Podría pensarse que de alguna manera los hechiceros de Faraón, quien representa al dragón, quien a su vez es Satanás, tiene el poder de dar vida, sin embargo, esta es una más de su gran lista de mentiras.

"Habla y di: "Así ha dicho Jehová, el Señor:»" Yo estoy contra ti, **el faraón, rey de Egipto, el gran dragón** que yace en medio de sus ríos, el cual dijo: 'Mío es el Nilo, pues yo lo hice.'" Ezequiel 29:3 "Prendió **al dragón, la serpiente antigua, que es el Diablo y Satanás**, y lo ató por mil años." Apocalipsis 20:2

"Los magos no convirtieron sus varas en verdaderas serpientes; ayudados por el gran engañador, produjeron esa apariencia mediante la magia. Estaba más allá del poder de Satanás cambiar las varas en serpientes vivas. El príncipe del mal, aunque posee toda la sabiduría y el poder de un ángel caído, no puede crear o dar vida; esta prerrogativa pertenece sólo a Dios. Pero Satanás hizo todo lo que estaba a su alcance. Produjo una falsificación. Para la vista humana las varas se convirtieron en serpientes... Nada había en su apariencia que las distinguiese de la serpiente producida por Moisés. Aunque el Señor hizo que la serpiente verdadera se tragara a las falsas, Faraón no lo consideró como obra del poder de Dios, sino como resultado de una magia superior a la de sus siervos." La Verdad Acerca de los Ángeles (VAAn) p.97

El asunto es que, mientras en América amanecía espiritualmente, en Europa era de noche. No podemos decir que Dios participó en la gestación del movimiento de Darwin porque no es una obra que naciera como fruto de la Palabra de Dios sino por el contrario por ausencia de ella, pero si podemos afirmar, incluso bíblicamente, que el llamado de Guillermo Miller fue de procedencia divina. De manera que los movimientos que surgieron en cabeza de Miller y Darwin, son representación de las serpientes de Moisés y de los hechiceros, es decir, de Dios y de Satanás.

EL LIBRO SAGRADO

En la medida en que Guillermo Miller se encontró con Jesús a través de la Biblia, el vacío que hacía eco en su corazón fue llenándose por las palabras de vida.

"Discerní que la Biblia presentaba precisamente un Salvador como el que yo necesitaba; pero no veía cómo un libro no inspirado pudiera desarrollar principios tan perfectamente adaptados a las necesidades de un mundo caído. Me vi obligado a admitir que las Escrituras debían ser una revelación de Dios. Llegaron a ser mi deleite; y en Jesús encontré un amigo. El Salvador vino a ser para mí el más señalado entre diez mil; y las Escrituras, que antes eran oscuras y contradictorias, se volvieron entonces antorcha para mis pies y luz para mi senda. Mi mente obtuvo calma y satisfacción. Encontré que el Señor Dios era una Roca en medio del océano de la vida. Ahora la Biblia llegó a ser mi estudio principal, y puedo decir en verdad que la escudriñaba con gran deleite. Encontré que nunca se me había dicho ni la mitad de su contenido. Me admiraba de no haber visto antes su belleza y gloria, y me maravillaba de que alguna vez la rechazara. En ella encontré revelado todo lo que mi corazón podía desear, y un remedio para cada enfermedad del alma. Perdí enteramente el gusto por otra lectura, y apliqué mi corazón a adquirir sabiduría de Dios".— Bliss, Memoirs of Wm. Miller [Memorias de G. Miller], 65-67. Cristo En su Santuario (CES) p. 492

Por otra parte, el rumbo de la vida de Darwin dependía de la decisión que tomara, si decidía avanzar en el estudio de la teología, después de terminada su carrera, fungiría como un miembro del clérigo; o, por otro lado, iba a escoger abrir para si un camino en el mundo de la investigación natural. Aunque el primero definitivamente sentaría las bases para el sano desarrollo del segundo, es decir, si hubiese escogido la teología, como resultado, su investigación de la naturaleza se habría desarrollado desde conceptos más sólidos y menos especulativos. Infortunadamente esto no lo pudo discernir el naturalista.

"Más que de los estudios académicos que se vio obligado a cursar, Darwin extrajo provecho en Cambridge de su asistencia voluntaria a las clases del botánico y entomólogo John Henslow, cuya amistad le reportó «un beneficio inestimable» y que tuvo una intervención directa en dos acontecimientos que determinaron su futuro: la expedición a Gales y, sobre todo, el viaje del Beagle. Al término de sus estudios en abril de 1831, el reverendo Henslow lo convenció de que profundizase en la geología, materia por la que las clases recibidas en Edimburgo le habían hecho concebir verdadera aversión, y le presentó a Adam Sedgwick, fundador del sistema cambriano, quien inició precisamente sus estudios sobre el mismo en una expedición al norte de Gales realizada en abril de ese mismo año en compañía de Darwin (treinta años más tarde, Henslow se vería obligado a defender al discípulo común ante las violentas críticas dirigidas por Sedgwick a las ideas evolucionistas)." biografiasyvidas.com/monografia/darwin/

Guillermo Miller hizo una sincera meditación con respecto a la Palabra de Dios, que le llevo a profundizar en temas que para ese momento eran misterios sin resolver. Y es que su nuevo gusto por las Escrituras, la convicción del Salvador que estas le presentaban y la transformación mental que vivió, son el testimonio vivo del nuevo nacimiento de Miller.

Cuando los ojos de la fe son abiertos por el colirio del Espíritu, desaparece por completo el velo de separación entre lo físico y lo espiritual. Cuando de esta manera se abren las Páginas Sagradas, el poder combinado de la inteligencia provista para el hombre desde su creación y la guía y enseñanza del Espíritu Santo y los ángeles ministradores, obrando en conjunto en la mente, desembocan inevitablemente en las profundidades de Dios. La inteligencia alcanza su mayor altura y la sabiduría es el sendero de sus pasos.

Guillermo Miller racionalizó que "si la Biblia es una revelación de Dios, debía ser consecuente consigo misma; y que, habiendo sido dada para instrucción del hombre, debía estar adaptada a su entendimiento." CES p.50

La Biblia en si misma es una dinámica provista por el cielo que poseyendo contenido eterno, se presentó a los hombres en la sencillez de un libro. Tiene la característica de haber sido escrita por diferentes autores humanos, hombres que cayeron y sujetos a las mismas pasiones que nosotros, pero hombres que experimentaron el mismo proceso que debe experimentar cada criatura que quiere ser reconocida como hijo de Dios. Ese proceso consiste en participar del nuevo nacimiento que Cristo ofrece.

La misteriosa experiencia de la unión entre lo divino y lo humano en la que participaron los inspirados escritores bíblicos, dio como resultado la posibilidad de que todos podamos disfrutar de ella. La Palabra de Dios tiene un significado muy profundo, este yace en la sencillez de cada letra, de cada palabra, en cada oración.

"Toda la Escritura es inspirada por Dios [...]" 2 Timoteo 3:16

Si bien es cierto que hoy en día tenemos la Biblia traducida en más de 450 lenguas, y que solo fue escrita en 3 idiomas originalmente, y que hacer uso de las raíces y los textos originales puede ser una excelente ayuda para comprender cosas que a simple vista no se pueden ver; es también cierto que no importa el idioma en que se lea, hay poder de Dios en cada uno de ellos. Las Sagradas Escrituras tienen vida y tienen poder en sí mismas porque vienen de Dios y Dios no se limita a un idioma. La verdad más solemne puede ser entendida en toda su plenitud por el hombre más simple. Cuando este abre el Libro Sagrado con oración y reverencia, reconocerá que no está en un lugar diferente que en la presencia de Dios mismo. Pero aun, recurriendo a los textos originales y todo tipo de ayudas externas, su verdadero significado puede estar oculto. El investigador más elocuente puede no hallar nada de la profundidad que solo Dios puede mostrar, cuando este no se presenta con un corazón humilde y dispuesto a ser guiado por el Espíritu. Es más, quien busca en la Palabra de Dios, únicamente procurando soportar sus ideas propias, yerra fácilmente en su interpretación y su exposición no es confiable.

"La Biblia no fue escrita solamente para el hombre erudito; al contrario, fue destinada a la gente común. Las grandes verdades necesarias para la salvación están presentadas con tanta claridad como la luz del mediodía; y nadie equivocará o perderá el camino, salvo los que sigan su juicio privado en vez de la voluntad divina tan claramente revelada." CC p.89

"Si no queremos que las Sagradas Escrituras estén veladas para nuestro entendimiento de modo que no podamos comprender ni las verdades más simples, debemos tener la sencillez y la fe de un niño, estar dispuestos a aprender e implorar la ayuda del Espíritu Santo. El conocimiento del poder y la sabiduría de Dios y la conciencia de nuestra incapacidad para comprender su grandeza, deben inspirarnos humildad, y hemos de abrir su Palabra con santo temor, como si compareciéramos ante Él. Cuando nos acercamos a la Escritura nuestra razón debe reconocer una autoridad superior a ella misma, y el corazón y la inteligencia deben postrarse ante el gran Yo Soy.

Hay muchas cosas aparentemente difíciles u obscuras que Dios hará claras y sencillas para los que con esa humildad procuren entenderlas. Mas sin la dirección del Espíritu Santo estaremos continuamente expuestos a torcer las Sagradas Escrituras o a interpretarlas mal. Muchos leen la Biblia de una manera que no aprovecha, y hasta, en numerosos casos, produce un daño patente. Cuando el Libro de Dios se abre sin oración ni reverencia; cuando los pensamientos y afectos no están fijos en Dios, o no armonizan con su voluntad, el intelecto queda envuelto en dudas, y entonces con el mismo estudio de la Biblia se fortalece el escepticismo. El enemigo se posesiona de los pensamientos, y sugiere interpretaciones incorrectas. Cuando los hombres no procuran estar en armonía con Dios en obras y en palabras, por instruidos que sean están expuestos a errar en su modo de entender las Santas Escrituras, y no es seguro confiar en sus explicaciones." CC p.110

LAS DOS CARAS DEL MUNDO

El llamado que recibió Miller no tenía como propósito único, el hecho de salvar su alma, Dios tenía un plan mucho más grande que eso. El llamado que Dios nos hace, no tiene como único propósito rescatarte, sanarte o librarte; el plan que Dios tiene para nosotros es mucho más alto. "Porque yo sé los pensamientos que tengo acerca de vosotros, dice Jehová, pensamientos de paz y no de mal, para daros el fin que esperáis." Jeremías 29:11 "Porque mis pensamientos no son vuestros pensamientos ni vuestros caminos mis caminos», dice Jehová. «Como son más altos los cielos que la tierra, así son mis caminos más altos que vuestros caminos y mis pensamientos, más que vuestros pensamientos." Isaías 55:8,9

Los pensamientos que Dios tenía para Guillermo Miller habían sido trazados por la mano que imprimió la ley eterna en las tablas de piedra, las mismas manos que un día fueron traspasadas en la cruz. Dios soñó un futuro glorioso para Miller, así como ha soñado un futuro esplendido para ti y para mí. Este plan tenía como fin la construcción de la gran esperanza, dirigir los pensamientos de la humanidad hacia una gloria que los hombres solo pueden imaginar, sin poderse siquiera acercar un poco a la realidad. El nombre de Miller está escrito en las páginas eternas del libro de la Providencia con la siguiente expresión: "Este, fielmente anunció el regreso del Señor Jesús en toda su gloria". Guillermo Miller había sido escogido para ser el pionero y abrir la puerta de una generación que predicaría la segunda venida de Cristo. Para esto se le otorgó un hambre y una sed de la Palabra de Dios que solo fue saciándose a través de horas, semana, meses y años de estudio. Que privilegio para este agricultor de quien la pluma inspirada dice era integro de corazón y recto.

"Con profundo interés estudió los libros de Daniel y el Apocalipsis, siguiendo los mismos principios de interpretación que en los demás libros de la Biblia, y con gran gozo comprobó que los símbolos proféticos podían ser comprendidos. Vio que, en la medida en que se habían cumplido, las profecías lo habían hecho literalmente; que todas las diferentes figuras, metáforas, parábolas, similitudes, etc., o estaban explicadas en su contexto inmediato, o los términos en que estaban expresadas eran definidos en otros pasajes; y que cuando eran así explicados debían ser entendidos literalmente. 'Así me convencí—dice—de que la Biblia es un sistema de verdades reveladas dadas con tanta claridad y sencillez, que el que anduviere en el camino trazado por ellas, por insensato que fuere, no tiene por qué extraviarse'. Eslabón tras eslabón de la cadena de la verdad descubierta vino a recompensar sus esfuerzos, a medida que paso a paso seguía las grandes líneas de la profecía. Ángeles del cielo dirigían sus pensamientos y descubrían las Escrituras a su inteligencia." CS p.320

"El 27 de diciembre de 1831 el Beagle zarpó de Davenport con Darwin a bordo, dispuesto a comenzar la que él llamó su «segunda vida».

El objetivo de la expedición dirigida por el capitán Fitzroy era el de completar el estudio topográfico de los territorios de la Patagonia y la Tierra del Fuego, el trazado de las costas de Chile, Perú y algunas islas del Pacífico y la realización de una cadena de medidas cronométricas alrededor del mundo. El periplo, de casi cinco años de duración, llevó a Darwin a lo largo de las costas de América del Sur, para regresar luego durante el último año visitando las islas Galápagos, Tahití, Nueva Zelanda, Australia, Mauricio y Sudáfrica." biografiasyvidas.com/monografia/darwin/

Durante el recorrido, Darwin se sacudió de todas las ideas teológicas que recibió durante su escolaridad; su mente se fijó exclusivamente en lo que sus ojos podían capturar y el daño catastrófico que surgiría por los frutos de su estudio fue tomando forma. Cada vez que la razón le presentaba una idea que se sumaba a su teoría, era como el sonido de una grieta que lentamente anuncia la destrucción.

La Palabra de Dios tiene el nombre del Autor de la vida en cada una de sus páginas, mientras que la naturaleza es la expresión del poder de su mente. Es fácil al contemplar la naturaleza, racionalizar y llegar a la conclusión de que todo lo que existe fue creado por una mente maestra, pero no es sencillo dar con el nombre del Autor, si no se está acompañado por el estudio de la Biblia. El evolucionismo surgió como producto de esa falencia, el panteísmo nació del mismo error, y todo aquel que crea que puede encontrar a Dios esquivando las enseñanzas de la Biblia, simplemente indagando en la naturaleza o en los eventos de la vida, caerá en la misma trampa. Fácilmente negará el hecho de que todo proviene de la mano de Dios, o moldeará un "dios" basado en los elementos de la naturaleza, y no podrá ver la naturaleza como una criatura que es resultado del poder de un Dios amante y generoso.

Esa situación de contemplar el cuadro de la naturaleza sin la guía de su Autor, sumado a la lectura de otros que escribieron bajo el mismo error, es decir completamente distanciados de la Palabra de Dios, produjo los resultados catastróficos que se vieron en los escritos de Darwin.

"Dispuesto como se hallaba, por sus prolongadas observaciones sobre los hábitos de animales y plantas, a percibir la presencia universal de la lucha por la existencia, se le ocurrió al instante que, en esas circunstancias, las variaciones favorables tenderían a conservarse, mientras que las desfavorables desaparecerían, con el resultado de la formación de nuevas especies. Darwin estimó que, «al fin, había conseguido una teoría con la que trabajar»; sin embargo, preocupado por evitar los prejuicios, decidió abstenerse por un tiempo de «escribir siquiera el más sucinto esbozo de la misma». En junio de 1842 se permitió el placer privado de un resumen muy breve (treinta y cinco páginas escritas a lápiz), que amplió hasta doscientas treinta páginas en el verano del año 1844.

biografiasyvidas.com/monografia/darwin/

1844 es una fecha muy interesante, el mundo en sus dos caras fue testigo, por un lado, de la manifestación incipiente de la obra de Satanás, quien bajo el engaño que nace de la ausencia de Dios en la interpretación de los significados de la naturaleza, diseñó una teoría que pese a ser más parecida a un mito ancestral que a investigación científica, tomó tanta fuerza que al final, la gran mayoría cegó su visión y se apartó de una realidad clara y verdadera. Por el otro lado, 1844 fue el año de la esperanza para miles de fieles en América. La esperanza que había surgido de la investigación bíblica que había iniciado Miller, esta declaraba el retorno de Cristo para esa fecha y con ello la maravillosa luz del evangelio brilló por doquier.

"Estando completamente convencido —dice Miller— de que toda Escritura divinamente inspirada es útil (2 Timoteo 3:16); que en ningún tiempo fue dada por voluntad de hombre, sino que fue escrita por hombres santos inspirados del Espíritu Santo (2 Pedro 1:21), y esto 'para nuestra enseñanza' 'para que por la paciencia, y por la consolación de las Escrituras, tengamos esperanza' (Romanos 15:4), no pude menos que considerar las partes cronológicas de la Biblia tan pertinentes a la Palabra de Dios y tan acreedoras a que las tomáramos en cuenta como cualquiera otra parte de las Sagradas Escrituras. Pensé por consiguiente que al tratar de comprender lo que Dios, en su misericordia, había juzgado conveniente revelarnos, yo no tenía derecho para pasar por alto los períodos proféticos". CS p.324

EL SANTUARIO Y EL TIEMPO

Con respecto al abundante material profético que contiene la Palabra de Dios, es imprescindible resaltar dos temas que son pilares fundamentales en el desarrollo del plan de la redención en relación a los eventos que rodean el inicio y el desarrollo del juicio celestial y del tiempo del fin. Se trata del tema del Santuario y la profecía de los 2.300 días de Daniel 8:14. Es solamente, por medio del conocimiento del verdadero significado de ambas profecías, que es posible comprobar la veracidad del mensaje que ha estado predicando el pueblo de Dios, durante el último período de la historia. Por el conocimiento de estas temáticas, apreciaremos con mayor claridad los equivalentes de los hechos de la creación durante el sexto día, es decir, todas las circunstancias que rodearon la creación de los animales y del hombre y la representación de estos en la historia humana.

El tema del Santuario y la profecía de los 2.300 días, han sido por la gracia de Dios los estandartes de la Iglesia Adventista de Séptimo Día, incluso desde antes de ser establecida formalmente en 1863.

Por medio del estudio del ministerio sacerdotal de Cristo en el santuario, Guillermo Miller llegó a la conclusión del retorno de Cristo en 1844, para ello tuvo que quitar el velo a cada uno de los eventos que componen la profecía de Daniel 8:14.

"La profecía que parecía revelar con la mayor claridad el *tiempo* del segundo advenimiento, era la de Daniel 8:14: "Hasta dos mil y trescientas tardes y mañanas; entonces será purificado el Santuario" (VM). Siguiendo la regla que se había impuesto, de dejar que las Sagradas Escrituras se interpretasen a sí mismas, Miller llegó a saber que un día en la profecía simbólica representa un año (Números 14:34; Ezequiel 4:6); vio que el período de los 2.300 días proféticos, o años literales, se extendía mucho más allá del fin de la era judaica, y que por consiguiente no podía referirse al santuario de aquella economía. Miller aceptaba la creencia general de que durante la era cristiana la tierra es el santuario, y dedujo por consiguiente que la purificación del santuario predicha en (Daniel 8:14) representaba la purificación de la tierra con fuego en el segundo advenimiento de Cristo. Llegó pues a la conclusión de que si se podía encontrar el punto de partida de los 2.300 días, sería fácil fijar el tiempo del segundo advenimiento." CS p.324

El error que produjo el gran chasco de 1844, cuando se esperaba el regreso de Cristo y no sucedió, fue el de pensar que la tierra sola, era la representación del gran santuario que Moisés construyó según la orden que se le dio y la maqueta miniatura que le mostró el Señor. "Me erigirán un santuario, y habitaré en medio de ellos. Conforme a todo lo que yo te muestre, así haréis el diseño del Tabernáculo y el diseño de todos sus utensilios." Éxodo 25:8,9

Durante muchos años se ha especulado con respecto al asunto de si el Santuario celestial es físico y por lo tanto visible y tangible, o es simplemente una didáctica del cielo para que podamos en un lenguaje comprensible discernir los pasos del plan de la redención. La Palabra de Dios y el espíritu de profecía son suficientemente claros con respecto a que el Santuario celestial es un lugar real, no ilustrativo. Por supuesto que las obras de Dios son demasiado profundas como para pensar que son meramente decorativas y eso significa que al igual que la naturaleza, el santuario tiene un simbolismo y una representación espiritual, temporal y física, que es completamente comprensible según el entendimiento que se le dio al ser humano.

"No hay palabras que puedan describir la gloria de la escena que se veía dentro del santuario, con sus paredes doradas que reflejaban la luz de los candeleros de oro, los brillantes colores de las cortinas ricamente bordadas con sus relucientes ángeles, la mesa y el altar del incienso refulgentes de oro; y más allá del segundo velo, el arca sagrada, con sus querubines místicos, y sobre ella la santa *shekinah*, manifestación visible de la presencia de Jehová; **pero todo esto era apenas un pálido reflejo de las glorias del templo de Dios en el cielo, que es el gran centro de la obra que se hace en favor de la redención del hombre.**" PP p.317

"Moisés hizo el santuario terrenal, 'conforme al modelo que había visto'. Pablo declara que 'el tabernáculo y todos los vasos del ministerio', después de haber sido hechos, eran símbolos de 'las cosas celestiales'. Hechos 7:44; Hebreos 9:21, 23. Y Juan dice que vio el santuario celestial. Aquel santuario, en el cual oficia Jesús en nuestro favor, **es el gran original, del cual el santuario construido por Moisés era una copia.**" PP p.324

En el capítulo anterior reflexionábamos acerca del valor del tiempo según la cosmovisión de Dios. Mencionábamos que, para Él, el tiempo no se refiere a un cuando sino a un dónde, un lugar del que puede disponer según su voluntad. Teniendo en cuenta que el tiempo para la humanidad es medido según los movimientos de la tierra sobre su propio eje alrededor del sol y los diferentes ciclos de la luna, no podemos pensar que el tiempo como lo conocemos, hace parte del sistema que cuantifica y ordena los eventos del resto del universo, especialmente el lugar donde está la morada de Dios y sus millones de ángeles.

El sistema solar al que pertenecemos es según Génesis 1:14, la señal que controla el sistema métrico temporal en la tierra. El día que Dios colgó los astros en el espacio y trazó el movimiento y la función de cada uno de ellos, ese día Dios creó formalmente el tiempo pues, aunque el movimiento y el eje de inclinación rotatorio de la tierra ya había sido puesto en marcha, la aparición del sol, la luna y las estrellas, especificaron los detalles de cada ciclo que acompañaría la vida en la tierra.

El lenguaje que Dios codificó para comunicarse con la humanidad no ha cambiado, desde el primer momento cuando Adán despertó a la vida por el soplo que recibió de su Creador, hasta hoy, toda la humanidad está habilitada para reconocer y comprender los mensajes de su Creador. La Biblia y la naturaleza son y serán hasta el último día que registre la experiencia del hombre en la tierra como es conocida, la única fuente de comunicación de Dios con el hombre. Es cierto que Dios nos habla en cada acto providencial y que la influencia de su Espíritu es la voz directa de Dios en el oído del hombre, sin embargo, estos dos medios de comunicación solo revelan su valor moral cuando se miden a la luz de las Escrituras y de la naturaleza.

"Son muchas las maneras en que Dios procura dársenos a conocer y ponernos en comunión con Él. La naturaleza habla sin cesar a nuestros sentidos. El corazón que esté preparado quedará impresionado por el amor y la gloria de Dios según los revelan las obras de sus manos. El oído atento puede escuchar y entender las comunicaciones de Dios por las cosas de la naturaleza. Los verdes campos, los elevados árboles, los capullos y las flores, la nubecilla que pasa, la lluvia que cae, el arroyo que murmura, las glorias de los cielos, hablan a nuestro corazón y nos invitan a conocer a Aquel que lo hizo todo.

Nuestro Salvador entrelazó sus preciosas lecciones con las cosas de la naturaleza. Los árboles, los pájaros, las flores de los valles, las colinas, los lagos y los hermosos cielos, así como los incidentes y las circunstancias de la vida diaria, fueron todos ligados a las palabras de verdad, para que así sus lecciones fuesen traídas a menudo a la memoria, aun en medio de los cuidados de la vida de trabajo del hombre. CC p.85

"Durante los veinticinco primeros siglos de la historia humana no hubo revelación escrita." CS p.9 Este hecho le da más relevancia al libro de la naturaleza, en ella era mucho más fácil leer el nombre de su Autor, pues, aunque la comunicación directa del cielo con la tierra había sido velada, la cercanía de los hijos de Dios con su Padre era más latente a través de los mensajes que se podían extraer de las obras de las manos de Dios. Nunca cambió Dios su forma de comunicarse con los hombres, pero si presentó dinámicas más específicas.

Con respecto al tiempo como un elemento que hace parte de la naturaleza creada y por ello que hace parte del lenguaje empleado para la comunicación del Creador con sus criaturas, debe existir en sus significados un mensaje que muestre su relación con el plan de la redención. Un elemento ilustrativo que nos adentra al significado del valor del tiempo en el desarrollo del plan de la redención tiene que ver con el Santuario que Dios pidió a Moisés construir en el desierto. Por medio de los valores de, diseño, construcción y de los ritos y ceremonias, podemos encontrar localmente una analogía del plan de la redención y panorámicamente una visión de la obra de Dios en toda la historia humana. La primera vez que este significado escatológico se le presentó a los hombres fue cuando a Daniel se le mostró la visión que hacía referencia a la profecía de las dos mil trescientas tardes y mañanas.

El centro de nuestro estudio tiene que ver con la analogía que existe entre los capítulos uno y dos de Génesis que describen la obra literal de la creación con la historia de la humanidad; ahora, si el mensaje del Santuario tiene relación directa con el tiempo como elemento natural y presenta una visión panorámica de las obras de Dios en el desarrollo de la redención de la humanidad durante toda la historia de los hijos de la tierra, entonces Génesis uno y dos y el mensaje del Santuario tienen una relación directa.

Siendo que nos referimos a la perspectiva de la cosmovisión de Dios acerca del tiempo y teniendo en cuenta que, el único lugar donde el tiempo tiene un valor medible según la acción astronómica es el sistema solar y particularmente para este caso la tierra; debe ser en lo que ocurre en la tierra que se manifiesta la representación del Santuario celestial. Es decir, el Santuario en su representación temporal se desarrolla en la tierra, pero todo lo que acontece en la tierra sucede de acuerdo a los movimientos de Cristo como el actor principal del Santuario celestial.

Es imposible desvincular la tierra del cielo, no obstante, las leyes de tiempo y espacio que rigen nuestro planeta no pueden contener al Dios infinito. Los tiempos que rigen nuestro planeta, o sea, el día, la noche, los años, los meses, las horas, los minutos y los segundos, no tienen representación en el cielo. Allá el tiempo se manifiesta a través de los movimientos que ocurren en el Santuario de Dios. Esta es la razón de que Dios tenga esa apreciación con respecto a los días, es decir, que a sus ojos los días son contados en milenios. Por ello Moisés escribió: "Ciertamente mil años delante de tus ojos son como el día de ayer, que pasó, y como una de las vigilias de la noche." Salmo 90:4

La creación del tiempo ocurrió en la tierra durante la misma semana cuando nacieron todas las cosas tangibles que podemos apreciar. El día, la noche, la tarde y la mañana, el mes y el año eran elementos extraños en toda la basta creación de Dios. La eternidad había sido hasta ese momento una mañana sin cambios. La luz que todas las huestes angelicales contemplaron desde su creación, no fue como en el caso de la tierra un componente que fue en aumento gradualmente. La plenitud de la luz del Padre y de su Hijo, resplandecía en todos los lugares de su inmenso cielo. Las actividades que llevaban a cabo los seres celestiales no se regían por el tiempo. Aunque no había un límite para la finalización de una empresa solicitada por el gran Trono de la gracia, todo se hacía diligentemente y con un gozo sin medida, los cantos rebosaban de alegría mientras cada uno de los hijos de Dios cumplía con su labor.

La aparición del tiempo en la tierra hacia parte del plan de Dios según el cual el hombre debía pasar por un periodo de preparación antes de recibir el lugar para el cual había sido creado. Y si el hombre según el plan original de Dios, debía ser capacitado para la posición que Dios quería que desempeñara durante las edades de la eternidad, cuanto más nosotros, pobres, débiles y tan distantes de aquel que el Señor moldeó con sus propias manos.

"Dios desea que se cumplan en nosotros los propósitos de su gracia. Por el poder de su amor y mediante la obediencia, el hombre caído, un gusano en el polvo, debe ser transformado y capacitado para ser miembro de la familia celestial, compañero de Dios, de Cristo y de los santos ángeles a través de las edades eternas. El Cielo triunfará, porque los lugares dejados vacantes por Satanás y su hueste serán ocupados por los redimidos del Señor. —Manuscrito 21, del 16 de febrero de 1900, "La manifestación del amor de Dios". Alza Tus Ojos (ATO) p. 59.

Cada día está lleno de las misericordias de Dios, esto significa que hay una lección de vida en la experiencia que deja cada tarde y cada mañana. No podemos irnos a descansar una noche sin haber atesorado la lección que el día nos dio, esta será un peldaño más en la gran escalera que estamos construyendo en el trayecto de ascenso al cielo. "Por tanto, nosotros todos, mirando con el rostro descubierto y reflejando como en un espejo la gloria del Señor, somos transformados de gloria en gloria en su misma imagen, por la acción del Espíritu del Señor." 2 Corintios 3:18 Todas las labores que realicemos en nuestro día a día de la mano de nuestro Dios, moldean lenta y seguramente nuestro carácter conforme a la imagen de nuestro Creador y nos habilita para vivir una vida sin fin, y participar de la nueva creación de Dios junto a los ángeles del cielo.

"Quienes caminan como Cristo caminó, y son pacientes, amables, bondadosos, humildes y mansos de corazón, quienes ayudan a Cristo a llevar sus cargas, los que se preocupan por las almas como Él se preocupó, éstos entrarán en el gozo de su Señor. Estos son los que junto a Cristo verán las aflicciones de su alma y serán satisfechos. Finalmente, el Cielo triunfará, pues las vacantes dejadas por la caída de Satanás y sus ángeles en el cielo serán ocupadas por los redimidos del Señor." —The Review and Herald, 29 de mayo de 1900. Reflejemos a Jesús (RJ) p.339

UNA UNIVERSIDAD LLAMADA TIERRA

La tierra ha sido diseñada de tal manera que cada elemento natural y espiritual que se aprecia en ella, se constituya como una página en el libro del conocimiento del bien y el mal. Por los eventos que el universo presenció con respecto a la caída de Lucifer y el origen del mal, surgió una perspectiva completamente nueva para todos los hijos de Dios. ¿Qué era todo aquello que estaban presenciando? ¿Podía mentir Dios? y si no, ¿cómo podría responderse a las acusaciones que Lucifer levantó en contra del Gobierno eterno? Si lo que estaba en tela de juicio era la Palabra de Dios, ¿qué haría el Padre altísimo para reivindicar su buen nombre y la justicia de la ley mediante la cual era administrado el universo? El plan ya estaba elaborado, la estructura sobre la cual se desarrollaría el sistema que daría todas estas respuestas al universo había sido escrita antes incluso de la creación del mismo cielo.

"**Dios y Cristo sabían desde el principio** en cuanto a la apostasía de Satanás y a la caída de Adán por el poder engañador del apóstata. El propósito del plan de salvación era redimir a la raza caída, darle otra oportunidad. Cristo fue designado como Mediador desde la creación de Dios, designado **desde la eternidad** para ser nuestro sustituto y garantía." Mensajes Selectos (MS) p.293

La creación de la tierra y la manera como Dios la ordenó y la llenó, expuso rasgos únicos, procesos singulares nunca antes vistos según la forma y el resultado que Dios presentaba de su obra creadora previa. Antes de la semana literal de la creación, en ningún lugar, en toda la extensión del universo, se escucharon palabras tales como: noche, día, tarde, tinieblas, abismo, separación, tierra, mares, luna (para la noche), o estrellas nocturnas, —pues según Job 38:7 las estrellas que se regocijaban eran estrellas del alba—

frio, calor, entre muchas otras diferentes palabras. Todo este vocabulario era completamente inédito para todos los habitantes del universo infinito de Dios. El gran libro de la naturaleza se trazó no solo con el propósito de educar a los seres humanos, sino que sus páginas están abiertas para el estudio y conocimiento de los seres no caídos.

El plan original que Dios tenía para el hombre no incluía la participación de este en la experiencia del mal. El pecado y sus consecuencias nunca hicieron parte de la provisión que Dios había hecho para el hombre. El designio de Dios era que el hombre tuviera el conocimiento del mal, sin contaminarse con el virus del pecado. De la misma forma como los ángeles que permanecieron fieles, aunque tuvieron de cerca las acechanzas del originador del pecado, no participaron de este; el hombre debía reconocer la existencia del mal y sus consecuencias por el estudio de la naturaleza sin ser partícipe de la práctica del pecado.

De esta forma tanto el universo, como el nuevo ser creado, es decir, el hombre, reconocerían la justicia y el amor de Dios y de su ley, y todas las dudas sembradas por el archienemigo del Todopoderoso, serían despejadas. El pago por la rebelión de quien fuera un excelso querubín, sería justo y oportuno. El mal desaparecería y la paz volvería a flotar en toda la extensión del universo de Dios.

El objetivo original de Dios, era capacitar al hombre para llenar el vacío que había quedado en el cielo como resultado de la batalla entre "Miguel y sus ángeles y el dragón y sus ángeles" (Apocalipsis 12:7-9). Además de ello debía responderse a todas las inquietudes que habían nacido en los corazones de todos los seres creados con respecto al origen del mal, las consecuencias y el manejo que Dios dio a esta situación. La tierra fue el libro que escribió la Providencia para dar respuesta a todas estas cuestiones. Por supuesto que la enfermedad, la muerte y el llanto no hacían parte de la experiencia que el hombre debía vivir para aprender acerca de la existencia del mal. Por medio del estudio de la naturaleza, de los incidentes de su vida diaria e incluso de su propia anatomía, este podría llegar a ese conocimiento. Tras seis milenios de instrucción el hombre alcanzaría la estatura plena del conocimiento para el que había sido creado.

Adán el primero de los hombres, desempeñaría el rol de rector de la universidad llamada Tierra; compartiendo con toda la raza humana los conocimientos que su experiencia le aportara. Gigantes habitarían toda la extensión del planeta, las más espléndidas empresas se llevarían a cabo, la tierra toda sería un lugar de alegría, paz y sabiduría. Los dones y talentos puestos al servicio de la sociedad y rendidos ante el reconocimiento de la altura de Dios, cumplirían el designio original de desarrollar plenamente la inteligencia y las facultades espirituales del hombre. Las nuevas generaciones al nacer gozarían de la instrucción directa de ángeles del cielo y por supuesto de nuestro amado Creador Jesucristo.

Los animales que tanto nos temen, gozarían del cuidado especial y particular de todos los habitantes de la tierra, cada uno de ellos que es en sí mismo una fuente de conocimiento profundo de la ciencia y de Dios, se recrearían en la libertad de la tierra y disfrutarían en abundancia de los beneficios que desde el principio Dios proveyó para ellos. El orden y la armonía que caracterizan al cielo se reflejaría en cada rincón de la tierra, el mismo Jesús enseñando a orar a sus discípulos, pidió a su Padre que esta parte del plan original, fuera una realidad en la vida de sus amados redimidos. "Hágase tu voluntad, como en el cielo, así también en la tierra." Mateo 6:10 La alegría, la abundancia, la belleza, la paz, el desarrollo a plenitud de la mente del hombre, todo esto era parte del plan de Dios para sus hijos en la tierra, pues nada que lastime al hombre proviene de la Mano amorosa que creó el universo.

"La Naturaleza y la revelación a una dan testimonio del amor de Dios. Nuestro Padre Celestial es la fuente de vida, sabiduría y gozo. Mirad las maravillas y bellezas de la naturaleza. Pensad en su prodigiosa adaptación a las necesidades y a la felicidad, no solamente del hombre, sino de todos los seres vivientes. El sol y la lluvia que alegran y refrescan la tierra; los montes, los mares y los valles, todos nos hablan del amor del Creador. Dios es el que suple las necesidades diarias de todas sus criaturas. Ya el salmista lo dijo en las bellas palabras siguientes:

"Los ojos de todos miran a ti, y tú les das su alimento a su tiempo. Abres tu mano, y satisfaces el deseo de todo ser viviente." Salmos 145:15,16

Dios hizo al hombre perfectamente santo y feliz; y la hermosa tierra no tenía, al salir de la mano del Creador, mancha de decadencia, ni sombra de maldición. La transgresión de la ley de Dios, de la ley de amor, fue lo que trajo consigo dolor y muerte." CC p.9

TRES ELEMENTOS ANÁLOGOS

Desdichadamente, el relato que contenía el plan original se quedó en las primeras páginas del libro y aunque en principio, propósito y esencia no cambió; fue necesario desenrollar el texto que contenía el plan de contingencia. Al asunto que en un principio consistía en enseñar al universo, el poder del mal, las consecuencias de la rebelión, el valor de la obediencia a la eterna ley de Dios y reivindicar el justo nombre de Dios, se le sumo el rescate de la raza humana. Para ello, Dios desplegó sobre la mesa el rollo de un plano magistral, que contenía todos los componentes necesarios para cumplir con su objetivo. Un elemento didáctico que además de responder a las necesidades de su plan, fuera tan sencillo que cualquier mente humana bajo las condiciones de oscuridad que produjo el pecado, pudiera comprender. Un cuadro tan profundo que contuviera, los principios de su ley, la historia de la humanidad y el ministerio creador y redentor de la plenitud de Dios. La maqueta de este plano fue aquel Santuario en miniatura que se le mostró a Moisés. Aquel Santuario tiene los mismos elementos simbólicos que el relato de la creación del mundo en siete días.

"El tabernáculo fue hecho de acuerdo con el mandamiento de Dios. El Señor suscitó hombres y los habilitó con facultades sobrenaturales para llevar a cabo una obra sumamente ingeniosa. No se permitió que ni Moisés ni sus obreros planificaran la forma ni los métodos de construcción del edificio. Dios mismo trazó el plano y se lo dio a Moisés, con indicaciones definidas en cuanto a su tamaño y sus formas, y los materiales que debían emplearse en la construcción, y especificó cada mueble que se colocaría en él. Le presentó un patrón en miniatura del santuario celestial, y le ordenó que hiciera todo de acuerdo con el modelo que se le había mostrado en el monte." HR p.154

En los siete días de la semana de la creación que testifican del nacimiento de la naturaleza, en los siete milenios que según la perspectiva de Dios regirían la historia de la humanidad y en la figura del Santuario que contiene el desarrollo del plan de la redención, reposa la mirada del Creador del universo. En cada uno de esos tres elementos se puede leer detalladamente cada parte y cada actor que participó y aun participa del invicto plan de la redención.

El Santuario es en sí mismo la traducción al lenguaje humano del ministerio de Dios en la tarea de exponer la ciencia de la verdad, la justicia, el amor y la vida al universo. La Biblia, La naturaleza, la historia humana y el misterio de la encarnación del Hijo de Dios, son el eco de ese lenguaje.

Al referirnos al capítulo uno de Génesis y al Santuario estamos hablando de la misma empresa con representaciones diferentes. En ambos casos se puede apreciar una representación física, en el caso de Génesis uno, la naturaleza y en caso del Santuario, el tabernáculo que se le ordenó a Moisés construir en el desierto. En las dos representaciones se encuentra la historia de la humanidad comprimida, como lo está la información del ser humano en el ADN. No es difícil, desde este punto de observación encontrar en cualquiera de los dos elementos nuestra ubicación actual y contemplar el glorioso evento que se aproxima. Por ello cuando Guillermo Miller se adentró en el estudio del Santuario prefiguró la venida del Señor como el siguiente paso en la cadena de eventos que les seguía. Pero, aunque un gran chasco inundó el camino de los fieles, no hay porque temer, el evento es seguro y ya viene. Cristo está a las puertas, "«Porque aún un poco y el que ha de venir vendrá, y no tardará.»" Hebreos 10:37

UN VÍNCULO EXTRAORDINARIO

El estudio del santuario y los eventos ceremoniales que se llevaban a cabo en él, que llevó a Miller a develar los eventos históricos que como resultado dieron la fecha de 1844, no nacieron por el deseo particular de un hombre de acomodar la Biblia a su interpretación personal, el anuncio del retorno del Señor Jesús el 22 de octubre de 1844, no fue un error que nació como resultado de la emocionalidad de Miller. El despertar religioso que rodeo el corto periodo de predicación de la venida del Señor, fue una pequeña muestra del que ocurrirá en los días previos a la segunda venida de nuestro Señor Jesucristo.

Según la representación temporal que podemos extraer del Santuario, el error de Miller fue pensar que la tierra era figura de la totalidad del Santuario. La corrección a este error radica en entender que la tierra solo hace parte del verdadero Santuario, uno "no hecho con manos." Hebreos 9:24. Además el profeta Isaías escribió: "Jehová ha dicho: «El cielo es mi trono y la tierra el estrado de mis pies. ¿Dónde está la casa que me habréis de edificar? Isaías 66:1 y el Señor Jesús corroboró la afirmación al decir: "Pero yo os digo: No juréis de ninguna manera: ni por el cielo, porque es el trono de Dios; ni por la tierra, porque es el estrado de sus pies; [...]" Mateo 5:34,35

En el primer capítulo del libro de Génesis, justo en su primer verso encontramos el origen de los cielos y la tierra, si tomamos las palabras del Señor Jesús, que develan el significado del cielo y la tierra, y las observamos desde el contexto que estamos haciendo referencia, entonces comprendemos que se refiere al origen del santuario; el lugar desde donde se desarrollarían todos los eventos del ministerio de Cristo. Los cielos y la tierra son los elementos que completan la composición del Santuario de Dios. El Santuario que construyó Moisés estaba dividido en tres sectores: El Atrio donde estaban ubicados el altar del holocausto y la fuente de bronce, y el Tabernáculo que estaba constituido por los lugares Santo y Santísimo. En el lugar Santo se encontraban el Altar de incienso, el Candelabro y la Mesa de los panes de la proposición y el lugar Santísimo contenía el Arca del testimonio. No hay posibilidad de hablar de un atrio en el cielo, puesto que el bautismo por agua y el verdadero sacrificio se realizó en la tierra, este era la cruz de Cristo. Ese sector del Santuario le corresponde a la tierra. El tabernáculo que contiene los lugares Santo y Santísimo, es decir, el lugar desde donde Cristo ejerce su ministerio sumo sacerdotal, le atañe al cielo y su representación temporal inició con el ascenso de Jesús luego de su resurrección.

Hay **un vínculo extraordinario** entre el relato de los siete días literales de la creación y la dinámica que se llevaba a cabo en el Santuario. Ambos eventos están ligados a una representación simbólica con la historia de la tierra. Este tratado presenta la analogía de los siete días de la creación del mundo unido a los sucesos que acontecieron, están aconteciendo y sucederán en la historia de la humanidad; y el Santuario en su distribución y el ministerio de Jesús en él, también tiene una representación de la línea temporal desde el principio hasta el fin de la tierra como es conocida.

A los días primero al tercero les concierne geográficamente, la ubicación de las doce tribus de Israel alrededor del santuario, el Atrio representa el cuarto día y los días quinto y sexto los lugares Santo y Santísimo.

"Ahora bien, el punto principal de lo que venimos diciendo es que tenemos tal sumo sacerdote, el cual se sentó a la diestra del trono de la Majestad en los cielos. Él es ministro del santuario y de aquel verdadero tabernáculo que levantó el Señor y no el hombre." Hebreos 8:1,2. Como en la semana de la Creación y en el desarrollo del plan de la redención, la participación humana en el trazo de la estructura del Santuario es ninguna. Somos beneficiados por todos tres: la creación, la redención y el santuario, y en nada de ello hay intervención del hombre.

La explicación de lo que significa el Santuario en una representación temporal es exactamente la misma que para la semana literal de la creación. La figura es perfecta, las fechas, las profecías, los actores, los elementos, los lugares, todo engrana de manera fascinante y organizada. Nada hizo Dios por azar, el Eterno es un Dios de orden y de sabiduría ilimitada; cada aspecto de su lenguaje simbólico habla de una inteligencia y una creatividad inigualables. El Santuario dio a Guillermo Miller un posicionamiento temporal a partir de su estudio de la profecía de las dos mil trescientas tardes y mañanas de Daniel 8:14. Sin embargo sabemos que hubo un error en su interpretación y que, aunque esa profecía si terminaba en octubre de 1844, la dinámica del Santuario continuaba más allá de esa fecha.

EL VIRUS QUE DARWIN ESPARCIÓ

Quiero cerrar el contraste de la obra que se estaba ejecutando paralelamente en Europa y América en cabeza de Darwin y Miller, revisando lo que aconteció en la experiencia del europeo; además dando un vistazo cercano a las consecuencias de su investigación.

"A comienzos de 1856, Charles Lyell aconsejó a Darwin que trabajara en el completo desarrollo de sus ideas acerca de la evolución de las especies. Darwin emprendió entonces la redacción de una obra que, aun estando concebida a una escala tres o cuatro veces superior de la que luego había de ser la del texto efectivamente publicado, representaba, en su opinión, un mero resumen del material recogido al respecto.

Pero cuando se hallaba hacia la mitad del trabajo, sus planes se fueron al traste por un suceso que precipitó los acontecimientos: en el verano de 1858 recibió un manuscrito que contenía una breve pero explícita exposición de una teoría de la evolución por selección natural, que coincidía exactamente con sus propios puntos de vista. El texto, remitido desde la isla de Ternate, en las Molucas, era obra de Alfred Russel Wallace, un naturalista que desde 1854 se hallaba en el archipiélago malayo y que ya en 1856 había enviado a Darwin un artículo sobre la aparición de especies nuevas con el que se sintió ampliamente identificado." biografiasyvidas.com/monografia/darwin

No había retorno en el camino que Darwin había emprendido, al texto que recibió por parte de Wallace le extrajo el siguiente significado: "Si no publico mi investigación, alguien más lo hará." Es decir, no se trataba de un contenido meramente humano, era un plan trazado por los gobernadores de las tinieblas de este mundo. Los años en que la duda de si compartir abiertamente los resultados de su investigación o no, palpitó en su corazón, tienen que ver con la lucha del Espíritu Santo para librarlo de lanzar tan terrible bomba destructora a la humanidad. Un tratado que desliga a la creación de su Creador y que pone en las manos del azar el origen de la vida. Esto fue como esparcir un virus que atacaba directamente la fe y desvinculaba al Padre de sus criaturas.

"Tras el episodio, Darwin se vio obligado a dejar de lado sus vacilaciones por lo que a la publicidad de sus ideas se refería, y abordó la tarea de reducir la escala de la obra que tenía entre manos para enviarla cuanto antes a la imprenta; en «trece meses y diez días de duro trabajo» quedó por fin redactado el libro: *Sobre el origen de las especies por medio de la selección natural, o la preservación de las razas favorecidas en la lucha por la vida*, largo título que es casi la enunciación de su tesis y que suele abreviarse como *El origen de las especies*. Los primeros 1.250 ejemplares se vendieron el mismo día de su aparición, el 24 de noviembre de 1859." biografiasyvidas.com/monografia/darwin/

Era el plan de Satanás que este virus acabara con la fe y el reconocimiento de Dios como Creador y Sustentador de la vida. Aunque no todo avanzó según sus propósitos, el crecimiento científico ha sido el principal enemigo de las ideas darwinianas, pues, en la medida de que la ciencia abre campos de investigación y descubre hasta ahora desconocidos y complejos procesos naturales, se halla que la teoría de Darwin, es demasiado reducida para definir o solo explicar incluso los procesos más sencillos que caracterizan la reproducción y desarrollo del sinnúmero de especies que expresan vida en la naturaleza.

De los seguidores de las teorías de Darwin se puede decir que padecen una enfermedad llamada incredulidad cuya única alternativa de sanación es la fe. Todo el que anhele participar de la sanación, el remedio es gratuito y trae alivio para el alma y el corazón. Para todo aquel que quiera, aquí está el Antídoto: "Así que la fe es por el oír, y el oír, por la palabra de Dios." Romanos 10:17 Lo que ocasionó la división de la fe y la ciencia fue la separación del libro de la revelación con el de la naturaleza, así que retomar el estudio de la Palabra de Dios, es el único medio por el cual el problema puede ser resuelto.

Esta pues es la historia del día en que Satanás dio rienda suelta a su deseo por ser igual a Dios y creó la ilusión de dar vida a una serpiente; pero el resultado hoy, no va a ser diferente al de aquella ocasión cuando su serpiente fue devorada por la serpiente verdadera creada por Dios.

¡VE Y DILO!

La interpretación de los 2.300 días, era la respuesta que resolvería todos los cuestionamientos referentes a la segunda venida de Cristo, que surgieron en la mente de Miller. Paso a paso resolvió cada punto de su contenido, avanzaba maravillado al comprobar como cada una de las profecías que contenía la que se consideraba ser la más grande, se habían cumplido con exactitud milimétrica.

La pluma inspirada registra cada detalle de la interpretación a la que llegaron Miller y sus colaboradores, con respecto a todos los eventos que se desarrollaron durante los 2.300 años. El tratar de desplegar en detalle toda esta explicación, me llevaría a transcribir una gran cantidad de páginas del libro El Conflicto de los Siglos, por ello es más coherente si les remito al capítulo titulado "Una Profecía Significativa" en las páginas 317 a la 341. Ahí se encuentra detalladamente explicado el proceso y resultado de la investigación de Miller con respecto a la profecía de los 2.300 días. No hay nada que añadir a la interpretación que hemos creído.

El humilde agricultor llamado Guillermo Miller: "Había dedicado dos años al estudio de la Biblia, cuando, en 1818, llegó a tener la solemne convicción de que unos veinticinco años después aparecería Cristo para redimir a su pueblo. No necesito hablar—dice Miller—del gozo que llenó mi corazón ante tan embelesadora perspectiva, ni de los ardientes anhelos de mi alma para participar del júbilo de los redimidos. La Biblia fue para mí entonces un libro nuevo. Era esto en verdad una fiesta de la razón; todo lo que para mí había sido sombrío, místico u oscuro en sus enseñanzas, había desaparecido de mi mente ante la clara luz que brotaba de sus sagradas páginas; y ¡oh! ¡cuán brillante y gloriosa aparecía la verdad! Todas las contradicciones y disonancias que había encontrado antes en la Palabra desaparecieron; y si bien quedaban muchas partes que no comprendía del todo, era tanta la luz que de las Escrituras manaba para alumbrar mi inteligencia oscurecida, que al estudiarlas sentía un deleite que nunca antes me hubiera figurado que podría sacar de sus enseñanzas". CS p.329

Fue apenas natural que sucediera lo que aconteció en la vida de Guillermo Miller. Cuando un recién nacido en el reino de Dios se encuentra con la solemnidad, la profundidad y el poder de la Palabra de Dios, nace en el corazón el anhelo de participar del júbilo de los redimidos, aflora en el alma la necesidad de compartir esa experiencia. Los ojos se abren a una nueva realidad y la Biblia se revela como la fuente de todas las bendiciones.

Este nuevo sentir no está reservado solo para los privilegiados estudiantes de la teología moderna, para los líderes y ministros. No. Este es un don que el cielo derrama en raudales para todo aquel que cree en Jesús. "En el último y gran día de la fiesta, Jesús se puso en pie y alzó la voz, diciendo: —Si alguien tiene sed, venga a mí y beba. El que cree en mí, como dice la Escritura, de su interior brotarán ríos de agua viva. Esto dijo del Espíritu que habían de recibir los que creyeran en él, [...]" Juan 7:37-39

"En 1818 William Miller llegó a la conclusión de que Cristo iba a regresar en 1843 o 1844, pero vaciló en decirle a la gente porque pensó: 'soy solamente un agricultor y se burlarán de mí'. Así que estudió el asunto por quince años más. Un día, el 2 de agosto de 1831 para ser exactos, le prometió al Señor que, si el camino se abría, iría. Arturo Spalding relata cómo el Señor guio a su sobrino Irwing hacia su casa, con la invitación que él había convenido. ¿Qué quieres decir por el camino abierto? Que, si alguien viene, sin mi iniciativa, y me pide que salga y proclame el mensaje, diría que el camino está abierto.

Entonces Irving en la puerta del frente, hablaba y daba el mensaje de su padre de: Venir y hacerse cargo del servicio en la iglesia en ausencia del predicador local. 'Ven y enseña a nuestro pueblo que el Señor viene. . .'

Guillermo Miller estaba asombrado por este llamado repentino. No contestó una palabra al niño, sino que, dando vuelta, cruzó la puerta de atrás, bajó la pequeña cuesta del lado oeste y subió nuevamente al bosque de arce donde a menudo fue a orar. A lo largo de todo el camino una voz susurraba en sus oídos: '¡Ve y dilo! ¡Ve y dilo! ¡Ve y dilo al mundo!' En su bosque de arce (aún erguido, con varios patriarcas del tiempo y algunos árboles tiernos) cayó de rodillas y gritó: '¡Señor, no puedo ir! ¡No puedo! Soy solamente un agricultor, no un predicador; ¿cómo puedo llevar un mensaje como Noé?' Todo lo que pudo escuchar fue: '¿Romperás una promesa tan pronto después de haberla Hecho? ¡Ve y dilo al mundo!'

Al fin se rindió, exclamando: Señor no sé cómo puedo hacerlo, pero si tú irás conmigo iré.

Su carga fue quitada. Su espíritu se elevó. Saltó, éste calmado y viejo agricultor de edad madura, brincando de un lado a otro, aplaudía y clamaba: ¡Gloria, Aleluya!

Lucía, su hija más pequeña, su casi constante compañera, lo siguió mientras él se apresuraba por el sendero; y ahora parándose a su lado, estaba atenta a su acción y su triunfo. Asombrada por esa explosión que nunca antes había visto en su padre, corrió de regreso a la casa gritando: '¡mamá, mamá, ven rápido! ¡Papá está en el bosque y se ha vuelto loco!' Eso fue lo que el mundo dijo de él más tarde, pero Lucía reconsideró su juicio y siguió sus enseñanzas hasta el final de sus días". –Footprints of the Pioneers, págs. 20-22.

Aquel fue el día en que Miller abandonó sus cargas en los brazos de su Maestro. Aceptó el llamado que la Providencia puso frente a él y escribió su nombre en la historia. En consecuencia, su voz fue escuchada por millares. Donde quiera que el mensaje del segundo advenimiento de Cristo llegaba, deleitaba el paladar de los ávidos espectadores, era tan dulce como la miel y tan delicioso como el más dulce fruto que la tierra produjera. "Entonces tomé el librito de la mano del ángel y lo comí. En mi boca era dulce como la miel, [...]" Apocalipsis 10:10

LA REPRESENTACIÓN DE LA TIERRA

Todo esto ocurrió en representación de la tarde del sexto día de la creación, pero por supuesto que hasta aquí solo nos hemos referido a una parte de la obra de Dios en relación con la creación de los animales de la tierra. Mencionamos que los países que conformaron el gran continente americano y las instituciones que surgieron a partir de la obra de la reforma científica son la representación de una parte de la analogía, pero necesitamos hallar los elementos que nos llevarán a revelar el significado de la parte que aún nos falta ver en el simbolismo de los animales.

Desatemos entonces el resto del sello, para ver el panorama completo de la analogía. Para ello tomaremos algunas características particulares de los animales y las contrastaremos con rasgos especiales del hombre, hallaremos que existen unas muy marcadas diferencias y otras muy evidentes similitudes. Finalmente, estaremos en la capacidad de reconocer con facilidad la representación simbólica de ambos en la actualidad.

Paginas atrás estudiamos que los animales en la Escritura se relacionan simbólicamente con potencias, naciones, instituciones, iglesias y pueblos. Necesitamos entonces reconocer el territorio que cumplía con las características del símbolo que personifica la tierra de donde surgen los animales. Es decir, un lugar que reproduzca la imagen de la expresión: "Produzca la tierra seres vivientes [...]." Génesis 1:24. Existe en las Escrituras un pasaje, que según la interpretación que como Iglesia hemos conocido, hace referencia a la tierra dando vida o produciendo animales justo en el periodo que estamos analizando. En Apocalipsis 13:11 dice: "Después vi otra bestia que subía de la tierra [...]." Este texto está escrito en el mismo lenguaje que el primer capítulo de Génesis, es decir, la tierra está produciendo seres vivos, esto significa que su relación en el aspecto espacio-temporal e interpretativo es directa. Unificando el contexto que presenta Génesis 1:24 y la interpretación que tenemos por la revelación de la pluma inspirada de Apocalipsis 13:11, la tierra representa directamente al territorio americano y la bestia se refiere a los Estados Unidos de América.

"El profeta dice: 'Vi otra bestia que subía de la tierra; y tenía dos cuernos semejantes a los de un cordero'. Apocalipsis 13:11. Tanto el aspecto de esta bestia como el modo en que sube indican que la nación que representa difiere de las representadas en los símbolos anteriores. Los grandes reinos que han gobernado al mundo le fueron presentados al profeta Daniel en forma de fieras, que surgían mientras 'los cuatro vientos del cielo combatían en la gran mar'. Daniel 7:2. En Apocalipsis 17, un ángel explicó que las aguas representan 'pueblos y naciones y lenguas'. Apocalipsis 17:15. Los vientos simbolizan luchas. Los cuatro vientos del cielo que combatían en la gran mar representan los terribles dramas de conquista y revolución por los cuales los reinos alcanzaron el poder.

Pero la bestia con cuernos semejantes a los de un cordero 'subía de la tierra'. En lugar de derribar a otras potencias para establecerse, la nación así representada debe subir en territorio hasta entonces desocupado, y crecer gradual y pacíficamente. No podía, pues, subir entre las naciones populosas y belicosas del viejo mundo, ese mar turbulento de 'pueblos y muchedumbres y naciones y lenguas'. Hay que buscarla en el continente occidental.

¿Cuál era en 1798 la nación del nuevo mundo cuyo poder estuviera entonces desarrollándose, de modo que se anunciara como nación fuerte y grande, capaz de llamar la atención del mundo? La aplicación del símbolo no admite duda alguna. Una nación, y solo una, responde a los datos y rasgos característicos de esta profecía; no hay duda de que se trata aquí de los

Estados Unidos de Norteamérica. Una y otra vez el pensamiento y los términos del autor sagrado han sido empleados inconscientemente por los oradores e historiadores al describir el nacimiento y crecimiento de esta nación. El profeta vio que la bestia 'subía de la tierra'; y, según los traductores, la palabra dada aquí por "subía" significa literalmente "crecía o brotaba como una planta". Y, como ya lo vimos, la nación debe nacer en territorio hasta entonces desocupado. Un notable escritor, al describir el desarrollo de los Estados Unidos, habla del *"misterio de su desarrollo de la nada"*, y dice: *"Como silenciosa semilla* crecimos hasta llegar a ser un imperio" G. A. Townsend, The New Compared with the Old, 462. Un periódico europeo habló en 1850 de los Estados Unidos como de un imperio maravilloso, que surgía y que *"en el silencio de la tierra* crecía constantemente en poder y gloria" *(Dublin Nation)*. Edward Everett, en un discurso acerca de los peregrinos, fundadores de esta nación, dijo: '¿Buscaron un lugar retirado que por su oscuridad resultara inofensivo y seguro en su aislamiento, donde la pequeña iglesia de Leyden pudiese tener libertad de conciencia? ¡He aquí las *inmensas regiones* sobre las cuales, en *pacífica conquista*, [...] han plantado los estandartes de la cruz!' (discurso pronunciado en Plymouth, Massachusetts, el 22 de diciembre de 1824)." CS p.435

Conociendo entonces que particularmente el territorio donde está asentado el país de los Estados Unidos de América, es la representación de la figura de la tierra de Génesis 1:24, entendemos entonces que los animales que cumplen con la representación del símbolo del paralelo de Génesis uno durante los hechos de la primera parte del sexto día de la semana literal de la creación con la historia de la humanidad, deben llevar en el sello de la etiqueta el título "Made in América".

LAS PÁGINAS DEL LIBRO SAGRADO

Debo insistir en resaltar un principio con respecto a la Palabra de Dios: el poder de las Sagradas Escrituras no reside en la elocuencia gramática del escritor, el idioma de traducción, (Incluyendo el texto original), ni a la claridad semántica del traductor, el poder que contiene la Revelación Escrita, está asentado en su Inspirador, Autor y Guía. Esto significa que no importa el idioma, el país o la persona que abra sus páginas, si este, está acompañado por el Espíritu Santo, la Palabra de Dios llegará con el poder de dar vida. Por el contrario, por si sola, en la voz e interpretación humana, sin la guía del Espíritu de Dios, puede incluso llegar a ser peligrosa.

"Dios no solo creó este mundo a través del poder de su palabra, sino también lo mantiene y sustenta a través de ella. El mismo poder que está en la palabra hablada de Dios está en su Palabra escrita. El mismo Espíritu Santo que estuvo activo en la Creación estuvo activo en la inspiración de la Escritura. Él está presente cuando leemos la Biblia o la compartimos con otros. Hay un poder creativo que cambia la vida y da vida en la Palabra de Dios. 'En la palabra de Dios está la energía creadora que llamó los mundos a la existencia. Esta palabra imparte poder; engendra vida. Cada orden es una promesa; aceptada por la voluntad, recibida en el alma, trae consigo la vida del Ser infinito. Transforma la naturaleza y vuelve a crear el alma a imagen de Dios'" (Ed 126)." Escuela Sabática 2020, Tercer trimestre – "Compartir la Palabra" lunes 10 de agosto,

"La palabra de Dios es viva, eficaz y más cortante que toda espada de dos filos: penetra hasta partir el alma y el espíritu, las coyunturas y los tuétanos, y discierne los pensamientos y las intenciones del corazón." Hebreos 4:12

Llamo la atención a este punto con respecto a la Palabra de Dios, porque son muchos los idiomas a los que se ha hecho traducción de las Escrituras; es más, hay diferentes traducciones del mismo texto para un mismo idioma; e incluso, en las diferentes interpretaciones que se hicieron en un mismo idioma y que nacieron de los mismos textos originales, en ocasiones, parecen decir algo completamente diferente cuando se compara una versión con otra. Sin embargo, esta situación no representa un eslabón débil en la gran cadena de la verdad. Tampoco debe considerarse como un error a los diferentes conceptos que surgen de cada traducción; aseverar tal cosa es decir que la Palabra de Dios no es confiable. Si hay un punto en el que parece que la Escritura no concuerda en su mensaje superficial, es necesario apelar al recurso de la oración pidiendo con corazón humilde la presencia del Espíritu Santo, quien es el único Maestro capaz de aclarar cualquier inquietud. Es cierto que hay en la Biblia porciones que no son fáciles de interpretar, pero según la providencia de Dios y la persistencia del investigador, la gran mayoría serán aclaradas en el momento en que Dios lo considere conveniente.

"Hay en las Escrituras algunas cosas que son difíciles de comprender, y que, según el lenguaje de Pedro, los ignorantes e inestables tuercen para su propia perdición. Tal vez no podamos en esta vida explicar el significado de todo pasaje de la Escritura; pero no hay puntos de verdad práctica que hayan de quedar envueltos en el misterio." Consejos Sobre el Régimen Alimenticio (CRA) p. 221

"Cuando llegue el momento en que, según la providencia de Dios, el mundo deba ser probado respecto de la verdad para este tiempo, su Espíritu inducirá a las mentes a escudriñar las Escrituras, aun con ayuno y oración, hasta que descubran eslabón tras eslabón, y los unan en una cadena perfecta. Todo hecho que se relacione directamente con la salvación de las almas quedará tan claro que nadie necesitará errar ni andar en las tinieblas." —Joyas de los Testimonios 1:283 (1870). CRA 221.2

"Ciertos puntos difíciles de la verdad presente han sido aprehendidos por los fervientes esfuerzos de unos pocos que se consagraban a la obra. El ayuno y la oración ferviente a Dios han movido al Señor a abrir sus tesoros de verdad a su entendimiento." —Testimonios para la Iglesia 2:650, 651 (1870).

Por lo tanto, la Palabra de Dios, en toda su extensión es confiable y segura. Es la voz de Dios para el que le busca y la única luz verdadera para este mundo entenebrecido. La razón por la que existen tantas traducciones de la Biblia incluso para una misma lengua, es porque, para un solo hombre es imposible abarcar todo el significado de ella, y comprimirla en un lenguaje tan limitado como el humano es una tarea sin fin. Caminemos con la confianza y la seguridad que, si buscamos a Dios con un espíritu humilde y receptivo, Dios vendrá sin falta y en cada lugar donde se abran las páginas del Libro Sagrado, lloverán raudales de gracia en los corazones.

"Llenad vuestro corazón con las palabras de Dios. Son el agua viva que apaga vuestra sed. Son el pan vivo que descendió del cielo.

El tema de la redención es un tema que los ángeles desean escudriñar; será la ciencia y el canto de los redimidos durante las interminables edades de la eternidad. ¿No es un tema digno de atención y estudio ahora? La infinita misericordia y el amor de Jesús, el sacrificio hecho en nuestro favor, demandan de nosotros la más seria y solemne reflexión." CC p.p. 88,89

EL RESTO DE LA ANALOGÍA DE LOS ANIMALES

Con la expansión de la Palabra de Dios a través del nuevo continente, durante el proceso de construcción de los países, el territorio americano recibió el aliento de vida producto de la exhalación de Dios mismo. Como resultado del soplo divino nació el restante de los representantes de los animales del paralelo que venimos trazando.

Si bien es cierto que la reforma iniciada por Wiclef y Lutero sentó las bases de la fe actual; el progreso y todo el despliegue de la iglesia, no tuvo como epicentro el territorio europeo.

"El 'Segundo Gran Despertar' o 'Segundo Gran Avivamiento' como es conocido, tuvo como fecha los años de 1790 al 1840, esta fue una época de inusitado reavivamiento o resurgimiento cristiano que se extendería hasta el periodo 'antebellum' norteamericano, (Antebellum es una palabra latina que significa 'antes de la guerra'), esta se caracterizó por una actividad evangelizadora cristiana sin precedentes y grandes cifras de conversiones. Su nombre se debe al 'Gran Despertar', un periodo similar que había tenido lugar aproximadamente medio siglo antes. Produjo un hondo sentimiento en iglesias y congregaciones de toda Nueva Inglaterra, la zona Medio-Atlántica, el Noreste y el Sur de los Estados Unidos. Se intensificó la identificación de la evangelización con causas sociales, lo que caló en la vida estadounidense en terrenos tales como la reforma de presiones, el abolicionismo y la promoción de la abstinencia." Rise of Evangelicalism mayo 7 de 2008.

A esta altura de nuestro estudio, debemos tener muy claros algunos aspectos con respecto a la justificación por la fe y los principios de la obra de Dios en el proceso de redimir a los hijos de la tierra.

El primero es que Dios está involucrado activamente en el desarrollo de todos los acontecimientos de toda la historia de la humanidad.

Segundo: el hombre es incapaz de producir por su propio parecer o esfuerzo alguna obra de justicia y bien, justamente por ello el nuevo nacimiento es la condición indispensable para alcanzar la santificación, "Le respondió Jesús: —De cierto, de cierto te digo que el que no nace de nuevo no puede ver el reino de Dios." Juan 3:5 En este proceso, el hombre rinde su voluntad a la voluntad divina y mediante la operación del Espíritu Santo, las acciones adquieren valor.

Tercero: Donde hay un ser humano, hay un interés profundo de Dios por llevar a cabo su obra de salvación; esto se traduce en la acción directa e incesante del Espíritu Santo.

Cuarto: El único medio provisto para la salvación de los hombres es la fe. "Porque por gracia sois salvos por medio de la fe; y esto no de vosotros, pues es don de Dios. No por obras, para que nadie se gloríe." Efesios 2:8,9

Quinto: Dios no obra en contra de las enseñanzas de las Escrituras y no hay contradicción en la obra poderosa del Espíritu Santo. La transformación que se efectúa en el corazón del alma caída y que como resultado genera un ser nuevo conforme la imagen del Señor Jesús, es exclusivamente a causa de la labor interna del Espíritu. Satanás no está interesado en liberar ni por un instante un alma que ya cayó en su poder. El Señor Jesús clarificó este principio en ocasión de un evento en particular.

"Estaba Jesús echando fuera un demonio, que era mudo; y aconteció que, después de salir el demonio, el mudo habló y la gente quedó maravillada. Pero algunos de ellos decían:

—Por Belcebú, príncipe de los demonios, echa fuera los demonios.
Otros, para tentarlo, le pedían señal del cielo.

Pero él, conociendo los pensamientos de ellos, les dijo:

—Todo reino dividido contra sí mismo es asolado, y una casa dividida contra sí misma, cae. De igual manera, si Satanás está dividido contra sí mismo, ¿cómo permanecerá su reino? Os digo esto ya que decís que por Belcebú echo yo fuera los demonios. Si yo echo fuera los demonios por Belcebú, ¿vuestros hijos por quién los echan? Por tanto, ellos serán vuestros jueces. Pero si por el dedo de Dios echo yo fuera los demonios, ciertamente el reino de Dios ha llegado a vosotros." Lucas 11:14-20

Es decir, cuando Dios provee nueva vida para un ser humano, es imposible que haya intervención de Satanás.

"Es verdad que a veces los hombres se avergüenzan de sus caminos pecaminosos y abandonan algunos de sus malos hábitos antes de darse cuenta de que son atraídos a Cristo. Pero siempre que, animados de un sincero deseo de hacer el bien, hacen un esfuerzo por reformarse, es el poder de Cristo el que los está atrayendo. Una influencia de la cual no se dan cuenta obra sobre su alma, su conciencia se vivifica y su conducta externa se enmienda." CC p.27

El porqué de la importancia de tener en claro estos conceptos tiene que ver con el significado de la representación de los animales creados el sexto día de la fundación del mundo. Para continuar con el desarrollo de este punto, vamos a revisar lo que nos menciona la Escritura con respecto a las características que poseen los animales y en algunos casos las diferencias naturales que tienen por creación con el hombre. Además, hallaremos la relación con los eventos históricos de la línea temporal que hemos venido esbozando.

Una cualidad para resaltar es el hecho de que tanto el hombre, como los animales, fueron creados de la tierra. Entendemos que la tierra es representada por el territorio donde están asentados los Estados Unidos de América y por lo mismo los representantes de los animales y del hombre deben surgir en este territorio. La más marcada diferencia que existe entre los animales y el hombre, consiste en que, aunque ambos provienen de la tierra, solo el hombre fue hecho a imagen y semejanza de Dios. Este asunto lo revisaremos a profundidad más adelante.

Otra pronunciada diferencia entre el hombre y los animales tiene que ver con la alimentación. El capítulo uno de Génesis da detalles específicos en cuanto a cuál fue el orden de la alimentación para el hombre y cuál sería la de los animales. Con respecto al hombre, el relato de la creación dice:

"Después dijo Dios: «Mirad, os he dado toda planta que da semilla, que está sobre toda la tierra, así como todo árbol en que hay fruto y da semilla. De todo esto podréis comer." Génesis 1:29

Y refiriéndose a los animales dice:

"» Pero a toda bestia de la tierra, a todas las aves de los cielos y a todo lo que tiene vida y se arrastra sobre la tierra, les doy toda planta verde para comer.» Génesis 1:30

Es decir, cuando aquel tercer día, Dios creo todo árbol cargado con frutos jugosos y deliciosos, y junto a ello, las semillas y las nueces tan nutritivas y necesarias para el correcto desarrollo físico del hombre, tenía en su pensamiento el beneficio particular de la familia humana. En cambio, los animales fueron diseñados de tal manera que pudieran disfrutar de todas las plantas verdes que, en su estado original, lucían hermosamente como el vestido de la tierra. Los animales no necesitaban nada más, era suficiente según el plan original, su paladar y su proceso digestivo estaba en completa armonía con la provisión que se había preparado para ellos. En el principio ningún animal era carnívoro, la muerte de cualquier ser creado era un tema extremadamente distante al propósito original.

Durante el estudio del tercer día de la creación y su representación en el paralelo con la historia de las naciones, reconocimos al pueblo de Israel como representante de los árboles del huerto que plantó el Señor la misma semana que hizo los cielos y la tierra. Los frutos son entonces simbolizados por todas las enseñanzas que podemos extraer de lo que las Escrituras narran desde el libro de Génesis escrito por Moisés, hasta Malaquías, el último libro del Antiguo Testamento. Confirmando este pensamiento el apóstol Pablo escribió: "Las cosas que se escribieron antes, para nuestra enseñanza se escribieron, a fin de que, por la paciencia y la consolación de las Escrituras, tengamos esperanza." Romanos 15:4

La historia de los hijos de Abraham como nación escogida es el alimento del Israel espiritual en el tiempo del fin. Esto nos da una primera idea de la representación del hombre en el tiempo del fin.

Centrémonos pues en los animales y su representación espiritual, cuya dieta particular fue dictada por el Creador. Podemos decir que se limitaba básicamente a hierbas y pastos y aun así era suficiente. Interesantemente la Escritura nos revela detalles muy específicos acerca de aquellos que cumplen con el símbolo.

Romanos 14:1,2 dice: "Recibid al débil en la fe, pero no para contender sobre opiniones. Uno cree que se ha de comer de todo; otro, que es débil, sólo come legumbres." El apóstol Pablo deja claro que el débil en la fe es aquel que solo come legumbres. Entendemos que "la fe es por el oír, y el oír, por la palabra de Dios." Romanos 10:17. Es decir, el que es débil en la fe no debe creer importante todo lo que dice la Palabra de Dios, es más, teniendo en cuenta que los frutos de los árboles de la tierra que fueron hechos exclusivamente para el hombre y que representan la historia del pueblo de Israel, entendemos que estos escritos no hacen parte de su dieta espiritual, este débil en la fe cumple con la representación de los animales que solo se alimentaba de plantas verdes, y eso significa que su alimento espiritual proviene solo de una porción de las Sagradas Escrituras. No obstante, debemos tener en cuenta que, esta característica en la dieta de los representantes de los animales no surge por causa de un error o por negligencia sino porque así fue preparado su sustento desde el principio.

Observemos el pensamiento que comparten la gran mayoría de las iglesias cristianas de la actualidad con respecto al concepto que adoptaron de la Palabra de Dios.

En contexto podemos referenciar que el Antiguo Testamento esta desvinculado de lo que las iglesias cristianas actualmente creen es la base que dio paso a la iglesia de hoy y que solamente desde la aparición de Cristo en el escenario humano, según el mundo evangélico, nació el concepto de iglesia.

"Podemos afirmar entonces que la colección de 27 libros que han llegado hasta nuestros días como el canon del Nuevo Testamento ha sido configurada por la Iglesia y ha configurado a la Iglesia. Son los seguidores de Jesús y de sus Apóstoles los que ven la necesidad de poner por escrito el evangelio y de copiar y hacer circular las epístolas que, según creyeron, los Apóstoles dirigieron a las iglesias. Circulaban multitud de escritos que reflejaban distintos *ethos* cristianos y creo que fueron escogidos, principalmente, aquellos que cumplieron con ciertos criterios." Jonathan Navarro es estudiante en el Seminario Evangélico Unido de Teología (IEE), en Madrid, España

No es que haya una repulsión o rechazo total de las enseñanzas del Antiguo Testamento, para la mayoría de las instituciones cristianas de la actualidad hay valores importantes consignados allí, pero simplemente no hace parte fundamental de su base doctrinal. No creen que sea parte de la herencia destinada para nuestra generación. Han compartido la idea de que la iglesia del Antiguo Testamento era una y otra diferente la que presenta el Nuevo Testamento, según su concepto de estructura y orden. Sin embargo, y pesar de lo que podamos pensar con respecto al error doctrinal que no podemos dejar de notar, esta característica del mundo evangélico, tiene un símil con algunas propiedades singulares que poseen los animales. Es decir, Dios creó los animales y aunque no les proveyó de una conciencia espiritual, les estructuro de tal forma que ellos puedan obedecer naturalmente a las leyes específicas que les gobiernan. En palabras del apóstol Pablo: "Uno hace diferencia entre día y día, mientras que otro juzga iguales todos los días. Cada uno esté plenamente convencido de lo que piensa." Romanos 14:5

La historia registra en sus páginas, el nacimiento de las más reconocidas instituciones cristianas justamente en el periodo que estamos develando como el inicio del sexto milenio, periodo que también podemos llamar el inicio del tiempo del fin. Según el relato de Génesis uno, la primera parte del último día de la semana de la creación o simplemente la tarde del sexto día.

"Entre las nuevas denominaciones que se formaron, y que aún en el siglo XXI siguen proclamando tener sus raíces en el Segundo Gran Despertar, se encuentran la Iglesia Cristiana Evangélica en Canadá, la Iglesia Cristiana (Discípulos de Cristo), la Iglesia de Jesucristo de los Santos de los Últimos Días, la Iglesia de Dios (Séptimo Día) y la Iglesia Presbiteriana

Cumberland. Muchos buscaron un retorno a lo que creían que eran conceptos fundamentales del cristianismo del Nuevo Testamento." Albert J. Raboteau, *Slave Religion: The 'Invisible Institution' in the Antebellum South*

Hacia 1845 nacen las dos actuales convenciones Bautistas a los dos lados del rio Mississipi. Los testigos de Jehová también tienen su origen en el siglo XIX, específicamente 1879. Su fundador fue Charles Taze Russell (1852-1916).

En 1910 tuvo origen el pentecostalismo o movimiento pentecostal en los Ángeles, California.

Estos son solo algunos pocos ejemplos de algunas muy reconocidas instituciones cristianas y su origen en los Estados Unidos de América. Esto significa que las instituciones autodenominadas cristianas evangélicas, según el tiempo y lugar de su aparición cumplen con las características del grupo faltante del símbolo de los animales en el paralelo del tiempo del fin con la tarde del sexto día de la semana literal de la creación.

A PESAR DEL ERROR

No cabe duda que el hecho de que su alimentación espiritual, es decir, el solo tener como base doctrinal el Nuevo Testamento ha limitado el desarrollo intelectual de estas instituciones. Sin embargo, la Providencia eterna ha abierto el camino para que muchos de ellos participen del propósito de Dios de salvar a la humanidad. Hay ocasiones en que nuestros hermanos evangélicos presentan ante nosotros su interpretación bíblica de las profecías, pero esta interpretación, que es la base de sus creencias, parece ser muy ilógica e irracional. Sin embargo, no hace parte de nuestra misión, sentar un juicio sobre su experiencia. Es una buena idea tratar de compartir la verdadera interpretación de las profecías de la Escritura, si esto no se convierte en una disputa de conceptos y el Espíritu Santo preside nuestra reunión.

"El que come de todo no menosprecie al que no come, y el que no come no juzgue al que come, porque Dios lo ha recibido. ¿Tú quién eres, que juzgas al criado ajeno? Para su propio Señor está en pie, o cae; pero estará firme, porque poderoso es el Señor para hacerlo estar firme." Romanos 14:3,4

"Todo ser humano pertenece a Dios en cuerpo, alma y espíritu. Cristo murió para redimir a todos. Nada puede ser más ofensivo para Dios que el hecho de que los hombres, por fanatismo religioso, ocasionen sufrimientos a quienes son adquisición de la sangre del Salvador." DTG p.452

Como profeso conocedor de la profecía bíblica, el pueblo adventista, ha tenido muy presente el concepto que deja al protestantismo evangélico en el rol de aquellos que, apostatando a la fe, cumplen con el símbolo de la imagen de la bestia de Apocalipsis 13. "[...] diciendo a los habitantes de la tierra que le hagan una imagen a la bestia que fue herida de espada y revivió. Se le permitió infundir aliento a la imagen de la bestia, para que la imagen hablara e hiciera matar a todo el que no la adorara." Apocalipsis 13:14,15

Este asunto debe ser examinado con minucioso cuidado, pues a lo que Juan y la interpretación profética se refiere es a un evento especifico de la historia, no a que el protestantismo siempre ha estado de parte del padre de las tinieblas. La imagen fue hecha después de que la primera bestia recibe el poder, es decir, luego de que Roma recibe el respaldo de los Estados Unidos. el surgimiento del protestantismo no cuenta como parte del cumplimiento de la creación de la imagen, este es un evento posterior. La segunda bestia de Apocalipsis 13 tiene una característica especial y es que, aunque tenía los cuernos de un cordero, hablaba como un dragón. Esta es la explicación al asunto: Uno de los cuernos representa a las instituciones cristianas, el otro representa el poder político. Aunque Estados Unidos inicialmente poseía la nobleza y la fidelidad del pueblo cristiano, al final se transformaría en un elemento del mal, tanto política como religiosamente.

Junto a esta declaración, con respecto a la sinceridad de los seguidores de Cristo, de aquellos a quienes no se les ha sido dado el entendimiento espiritual, tenemos la obligación de hacer una nota.

Los que profesan ser líderes cristianos en la actualidad, tienen una enorme responsabilidad delante del cielo por las ovejas que se les han asignado. Cuando la luz de la verdad no ha sido despreciada por aquellos que construyen el camino de muchos que con corazón humilde buscan sinceramente al Señor, y cuando estos mismos buscan en Dios su guía y su fortaleza, su caso en el cielo es revisado y gracias a la intercesión de Jesús, son presentados sin culpa pues la sangre de Cristo los limpia de todo error. Estos son los aquellos que, si escucharan el mensaje de la ley eterna, especialmente el cuarto mandamiento que hace referencia al sábado, lo aceptarían con gozo y sin excusa; en sus corazones vive el Espíritu de Aquel que está en el cielo sentado a la diestra del Padre eterno.

Pero cuando abiertamente se desprecia la verdad de la Santa Ley de Dios, cuando en busca de un lucro personal se expone la Palabra de Dios y se le usa como a un testigo falso, si el directo implicado no cede a la voz convincente del Espíritu Santo que guía a la verdad y por ende al arrepentimiento, entonces el caso es cerrado en los registros celestiales, el acusado es declarado culpable y el pago de la sentencia se hará efectiva en el lago de fuego. No hay otro final para aquellos que deliberadamente se enriquecen con la fe y abusan de cualquier forma de las ovejas del Señor, el pecado de estos es imperdonable; se han posesionado del lugar que solo le corresponde a Dios, desarrollan sus ministerios sobre las bases del error y la mentira, en estos, la blasfemia contra el Espíritu Santo ya es una yaga incurable en sus corazones.

"A cualquiera que haga tropezar a uno de estos pequeñitos que creen en mí, mejor le sería que se le atara una piedra de molino al cuello y se le arrojara al mar." Marcos 9:42

En conclusión, el surgimiento del movimiento cristiano en los Estados Unidos, nace como resultado de un despertar religioso, donde las Sagradas Escrituras fueron el actor principal. Por medio del poder del Espíritu Santo, la Palabra de Dios dio vida a la representación de los animales en el paralelo del relato de la creación con la historia de la humanidad.

Por supuesto que hay diferentes tipos de animales, los hay salvajes y los hay domésticos; podemos encontrar que al estudiar la historia de todos los países que nacieron en la extensión del continente americano hay una representación en los animales creados el sexto día de la semana literal de la creación, al igual que la hay en cada institución cristiana que se levantó como resultado del considerado "segundo despertar religioso".

CUANDO SE SALVARON LOS ANIMALES

En las Escrituras hay un episodio muy interesante que hace referencia a los animales como una figura importante y que no solo respalda nuestra interpretación, sino que revela el momento exacto cuando la representación de los animales se transforma en la imagen de la bestia. Es decir, llega el fin de la gracia para aquellos que pudieron haberse salvado aún a pesar del desconocimiento pleno de la verdad. Recordemos que la ausencia de información con respecto a algunos puntos de las verdades espirituales, no es requisito limitante para el acceso a la redención eterna.

PROVIDENCIA

El Señor Jesucristo describiendo los eventos previos al gran día de su regreso dijo: "Pero como en los días de Noé, así será la venida del Hijo del hombre, [...]" Mateo 24:37

Dios había dicho a Noe que hiciera un arca, el objetivo era preservar la vida de su siervo fiel y la de su familia, entendemos por las palabras de Jesús que este es un símbolo del gran evento de la salvación final, quien sea salvo, fue representado por los que estuvieron dentro del arca durante el torrencial aguacero. Pero, espiritual o simbólicamente, ¿Qué significa el hecho de que en el arca también había animales? Jesús hizo alusión a un grupo de personas a las que llamó, ovejas que están en otros rediles, a quienes también llamaría; esta idea puede guiarnos a comprender desde una nueva perspectiva el símbolo. "Tengo, además, otras ovejas que no son de este redil; a ésas también debo atraer y oirán mi voz, y habrá un rebaño y un pastor." Juan 10:16

"Animales de toda especie, **desde los más feroces hasta los más mansos**, se veían venir de las montañas y los bosques, y dirigirse tranquilamente hacia el arca. Se oyó un ruido como de un fuerte viento, y he aquí los pájaros que venían de todas direcciones en tal cantidad que oscurecieron los cielos, y entraban en el arca en perfecto orden. Los animales obedecían la palabra de Dios, mientras que los hombres la desobedecían. Dirigidos por santos ángeles, 'de dos en dos entraron con Noé en el arca', y los animales limpios de "siete en siete". Génesis 7:2,9" PP p.75

Con este respecto la dinámica es muy clara, Dios a través de sus ángeles guio a los animales al arca, una vez Noe y su familia hubieron entrado, la puerta fue cerrada por una mano invisible. De igual manera, en el tiempo del fin los ángeles guiarán a los hijos de Dios de diferentes denominaciones al arca de la salvación que es representada por la Iglesia Adventista del Séptimo Día, para poner en ellos el sello de Dios. Pero cuando finalmente se cierren las puertas de la salvación, ya se habrá cerrado el caso de todos aquellos que deliberadamente rechazaron el llamado que Dios hiciera por medio de su iglesia y de sus ángeles. Es justo en ese momento que los animales representando al cristianismo en general y los gobiernos del mundo, se inclinarán ante la segunda bestia (EE.UU.) y harán imagen a la primera bestia (Roma) de Apocalipsis 13. Hay un hecho claro, no todos los animales se salvaron, muchos perecieron en la gran tormenta, sin embargo, no nos corresponde a nosotros levantar un juicio con respecto a quien si o quien no traspasará las puertas del arca eterna. Lo que se es seguro es que toda especie a quien el Ángel del Señor habló, reconociendo la proveniencia del sonido, obedeció.

"Pero el que entra por la puerta, el pastor de las ovejas es. A éste abre el portero, y las ovejas oyen su voz; y a sus ovejas llama por nombre y las saca. Y cuando ha sacado fuera todas las propias, va delante de ellas; **y las ovejas lo siguen porque conocen su voz.**

Mis ovejas oyen mi voz y yo las conozco, y me siguen; yo les doy vida eterna y no perecerán jamás, ni nadie las arrebatará de mi mano. Mi Padre, que me las dio, mayor que todos es, y nadie las puede arrebatar de la mano de mi Padre." Juan 10:3,4,27-29

Qué bueno es el Señor, cuanto placer hay en admirar su magnífica inteligencia, explayarnos en el estudio de su salvación y gozarnos en su sabiduría, cuanta luz hay en la Palabra de verdad.

SIN TEMPLO NO HAY ESPÍRITU

No podemos pasar por este impresionante tema, sin revisar una cualidad bien interesante en relación con la semejanza que hay entre los animales y el hombre. Partiendo de que tanto los animales como el hombre provienen de la tierra y según las Escrituras ambos recibieron el mismo aliento de vida.

"Dije también en mi corazón: «Esto es así, por causa de los hijos de los hombres, para que Dios los pruebe, y vean que **ellos mismos son semejantes a las bestias.**» Pues lo mismo les sucede a los hijos de los hombres que a las bestias: como mueren las unas, así mueren los otros, y **todos tienen un mismo aliento de vida**. No es más el hombre que la bestia, porque todo es vanidad." Eclesiastés 3:19,20

"La inteligencia desplegada por muchos animales se aproxima tanto a la de los humanos que es un misterio. **Los animales ven y oyen, aman, temen y padecen.**" El Ministerio de Curación (MC) p.243

El concepto aquí es extremadamente claro, el mismo soplo de vida que recibió el hombre, lo recibieron los animales; esto significa que física, espiritual, simbólica e históricamente el mismo aliento da vida tanto a los representantes de los animales como al del hombre.

Es un hecho innegable que hay en las Escrituras misterios que son insondables, hay conceptos y eventos que simplemente no podemos explicar o llegar a entender a plenitud, simplemente debemos reconocer que hay un límite fijado en nuestras mentes.

"La Palabra de Dios, como el carácter de su divino Autor, presenta misterios que nunca podrán ser plenamente comprendidos por seres finitos. La entrada del pecado en el mundo, la encarnación de Cristo, la regeneración, la resurrección y otros muchos asuntos que se presentan en la Sagrada Escritura son misterios demasiado profundos para que la mente humana los explique, o siquiera los entienda plenamente." CC p.106

No obstante, la vida, su procedencia y constitución, no debería ser un elemento extraño en las arcas de nuestro conocimiento personal. Si bien es un tema que no está en la superficie de las páginas de la Escritura, es un asunto que está al alcance de nuestro conocimiento. "» Las cosas secretas pertenecen a Jehová, nuestro Dios, pero las reveladas son para nosotros y para nuestros hijos para siempre, a fin de que cumplamos todas las palabras de esta Ley." Deuteronomio 29:29

La vida según la narración de Génesis, es el resultado del aliento de Dios enviado a un cuerpo inerte. El viento que produjo un soplo de Dios, sobre un cuerpo que había formado de la tierra, dio origen a la vida. "Entonces Jehová Dios formó al hombre del polvo de la tierra, sopló en su nariz aliento de vida y fue el hombre un ser viviente." Génesis 2:7

"Cuando Dios hubo hecho al hombre a su imagen, el cuerpo humano quedó perfecto en su forma y organización, pero estaba aún sin vida. Después, el Dios personal y existente de por sí infundió en aquella forma el soplo de vida, y el hombre vino a ser criatura **viva e inteligente**. Todas las partes del organismo humano fueron puestas en acción. El corazón, las arterias, las venas, la lengua, las manos, los pies, los sentidos, las facultades del espíritu, todo ello empezó a funcionar, y todo quedó sometido a una ley. El hombre fue hecho alma viviente. Por medio de Cristo el Verbo, el Dios personal creó al hombre, y lo dotó de inteligencia y de facultades." El Ministerio de Curación (MC) p.322

La vida de los animales y del hombre, por lo tanto, es el resultado de la unión entre el polvo y el soplo de Dios. Pero ¿qué es en realidad ese soplo? Sabemos que espiritualmente el soplo representa al Espíritu Santo, pero físicamente, ¿Qué es el aliento de vida? ¿Qué es esa energía vital que permite al hombre vivir? La respuesta debe provenir directamente de la Palabra de Dios. Job 33:4 dice: "**El Espíritu de Dios me hizo y el soplo del Omnipotente me dio vida.**" Es interesante el razonamiento que presenta el escritor bíblico, describe las dos partes que componen la vida, (el cuerpo y el aliento de vida) en manos de la misma fuente, es decir, provenientes del Espíritu de Dios.

Sabemos que Cristo fue quien nos moldeo en la palma de sus manos, entendemos que antes de su primera venida, el Hijo de Dios no disponía de un cuerpo hecho del polvo igual al que posteriormente compartió con nosotros, eso significa que en el momento de nuestra creación la naturaleza de Jesús, aunque poseía un cuerpo del cual fuimos hechos a semejanza, era completamente espiritual y se le podía adjudicar el título de "El Espíritu de Dios".

"Se siembra cuerpo animal, resucitará cuerpo espiritual. **Hay cuerpo animal y hay cuerpo espiritual.**" 1 Corintios 15:44

Sabemos que el alma no es un elemento dado al hombre, sino que es el resultado de la unión entre el polvo más el soplo de Dios, es decir, un sinónimo de alma, según Génesis 2:7 es: ser viviente. No existe la más mínima posibilidad de que el tan mencionado concepto que se refiere a que el hombre tiene un alma, proceda de la Biblia. El hombre no tiene un alma, el hombre es un alma y cuando uno de los dos componentes (cuerpo o aliento) no está presente, el alma deja de existir, es decir: muere. "» Vivo yo, dice Jehová, el Señor, [...]. He aquí que todas las almas son mías: como el alma del padre, así el alma del hijo es mía. **El alma que peque, ésa morirá.**" Ezequiel 18:3,4.

No es cierto que el alma sea inmortal, mientras conservemos este cuerpo mortal, el alma va a morir. Cuando Adán se encontró con el Señor después de haber desobedecido, Dios habló de manera muy clara referente a este asunto; los dos componentes que posibilitan su existencia volverían a su lugar de procedencia y el hombre, el alma, el ser viviente, moriría. "Con el sudor de tu rostro comerás el pan, hasta que vuelvas a la tierra, porque de ella fuiste tomado; pues polvo eres y al polvo volverás." Génesis 3:19

El hombre desde su creación participa de la vida que solo Dios puede proveer, pero para que el hombre permaneciera para siempre, le era necesario comer del fruto del árbol de la vida; como resultado de esto su cuerpo podría renovar constantemente su vitalidad; de lo contrario, la energía vital que producía la unión del soplo de Dios con el cuerpo se iría debilitando hasta agotarse. Esto fue lo que sucedió a todos los hijos de la tierra, aunque Adán quien había participado del fruto del árbol de la vida consiguió un poco más de tiempo en la tierra, los hombres hoy no contamos con esa cercanía a los efectos del fruto del árbol de la vida y por ello es que el ser humano en la actualidad posee tan poco tiempo de vida.

"Dios dotó originalmente al hombre de una fuerza vital tan grande que le ha permitido resistir la acumulación de enfermedad atraída sobre la especie humana como consecuencia de hábitos pervertidos, y ha subsistido por espacio de seis mil años. Este hecho es de por sí suficiente para evidenciarnos la fuerza y energía eléctrica que Dios dio al hombre en ocasión de su creación... Si Adán, al tiempo de su creación, no hubiese sido dotado de una vitalidad veinte veces mayor que la que los hombres tienen actualmente, la especie, con sus presentes métodos de vida y sus violaciones de la ley natural, se habría extinguido..." Conflicto y Valor (CV) p.21

"Dios no creó a la humanidad en su débil condición presente. Este estado de cosas no es obra de la Providencia sino del hombre; ha sido ocasionado por hábitos errados y abusos, por la violación de las leyes que Dios estableció para regir la existencia del hombre." —Consejos para los Maestros Padres y Alumnos acerca de La Educación Cristiana, p.16,17.

Salomón complementa el concepto añadiendo el lugar a donde iría el soplo, el aliento, el espíritu. "[...] antes que el polvo vuelva a la tierra, como era, y el espíritu vuelva a Dios que lo dio." Eclesiastés 12:7. El alma muere significa que el cuerpo vuelve a la tierra como era y el espíritu vuelve a Dios. Es decir, el espíritu no muere, el espíritu vuelve a Dios y esto significa que por alguna razón el espíritu si es inmortal. La Biblia dice que Dios puso eternidad en el hombre y definitivamente se refiere al aliento de vida. "Todo lo hizo hermoso en su tiempo, y ha puesto eternidad en el corazón del hombre, [...]." Eclesiastés 3:11

El único inmortal, el único que posee eternidad es Dios. "Por tanto, **al Rey de los siglos, inmortal**, invisible, al único y sabio Dios, sea honor y gloria **por los siglos de los siglos**. Amén." 1 Timoteo 1:17 **"Mas tú, Jehová, permanecerás para siempre** y tu memoria de generación en generación." Salmos 102:12, "¿No has sabido, no has oído que **el Dios eterno es Jehová**, el cual creó los confines de la tierra? Isaías 40:28.

Cuando hablamos de Dios nos estamos refiriendo a tres personas diferentes. "Tres son los que dan testimonio en el cielo: el Padre, el Verbo y el Espíritu Santo; y estos tres son uno." 1Juan 5:7. La eternidad es un atributo exclusivo de Dios y por su carácter generoso ha querido compartirlo con sus seres creados, no que sea una característica inherente en los hijos de Dios, sino que, conforme a su método y propósito, estos pueden llegar a recibir la capacidad de permanecer para siempre. La única manera de que esto sea posible, es decir de que el hombre pueda participar de la vida eterna es si Dios mismo habita en él. Y es de esta manera que cuando Dios sopló en el hombre aliento de vida, puso en su corazón eternidad.

"Desde las edades eternas, había sido el propósito de Dios que todo ser creado, desde el resplandeciente y santo serafín hasta el hombre, **fuese un templo para que en él habitase el Creador.**" No obstante, **el deseo de Dios de que el hombre viviera para siempre**, "a causa del pecado, la humanidad había dejado de ser templo de Dios." DTG p.132

El Espíritu Santo es el aliento de vida física y espiritual del hombre y es el mismo aliento de vida que poseen los animales. Dios es la única fuente de vida para todo ser creado en este planeta. "Solo en ti se encuentra la fuente de la vida, y solo en tu presencia podemos ver la luz" Salmos 36:9 (TLA) Traducción en Lenguaje Actual.

Cuando Adán desobedeció, la muerte entro en el mundo, esto significa que, el Espíritu de Dios que habitaba en el hombre fue parcialmente desalojado; esto debilitó considerablemente la naturaleza del hombre y dio cabida al mal en su corazón. Como consecuencia de ese estado de cosas, el fruto del árbol que había sido provisto para sostener el perfecto funcionamiento del cuerpo humano por todos los siglos, fue retirado del alcance del hombre y en la medida que su lozanía se pervirtió, el Espíritu de vida se retiró, ocasionando la muerte del primer hombre. Recordemos que la vida solo existe si hay un cuerpo que la soporte, al deteriorarse la carne, el soplo queda limitado y no puede permanecer. En otras palabras, si no hay templo, no hay Espíritu.

De ahí la importancia de cuidar nuestro cuerpo, que es templo del Espíritu Santo, el descuido de la salud trae consecuencias físicas, mentales y espirituales. Y esto no es una tarea exclusiva para ser humano, los animales que están bajo el cuidado del hombre deben ser amados, protegidos y alimentados de tal manera, que el vínculo que estos tienen con la vida, es decir con Dios, por medio del aliento que les fue provisto para participar de esta vida, sea respetado y honrado.

No se puede desvincular el mundo físico del espiritual. De tal manera que el mismo Espíritu de Dios que permanece en el hombre le permite participar de la vida natural y de la espiritual. "Nuestros cuerpos viven de lo que comemos y bebemos; y lo que sucede en la vida natural sucede en la espiritual: lo que meditamos es lo que da tono y vigor a nuestra naturaleza espiritual." CC p.88 El concepto de vida física o natural que Dios proveyó para el hombre y los animales, nada tiene que ver con las facultades morales que solo le fueron asignadas al hombre. Para ello, para el desarrollo de la capacidad moral e inteligente, la manifestación del Espíritu es otra. Es por eso que, aunque todos, hombres y animales participan de la vida, solo quienes alimentan la naturaleza espiritual participan de la adoración inteligente y verdadera.

De ahí se desprende el concepto del nuevo nacimiento y el pensamiento de que hay quienes no han conocido la luz de la vida, aunque respiran y comen pan material. Pueden lucir jóvenes y fuertes como atletas o hermosos como esculturas, pero ni el hombre ni la mujer que no ha nacido de nuevo, participa de la vida verdadera. Muchos son como los animales que en la búsqueda de su sustento físico despliegan la totalidad de sus capacidades, solo usan el aliento original y el cuerpo que viene de la tierra; pero no han percibido la otra manifestación del Espíritu de Dios, aquella que implanta un nuevo corazón sin el cual nadie podrá hallar el camino de la eternidad, el camino de regreso al árbol de la vida.

ALIENTO DE VIDA

El aliento de vida que al fusionarse con un cuerpo creado produce la vida natural en el hombre y los animales, es la presencia de Dios en la persona del Espíritu Santo habitando en el interior de un ser creado. Desde esta perspectiva, la presencia del Espíritu de Dios en las criaturas creadas, no está relacionada con un concepto moral acerca de la capacidad para rechazar el mal y seguir el bien, sino que se puede definir como el don de la vida. Como la lluvia que proviniendo del cielo cae para justos, injustos, animales y refresca toda la vegetación, como el sol que ilumina a todos, la vida es un regalo de Dios del que disponen tanto los hijos de la familia humana como los animales, sin que estos hayan hecho algo para merecerlo.

"[...] el mundo entero, los malos y los buenos, reciben el sol de su amor. Esta verdad debierais haberla aprendido de la misma naturaleza, porque Dios "hace salir su sol sobre malos y buenos, y... hace llover sobre justos e injustos". El Discurso Maestro de Jesucristo (DMJ) p.65.

El mismo Dios que da la vida, la preserva por medio de su poder y de su amor.

"Los ojos de todos esperan en ti y tú les das su comida a su tiempo. Abres tu mano y colmas de bendición a todo ser viviente." Salmos 145:15,16

Desde luego que solo Adán recibió el sopló de la vida, pero este al ser creado a imagen y semejanza de Dios, recibió la facultad especial de Dios de poder compartir ese don. De manera que Adán vivió por el resultado directo del soplo divino en la creación y el resto de la familia humana posee la misma facultad y comparte el mismo aliento por herencia a través de la procreación.

Como sucedió el sexto día de la semana de la creación de manera física, cuando se le dio la vida al hombre, sucede de manera espiritual. "El Espíritu Santo es el aliento de la vida espiritual. El impartimiento del Espíritu es el impartimiento de la vida de Cristo. Comunica al que lo recibe los atributos de Cristo." DTG p.745 De manera que, durante el desarrollo de la vida en este último período de la historia humana, el aliento de vida que recibe el representante del hombre de Génesis, moldeará su carácter de manera que este pueda alcanzar la semejanza del Creador que se había perdido desde la experiencia de Adán.

Es interesante que la Biblia para referirse al Espíritu Santo usa también la analogía de un soplo. "Y al decir esto, sopló y les dijo: —Recibid el Espíritu Santo." Juan 20:22. En ocasión de la lluvia de pentecostés la ilustración es nuevamente la misma, la Escritura lo describe como un viento recio que soplaba. Esto significa que sabiendo que el Espíritu Santo provenía directamente de Dios, estamos contemplando la misma imagen del principio, un soplo que viniendo del interior de Dios mismo da vida al hombre. "De repente vino del cielo un estruendo como de un viento recio que soplaba, el cual llenó toda la casa donde estaban; [...]" Hechos 2:2. Una vez más Juan en el relato de la reunión de Jesús con Nicodemo relata la misma analogía. "El viento sopla de donde quiere, y oyes su sonido, pero no sabes de dónde viene ni a dónde va. Así es todo aquel que nace del Espíritu." Juan 3:8 También Salomón en un despliegue maravilloso de sabiduría asemeja el desarrollo de la vida física con la obra del Espíritu Santo. "Así como tú no sabes cuál es el camino del viento ni cómo crecen los huesos en el vientre de la mujer encinta, así también ignoras la obra de Dios, el cual hace todas las cosas." Eclesiastés 11:5

Dios en la persona del Espíritu Santo incesantemente ha compartido la experiencia de los seres humanos. Desde antes de la creación de los cielos y la tierra los tres miembros del concilio de Dios definieron el rol que desempeñarían en la obra de la salvación. Cuando Jesús habla de sí mismo diciendo: "Y yo estoy con vosotros todos los días, hasta el fin del mundo." Mateo 28:20 No solo apunta a una promesa exclusiva para el futuro, se refiere a la presencia constante del Espíritu Santo en el corazón de aquellos que le aman. Cuando el testigo fiel y verdadero dice: "Yo estoy a la puerta y llamo; si alguno oye mi voz y abre la puerta, entraré a él y cenaré con él y él conmigo." Apocalipsis 3:20 hace referencia directamente a la obra que hace el Espíritu Santo en el corazón de quien lo recibe. Donde quiera que un hombre sincero siente la necesidad de la ayuda que Dios brinda, es la voz del Espíritu llamándole a participar de una nueva vida. No hay una sola expresión de abnegación, respeto, servicio y amor verdadero que nazca del intento del ser humano por ser mejor; no cabe la menor duda que se trata del Espíritu motivador.

"Él, (Dios) formó la mente del hombre. No producimos un solo pensamiento noble que no derive de él. El conoce todos los procesos misteriosos de la mente humana, [...]." Mente, Carácter y Personalidad 2, (2MCP) p. 422.

El Espíritu Santo no habla de sí mismo porque Él es la puerta que da acceso al Padre y a Jesús a nuestro corazón. Cuando el Espíritu de Dios habita en nosotros, realmente son tres las personas de la familia eterna que hacen su morada en nosotros. El amado Padre, su Hijo Jesucristo y el amoroso Espíritu Santo. En la promesa que Jesús hace a sus discípulos referente al Espíritu Santo este pensamiento es muy claro: "» Si me amáis, guardad mis mandamientos. Y yo rogaré al Padre y os dará otro Consolador, para que esté con vosotros para siempre: el Espíritu de verdad, al cual el mundo no puede recibir, porque no lo ve ni lo conoce; pero vosotros lo conocéis, porque vive con vosotros y estará en vosotros. [...] —El que me ama, mi palabra guardará; y mi Padre lo amará, y vendremos a él y haremos morada con él. Juan 14:16,17,23

DIOS LO PRIVÓ DE SABIDURÍA Y NO LE DIO INTELIGENCIA

Este concepto tiene una variación cuando hacemos referencia al significado simbólico de los animales y al del hombre. Aunque ambos son creados a partir de la tierra y recibieron el mismo aliento de vida. (Es importante recordar las palabras de Salomón: [...] Pues lo mismo les sucede a los hijos de los hombres que a las bestias: como mueren las unas, así mueren los otros, y **todos tienen un mismo aliento de vida**. No es más el hombre que la bestia, porque todo es vanidad. Todo va a un mismo lugar; **todo fue hecho del polvo,** y todo al polvo volverá." Eclesiastés 3:19), Hay una diferencia importante con respecto a la manifestación del Espíritu de Dios en los dos casos. La Biblia presenta muy claramente que los animales fueron creados por la Palabra de Dios, pero el proceso mediante el cual el hombre llego a la vida, es especial y particularmente diferente.

En relación con el nacimiento de aquellos que hacen parte del cumplimiento del símbolo de los animales, es decir, las instituciones políticas, y las comunidades cristianas evangélicas, que representan los dos cuernos semejantes a los de un cordero de la segunda bestia de Apocalipsis 13:11, y que surgieron de la tierra, es decir, en el territorio americano, vamos a referirnos específicamente a las comunidades cristianas evangélicas, para hacer la interpretación de la diferencia entre el símbolo de los animales y el hombre.

Cuando la Escritura se refiere a la creación de la los animales por medio de la Palabra de Dios revela claramente que su nacimiento fue voluntad de Dios y parte de su propósito. Al observar de manera general el proceso mediante el cual el Espíritu engendra nueva vida en el hombre, concluimos indiscutiblemente que la doctrina y la confesión denominacional sobran. Solamente la Palabra de Dios tiene el poder de cambiar el corazón de un ser humano. Este es un asunto de relación directa entre Dios y el hombre, esta comunión ocurre por medio de una escalera que une al cielo y la tierra cuya base está asegurada en la Palabra de Dios.

Es evidente que los testimonios de las miles de almas que son convertidas a diario al cristianismo, son el resultado de la obra independiente del Espíritu Santo. La fe que nace del oír la Palabra de Dios no tiene un título denominacional. La sola gracia de Cristo es suficiente. Su sangre derramada en la cruz del calvario puede limpiar y lavar al hombre y proveer el perdón y la nueva vida en el alma. Lo que, a nuestro "conocimiento" como pueblo escogido de Dios, hemos juzgado como parte del error doctrinal, es en realidad el nacimiento de un alma para reino de los cielos, pero en una denominación diferente. Este acto no solo es una obra directa de Dios, sino que el Espíritu lo ve como el tesoro más valioso en el universo. La salvación de un alma no adquiere valor dependiendo de una confesión doctrinal, sino por la perspectiva desde donde Dios observa a quien decide ofrendar su vida por amor a Jesús.

Para fundamentar esta interpretación, es conveniente revisar nuevamente la sentencia de la pluma inspirada con respecto al valor de un alma ante los ojos de Dios: "Todo ser humano pertenece a Dios en cuerpo, alma y espíritu. Cristo murió para redimir a todos. Nada puede ser más ofensivo para Dios que el hecho de que los hombres, por fanatismo religioso, ocasionen sufrimientos a quienes son adquisición de la sangre del Salvador." DTG p.452

Pero la ausencia de la luz plena, la desobediencia por desconocimiento de la verdad de la inmutable ley de Dios, tiene un costo altísimo para aquellos que hacen parte del símbolo de los animales. Su paso por la tierra no constituye una obra relevante en el desarrollo de la última parte del plan magistral de la redención. De cierta manera su falta de raciocinio espiritual, les separa del propósito final en la predicación del regreso del Señor y ni uno de ellos hará parte del bienaventurado grupo de los 144.000; solo si el nuevo nacido en el reino de Dios, muda su símbolo, o sea, salta de la representación de un animal a la analogía del hombre, aceptando la ley de Dios como principio de vida, su carácter participará del proceso de restaurarse a semejanza del Hijo de Dios, el Verbo eterno, Originador y Dador de la vida.

En las Sagradas Escrituras encontramos otra característica con respecto a los animales que podemos aplicar a la representación espiritual que venimos estudiando. Cuando hablando a Job, Dios mismo toma como ejemplo al pavo real y al avestruz, pero entendemos que es un aspecto que todos los animales poseen. "»¿Le has dado tú al pavo real sus hermosas alas, o sus alas y plumas al avestruz? [...] porque Dios lo privó de sabiduría y no le dio inteligencia." Job 39:13,17 De manera que el símbolo de los animales espiritualmente participa esta misma carencia.

Es posible que alguna vez hayas tenido la oportunidad de participar de una discusión teológica con un miembro de una denominación diferente a la adventista, seguramente pasaste por el pensamiento de que lo que escuchabas no tenía lógica alguna, y peor que eso, es el sentimiento de que no vas a poder cambiar el pensamiento de la otra persona por más elocuente que puedas ser; tal vez consigas que la otra persona no pueda responder a tu exposición, pero lo más seguro es que tu elocuencia solo produzca confusión y tristeza. El mensaje de Jesús produce vida y luz, no decepción y tinieblas. Lo mejor que puedes hacer es seguir el consejo del apóstol Pablo: "Recibid al débil en la fe, pero no para contender sobre opiniones." Romanos 14:1. De la misma forma como no puedes discutir sabia o inteligentemente con al menos uno de los animales de la hermosa creación de Dios, en la vida espiritual es imposible llegar a un acuerdo con respecto a la doctrina con aquellos que no pueden entender por falta de inteligencia espiritual; aquellos que no podrían cantar como David:

"¡Cuánto amo yo tu Ley! ¡Todo el día es ella mi meditación! Me has hecho más sabio que mis enemigos con tus mandamientos, porque siempre están conmigo. Más que todos mis enseñadores he entendido, porque tus testimonios son mi meditación." Salmos 119:97,98

LOS QUE GUARDAN LOS MANDAMIENTOS DE DIOS

No hay ni duda ni discusión que la fe que salva al hombre es el resultado de una comunión íntima con Dios; esta relación fraternal le habilita para que, al recibir al Espíritu Santo en su corazón, el ser humano obtenga el poder de obedecer la ley de Dios pues sin la intervención divina, al hombre le es imposible guardar la ley. Sabemos que el espíritu de una fe viva se revela mediante las obras de justicia, es decir, el guardar los mandamientos de Dios según lo registran las Escrituras. "Así como el cuerpo sin espíritu está muerto, también la fe sin obras está muerta." Santiago 2:26.

La pluma inspirada también deja claro el asunto con la siguiente sentencia: "No ganamos la salvación con nuestra obediencia; porque la salvación es el don gratuito de Dios, que se recibe por la fe. Pero la obediencia es el fruto de la fe. 'Sabéis que él fue manifestado para quitar los pecados, y en él no hay pecado. Todo aquel que mora en él no peca; todo aquel que peca no le ha visto, ni le ha conocido.' 1 Juan 3:5,6 He aquí la verdadera prueba. Si moramos en Cristo, si el amor de Dios está en nosotros, nuestros sentimientos, nuestros pensamientos, nuestros designios, nuestras acciones, estarán en armonía con la voluntad de Dios, según se expresa en los preceptos de su santa ley. '¡Hijitos míos, no dejéis que nadie os engañe! el que obra justicia es justo, así como él es justo.' 1 Juan 3:7 La justicia se define por la norma de la santa ley de Dios, expresada en los diez mandamientos dados en el Sinaí.

La así llamada fe en Cristo que, según se sostiene, exime a los hombres de la obligación de obedecer a Dios, no es fe, sino presunción. 'Por gracia sois salvos, por medio de la fe. Mas 'la fe, si no tuviere obras, es de suyo muerta.' Efesios 2:8; Santiago 2:17 El Señor Jesús dijo de sí mismo antes de venir al mundo: 'Me complazco en hacer tu voluntad, oh Dios mío, y tu ley está en medio de mi corazón.' Salmos 40:8 Y cuando estaba por ascender de nuevo al cielo, dijo: 'Yo he guardado los mandamientos de mi Padre, y permanezco en su amor.' Juan 15:10 La Escritura afirma: 'Y en esto sabemos que le conocemos a él: si guardamos sus mandamientos. ...El que dice que mora en él, debe también él mismo andar así como él anduvo.' 1 Juan 2:3,6 'Pues que Cristo también sufrió por vosotros, dejándoos ejemplo, para que sigáis en sus pisadas.' 1 Pedro 2:21

La condición para alcanzar la vida eterna es ahora exactamente la misma de siempre, tal cual era en el paraíso antes de la caída de nuestros primeros padres: la perfecta obediencia a la ley de Dios, la perfecta justicia. Si la vida eterna se concediera con alguna condición inferior a ésta, peligraría la felicidad de todo el universo. Se le abriría la puerta al pecado con toda su secuela de dolor y miseria para siempre." CC p.61

Esta declaración no da espacio para el error, es demasiado clara en cuanto a nuestra necesidad de vivir en perfecta obediencia a la ley de Dios, si nuestro objetivo es el cielo, no porque podamos adquirirlo con nuestras fuerzas porque es un don de Dios, sino porque nuestro carácter transformado y nuestra obediencia hablaran de la experiencia de fe en la que estamos participando. En resumen, si no se manifiesta la obediencia en nuestra experiencia cristiana esto es el equivalente a que nuestra fe es muerta. Pero si nuestra vida revela un amor profundo por guardar la ley del Señor, nuestra fe está llena de vitalidad y hemos participado de la salvación y el amor que ofrece el Salvador.

Debemos hacer una aclaración porque hasta ahora hemos dicho que los animales representados por los miembros de las comunidades evangélicas cristianas, con la excepción de la Iglesia Adventista del Séptimo Día, no fueron dotados con la capacidad de obedecer moralmente o de proyectarse intelectualmente hacia el futuro y que aun a pesar de ello pueden participar de la salvación. ¿Cómo puede ocurrir eso?

La Palabra del Señor es la única luz capaz de dar claridad a la situación. Génesis 2:16,17 dice: "Y mandó Jehová Dios al hombre, diciendo: «De todo árbol del huerto podrás comer; pero del árbol del conocimiento del bien y del mal no comerás, porque el día que de él comas, ciertamente morirás.»"

La clave está en la frase "Y mandó Jehová Dios **al hombre**, [...]" la ley fue dada al hombre y no al animal, esto ocurrió por el propósito para el cual este había sido dotado de vida: Para que proyectara el carácter de su Creador sobre el resto de la obra creada.

En el libro de Éxodo, en el capítulo 20, el verso 1 y 2 que da inicio al texto donde Dios presenta la ley al pueblo de Israel dice:

"Habló Dios todas estas palabras: «Yo soy Jehová, tu Dios, que te saqué de la tierra de Egipto, de casa de servidumbre."

El mensaje es presentado al pueblo que había sido liberado de Egipto, no a los pueblos paganos que les rodeaban. No significa esto que la ley de Dios solo sea un requerimiento para el pueblo de Dios en la tierra, sino que el pueblo de Dios la recibe para que el mundo pueda reconocer en estos el carácter de Dios y a partir del testimonio vivo sus hijos, los hijos del mundo, puedan convertirse de las tinieblas, a la luz admirable del Autor de la vida.

No es diferente con el pueblo remanente del fin, que, al participar del conocimiento de los preceptos de la ley de Dios, al vivir la experiencia de la obediencia, recibe la imagen y la semejanza de su Creador. El mundo finalmente será iluminando por el testimonio de estos, los que guardan los mandamientos de Dios y tienen el testimonio de Jesucristo; el planeta tierra verá por fin la luz, pues los hijos de Dios resplandecerán en el cielo como la luna en la oscura noche alumbra el sendero del caminante.

Los animales no. Estos viven sin un recurso intelectual y moral, y como en los días del diluvio, solo unos pocos representantes de cada especie conservarán sus vidas y serán guardados de las aguas de destrucción, cuando al escuchar la voz de su Señor acudan a su llamado.

"Mis ovejas oyen mi voz y yo las conozco, y me siguen; yo les doy vida eterna y no perecerán jamás, ni nadie las arrebatará de mi mano. Mi Padre, que me las dio, mayor que todos es, y nadie las puede arrebatar de la mano de mi Padre." Juan 10:27-29

Es claramente reconocible que la principal característica que hizo la diferencia entre la creación de los animales y el hombre consiste en que el primero que fue creado por la Palabra de Dios, no recibió la capacidad de desarrollar ni sabiduría ni inteligencia. A esta diferencia entre los animales y el hombre, la sierva de Dios hace referencia cuando describe el tierno cuidado de Dios sobre todas sus criaturas.

"El gran Dios que provee para **los hombres y las bestias** extiende su mano y suple las necesidades de todas sus criaturas. Las aves del cielo no son tan insignificantes que no las note. Él no les pone el alimento en el pico, mas hace provisión para sus necesidades. Deben juntar el grano que Él ha derramado para ellas. Deben preparar el material para sus nidos. Deben alimentar a sus polluelos. Ellas se dirigen cantando hacia su labor, porque 'vuestro Padre celestial las alimenta.' Y '¿no valéis vosotros mucho más que ellas?' ¿No sois vosotros, como **adoradores inteligentes y espirituales**, de más valor que las aves del cielo? El Autor de nuestro ser, el Conservador de nuestra existencia, el que nos formó a su propia imagen divina, ¿no suplirá nuestras necesidades si tan sólo confiamos en Él?" CC p.123

COMO ALFARERO NOS FORMÓ CON SU PROPIA MANO

Sabemos que los animales fueron creados por la Palabra de Dios, pero el hombre fue formado por las manos de Dios. Aunque tanto los animales como el hombre recibieron el mismo aliento de vida, la narración de Génesis solo menciona el momento cuando el hombre recibe el soplo de Dios. (Génesis 2:7) Esta marcada disparidad entre las dos clases tiene en una representación espiritual en relación directa con la manifestación del Espíritu Santo pues "el impartimiento del Espíritu es el impartimiento de la vida de Cristo. Comunica al que lo recibe los atributos de Cristo." DTG p.745

En el relato de Génesis 2:7 hay una Palabra que define el método que Dios empleo para la creación del hombre. "Entonces Jehová Dios **formó** al hombre del polvo de la tierra, [...]"

La palabra **formó,** es clave para develar este concepto. La palabra usada en Génesis 2:7 para describir la manera como Dios formo al hombre es *YETZER.*

"Debemos saber que desde el significado de la Torá: '*YETZER*' se deriva de '*YATZAR*' palabra que significa 'formar, moldear' algo a partir de su estado inicial. Formado '*YATZAR*' siempre tiene una connotación pasiva, no activa; no significa 'lo que forma' sino "lo formado", como lo vemos en (Isaías 29:16)."

'Vuestra perversidad ciertamente será reputada como barro de alfarero. ¿Acaso la obra dirá de su hacedor: «No me hizo»? ¿Dirá la vasija de aquel que la ha **formado (*YATZAR*)**: «No entiende»?'" Joseph Gonzales / Guaymallén - Mendoza, Argentina.

Entendemos entonces que el hombre fue formado de la forma en que un alfarero da forma a sus vasijas. El espíritu de la profecía afirma: "No comprendemos la grandeza y la majestad de Dios ni recordamos la inconmensurable distancia que hay entre el Creador y las criaturas **formadas por su mano**." La Maravillosa Gracia de Dios (MGD) p.78.

Dios nos hizo con su propia mano, como Alfarero nos formó, somos piezas perfectas de su obra. El mensaje definitivamente nos revela el perfil artístico del Eterno Dios, sin embargo, ¿qué más podríamos extraer de la idea de que fue su propia mano la que nos moldeo? ¿Qué significa espiritual e históricamente la mano de Dios?

Las Sagradas Escrituras afirman que la ley de Dios fue escrita con el dedo de Dios y entregada a Moisés. Si las dos tablas dadas a Moisés eran dos piedras literales, entonces literalmente el dedo de Dios las escribió. Esto no era un concepto ilustrativo representando que su procedencia era divina, era un elemento físico, que daba testimonio de la obra literal de Dios. Fue la mano de Cristo quien escribió la ley en las tablas de piedra.

Aunque la obra fue hecha por Él, [por Jesús] "[...] porque en él fueron creadas todas las cosas, [...]" Colosenses 1:16, el Hijo de Dios en ningún momento estuvo solo. De la misma forma como en la creación del mundo y en el punto más elevado del plan de la redención, o sea, en la cruz del calvario, el Padre, el Hijo y el Espíritu Santo se hicieron presentes en el monte cuando se redactó el decálogo en las piedras.

"Con el Padre en el Sinaí—Cuando ellos [Israel] llegaron al Sinaí, él [Dios] aprovechó la ocasión para refrescar su memoria con respecto a sus requerimientos. Cristo y el Padre, estando lado a lado sobre el monte, con majestad solemne proclamaron los Diez Mandamientos." — Historical Sketches of the Foreign Missions of the Seventh Day Adventist, 231 (1866). El Evangelismo (Ev) p.447

"Cuando fue pronunciada la ley, el Señor, el Creador del cielo y de la tierra, estuvo al lado de su Hijo, rodeado por el fuego y el humo del monte." (ST 15-10-1896).

No obstante la presencia de la plenitud de Dios en el monte, la Biblia nos refiere exclusivamente al dedo de Dios dando forma a la obra escrita de los preceptos. Si bien la mano del Hijo de Dios trazó el texto y la presencia del Padre eterno junto a su Amado Hijo fue personal, la manera como se realizó la escritura sobre las piedras contiene una representación espiritual e histórica que apunta directamente al Espíritu Santo.

El texto dice: "Y dio a Moisés, cuando acabó de hablar con él en el monte Sinaí, dos tablas del Testimonio, tablas de piedra escritas por el dedo de Dios." Éxodo 31:18

Sabemos que esas tablas no están a nuestro alcance en la actualidad y eso no significa que ya no sean relevantes, entendemos por lo que dice la Biblia que la promesa del pacto cambió en forma, pero no en principio, esto quiere decir que, aunque ya no se nos presenta en tablas de piedra, la ley es vigente y está escrita en nuestro corazón.

"«Éste es el pacto que haré con ellos después de aquellos días, dice el Señor: Pondré mis leyes en sus corazones, y en sus mentes las escribiré»" Hebreos 10:16

¿De qué manera o cual es el medio por el cual Dios escribe la ley en el corazón del ser humano?

"Y es manifiesto que sois carta de Cristo expedida por nosotros, escrita no con tinta, **sino con el Espíritu del Dios vivo**; no en tablas de piedra, sino en tablas de carne del corazón." 2 Corintios 3:3

Que interesante, el dedo de Dios que escribió la ley en las tablas de piedra en el monte Sinaí es representado por el Espíritu Santo en el nuevo pacto. Encontramos entonces que el método de creación de los animales y del hombre tienen diferencia en la manera especial como el Espíritu Santo (a quien podemos definir como las manos de Dios) daría forma al representante del hombre en el último periodo de la historia. Esto significa que el aliento de vida que el Hombre comparte con los animales es representado por la presencia del Espíritu Santo; pero que también la manera diferente en que ambos fueron creados cumple su representación con la forma como el Espíritu desarrolla su obra en relación al hombre.

Este contexto apunta directamente a una segunda intervención especial del Espíritu en la obra que hace en el ser humano, cuando este por su poder nace en el reino de Dios. Son dos las ocasiones en que el Espíritu se manifiesta para dar vida al representante del hombre y solo una en la analogía de la creación de los animales. Por medio de la primera aparece la vida, por medio de la segunda aparece la inteligencia, la sabiduría y el don magnífico de la adoración. De los animales dice que fueron creados por la Palabra de Dios, pero del hombre dice que fue resultado del acto artístico de dar forma más el soplo de vida. Esas son en definitiva dos intervenciones divinas para la creación del hombre y una para los animales.

El aliento divino produjo en los animales la posibilidad de participar del don de la vida, pero la manera en que el hombre es creado, es decir la obra artesanal que empleo Dios más el soplo de vida, le dieron la posibilidad no solo de vivir sino de coincidir con Dios en inteligencia, sabiduría y, además, dotó al hombre del privilegio de participar del sublime acto de la adoración. Ninguno de estos tres elementos se puede contemplar en la especie animal.

Estas dos manifestaciones del Espíritu Santo son presentadas en la Biblia como la lluvia temprana y la lluvia tardía. "Esforcémonos por conocer a Jehová: cierta como el alba es su salida. Vendrá a nosotros como la lluvia, como la lluvia tardía y temprana viene a la tierra." Oseas 6:3

La sierva inspirada del Señor hace referencia a las dos intervenciones del Espíritu Santo en la historia, usando el mismo elemento ilustrativo:

"Esta obra será semejante a la que se realizó en el día de Pentecostés. Como la 'lluvia temprana' fue dada en tiempo de la efusión del Espíritu Santo al principio del ministerio evangélico, para hacer crecer la preciosa semilla, así la 'lluvia tardía' será dada al final de dicho ministerio para hacer madurar la cosecha. 'Vosotros también, hijos de Sión, alegraos y gozaos en Jehová vuestro Dios; porque os ha dado la primera lluvia arregladamente, y hará descender sobre vosotros lluvia temprana y tardía como al principio'. 'Y será en los postreros días, dice Dios, derramaré de mi Espíritu sobre toda carne'. 'Y será que todo aquel que invocare el nombre del Señor, será salvo'. Joel 2:23; Hechos 2:17, 21." CS p.596

Esto quiere decir que históricamente estas dos manifestaciones del Espíritu deben reposar en el pueblo que representa al hombre en el paralelo de la historia del mundo con la semana literal de la creación. Y por supuesto que cuando decimos, hombre, nos referimos al varón y a la mujer.

SU SALVADOR NO APARECIÓ

Las instituciones cristianas evangélicas que empezaron a surgir en los Estados Unidos desde los inicios del siglo XIX representan la mayor parte de los animales creados en la tarde del sexto día de la creación. Entonces la representación del hombre quien fue creado el mismo día, debió surgir en esa época; pero a diferencia de los animales, el representante del hombre debe contar con la capacidad espiritual de desarrollar inteligencia, sabiduría y practicar la verdadera adoración; como resultado de una segunda manifestación poderosa del Espíritu Santo.

En otras palabras, aunque comparte la característica de haber nacido de la tierra (EE.UU), y por la obra directa del aliento proveniente de Dios, este debe haber sido formado por las manos del Artesano celestial, es decir, debe tener un don provisto por el Espíritu Santo diferente al que ya compartía con las demás instituciones, que lo capacita para completar su desarrollo intelectual, espiritual y físico; además de que su dieta no debe ser basada en una porción de las Escrituras sino en el total de ellas, recordando que la historia del Israel de antaño es símbolo de los frutos preparados para el sustento de aquel que cumple con la analogía del hombre en el tiempo del fin.

Esta declaración cobra total sentido cuando revisamos la historia de la Iglesia Adventista del Séptimo Día, quien fue provista con el testimonio de Jesucristo, el espíritu de la profecía; una magistral revelación del Espíritu Santo. Este don maravilloso es conocido como una lumbrera menor por haber reflejado con total nitidez la luz mayor que proviene de la Palabra de Dios. Las Santas Escrituras son la única fuente de crecimiento y desarrollo intelectual, espiritual y moral, capaz de moldear al ser humano conforme a la imagen y semejanza de su Creador.

La gran diferencia que se manifestó entre Guillermo Miller y los demás líderes que surgieron en el siglo XIX y que le dieron nombre a las actuales y más reconocidas denominaciones cristianas; tuvo que ver con que solo Miller, centró su predicación en los textos de Daniel y Apocalipsis, que contienen la profecía de los 2.300 tardes y mañanas, la obra de Cristo en el santuario, el juicio investigador y finalmente la segunda venida de Cristo. El conocimiento de la interpretación correcta del desarrollo de estos eventos, es indispensable para cumplir con el objetivo del ministerio al que el pueblo del último periodo de la historia ha sido llamado.

No obstante ese conocimiento, Miller no es el símbolo del hombre de Génesis 1:26,27, en el paralelo con la historia de la humanidad. Aunque Miller recibió por la Palabra de Dios el aliento de vida espiritual, solo participó de una parte de la segunda obra del Espíritu. Esto no sucedió por negligencia de Miller, nada tenía que ver con él mismo o su comportamiento, todo esto apunta exclusivamente al rol que debía interpretar en el plan de la redención que había sido trazado desde antes de que Dios creara los cielos y la tierra. De la misma forma que Juan el bautista, la obra de Miller debía menguar para que la luz del Espíritu de Dios alumbrara de manera especial sobre el corazón de muchos otros.

El testimonio de que la obra que se le asignó a Guillermo Miller provenía de Dios mismo esta descrito en el libro de Apocalipsis. "Fui donde el ángel, diciéndole que me diera el librito. Y él me dijo: «Toma y cómelo; te amargará el vientre, pero en tu boca será dulce como la miel.» Entonces tomé el librito de la mano del ángel y lo comí. En mi boca era dulce como la miel, pero cuando lo hube comido amargó mi vientre." Apocalipsis 10:9,10

"A semejanza de la gran Reforma del siglo XVI, el movimiento adventista surgió al mismo tiempo en diferentes países de la cristiandad. Tanto en Europa como en América hubo hombres de fe y de oración que fueron inducidos a estudiar las profecías, y que, al escudriñar la Palabra inspirada, hallaron evidencias convincentes de que el fin de todas las cosas era inminente. En diferentes países había grupos aislados de cristianos que, por el solo estudio de las Escrituras, llegaron a creer que el advenimiento del Señor estaba cerca.

A Guillermo Miller y a sus colaboradores les fue encomendada la misión de predicar la advertencia en Norteamérica. Dicho país vino a ser el centro del gran movimiento adventista. Allí fue donde la profecía del mensaje del primer ángel tuvo su cumplimiento más directo. Los escritos de Miller y de sus asociados se propagaron hasta en países lejanos. Dondequiera que los misioneros hubiesen penetrado, allí también se difundieron las alegres nuevas de la pronta venida de Cristo. Por todas partes se predicaba el mensaje del evangelio eterno: '¡Temed a Dios y dadle gloria; porque ha llegado la hora de su juicio!' [...]" Cristo En su Santuario (CES) p.78

Miller participó de una experiencia muy amarga. A pesar de que su obra contaba con la aprobación de Dios, el error que llevo a realizar los cálculos que apuntaban a una fecha en específico para el retorno del Señor Jesús, no fue inspirado por el cielo. El asunto es que Miller, como los discípulos del Señor, —cuando Cristo fue levantado en la cruz— tenía sus ojos velados a la inmensa verdad que tenía frente a sí. Si este hubiese participado de la misma unción del Espíritu que ellos recibieron en pentecostés, no habría cometido ese error. Sin embargo, el chasco que experimentó propició un zarandeo que desembocó en el nacimiento de la Iglesia Adventista del Séptimo Día, el pueblo que sí cumple con todas las características del representante del ser humano en el tiempo del fin.

"El tiempo de espera pasó y su Salvador no apareció. Con confianza inquebrantable habían esperado su venida, y ahora sentían lo que María cuando, al ir al sepulcro del Salvador y encontrarlo vacío, exclamó con llanto: 'Se han llevado a mi Señor, y no sé dónde lo han puesto'. Juan 20:13

El mundo había estado observando y suponía que, si el tiempo pasaba y Cristo no venía, todo el sistema adventista sería abandonado. Pero, aunque muchos, al ser muy tentados, abandonaron su fe, hubo algunos que permanecieron firmes. Los frutos del movimiento adventista -el espíritu de humildad y el examen del corazón, el renunciamiento al mundo y la reforma de la vida, que habían acompañado la obra, atestiguaban que era de Dios. No se atrevían a negar que el poder del Espíritu Santo había acompañado la predicación de la segunda venida, y no podían detectar error alguno en el cómputo de los períodos proféticos. Los más hábiles de sus oponentes no habían tenido éxito en echar por tierra su sistema de interpretación profética. Sin evidencias bíblicas no podían consentir en abandonar posiciones que habían sido alcanzadas merced al estudio ferviente y con oración de las Escrituras, por medio de mentes iluminadas por el Espíritu de Dios y corazones en los cuales ardía el poder vivificante de éste; posiciones que habían resistido las críticas más agudas y la oposición más violenta por parte de los maestros religiosos populares y los sabios mundanos, y que habían permanecido firmes ante las fuerzas combinadas del saber y la elocuencia, y ante las burlas y los ultrajes tanto de los hombres de reputación como de los más viles.

En verdad, había habido un error en el evento esperado, pero ni aun eso pudo conmover su fe en la Palabra de Dios..." Cristo En su Santuario (CES) p.83

ES NECESARIO QUE PROFETICES OTRA VEZ

El final de la gran comisión dada a Miller había llegado, pero con este surgió el llamado a un pueblo que proclamaría el mensaje de una manera diferente y con un poder mayor. Apocalipsis describe el asunto por medio de una orden que se le da a Juan de volver a iniciar la tarea de expansión del mensaje de Dios.

"Él me dijo: «Es necesario que profetices otra vez sobre muchos pueblos, naciones, lenguas y reyes.»" Apocalipsis 10:11

Cabe resaltar que la orden dada a Juan es la de profetizar, no es meramente la predicación como se le dijo a los apóstoles en el siglo primero. La orden dada a Juan, da relevancia al ministerio profético que desarrollaría el pueblo remanente de Dios durante el desarrollo de los eventos del tiempo del fin. Juan representa no solo el ministerio profético de la hermana Ellen G. White en relación con la obediencia a la orden dada de profetizar, él es símbolo de todos aquellos que en el último periodo de la historia guardan los mandamientos de Dios y la fe de Jesús.

La única manera de que el espíritu de profecía surja es si Dios tiene un mensaje importante que dar. Los eventos que antecederán al fin del mundo y la segunda venida de Cristo a la tierra es no solo un mensaje importante, sino urgente, la salvación de muchos depende de la correcta exposición de esta maravillosa verdad.

La historia de los pioneros de la Iglesia Adventista del Séptimo Día, muestra a un pequeño grupo que a pesar del chasco que experimentó por el no regreso del Señor Jesús, se mantuvo fiel. Estos, teniendo la seguridad de haber sido guiados desde un principio por el Espíritu Santo, perseveraron en la causa excavando en las profundidades de las Escrituras para esclarecer los hechos que llevaron al error en los cálculos. Es en ese momento que el soplo de vida empieza a flotar en el ambiente; el corazón de estos fieles, al igual que el de los apóstoles, fue lleno de una fuerza que los superaba a ellos mismos. Una persona en particular fue la escogida para recibir la luz que el pueblo de

Dios necesitaba para avanzar sobre un camino seguro. Algunos aceptaron, pero otros rechazaron la luz y con ello nublaron su entendimiento.

"Casi inmediatamente después del chasco de octubre, muchos creyentes y pastores que se habían adherido al mensaje adventista se apartaron de él. Otros fueron arrebatados por el fanatismo. Más o menos la mitad de los adventistas siguió creyendo que Cristo no tardaría en aparecer en las nubes del cielo. Al verse expuestos a las burlas del mundo, las consideraron como pruebas de que había pasado el tiempo de gracia para el mundo. Creían firmemente que el día del advenimiento se acercaba. Pero cuando los días se alargaron en semanas y el Señor no apareció, se produjo una división de opiniones en el grupo mencionado. Una parte, numéricamente grande, decidió que la profecía no se había cumplido en 1844 y que sin duda se había producido un error al calcular los períodos proféticos. Comenzaron nuevamente a fijar fechas. Otro grupo menor, que vino a ser el de los antecesores de la Iglesia Adventista del Séptimo Día, hallaba certeras las evidencias de la obra del Espíritu Santo en el gran despertar, y consideraba imposible negar que el movimiento fuese obra de Dios, pues hacer esto habría sido despreciar al Espíritu de gracia.

Para este grupo, la obra que debían hacer y lo que experimentaban estaba descrito en los últimos versículos de Apocalipsis 10. Debían reavivar la expectación. Dios los había conducido y seguía conduciéndolos. En sus filas militaba una joven llamada Elena Harmon, quien recibió de Dios, en diciembre de 1844, una revelación profética. En esa visión el Señor le mostró la peregrinación del pueblo adventista hacia la áurea ciudad. La visión no explicaba el motivo del chasco, si bien la explicación podía obtenerse del estudio de la Biblia, como sucedió. Sobre todo hizo comprender a los fieles que Dios los estaba guiando y continuaría conduciéndolos mientras viajasen hacia la ciudad celestial.

Eran muy pocos los que constituían aquel grupo que avanzaba en la luz. En 1846, eran como cincuenta. El grupo mayor, que abandonó la esperanza de que la profecía se hubiese cumplido en 1844, contaba tal vez con 30.000 personas. En 1845 se reunieron para reexaminar sus opiniones en una conferencia que se celebró en Albany, estado de Nueva York, del 29 de abril al 1 de mayo. **Decidieron entonces formalmente denunciar a quienes aseverasen tener 'iluminación especial' y a los que enseñasen 'fábulas judaicas.'"** (*Advent Herald,* 14 de mayo de 1845.) Véase *Messenger to the Remnant* (Mensajera enviada al residuo), pág. 31, columna 2.

"Cerraron así la puerta para no dejar penetrar la luz referente al sábado y al Espíritu de Profecía." Primeros Escritos (PE) p.15,16

"Hiram Edson, [...] vivía en la parte central del estado de Nueva York, en Port Gibson. Era director espiritual de los adventistas que había en ese lugar, y los creyentes se reunieron en su casa el 22 de octubre de 1844, para aguardar con él la venida del Señor. Pero cuando llegó la media noche, comprendieron que el Señor no vendría tan pronto como lo habían esperado. Sufrieron un gran chasco, pero temprano por la mañana siguiente, Hiram Edson y algunos otros fueron a la granja del primero para orar. Mientras oraban, el nombrado sintió la seguridad de que recibirían luz.

Un poco más tarde, mientras Edson, en compañía de un amigo, cruzaba un maizal en dirección al domicilio de unos adventistas, le pareció que una mano le tocaba el hombro. Alzó los ojos y vio, como en una visión, los cielos abiertos y a Cristo en el santuario entrando en el lugar santísimo para comenzar su ministerio de intercesión en favor de su pueblo, en vez de salir del santuario para purificar el mundo por fuego, como ellos habían enseñado que iba a suceder. Un estudio cuidadoso de la Biblia, que realizaron Hiram Edson, el médico F. B. Hahn y el maestro O. R. L. Crozier, reveló que el santuario que debía ser purificado al fin de los 2.300 años no era la tierra, sino el santuario celestial, y que esa purificación se haría mientras Cristo intercediese por nosotros en el lugar santísimo. Esta obra o ministerio de Cristo correspondía al mensaje referente a 'la hora de su juicio' [de Dios], proclamado por el primer ángel de [Apocalipsis 14:6, 7]." Primeros Escritos (PE) p.17, 18

Así que los que andaban en la luz de la palabra profética vieron que, en lugar de venir a la tierra al fin de los 2.300 días, en 1844, Cristo entró entonces en el lugar santísimo del santuario celestial para cumplir la obra final de la expiación preparatoria para su venida." CS p.416

De esta forma todas las dudas quedaron despejadas y se abrió la ruta hacia el último recorrido del pueblo remanente de Dios en la tierra.

"Y VIO DIOS QUE ERA BUENO." GÉNESIS 1:25

Tocante al surgimiento de los animales durante la tarde del sexto día de la creación y la representación simbólica de este en la historia de la humanidad durante el sexto milenio, podemos concluir con dos puntos específicos.

Primero: Este grupo está conformado por los miembros de todas las comunidades cristianas que a través de una relación personal, libre y honesta con Dios han sido transformados por el poderoso amor del Espíritu Santo. Segundo: Aunque no hay en su profesión de fe toda la luz de la verdad que revelan las Santas Escrituras, hay para ellos un camino a la salvación preparado por Dios mismo y muchos guiados por los ángeles del cielo recorrieron y recorrerán la senda. Así como en los días de Noé, cuando los animales fueron dirigidos al arca y preservados para la vida, en los días del fin hay también un lugar para ellos en la iglesia del Señor. En un momento miles de todas las denominaciones se allegarán y se unirán a las filas del ejército eterno en la tierra. La Iglesia Adventista del Séptimo Día quien representa el arca de la salvación del tiempo del fin, será testigo de la manera sobrenatural como los ángeles de Dios, guiarán al redil las ovejas que el Pastor eterno tiene en otros rebaños y que a su tiempo llamará a la salvación.

En ese momento el plan de la redención acogerá una nueva multitud de redimidos y la expresión de Génesis 1:25 "Y vio Dios que era bueno." será una grata realidad en los libros de la vida del Cordero que fue inmolado. La gracia habrá vestido con la justicia del que murió en la cruz, a todos los que dejando al mundo amaron a su Señor. Muchos hermanos del mundo evangélico que como Lutero no tuvieron acceso a toda la verdad y hoy descansan en la tumba y que fueron fieles hasta el fin según la luz que se les presentó, al sonido de la trompeta se levantarán para recibir la corona de la vida que está preparada para los que le conocieron y Él conoce.

En este caso, podemos resaltar el pensamiento que relaciona, la evaluación registrada en numerosas ocasiones en el relato de la obra creadora y que considera el resultado de la obra como buena, con el éxito del plan de la redención, es decir, la salvación de un alma; bien sea cuando asciende directamente al cielo, (como en el caso de Enoc, Moisés, Elías y los trofeos que el Señor llevó al cielo luego de su resurrección), o en el hecho de que, al descansar en el sueño de la muerte, (como en el caso del justo Abel quien murió a manos de su hermano Caín) declararon su lealtad al Cordero de Dios que quita el pecado del mundo.

LO FORMÓ DE LA TIERRA Y SOPLÓ EN SU NARIZ ALIENTO DE VIDA

El periodo durante el cual Dios inicio su obra de dar forma al hombre histórica y espiritualmente tuvo lugar a partir del 22 de octubre de 1844, el momento justo en que en el santuario celestial ocurriera el movimiento de Cristo del lugar Santo al lugar Santísimo, dando inicio al evento conocido como el juicio investigador o el día de la expiación. Si bien la representación en la historia de la tarde del sexto día de la creación inicia en 1798 con el fin de los 1260 años de predominio romano y que son la representación del quinto milenio, solo hasta que en el cielo el gran reloj del tiempo dirigiera el movimiento de Cristo en el tabernáculo celestial, la obra de la Providencia en la tierra marcó un cambio. En otras palabras, el sol de justicia volvió a nacer en el cielo a partir del 22 de octubre de 1844 cuando se da por terminada la tarde del sexto milenio y nace la mañana que traería consigo la creación de un ser conforme a la imagen y la semejanza del gran Gobernador del universo.

En su totalidad el plan de la redención apunta al gran día del regreso del Señor, el ministerio sacerdotal de Cristo señala hacia la fecha cuando el santuario esté limpio de los pecados que le contaminaron; también la obra creadora de Dios dirige nuestra atención hacia el fin del sexto día, cuando a la vista del Señor, toda su obra es evaluada como, "buena en gran manera"; solo un evento puede estar relacionado con estas características y este es la segunda venida de Cristo.

La proclamación del mensaje de la segunda venida de Cristo es el medio escogido por la Providencia mediante el cual el Espíritu Santo sería derramado para dar el aliento de vida, y con él, la facultad de adorar, obedecer y razonar sabiamente al hombre en el tiempo del fin. Es por este medio como las manos de Dios (el Espíritu Santo) moldea día a día un cuerpo (un pueblo) conforme a la semejanza de Cristo Jesús nuestro Señor.

"El que descendió es el mismo que también subió por encima de todos los cielos para llenarlo todo. Y él mismo constituyó a unos, apóstoles; a otros, profetas; a otros, evangelistas; a otros, pastores y maestros, a fin de perfeccionar a los santos para la obra del ministerio, para la edificación del cuerpo de Cristo, hasta que todos lleguemos a la unidad de la fe y del conocimiento del Hijo de Dios, al hombre perfecto, a la medida de la estatura de la plenitud de Cristo." Efesios 4:10-13

"El apóstol Pablo advirtió a la iglesia que no debía esperar la venida de Cristo en tiempo de él. 'Ese día—dijo—no puede venir, sin que' haya venido 'primero la apostasía', y sin que haya sido 'revelado el hombre de pecado'. 2 Tesalonicenses 2:3 (VM). Únicamente después que se haya producido la gran apostasía y se haya cumplido el largo período del reino del 'hombre de pecado', podemos esperar el advenimiento de nuestro Señor. El 'hombre de pecado', que también es llamado 'misterio de iniquidad', 'hijo de perdición' y 'el inicuo', representa al papado, el cual, como está predicho en las profecías, conservaría su supremacía durante 1.260 años. Este período terminó en 1798. La venida del Señor no podía verificarse antes de dicha fecha. San Pablo abarca con su aviso toda la dispensación cristiana hasta el año 1798. Solo después de esta fecha debía ser proclamado el mensaje de la segunda venida de Cristo.

Semejante mensaje no se predicó en los siglos pasados. San Pablo, como lo hemos visto, no lo predicó; predijo a sus hermanos la venida de Cristo para un porvenir muy lejano. Los reformadores no lo proclamaron tampoco. Martín Lutero fijo la fecha del juicio para cerca de trescientos años después de su época. Pero desde 1798 el libro de Daniel ha sido desellado, la ciencia de las profecías ha aumentado y muchos han proclamado el solemne mensaje del juicio cercano." CS p.356

Esto debía hacerse según el ángel le dijo a Juan, por medio de la palabra profética. Es decir, el movimiento que predicaría las buenas nuevas del regreso de Cristo, debía haber participado de las dos intervenciones del Espíritu Santo, estas son: las lluvia temprana y tardía, esto es ser formado por las manos de Dios y poseer el aliento de vida que solo Dios puede dar o, en otros términos, nacer del agua y del Espíritu y guardar los mandamientos de Dios y la fe de Jesús.

"»Después de esto derramaré mi espíritu sobre todo ser humano, y profetizarán vuestros hijos y vuestras hijas; vuestros ancianos soñarán sueños, y vuestros jóvenes verán visiones." Joel 2:28

"Aquí está la perseverancia de los santos, los que guardan los mandamientos de Dios y la fe de Jesús." "¡Adora a Dios!» (El testimonio de Jesús es el espíritu de la profecía.)" Apocalipsis 14:12; 19:10

La pluma inspirada dice con respecto al libro "El Conflicto de los Siglos": "El objeto de este libro no consiste tanto en presentar nuevas verdades relativas a las luchas de pasadas edades como en hacer resaltar hechos y principios que tienen relación con acontecimientos futuros. Sin embargo, cuando se considera los tales hechos y principios como formando parte de la lucha empeñada entre las potencias de la luz y las de las tinieblas, todos esos relatos del pasado cobran nuevo significado; y se desprende de ellos una luz que proyecta rayos sobre el porvenir, alumbrando el sendero de los que, como los reformadores de los siglos pasados, serán llamados, aun a costa de sacrificar todo bien terrenal, a testificar 'de la Palabra de Dios y del testimonio de Jesucristo'". E.G.W. CS p.15

El espíritu de la profecía es el punto de diferencia entre los representantes del símbolo de los animales y el representante del símbolo del hombre. Hay una gran luz de conocimiento y sabiduría que separa las dos especies. Esta se manifiesta en la inteligencia espiritual otorgada al pueblo escogido de Dios, en la herencia literaria que contiene el espíritu de la profecía. Se puede apreciar como la luz se abre paso a través de las tinieblas, el error se revela, el camino de la verdad se clarifica.

NO BENDIJO A LOS ANIMALES DEL SEXTO DÍA

La creación de Dios está impregnada de la bendición de su Autor y esto redunda en la reproducción de la vida; en otras palabras, aunque los árboles y toda la flora que adorna y alimenta a todas las especies nació el tercer día de la creación, aun hoy, presenta un continuo desarrollo y sigue multiplicándose sin haber quien pueda detener esos procesos. La creación no era un cuadro que una vez terminado, no tendría variación; la naturaleza es un ser vivo que cada día se viste de diferentes colores, se baña de un perfume diferente y se renueva con el salir del sol. Los peces aun hoy continúan en su proceso de multiplicación, las aves de la misma manera y los animales, aunque no en la misma proporción, no cesan de hacer lo mismo. De otra forma, después de seis mil años de existencia ya no quedaría ningún rastro de la obra creadora. Esto significa que al revisar lo que cada uno de los elementos creados simboliza en su representación histórica, vamos a encontrar la misma característica.

Los hijos de Israel modernos, al igual que el de antaño siguen multiplicándose de tal manera que como las estrellas del cielo o la arena del mar, es imposible contarles. Por supuesto que está ya no es una acción meramente física como ha sucedido con los libertados de Egipto, sino que esta reproducción es principalmente espiritual. Los peces siguen multiplicándose y siendo extraídos del mar por los llamados a ser pescadores de hombres y las aves siguen y seguirán levantando las alas de la reforma desde pulpitos y testimonios personales.

Según el relato de la creación de los animales de Génesis 1:24,25, no hay una bendición pronunciada por Dios; esta en cambio sí fue pronunciada para los seres vivos creados en las aguas, para las aves y más adelante para el hombre. Esto no ha sido un descuido del escritor, no olvidó Moisés registrar el asunto; cada palabra que hace parte del registro bíblico fue inspirada por Dios mismo y la ausencia de alguna (ausencia según nuestro concepto racional de las cosas), tiene un propósito y conlleva una idea, como lo veremos en las siguientes páginas. En este como en todos los casos del registro bíblico se haya el mismo principio el cual es: "Toda la Escritura es inspirada por Dios [...]." 2 Timoteo 3:16

Hay una característica que se puede notar en los animales de la tierra representados por las iglesias cristianas de la actualidad, estas continúan apareciendo en diferentes lugares del mundo y con diferentes nombres denominacionales, de tal manera que para hace dos décadas había un estimado de unas 33.000 distintas denominaciones en 238 países, según la World Christian Encyclopedia de David B. Barret, George T. Kurian y Todd M. Johnson en su edición de 2001. Es muy probable que la cifra actual sea muy superior, lo que en el símbolo significa que siguen naciendo "nuevas especies animales". Esta singularidad no podemos llamarla un acto de multiplicación, más bien es un acto nuevo de creación. Un acto de multiplicación se manifestaría por medio del crecimiento de cada una de estas nuevas comunidades.

El porqué de esta característica tiene respuesta en el cuestionamiento que citamos anteriormente. ¿Por qué no hay un registro en Génesis 1:24, 25 de una bendición pronunciada por Dios sobre los animales? Sumemos a esta inquietud, algunas nuevas preguntas que surgen a partir de este pensamiento. ¿A qué se refiere la bendición que Dios da a la mayoría de sus criaturas, incluyendo los árboles de la tierra? ¿Acaso había algo en los animales que impedía que la bendición de Dios los acompañara? Definitivamente debe ser la Palabra de Dios la que resuelva todos estos cuestionamientos. Veamos:

¿A qué se refiere la bendición que Dios da a la mayoría de sus criaturas, incluyendo los árboles de la tierra?

Cada vez que Dios otorga su bendición a una de sus criaturas, se manifiesta por medio del propósito de que esta criatura se multiplique.

"**Y los bendijo Dios, diciendo**: «Fructificad y **multiplicaos, llenad las aguas** en los mares y **multiplíquense las aves en la tierra**.» Génesis 1:22
"**Los bendijo Dios** y les dijo: «Fructificad y **multiplicaos; llenad la tierra** y sometedla; [...]» Génesis 1:28

"**Bendijo Dios** a Noé y a sus hijos, y les dijo: «Fructificad, **multiplicaos y llenad la tierra**." Génesis 9:1

"**Haré de ti una nación grande, te bendeciré,** engrandeceré tu nombre y serás bendición." Génesis 12:2

"[...] El trabajo de sus manos **has bendecido,** y por eso sus bienes **han aumentado sobre la tierra.**" Job 1:10

La bendición que Dios dio a las plantas en la tierra el día de su creación fue descrita por Moisés así: "[...] hierba que dé semilla; árbol que dé fruto según su especie, cuya semilla esté en él, sobre la tierra.» Génesis 1:11

No hay en el texto de la creación de los animales algún indicio de que Dios quería que estos se multiplicaran ilimitadamente. La explicación de este hecho está registrada tanto en el libro de la naturaleza como en la representación espiritual e histórica de los animales. ¿Qué acontecería si hubiese tantos tigres en la tierra como peces en el agua? ¿Qué sucedería si los osos de las montañas nacieran por cantidades incontables? ¿Qué acontecería si, como en el caso de los seres humanos, hubiese alrededor de siete mil setecientos millones de leones en el mundo? ¿Cuántos perros hay en el mundo? Se dice que aproximadamente 500 millones de ejemplares, sin embargo, si el numero aumentara en una cifra similar a la de los seres humanos esto causaría una problemática mundial. Si no podemos atender como es debido a los que ya existen, mucho menos podríamos con una sobrepoblación de esta especie. Cuando los roedores han alcanzado gigantes números en algunas regiones de la tierra, se ha hablado de pestes y enfermedades como consecuencias; cuando el polvo de la tierra se convirtió en piojos por el poder de Dios, esto fue denominado una plaga. Definitivamente no era conveniente que los animales se multiplicaran sin límites como si lo era con los peces, las aves o con las plantas.

Cuando Dios hablo a Noé de los animales que debían subir al arca fue especifico con respecto a la cantidad de cada uno de ellos. Teniendo en cuenta que cada uno de ellos poseía en sí mismo el don de la reproducción, las cantidades de parejas según su especie, (siete de animales limpios y una de los animales que no son limpios), nos remite a la idea de la proporción en la que Dios vio a bien que los animales se multiplicaran. Era perjudicial para la especie humana la sobrepoblación de aquellos que al contrario de prestar un servicio al hombre pudieran ser causantes de males a la humanidad.

No es casualidad que, de los animales no limpios, hay una larga lista de animales que se han extinguido, mientras que los seres humanos y las criaturas que Dios bendijo aún se cuentan por millones en toda la anchura de la tierra.

Espiritualmente no es diferente, pues las palabras "fructificad y multiplicaos" nos invitan a producir los frutos del Espíritu y a multiplicarnos por medio de la predicación de las buenas nuevas de salvación. Como podemos ver en Génesis 1:28, esta bendición fue dada solo a la especie humana y no a los animales de la tierra.

Como hemos estudiado, aquellos que cumplen con la representación de los animales, no poseen el completo conocimiento de la verdad de las Escrituras, su conocimiento sobre el plan de la redención, la representación del santuario y las profecías bíblicas es muy limitado; como resultado, el desacierto de la interpretación bíblica está al alcance de sus manos en todo tiempo. Es imposible que Dios dé su bendición a un mensaje que está contaminado por el espíritu del error. Por ello no confió su mensaje final a aquellos que cumplen con la representación de los animales de la tierra, por ello no pronunció su bendición de fructificación y multiplicación sobre ellos.

Como hemos podido apreciar, las comunidades cristianas de la actualidad tienen una representación simbólica en los eventos de la creación. Sin embargo, debemos hacer una aclaración con respecto al papel que podría desempeñar cada uno de los miembros activos de dichas comunidades. Hay algunos, cuyo rol no supera al de una oveja que sigue a su pastor, hay otros que con sinceridad y la mejor intención ejercen puestos de liderazgo; todos estos tienen una posibilidad más alta de escuchar la voz de Cristo y salir del engaño para aceptar la verdad. Pero hay un grupo especial que es la fuente del error, la interpretación impropia de las Escrituras nació en sus mentes, la pasión por las cosas del mundo, el orgullo, la fuerza poderosa de sus anhelos de figurar y en muchos casos de la ambición por el amor a las riquezas, fue el único motivo que los acompañó a seguir en la carrera cristiana, estos no serán sin culpa el día del juicio a las naciones. Estos se hallarán culpables ante la acusación de adulterar la Palabra de Dios, estos serán quienes harán la imagen a la bestia cuya herida mortal fue sanada. De ellos dice la Escritura:

"Muchos me dirán en aquel día: 'Señor, Señor, ¿no profetizamos en tu nombre, y en tu nombre echamos fuera demonios, y en tu nombre hicimos muchos milagros?' Entonces les declararé: 'Nunca os conocí. ¡Apartaos de mí, hacedores de maldad!'" Mateo 7:22,23

No son livianas las palabras de la pluma inspirada con respecto a lo que sucederá a aquellos que tuercen la Palabra de Dios y llevan a la confusión a multitudes.

"El ministro que sacrificó la verdad para ganar el favor de los hombres, discierne ahora el carácter e influencia de sus enseñanzas. Es aparente que un ojo omnisciente le seguía cuando estaba en el púlpito, cuando andaba por las calles, cuando se mezclaba con los hombres en las diferentes escenas de la vida. Cada emoción del alma, cada línea escrita, cada palabra pronunciada, cada acción encaminada a hacer descansar a los hombres en una falsa seguridad, fue una siembra; y ahora, en las almas miserables y perdidas que le rodean, él contempla la cosecha.

El Señor dice: 'Curan la llaga de mi pueblo livianamente, diciendo: ¡Paz! ¡paz! cuando no hay paz'. 'Habéis entristecido el corazón del justo con vuestras mentiras, a quien yo no he entristecido, y habéis robustecido las manos del inicuo, para que no se vuelva de su mal camino, a fin de que tenga vida'. Jeremías 8:11; Ezequiel 13:22 (VM).

'¡Ay de los pastores que pierden y que dispersan las ovejas de mi dehesa! [...] He aquí que yo os castigaré por la maldad de vuestros hechos'. '¡Aullad, oh pastores, y clamad; y revolcaos en ceniza, oh mayorales del rebaño! porque cumplidos son los días determinados para vuestro degüello; y os dispersaré, [...] y los pastores no tendrán adonde huir, ni los mayorales del rebaño adonde escapar'. Jeremías 23:1, 2; 25:34, 35 (VM).

Los ministros y el pueblo ven que no sostuvieron la debida relación con Dios. Ven que se rebelaron contra el Autor de toda ley justa y recta. El rechazamiento de los preceptos divinos dio origen a miles de fuentes de mal, discordia, odio e iniquidad, hasta que la tierra se convirtió en un vasto campo de luchas, en un abismo de corrupción. Tal es el cuadro que se presenta ahora ante la vista de los que rechazaron la verdad y prefirieron el error. Ningún lenguaje puede expresar la vehemencia con que los desobedientes y desleales desean lo que perdieron para siempre: la vida eterna. Los hombres a quienes el mundo idolatró por sus talentos y elocuencia, ven ahora las cosas en su luz verdadera. Se dan cuenta de lo que perdieron por la transgresión, y caen a los pies de aquellos a quienes despreciaron y ridiculizaron a causa de su fidelidad, y confiesan que Dios los amaba.

Los hombres ven que fueron engañados. Se acusan unos a otros de haberse arrastrado mutuamente a la destrucción; pero todos concuerdan para abrumar a los ministros con la más amarga condenación. Los pastores infieles profetizaron cosas lisonjeras; indujeron a sus oyentes a menospreciar la ley de Dios y a perseguir a los que querían santificarla. Ahora, en su desesperación, estos maestros confiesan ante el mundo su obra de engaño. Las multitudes se llenan de furor. '¡Estamos perdidos!—exclaman—y vosotros sois causa de nuestra perdición'; y se vuelven contra los falsos pastores. Precisamente aquellos que más los admiraban en otros tiempos pronunciarán contra ellos las más terribles maldiciones. Las manos mismas que los coronaron con laureles se levantarán para aniquilarlos. Las espadas que debían servir para destruir al pueblo de Dios se emplean ahora para matar a sus enemigos. Por todas partes hay luchas y derramamiento de sangre." CS p.636,637

Además, la sierva del Señor también comentó acerca de la forma del nacimiento del engaño.

"Cuando los hijos de Dios acuden a presentarse ante el Señor, Satanás viene también entre ellos. En cada despertamiento religioso está listo para introducir a aquellos cuyos corazones no están santificados y cuyos espíritus no están bien equilibrados. Cuando estos han aceptado algunos puntos de la verdad, y han conseguido formar parte del número de los creyentes, él influye por conducto de ellos para introducir teorías que engañarán a los incautos." CS p.393

Esto sucedió no solamente durante el despertar religioso que dio y sigue dando paso a la formación de nuevas expresiones religiosas, sino que tristemente es también un hecho real en la experiencia de muchos que están formados en las filas de la iglesia del Señor.

"El hecho de que una persona se encuentre en compañía de los hijos de Dios, y hasta en el lugar de culto y en torno a la mesa del Señor, no prueba que dicha persona sea verdaderamente cristiana. Allí está con frecuencia

Satanás en las ocasiones más solemnes, bajo la forma de aquellos a quienes puede emplear como agentes suyos." CS p.393

No solamente nos urge, sino que además es indispensable abandonar todo aquello que contenga el sello del error en su contenido, nada que no contribuya a la obediencia cabal de la ley de Dios debe ser almacenado en nuestras casas y más importante aún, en nuestros corazones. Es importantísimo tener sumo cuidado en el momento de compartir algún elemento de información que proviene de otra denominación; esto incluye música, predicación, testimonio e incluso la manera de hacer la oración. Quiero ilustrarlo de la siguiente forma: Si tienes en tu mesa, una bandeja con frutas frescas, dulces, jugosas y saludables, ¿estás dispuesto a cambiarlas por una lata de la comida de tu mascota? Por su puesto que la respuesta es obvia. Sin embargo, esto es lo que sucede cuando espiritualmente dejamos de meditar en la Palabra de Dios o en la ampliación que hace el espíritu de la profecía de ella, para sustituirla por el intento del ser humano de interpretar las palabras de vida. No importa cuán elocuente sea el orador, cuan dulce sea la voz del cantante, "¡A la ley y al testimonio! Si no dicen conforme a esto, es porque no les ha amanecido." Isaías 8:20

Es por ello que no nos alimentamos de lo mismo, es posible que aquello que a ellos les es provechoso, a nosotros nos haga daño, y esta aplicación es definitivamente cierta tanto física como espiritualmente. Sin embargo, no juzgues la comida de tu hermano, que sabes tú de con que hambre la está llevando a su boca. Como el hombre que, al querer compartir su amor con una pequeña criatura de la creación de Dios, le lleva a su casa, le cuida, le alimenta y busca lo mejor para esta, así debe ser nuestro trato con aquellos que en conocimiento y luz son inferiores a nosotros.

A razón del pecado y para beneficio del hombre fue puesto en los animales un temor que facilitaría la convivencia en entre las dos especies. Esto ocurrió una vez Noé salió del arca, este, al verse rodeado de animales feroces tuvo un gran temor. Entonces Dios en pro de la solución a ese asunto, pronunció las siguientes palabras: "Infundiréis temor y miedo a todo animal sobre la tierra, a toda ave de los cielos, a todo lo que se mueva sobre la tierra y a todos los peces del mar; en vuestras manos son entregados." Génesis 9:1

De manera que a partir de ese día los animales obedeciendo al temor que por las palabras de Dios les sobrevino, se alejaron de los lugares donde el hombre habitaba; y así ocurre en la actualidad. No es común encontrarse cerca a nuestras casas a un león, un oso o a un majestuoso tigre, estos, aunque son muy fieros, cuando se encuentran con el hombre actúan guiados por el temor que les sobrecoge.

"Cuando Noé vio las poderosas fieras que salían con él del arca, temió que su familia, compuesta de ocho personas solamente, fuera devorada por ellas. Pero el Señor envió un ángel a su siervo con este mensaje de seguridad: 'Infundiréis temor y miedo a todo animal sobre la tierra, a toda ave de los cielos, a todo lo que se mueva sobre la tierra y a todos los peces del mar; en vuestras manos son entregados.'" PP p.85

Este suceso que muestra el temor de Noé al ver las poderosas fieras que salían del arca nos permite meditar en el hecho de que dentro del arca Noé no tenía contacto con ellas. La ilustración que presenta a Noé dando de comer incluso a los animales salvajes no es acertada. La enseñanza espiritual que nos revela este asunto tiene que ver con la salvación del representante del hombre y de quienes cumplen con la analogía de los animales. El arca representa la inmensa gracia de Dios, la separación que hubo entre Noé y los animales salvajes dentro del gran barco nos remite a la idea de diversidad que habrá entre todos aquellos que acogiendo la gracia de Dios se salvarán. Tal vez muchos nunca acepten la verdad acerca de la ley que el pueblo de Dios predica, quizás no guarden su primer sábado aquí en la tierra, posiblemente no acojan para si los consejos del maravilloso don profético, pero el arca del fin, es decir, la sangre de Cristo que es la gracia de Dios materializada en la tierra, tiene el poder de acoger a todo aquel que con sinceridad desee lavar su alma y atravesar las puertas de la eternidad.

"[...] porque por gracia sois salvos por medio de la fe; y esto no de vosotros, pues es don de Dios. No por obras, para que nadie se gloríe, [...]" Efesios 2:8,9

La comunicación entre los animales y el hombre ha sido muy limitada, salvo en los casos especiales cuando el hombre participa de la crianza del animal; en todo caso, aun cuando el hombre ha encontrado mecanismos que le permiten participar de la vida natural de los animales, ha sido imposible lograr un punto de comunicación tan legible como ocurre entre dos seres humanos. Esto se debe a que las capacidades mentales de ambos son extremadamente diferentes, el hombre es inteligente, espiritual y moralmente capaz de adorar, mientras que la especie animal responde a las características de su ADN y actúa de acuerdo a las exigencias que le presenta el medio ambiente según sea su especie.

El contexto espiritual es igual, exponerle a una persona que tiene como base doctrinal solo el Torah, (en el caso de la comunidad judía) o el Nuevo Testamento (en el caso de las comunidades cristianas autónomas), la explicación de algunos elementos proféticos sin una debida preparación, puede crear en estos confusión y temor. En consecuencia, van a evitar a toda costa tener ese tipo de conversaciones con nosotros; casi el total de la interpretación profética que la Iglesia Adventista conserva en los baúles de su sabiduría, es un elemento nuevo y extraño para muchos y es necesario que como a un bebe se les provea primero el alimento liviano que pueden digerir.

"De manera que yo, hermanos, no pude hablaros como a espirituales, sino como a carnales, como a niños en Cristo. Os di a beber leche, no alimento sólido, porque aún no erais capaces; ni sois capaces todavía, porque aún sois carnales." 1 Corintios 3:1-3

La sabiduría y la inteligencia que Dios puso en el hombre, además de la capacidad y necesidad de buscar y seguir libremente a un Ser espiritualmente superior para darle honra y adoración, nos hace una raza superior al resto de las criaturas de la creación. Dios nos creó libres y puso su Espíritu en nosotros para que por su influencia focalizáramos nuestra fuerza espiritual en la dirección correcta. La inteligencia natural que poseemos sumado a la plenitud de Dios habitando en nuestro corazón evitaría que nuestra adoración se dirigiera a un elemento creado y reconociéramos claramente al Dios creador. Como consecuencia por la desobediencia de nuestros primeros padres, el hombre obtuvo una naturaleza inclinada en dirección a la idea de rechazar la presencia del Espíritu Santo y por ello participa del error en el desarrollo de su necesidad y capacidad de adorar.

Solamente cuando el Espíritu de Dios esta posesionado del corazón del hombre, este puede redirigir su camino y contemplando las realidades eternas, humillarse en reverencia ante el Autor de la vida. Sin Dios haciendo morada en el hombre, cualquier elemento creado puede llegar a ocupar el lugar que solo le corresponde a Dios. Es por ello que si el hombre no nace de nuevo no puede ver el reino de Dios.

Hay otra importante razón por la cual es indispensable que el hombre reciba no solo un nuevo corazón sino también una segunda unción del Espíritu de Dios, y esta tiene que ver con la bendición que Dios pronuncio sobre Adán y Eva y que no está registrada para los animales. Las dos intervenciones del Espíritu están descritas como "fructificar y multiplicarse", por medio de la primera, "fructificar" el hombre es dotado con la capacidad de producir naturalmente los frutos del Espíritu. "Pero el fruto del Espíritu es amor, gozo, paz, paciencia, benignidad, bondad, fe, mansedumbre, templanza; contra tales cosas no hay ley." Gálatas 5:22,23 Esta puede compararse con el nacimiento espiritual del hombre.

Y la segunda, "multiplicarse" tiene que ver con la misión a la cual el hombre que nació en el reino de Dios está llamado a desarrollar; es decir, la predicación del evangelio para la extensión del gozo de la salvación en todo el mundo. Los dones que Dios concede a su iglesia tienen como objetivo beneficiar a todos los miembros. Mediante las habilidades especiales que los hijos de Dios reciben, sumado a los frutos del Espíritu, Dios provee para sus siervos de las herramientas necesarias para crecer personalmente y para que, al resplandor de su luz, su pueblo se multiplique en toda la extensión de la tierra. De manera que un sinónimo de "fructificarse y multiplicarse" es recibir la lluvia temprana y la lluvia tardía del Espíritu.

"La planta crece porque recibe lo que Dios ha provisto para mantener su vida. Del mismo modo se logra el crecimiento espiritual por medio de la cooperación con los agentes divinos. Así como la planta se arraiga en el suelo, nosotros necesitamos arraigarnos en Cristo. Así como la planta recibe la luz del sol, el rocío y la lluvia, nosotros tenemos que recibir el Espíritu Santo. Si nuestros corazones se apoyan en Cristo, él vendrá a nosotros "como la lluvia tardía y temprana a la tierra." Oseas 6:3" La Educación (ED) p.96

FRUCTIFICAD Y MULTIPLICAOS

El despertar espiritual del que participó el pueblo de Dios en 1844 y que le llevó a predicar el segundo advenimiento de Cristo, dio nacimiento al movimiento adventista. Este grupo de fieles representa el polvo de la tierra que daría forma al hombre hecho a la imagen y semejanza de Dios.

El llamado a Guillermo Miller representa la primera obra del Espíritu Santo, el mensaje dado a Ellen G. de White representa la segunda obra del Espíritu Santo. En otras palabras, con uno se le dio forma al hombre, con el segundo se le dio el aliento de vida. En esta última acción se encuentra la inteligencia, la sabiduría y la capacidad moral que hace la diferencia entre el representante del hombre y el de los animales.

Mientras que el pueblo adventista goza de un conocimiento profundo y seguro de la Palabra de Dios, obedece a plenitud la ley que fue dada en el Sinaí y crece intelectual y moralmente por el privilegio de la pluma inspirada, la cual 'sumergida continuamente en la fuente insondable del amor de Dios, retrata la bondad, la amabilidad y el interés que la familia del cielo tiene en nosotros.' Manuscrito 27, 1891; Carta 174, 1896. Exaltad a Jesús (EJ) p.6 Para el resto de los llamados cristianos es imposible sumergirse en este plano del profundo conocimiento de Dios.

Las dos unciones del Espíritu Santo tienen una conexión en la cual una depende de la otra, dicho de otra manera, es imposible recibir la lluvia tardía si no se ha participado de la experiencia de la temprana. La lluvia temprana o la fructificación como le registró Moisés en el relato de Génesis, tiene como propósito la transformación del ser, o sea, poner en las manos del hombre las llaves del reino de Dios; este solo punto ha sido llamado de muchas maneras. "En la escritura se llama nacimiento al cambio de corazón por el cual somos hechos hijos de Dios. También se lo compara con la germinación de la buena semilla sembrada por el labrador. De igual modo se habla de los recién convertidos a Cristo como de 'niños recién nacidos,' que deben ir 'creciendo' 1Pedro 2:2; Efesios 4:15, hasta llegar a la estatura de hombres en Cristo Jesús." CC p.67 por lo tanto este es un don gratuito que el hombre recibe solo mediante la gracia y se llama **redención**.

"La bendición viene cuando por la fe el alma se entrega a Dios. Entonces ese poder que ningún ojo humano puede ver, crea un nuevo ser a la imagen de Dios." DTG 144. este evento por lo tanto es el símbolo de la obra de las manos de Dios al darle forma al hombre a partir del polvo de la tierra.

La lluvia tardía, la segunda intervención del Espíritu Santo, el soplo de vida o la multiplicación, se refiere al propósito que Cristo tiene para ese nuevo ser que ha nacido en el reino de Dios. El proceso por el cual Dios desarrolla el plan que previamente a trazado para cada uno de los redimidos tiene dos partes. La primera es llevar al hombre nuevo al conocimiento del verdadero carácter de Dios y que este mediante la contemplación de las obras del Hijo de Dios, consiga crecer manifestando el mismo carácter de Jesús.

La Biblia lo describe así: "[...] para santificarla, habiéndola purificado en el lavamiento del agua por la palabra, a fin de presentársela a sí mismo, una iglesia gloriosa, que no tuviera mancha ni arruga ni cosa semejante, sino que fuera santa y sin mancha." Efesios 5:27

"Por tanto, nosotros todos, mirando con el rostro descubierto y reflejando como en un espejo la gloria del Señor, somos transformados de gloria en gloria en su misma imagen, por la acción del Espíritu del Señor." 2 Corintios 3:18

De la segunda parte, el propósito de la lluvia tardía, que como hemos mencionado tiene que ver con la orden "multiplicad" y que concluye con la fórmula que la Providencia escribió mediante el cual el hombre alcanza la semejanza con su Padre Dios, tenemos un panorama muy amplio en el evento del Pentecostés. Solo después de que los apóstoles participaron de la educación temprana de su Maestro, después de haberse equivocado y revelado todos sus defectos en frente de Aquel para quien no hay nada imposible, la lluvia del poder de Dios se les dio sin medida. "[...] porque aquel a quien Dios envió, las palabras de Dios habla, pues Dios no da el Espíritu por medida." Juan 3:34

"Ninguno de nosotros recibirá jamás el sello de Dios mientras nuestros caracteres tengan una mancha. Nos toca a nosotros remediar los defectos de nuestro carácter, limpiar el templo del alma de toda contaminación. Entonces la lluvia tardía caerá sobre nosotros como cayó la lluvia temprana sobre los discípulos en el día de Pentecostés." Consejos Para la Iglesia (CPI) p.608

La razón por la que la pluma inspirada llama a la unción poderosa del Espíritu en el día del pentecostés la lluvia temprana, es porque en el último periodo de la historia es necesario que el pueblo que representa al hombre de la creación, reciba el aliento de vida, esto es, la lluvia tardía, que le capacitará para terminar con la gran obra para la que fue llamado. Pero en el caso particular de los doce discípulos del Señor, este evento representa la segunda obra del proceso que Cristo había iniciado personalmente con ellos.

Cuando esto sea una realidad en las filas del gran ejército de Dios en la tierra, entonces se habrá cumplido la Escritura que dice: "Y creó Dios al hombre a su imagen, a imagen de Dios lo creó; varón y hembra los creó." Génesis 1:27

LA ÚLTIMA LUZ MENOR

"Elena Gould Harmon nació el 26 de noviembre de 1827, en la ciudad de Gorham, estado de Maine, ubicado en el noreste de Estados Unidos. Sus padres se llamaban Roberto y Eunice Harmon. Elena y la hermana melliza Elizabeth, eran las menores de una familia de ocho hijos. Su educación formal fue interrumpida cuando ella tenía tan solo nueve años de edad, debido a un incidente que casi le costó la vida. Al comienzo de la adolescencia, Elena y su familia aceptaron las interpretaciones bíblicas presentadas por el predicador bautista Guillermo Miller. Juntamente con Miller y otras 100.000 personas, ella pasó por lo que quedó conocido como 'el gran chasco', pues esperaban el regreso de Jesús el 22 de octubre de 1844, la fecha correspondiente al fin de la profecía de los 2.300 días de Daniel 8.

En diciembre de 1844, Dios le concedió a Elena la primera de un total de dos mil visiones y sueños proféticos. En agosto de 1846, Elena se casó con Jaime White, un pastor de 25 años de edad, que compartía la misma convicción de que Elena fue llamada por Dios para realizar la obra de un profeta. Poco tiempo después, Elena y Jaime pasaron a guardar el sábado como el día de descanso ordenado por Dios, de acuerdo con el cuarto mandamiento.

Como madre de cuatro hijos, Elena pasó por el dolor de perder a dos de ellos. Herbert murió con pocas semanas de vida, y Henry con 16 años. Los otros dos hijos, Edson y William, llegaron a ser pastores adventistas.

Elena de White fue una gran escritora. Desde 1851, cuando publicó su primer libro, ella produjo una vasta cantidad de artículos, folletos y libros. Entre los libros, algunos son de naturaleza devocional y otros fueron compuestos a partir de innumerables cartas personales, repletas de consejos, que ella escribió a lo largo de los años. Algunos otros libros tienen una perspectiva histórica y tratan del conflicto entre Cristo y Satanás por el control de las naciones y de los individuos. Ella también publicó libros sobre educación, salud y otros asuntos importantes para la iglesia. Después de su muerte más de 70 libros fueron compilados y publicados con textos aún inéditos en su mayoría. Ella también escribió millares de artículos que fueron publicados en revistas como Review and Herald (Revista y Heraldo), Signs of the Times (Señales de los Tiempos) y otras revistas adventistas del séptimo día. El Camino a Cristo, uno de sus libros más importantes, el cual trata del éxito en la vida cristiana, ya fue publicado en más de 150 idiomas y hace de Elena de White la escritora más traducida en todos los tiempos.

Elena de White leía mucho. Descubrió que leer otros autores no sólo solidificaba su cultura, sino que la ayudaba a escribir para presentar los principios de la verdad revelados a ella en visión. Además de eso, a veces el Espíritu Santo le instaba a citar en sus artículos o libros, verdaderas gemas literarias extraídas de otros autores. Ella jamás se consideró infalible ni ponía sus escritos en nivel de igualdad con la Biblia, pero creía firmemente que sus visiones tenían origen divino y que sus artículos y libros eran producidos bajo la dirección del Espíritu de Dios. Evangelista por naturaleza, su principal preocupación era la salvación de las personas.

Elena de White era extremamente generosa y daba buen ejemplo de cristianismo práctico. Durante años, ella mantenía en casa retazos de tela para proporcionar a alguna mujer que estuviera necesitándolos para hacer un vestido. En Battle Creek (donde vivía), iba a subastas para comprar muebles usados, los cuales guardaba para donar a víctimas de calamidades, como incendios. En una época en la que aún no existían planes de jubilación, siempre que oía hablar de algún pastor anciano que estaba necesitando ayuda financiera, ella no dudaba en enviarle algún dinero a fin de socorrerlo en aquella emergencia.

Elena de White murió el 16 de julio de 1915. Durante 70 años presentó fielmente los mensajes que Dios le confió para su pueblo. Jamás fue elegida para alguna función administrativa de la iglesia, pero sus consejos siempre eran oídos por los líderes denominacionales. Sus mensajes pusieron en acción las fuerzas que dieron como resultado un amplio sistema educacional adventista, presente en todo el mundo, desde las guarderías hasta las universidades. Aunque ella nunca hizo ningún curso en el área de salud, los resultados de su ministerio son notables en la cadena de hospitales adventistas, clínicas y otras instituciones médicas, presentes en todo el mundo. No fue ordenada formalmente para la actividad pastoral, pero su obra causó un impacto espiritual casi sin paralelo en la vida de millones de personas, de uno a otro extremo de la Tierra.

Aún hoy, los libros de Elena de White siguen ayudando a las personas a encontrar al Salvador, a aceptar su perdón, a compartir esas bendiciones con los demás y a vivir en la expectativa del cumplimiento de la promesa del pronto regreso de Cristo." Fuente: Historia de la Iglesia Adventista en el Mundo – https://adventistas.org/es/institucional/los-adventistas/historia-de-la-iglesia-adventista/historia-no-mundo/

Como miembros del cuerpo de Cristo, hemos sido favorecidos por una luz tan poderosa que no puede ser medida. La sabiduría que nos guía no es un asunto que resultó de la investigación o el conocimiento de algunos según su interpretación bíblica. Se trata de la maravillosa y providencial obra de Dios a través del Espíritu Santo. La luz que ilumina nuestro camino hacia el cielo es tan clara como lo es la luna en medio de la oscura expansión, el poder para completar la obra que se nos encomendó está a nuestra entera disposición.

En un mundo de oscuridad como el de hoy, solo la luz que fluye de la Biblia puede guiarnos por un camino seguro. La pluma inspirada es hoy la analogía de la última lumbrera menor que resplandecerá en la tierra en medio de las tinieblas. A través de la iluminación que provee el espíritu de profecía, recibimos la luz que nuestro amado sol de justicia quiere proyectar sobre nosotros, si alguna nube obstruye su paso, quedamos en medio de unas tinieblas espirituales poderosamente densas. La pregunta en este momento clave y decisivo de la historia es, ¿por qué si guardamos en nuestros estantes tan insuperable fuente de luz, aún estamos sentados, desgastando la voz del orador que nos invita a predicar? La respuesta es que en el pasar de nuestros días quitamos la vista del cielo y como resultado nos desviamos del camino que conduce a Cristo. No sabemos dónde está Jesús. Nos imaginamos que está con nosotros, estamos seguros que le tenemos junto a nosotros, pero no le podemos ver. Estamos atravesando por la misma experiencia de José y María que al regresar de la fiesta de la Pascua, enfocados en los cuidados del viaje, perdieron de vista al niño que el cielo les dio para cuidar. Perdieron de vista a Jesús.

Es imposible describir el momento exacto cuando las cosas cambiaron en nuestra experiencia, cuando nuestro calor se transformó en tibieza, cuando nos hicimos insensibles, ciegos y sordos a las invitaciones del Espíritu. No sabemos cuándo soltamos la mano del Hijo de Dios y nos distrajimos en el recorrido de regreso a casa. En el caso de la familia de Nazaret, solo hasta llegada la noche sintieron la ausencia. ¿Será posible que ese también sea nuestro caso, que pensamos que vamos a casa con Jesús y realmente estamos caminando solos? Este es un asunto importante y terrible en caso de que sea nuestra experiencia.

El mensaje a Laodice describe la condición del pueblo que viviría en los días del juicio con palabras bastante crudas. "» Yo conozco tus obras, que ni eres frío ni caliente. ¡Ojalá fueras frío o caliente! Pero por cuanto eres tibio y no frío ni caliente, te vomitaré de mi boca." Apocalipsis 3:15,16

¿Será posible que los afanes de este mundo se han enredado en nuestros corazones de tal manera que es imposible escuchar la voz de Dios? ¿Será posible que solo la noche oscura, el desorden, el vacío y pasar por medio de pruebas es la única manera de temblar y despertar la necesidad de Dios en nuestras vidas? Esperemos que no.

"Si José y María hubiesen fortalecido su ánimo en Dios por la meditación y la oración, podrían haberse dado cuenta del carácter sagrado de su cometido, y no habrían perdido de vista a Jesús. Por la negligencia de un día, perdieron de vista al Salvador; pero el hallarle les costó tres días de ansiosa búsqueda. Por la conversación ociosa, la maledicencia o el descuido de la oración, podemos en un día perder la presencia del Salvador, y pueden requerirse muchos días de pesarosa búsqueda para hallarle, y recobrar la paz que habíamos perdido." DTG p.62

El asunto es tan delicado que nuestro avance sin Cristo, puede ya haber atravesado por muchos años de justificación propia. "Toda transgresión, todo descuido o rechazamiento de la gracia de Cristo, obra indirectamente sobre nosotros; endurece el corazón, deprava la voluntad, entorpece el entendimiento, y no sólo os vuelve menos inclinados a ceder, sino también menos capaces de oír las tiernas súplicas del Espíritu de Dios." CC p.33

El significado del pecado imperdonable es otra manera de describir la tibieza del cristiano. "Tú dices: Yo soy rico, me he enriquecido y de nada tengo necesidad. Pero no sabes que eres desventurado, miserable, pobre, ciego y estás desnudo." Apocalipsis 3:17

"Una vez que el pecado amortiguó la percepción moral, el que obra mal no discierne los defectos de su carácter ni comprende la enormidad del mal que ha cometido; y a menos que ceda al poder convincente del Espíritu Santo permanecerá parcialmente ciego con respecto a su pecado. Sus confesiones no son sinceras ni provienen del corazón. Cada vez que reconoce su maldad añade una disculpa de su conducta al declarar que si no hubiese sido por ciertas circunstancias no habría hecho esto o aquello que se le reprocha." CC p.40

Esta definición del pecado imperdonable no tendría tanta claridad, si Dios no hubiese actuado providencialmente dotándonos con el espíritu de la profecía. Sin este don, estaríamos interpretando la Palabra del Señor a nuestro parecer, acomodándola a nuestra conveniencia; deambulando por el mundo y al mismo tiempo justificando nuestras acciones. Engañados por la mentira que nuestro propio corazón crea, completamente extraviados, pero pensando que Jesús camina a nuestro lado. Gracias a Dios por la luz que la pluma inspirada extrae de las Sagradas Escrituras, gracias porque son hojas del árbol de la vida para la sanidad de su pueblo santo.

"Por tanto, yo te aconsejo que compres de mí oro refinado en el fuego para que seas rico, y vestiduras blancas para vestirte, para que no se descubra la vergüenza de tu desnudez. Y unge tus ojos con colirio para que veas." Apocalipsis 3:18

"[...] porque Jehová no mira lo que mira el hombre, pues el hombre mira lo que está delante de sus ojos, pero Jehová mira el corazón." 1 Samuel 16:7

"El corazón humano con sus encontradas emociones de gozo y de tristeza, el extraviado y caprichoso corazón, morada de tanta impureza y engaño. El Señor conoce sus motivos, sus mismos intentos y designios. Id a Él con vuestra alma manchada tal cual está. Como el salmista, abrid sus cámaras al ojo que todo lo ve, exclamando: "¡Escudríñame, oh Dios, y conoce mi corazón: ensáyame, y conoce mis pensamientos; y ve si hay en mí algún camino malo, y guíame en el camino eterno!" Salmos 139:23,24" CC p.34

Dios es el gran Medico de los médicos; el dictamen de nuestra condición para estos últimos días es desalentador y triste; pero gracias al Dios de la vida porque junto con nuestra enfermedad, nos muestra el camino a la restitución. Gracias a Dios porque no depende de la potencia humana, sino que, según su poder y amor, Él puede restaurarnos. No hay un solo caso que, en sus manos, conozca el fracaso.

"Sería bueno que cada día dedicásemos una hora de reflexión a la contemplación de la vida de Cristo. Debiéramos tomarla punto por punto, y dejar que la imaginación se posesione de cada escena, especialmente de las finales. Y mientras nos espaciemos así en su gran sacrificio por nosotros, nuestra confianza en él será más constante, se reavivará nuestro amor, y quedaremos más imbuidos de su Espíritu. Si queremos ser salvos al fin, debemos aprender la lección de penitencia y humillación al pie de la cruz.

Si pertenecemos a Cristo, nuestros pensamientos más dulces se referirán a él. Nos deleitaremos en hablar de él; y mientras hablemos unos a otros de su amor, nuestros corazones serán enternecidos por las influencias divinas. Contemplando la belleza de su carácter, seremos 'transformados de gloria en gloria en la misma semejanza.' 2 Corintios 3:16" DTG p.63

Como los enfermos se acercaban a Cristo mientras caminaba en la tierra, buscando la sanidad de sus cuerpos, debemos ir a Él en busca de la restauración de nuestras almas. Con el mismo amor, con la misma ternura y cuidado que Cristo recibió a cada hombre que le buscó, así mismo nos recibirá, lavará nuestras heridas y vendará nuestro corazón.

"Como la flor se vuelve hacia el sol para que los brillantes rayos le ayuden a perfeccionar su belleza y simetría, así debemos volvernos hacia el Sol de justicia, a fin de que la luz celestial brille sobre nosotros y nuestro carácter se transforme a la imagen de Cristo." CC p.68

En eso consiste el tan mencionado reavivamiento y la tan urgente reforma. En el conocimiento del Hijo de Dios está la sanación de nuestra alma. Cristo es el centro de las Escrituras, todo el texto Sagrado apunta a Él; cada profecía, todas las promesas, cada flor, el inmenso cielo y la poderosa luz. la Biblia nos habla de Cristo y todo el mensaje de la naturaleza direcciona nuestra vista hacia Él. Jesús todo lo hizo y todo le pertenece, aun el más menospreciado de los hombres, desde el más frágil bebe y hasta el corazón del magnate más arrogante, todos somos suyos, somos las joyas más valiosas de su vasta posesión. Por eso dice la Escritura: "todo fue creado por medio de él y para él." Colosenses 1:16

De ahí que los cuatro evangelios de la Sagrada Escritura y los libros "El Camino a Cristo" y "El Deseado de Todas las Gentes" sean un compendio de la salvación. De cierta forma, la luz del sol de justicia brilla de manera especial a través de cada una de sus páginas. El estudio de estas joyas de la inspiración nos permitirá participar del ministerio de Jesús en la tierra de camino al calvario, de su gloriosa resurrección y de su obra inmediata luego de su retorno al cielo. De esta forma como los doce apóstoles, podremos seguir las pisadas del Carpintero de Nazaret.

"Si le contemplamos constantemente, 'somos transformados en la misma semejanza, de gloria en gloria, así como por el Espíritu del Señor.' 2 Corintios 3:18 Así fue como los primeros discípulos llegaron a asemejarse a su amado Salvador. Cuando aquellos discípulos oyeron las palabras de Jesús, sintieron su necesidad de Él. Le buscaron, le encontraron y le siguieron. Estaban con Él en la casa, a la mesa, en los lugares apartados, en el campo. Le acompañaban como era costumbre que los discípulos siguiesen a un maestro, y diariamente recibían de sus labios lecciones de santa verdad. Le miraban como los siervos a su señor, para aprender cuáles eran sus deberes. Aquellos discípulos eran hombres sujetos "a las mismas debilidades que nosotros." Santiago 5:17. Tenían que reñir la misma batalla con el pecado. Necesitaban la misma gracia para poder vivir una vida santa." CC p.72

COMO ADÁN

La meta es una réplica exacta del Hijo de Dios en la vida de cada creyente. Dios quiere darnos por herencia todo aquello que, una vez salido de las manos del Creador, Adán recibió.

"Adán fue colocado como representante de Dios sobre los órdenes de los seres inferiores. Estos no pueden comprender ni reconocer la soberanía de Dios; sin embargo, fueron creados con capacidad de amar y de servir al hombre. El salmista dice: 'Hicístelo enseñorear de las obras de tus manos; todo lo pusiste debajo de sus pies: ... asimismo las bestias del campo; las aves de los cielos, ... todo cuanto pasa por los senderos de la mar.' Salmos 8:6-8.

El hombre había de llevar la imagen de Dios, tanto en la semejanza exterior, como en el carácter. Sólo Cristo es 'la misma imagen' del Padre (Hebreos 1:3); pero el hombre fue creado a semejanza de Dios. Su naturaleza estaba en armonía con la voluntad de Dios. Su mente era capaz de comprender las cosas divinas. Sus afectos eran puros, sus apetitos y pasiones estaban bajo el dominio de la razón. Era santo y se sentía feliz de llevar la imagen de Dios y de mantenerse en perfecta obediencia a la voluntad del Padre." PP p.54

La primera obra del Espíritu Santo o la lluvia temprana como es conocida, da nueva vida al hombre, cambia su corazón. La segunda obra del Espíritu Santo o la lluvia tardía como se conoce, construye en el nuevo hombre un carácter de acuerdo a la semejanza de Dios. Esto se puede ver reflejado en la revitalización del cuerpo y de las facultades mentales y espirituales de los nuevos nacidos en la familia celestial. El que era ciego recobra la vista y su desnudez es cubierta a la par que satisface el hambre intelectual y espiritual que se despierta en su ser.

Así como Adán en el principio, los nuevos miembros de la familia de Dios reciben las cualidades de los ángeles de luz. En sus corazones ahora arde el deseo de crecer física, mental y espiritualmente; y todo aquello que en otro tiempo era un misterio, ahora es iluminado por la presencia del Espíritu de Dios quien actúa como Maestro y Guía. A nuestros primeros padres: "Los misterios del universo visible, 'las maravillas del Perfecto en sabiduría' (Job 37:16), les suministraban una fuente inagotable de instrucción y placer. Las leyes y los procesos de la naturaleza, que han sido objeto del estudio de los hombres durante seis mil años, fueron puestos al alcance de sus mentes por el infinito Forjador y Sustentador de todo. Se entretenían con las hojas, las flores y los árboles, descubriendo en cada uno de ellos los secretos de su vida. Continuamente descubrían algo nuevo que llenaba su corazón del más profundo amor, y les arrancaba nuevas expresiones de gratitud." PP p.54

Las características que se vieron en la vida de nuestro padre Adán antes de la caída, es un ejemplo de la experiencia que vivirá el pueblo que, en el fin del tiempo, representa al primer hombre en la gran profecía de todos los siglos, la historia de Génesis Uno. Las mismas cualidades de Adán antes de la caída, se manifestaron en la experiencia de Cristo desde su más temprana edad. Por esto Jesús es el segundo Adán, (1 Corintios 15:45), y por ello nosotros seremos recreados a la imagen de Cristo.

"Puesto que él, [Jesús], adquirió saber como nosotros podemos adquirirlo, su conocimiento íntimo de las Escrituras nos demuestra cuán diligentemente dedicó sus primeros años al estudio de la Palabra de Dios. Delante de él se extendía la gran biblioteca de las obras de Dios. El que había hecho todas las cosas, estudió las lecciones que su propia mano había escrito en la tierra, el mar y el cielo. Apartado de los caminos profanos del mundo, adquiría conocimiento científico de la naturaleza. Estudiaba la vida de las plantas, los animales y los hombres." DTG p.50

SOMETED LA TIERRA

Durante el desarrollo del proceso mediante el cual Dios transforma el carácter del hombre "a su imagen, conforme a su semejanza" ocurren dos eventos que complementan el propósito para el cual este fue creado, estos están registrados en la bendición que Dios pronunció en el principio.

"Los bendijo Dios y les dijo: «Fructificad y multiplicaos; **llenad la tierra y sometedla**; ejerced potestad sobre los peces del mar, las aves de los cielos y todas las bestias que se mueven sobre la tierra.» Génesis 1:28

Entendemos que la fructificación hace parte de la primera obra del Espíritu Santo, es decir la lluvia temprana que cae para dar vida a un nuevo miembro de la familia de Cristo en la tierra. Pero es la segunda parte de la obra del Señor la que se divide en dos aspectos relevantes del proceso. Esos dos aspectos son, la multiplicación, cuya explicación está en la orden de **llenar la tierra**; y el segundo, en la práctica, es el ejercicio de la potestad sobre los seres vivos de toda la creación, es decir, **someter la tierra**. Estas dos características se manifiestan tanto a nivel personal como institucional, dicho de otro modo, en el miembro de iglesia y en la iglesia como comunidad.

Quisiera referirme primero a la potestad que Dios dio al hombre sobre los seres vivos de su creación.

El Señor en una expresión altísima de generosidad, entregó a Adán la potestad sobre su obra creada. Sobre los peces del mar, las aves de los cielos y todas las bestias que se mueven sobre la tierra. Pero ¿a qué se refería Dios al darle potestad al hombre sobre este batallón de criaturas maravillosas? Además de eso incluye en su bendición a "toda planta que da semilla, que está sobre toda la tierra, así como todo árbol en que hay fruto y da semilla." Todo lo pone en las manos del hombre, todos estos fueron creados para su servicio para realizar su parte en el desarrollo de todas las áreas que componen al ser humano.

En realidad, el poder que Adán recibió sobre los animales radica en el propósito para el cual fueron creados los animales, o sea, el de servir al hombre. Sin embargo, el texto no da mucha información acerca de qué forma los animales prestarían servicio al hombre. La pluma inspirada registró: "Toda criatura viviente era familiar para Adán, desde el poderoso leviatán que juega entre las aguas hasta el más diminuto insecto que flota en el rayo del sol. A cada uno le había dado nombre y **conocía** su naturaleza y sus costumbres." PP p.54

De acuerdo con esta declaración el primer servicio que los animales le prestaron al hombre tiene que ver con la fuente de conocimiento que estos llevan en sí mismos. Su comportamiento, sus singularidades, los procesos naturales a través de los cuales desarrollan cada cualidad, todo era un manantial de información para nuestros primeros padres. Podemos entonces resumir el asunto diciendo que las plantas fueron creadas para el sustento físico y los animales para el sustento intelectual. Y a la misma vez ambos reinos, tanto el vegetal como el animal, llevan una carga abundante de provisión en relación a lecciones espirituales, que haría que el hombre completara su desarrollo a plenitud.

Dios había impregnado cada partícula de la creación de su sabiduría, cada proceso que envuelve el desarrollo de cada especie, su composición física, la habilidad que manifiestan para desenvolverse en el hábitat al que fueron asignados, todo habla de la inteligencia y el plan de Dios. De manera que el hombre al aprender de la naturaleza estaba realmente conociendo a su

Hacedor. De manera especial los animales contribuirían con el crecimiento intelectual del ser humano, sin embargo, el planeta entero era una fuente de conocimiento.

Entendemos que parte del plan original era que el hombre conociera a Dios y desarrollara todos los atributos que le habían sido confiados. Pero ¿cuál era la finalidad en el propósito de que el hombre se llenara de conocimiento? ¿Qué era tan importante y tan especial para que Dios usara el método educativo en vez de implantarlo en el hombre una vez fue creado?

Sabemos que Adán no participó del proceso natural de crecimiento por el cual pasamos todos los seres humanos, dicho de otro modo, Adán no fue un bebe, luego un niño, un joven y finalmente un adulto. No, Adán fue creado en una edad joven, pero en el punto exacto donde sus miembros están completamente desarrollados y su estatura completa. Definitivamente no tomó parte de la etapa de aprender a caminar o de desarrollar el habla; él día en que el primer hombre despertó a la vida, ya poseía estas características.

"Dijo entonces Adán: «¡Ésta sí que es hueso de mis huesos y carne de mi carne! Será llamada "Mujer", porque del hombre fue tomada.»" Génesis 2:23

Sin embargo, había una educación especial que el hombre debía adquirir y consentir racionalmente, una información que Adán conscientemente debía procesar y aprobar. Es decir, Adán tuvo que iniciar su desarrollo mental y moral conociendo con claridad sus derechos y sus deberes respecto al libre albedrío, en relación a la fe y la obediencia a la ley de Dios. La primera pareja escucho de los labios de su Creador el método que había sido empleado para crear al hombre y las peculiaridades que caracterizaron la creación de la mujer, ninguno de nuestros primeros padres fue testigo ocular de la creación.

"Entonces Jehová Dios formó al hombre del polvo de la tierra, sopló en su nariz aliento de vida y fue el hombre un ser viviente." "Entonces Jehová Dios hizo caer un sueño profundo sobre Adán y, mientras éste dormía, tomó una de sus costillas y cerró la carne en su lugar. De la costilla que Jehová Dios tomó del hombre, hizo una mujer, y la trajo al hombre." Génesis 2:7; 21,22

La ley fue presentada al hombre por la Palabra misma de su Autor, era indispensable que racionalmente el hombre tuviera el conocimiento de ella, de tal manera que al hacer uso de su libertad estuviera en la capacidad de decidir obedecer o no hacerlo. También se le presentaron las consecuencias que llegarían en caso de que decidiera desobedecer. De esta manera se le dio la información necesaria para que la libertad del hombre estuviera enteramente en sus manos.

"Y mandó Jehová Dios al hombre, diciendo: «De todo árbol del huerto podrás comer; pero del árbol del conocimiento del bien y del mal no comerás, porque el día que de él comas, ciertamente morirás.» Génesis 2:16,17

Además, había también un mundo ilimitado de conocimiento del cual podía participar por medio del desarrollo de sus facultades naturales. Dentro de ese cumulo de conocimiento había áreas de conocimiento moral y científico que tomarían parte de su formación intelectual, física y espiritual.

NO LE ENTREGÓ TODO A ADÁN

A la par de que el primer hijo de Dios en la tierra crecía intelectual, física y espiritualmente, era el plan de Dios que la familia humana se multiplicara. Adán debía hacer partícipe a toda la raza humana del conocimiento que como primogénito había adquirido. Los ángeles y el mismo Dios participarían de la educación de los hijos de la tierra con el propósito de que estuvieran a la medida de la altura de los hijos de Dios en todo el universo. Este es el método de Dios. La buena noticia hoy es que, lo que un día fue el plan de Dios para sus hijos en la tierra, se ha convertido en una promesa para los redimidos.

"Todos los tesoros del universo se ofrecerán al estudio de los redimidos de Dios. Con indescriptible dicha los hijos de la tierra participan del gozo y de la sabiduría de los seres que no cayeron. Comparten los tesoros de conocimientos e inteligencia adquiridos durante siglos y siglos en la contemplación de las obras de Dios." El Conflicto Inminente (CI) p.127

El asunto importante de todo esto es que la tierra fue creada con un propósito especial y singular. El contexto de la caída de Lucifer en el cielo había abierto una brecha de dudas en la mente de los hijos de Dios en todo el universo. Había preguntas que resolver, vacantes que suplir y una nueva raza que educar. El planeta azul, nuestra hermosa tierra, posee características que son únicas en el universo de Dios. Nuestro planeta es el libro de texto más profundo que la pluma eterna escribió. Cada partícula lleva el título de su Autor, ofrece al lector la explicación del método empleado para poner fin al mal, presenta el valor de los principios eternos de la ley de Dios y exhibe el carácter justo, bondadoso y amante del Autor.

La redención del hombre no es la única razón por la que el plan de la redención se redactó; el propósito es mucho más extenso que nuestro mundo. Aunque el hombre no participara del pecado por experiencia, aun había que resolver al universo las inquietudes que las escenas de la batalla en el cielo habían dejado. Había que presentar el valor de la ley, las consecuencias del mal, reivindicar el carácter de nuestro Dios y dotar al hombre del conocimiento de la existencia bien y el mal, que ya era un asunto contemplado por los ángeles. Todo esto sin que el hombre estuviera involucrado como participante activo de la experiencia de la rebelión. Debía ser conocedor del mal de la manera como lo eran los ángeles leales a Dios.

Son tres los pilares que dan forma a la estructura del plan de la redención. "Pero el plan de redención tenía un propósito todavía más amplio y profundo que el de **salvar al hombre.** Cristo no vino a la tierra sólo por este motivo; no vino meramente para que los habitantes de este pequeño mundo **acatasen la ley de Dios como debe ser acatada;** sino que vino para **vindicar el carácter de Dios ante el universo.**" PP p.54

Esto significa que el plan de la redención debía ser llevado a cabo en este mundo aun, aunque el hombre no desobedeciera. Este mundo fue creado de tal forma que todos los seres del universo podían participar del aprendizaje. Al principio ya era un elemento novedoso el hecho de que la luz solo iluminara una cara de la tierra, y que para que toda esta pudiera participar de la luz, debía hacer un giro de 360 grados. En el cielo la luz que proviene de Dios, resplandece en todo lugar al mismo tiempo y en todo momento. El concepto de luz y tinieblas no existía, por ello Dios tuvo que dar nombre a la luz y las tinieblas. "Llamó a la luz «día», y a las tinieblas llamó «noche»." Génesis 1:5.

La expansión del segundo día era nuevamente algo inexplicable para las estrellas del alba, que alababan maravilladas por la exhibición del poder de Dios. El oxígeno nunca había sido su necesidad y por ello no podían reconocer el significado del mismo. Nuevamente Dios tituló el siguiente capítulo del libro de la naturaleza dando un nombre a la expansión. "Al firmamento llamó Dios «cielos»." Génesis 1:8. Cada día de la creación era un portal de conocimiento para los Hijos de Dios en todo el universo.

La reunión de las aguas sin duda eran una expectante inquietud en las mentes de los hijos de Dios, parecía que no había lugar para nada más y esto cautivaba la atención de todos en el universo. Ante tan grande número de testigos, la belleza del poder de la Palabra de Dios iluminó sus ojos cuando las aguas en armoniosa coreografía corrieron para obedecer la orden de reunirse en un solo lugar y dejar un espacio seco. Entonces, "La hueste angélica presenció la escena con deleite, y se regocijó en las maravillosas obras de Dios." PP p.23. Dios selló el evento de este día con el título que dio a los dos elementos. "A la parte seca llamó Dios «tierra», y al conjunto de las aguas lo llamó «mares». Génesis 1:10. No habría sido necesario que Dios diera un nombre a estos elementos si estos ya hubiesen existido, todo lo que Dios hizo en la tierra era maravillosamente nuevo.

Nada de lo anterior fue entregado en las manos del hombre, Dios lo creó y le dio nombre, esto significa que Dios se reservó parte de su creación. El hombre no recibió potestad sobre la luz, las tinieblas, el cielo, el agua, el oxígeno, el viento, las nubes o la tierra. Al hombre le correspondieron las plantas y los animales. O sea, los elementos que vienen de la tierra. El ser humano jamás ha conseguido manipular el clima. Nunca podrá mover el mar un milímetro. El día o la noche toman su turno sin que el ser humano pueda si quiera controlar una milésima de segundo. El viento corre y no tenemos ni siquiera una idea acerca de si va o viene. El tiempo pasa y se lleva nuestra vida sin que nosotros lo notemos. Dios se reservó el control de todos estos elementos de la naturaleza.

La idea que podemos extraer de este mensaje tiene que ver con el reconocimiento de nuestras limitaciones. Los tres primeros días de la creación hablan de un Dios todo poderoso y nos muestra a nosotros como una criatura extremadamente limitada. Ya lo escribió el profeta Isaías hace miles de años y no puede ser más relevante para nosotros hoy.

"¿Quién midió las aguas con el hueco de su mano y los cielos con su palmo, con tres dedos juntó el polvo de la tierra, y pesó los montes con balanza y con pesas los collados?

He aquí que las naciones son para él como la gota de agua que cae del cubo, y como polvo menudo en las balanzas le son estimadas. He aquí que las islas le son como polvo que se desvanece.

Como nada son todas las naciones delante de él; para él cuentan menos que nada, menos que lo que no es." Isaías 40:12,15,17

El libro de la naturaleza presenta los dos rostros de la existencia, el bien y el mal. El texto está dirigido para todos los hijos de Dios en todo el universo. Sus páginas son de estudio personal, pero también institucional. El hombre que, guiado por el Espíritu de Dios, profundice en las páginas de la naturaleza encontrará una fuente inagotable de crecimiento intelectual, físico y espiritual. También el pueblo que dedique un alto grado de su potencia al estudio de los mensajes que tiene la naturaleza, crecerá fuerte, lozano y sabio. Escuchará con más claridad la voz de Dios de la misma manera que lo puede escuchar en las páginas de la Sagrada Escritura.

EL PROFUNDÍSIMO RELATO DE LA CREACIÓN

Para dar continuidad a la búsqueda de lo que significa la potestad que fue dada al hombre en el paraíso, revisemos los datos que podemos extraer de aquello que se nos ha revelado de lo que fueron los primeros días de la vida en la tierra.

La vida en el Edén era muy diferente a la que conocemos actualmente, aunque los animales fueron hechos como parte del equipamiento que el hombre necesitaba para su desarrollo y bienestar, esto no puede compararse con la utilidad que hoy prestan. La piel de los animales no era necesaria para el vestido del hombre, esto surgió después de la entrada del pecado al mundo.

"La inmaculada pareja no llevaba vestiduras artificiales. Estaban rodeados de una envoltura de luz y gloria, como la que rodea a los ángeles. Mientras vivieron obedeciendo a Dios, este atavío de luz continuó revistiéndolos. — Historia de los Patriarcas y Profetas, 26 (1890)." Eventos de los Últimos Días (EUD) p.246

Tampoco los animales o sus derivados hacían parte de la dieta original del hombre, esto significa que estos, tampoco fueron creados con el propósito de ser fuente de energía y sustento para el ser humano.

"Antes de ese tiempo, —los días del diluvio— Dios no había permitido al hombre que comiera carne; quería que la raza humana subsistiera enteramente con los productos de la tierra; pero ahora que toda planta había sido destruida, les dio permiso para que consumieran la carne de los animales limpios que habían sido preservados en el arca." PP p.98

Otro aspecto para meditar es el hecho de que para Adán era imposible proveer el sustento de todas las especies, no era como el hombre del campo que cada día atiende las necesidades de los animales que tiene a su cuidado. No, para ello Dios proveyó una inteligencia particular a cada ser creado. La tierra es una gran fábrica de producción de vida; una especie contribuye con la otra; lo que alimenta a una, es en muchas ocasiones lo que desecha la otra, en el principio no existía lo que hoy conocemos como basura, todo lo que la creación producía era lo que la naturaleza necesitaba para su sustento.

De manera de que si estamos buscando el valor de la potestad del hombre sobre los animales debemos continuar excavando en el asunto del desarrollo investigativo y el conocimiento que estos proporcionan.

De Salomón quien es recordado por ser uno de los hombres más sabios en la historia de la humanidad, se reveló una interesante característica con respecto a la fuente de la sabiduría que le fue otorgada para la administración de todos los asuntos de la nación Israelita.

Dice la Escritura que Salomón "[…] disertó sobre los árboles, desde el cedro del Líbano hasta el hisopo que nace en la pared. Asimismo disertó sobre los animales, sobre las aves, sobre los reptiles y sobre los peces." 1 Reyes 4:33

De modo que la sabiduría de Salomón quien también como rey recibió potestad sobre todo su entorno, se alimentaba de su estudio del libro de la naturaleza. Esto encaja armoniosamente con la experiencia de Adán, Jesús y lo hará de manera importante con el pueblo que representa al hombre del relato de la creación en el paralelo con los milenios de la historia humana.

A estas alturas de nuestro estudio, no me cabe la menor duda de que la disertación final del evangelio eterno sentará sus bases sobre el capítulo 1 y 2 del libro de Génesis. Los libros de Daniel y Apocalipsis presentan los detalles de los eventos finales, pero toda la base del evangelio está sujeta al paralelo de los siete días de la creación con la historia humana.

"En medio del cielo vi volar otro ángel que tenía el evangelio eterno para predicarlo a los habitantes de la tierra, a toda nación, tribu, lengua y pueblo. Decía a gran voz: «¡Temed a Dios y dadle gloria, porque la hora de su juicio ha llegado. **Adorad a aquel que hizo el cielo y la tierra, el mar y las fuentes de las aguas!**»" Apocalipsis 14:6,7

La reforma pro-salud, el sábado, la eterna Ley de Dios, la vida eterna, la historia de la iglesia, la promesa de la salvación, el plan mismo de la redención, el santuario, el ministerio de Cristo no solo en su paso por la tierra sino a través de los siglos en el santuario celestial, las profecías de las 70 semanas y 2.300 tardes y mañanas, los 1260 años, todos los eventos finales, el retorno del Señor Jesús, los mil años en el cielo que le siguen, todo está registrado en los profundísimos capítulos 1 y 2 del libro de Génesis.

EL FRUTO DE LA SABIDURÍA

Revisemos el segundo asunto, el de la orden de la multiplicación que viene por la bendición que Dios dio en el principio a la primera pareja.

"Los bendijo Dios y les dijo: «Fructificad y **multiplicaos; llenad la tierra** y sometedla; (...)" Génesis 1:28

Es un hecho innegable que existe un proceso para alcanzar la sabiduría que el cielo quiere implantar en los hombres. No existe aquello de que cuando Dios llena de sabiduría una mente, es como si en un segundo insertara un nuevo "software" e instantánea y automáticamente el hombre ya es sabio en todas las áreas de la vida. Solo por medio del profundo estudio de las Sagradas Escrituras y del extraordinario libro de la naturaleza, (en ese mismo orden) el ser humano bebe de la fuente de toda ciencia y el conocimiento real de las bases y el propósito de la existencia. Solo entonces podremos decir que el hombre está encaminado en la adquisición de la sabiduría que viene de Dios y que el mundo es incapaz de ofrecer.

Cuando Salomón, Juan el bautista y el Señor Jesús, por citar los ejemplos más relevantes, se vieron en medio de sus respectivos ministerios públicos compartiendo los secretos de la sabiduría, que habían adquirido de los libros de la Naturaleza y de las Escrituras, multitudes se reunían en torno a ellos para gozarse de tan poderoso conocimiento.

"**Para oír la sabiduría de Salomón venían** de todos los pueblos y de parte de todos los reyes de los países adonde había llegado la fama de su sabiduría." 1 Reyes 4:34

"Juan estaba vestido de pelo de camello, tenía un cinto de cuero alrededor de su cintura, y su comida era langostas y miel silvestre. **Acudía a él** Jerusalén, toda Judea y toda la provincia de alrededor del Jordán, [...]" Mateo 3:4,5

"Después de algunos días, Jesús entró otra vez en Capernaúm. Cuando se supo que estaba en casa, **inmediatamente se juntaron muchos**, de manera que ya no cabían ni aun a la puerta; y les predicaba la palabra." Marcos 2:1,2

El estudio de los dos lenguajes de la Providencia, o sea, la Palabra de Dios y la Naturaleza, robustece la mente del hombre; la inteligencia fluye de manera espontánea cuando empapada por el agua viva del Espíritu de Dios es invocada por el corazón.

"El que con oración da atención estricta a las Escrituras tendrá conceptos claros y juicios sanos, como si al volverse hacia Dios hubiera alcanzado un plano superior de inteligencia. —MeM 24 (1913). Mente Carácter y Personalidad, Tomo 2 p. 464.

"Utilizada como libro de texto en el Edén—Todo el mundo natural está destinado a ser intérprete de las cosas de Dios. Para Adán y Eva en su hogar del Edén, la naturaleza estaba llena del conocimiento de Dios, rebosante de instrucción divina. Para sus oídos atentos, hacía repercutir la voz de la sabiduría. La sabiduría hablaba al ojo y era recibida en el corazón; porque ellos comulgaban con Dios en sus obras creadas." —Consejos para los Maestros Padres y Alumnos, p.p.143,144. Conducción del Niño p.43

Cuando el pueblo adventista direccione su mirada a la semana de la creación, y busque en cada detalle de la obra de Dios las respuestas que siempre ha buscado en otras fuentes, entonces se despertara en cada uno de sus miembros una fuertísima sed por conocer a profundidad al divino Autor. Sus corazones serán atraídos por los tesoros que aguardan escondidos en las obras de las manos de Dios y la sabiduría entonces fluirá. La imagen de Dios se verá nítidamente en el carácter de sus escogidos, la tan anhelada lluvia tardía del Espíritu Santo que provocará el fuerte pregón, descenderá a raudales y la representación del primer hombre creado en la tierra, se habrá cumplido en los miembros de la Iglesia Adventista del Séptimo Día.

Entonces vendrán de todas partes del mundo en busca de ese conocimiento y miles se convertirán al Dios verdadero; entonces el sábado y la ley serán reconocidos como el sello del Dios vivo en la mente de sus hijos fieles.

Por la poderosa presencia del Espíritu de Dios en la tierra, la obra avanzará ya sin límite alguno. Los habitantes de la tierra escucharán que Cristo está a las puertas; el mundo será advertido con una voz llena de amor y sabiduría, y el camino de Aquel que viene se habrá preparado. ¡CRISTO VIENE PRONTO! ¡MARANATA!

Es imposible desligar el proceso mediante el cual el pueblo adventista desata el símbolo de la analogía de la creación en referencia específica a la formación del hombre durante el sexto día, con la obra de predicación final del mensaje angelical. Este proceso se está llevando y se continuará llevando a cabo simultáneamente. Dicho de otra manera, durante el transcurso de la predicación del mensaje del evangelio eterno, el pueblo escogido de Dios para el tiempo del fin, alcanzará el objetivo de consolidar en sus vidas la imagen y la semejanza de su Creador. Es al final de este proceso doble que se cumplirá en su totalidad el paralelo de la creación con la experiencia humana en la tierra. No obstante, ninguno de los dos procesos, es decir, ni la predicación ni la transformación del hombre a imagen de su creador, como en la obra de la creación, dependen de la fuerza o de la sabiduría humana; esto es una obra exclusiva de Dios.

Por supuesto que el hombre cumple un papel importantísimo en la obra de predicación y de transformación, pues somos la representación tanto de la luna que brilla y refleja la luz del sol, como el vaso formado por el Alfarero eterno. Es por medio de la iglesia de Dios en la tierra que el mundo escuchará las buenas nuevas de la salvación y es por medio de la obra de cada miembro del cuerpo de Cristo que seremos transformados a su imagen. Cada uno tiene una parte en la obra final, pues todos participamos del mismo aliento de vida que nos capacita para llevar a cabo la misión.

"Al cristiano le es concedido el gozo de reunir rayos de luz eterna del trono de la gloria, y de reflejarlos no solamente en su propio sendero, sino sobre la senda de las personas con quienes se asocia. Al hablar palabras de esperanza y aliento, de alabanza agradecida y de bondad alegre, puede esforzarse por hacer mejores a quienes lo rodean, por elevarlos, por mostrarles el cielo y la gloria y por encima de todas las cosas terrenales, por guiarlos en la búsqueda de las realidades eternas, la herencia inmortal y las riquezas imperecederas." Exaltad a Jesús (EJ) p.238

La multiplicación que Dios mencionó a nuestros primeros padres en el huerto de Edén, espiritualmente tiene su cumplimiento en la gran obra de predicación que llevará a cabo el pueblo que hace parte de la analogía de la primera pareja en el tiempo del fin. Mediante el acto de compartir el testimonio de lo que Dios ha hecho por la humanidad por medio de Jesucristo, en los planos de la creación y la redención, cumplirá con el propósito que Dios tenía de que sus hijos se multiplicaran en toda la extensión de la tierra.

HAGAMOS AL HOMBRE A NUESTRA IMAGEN

Hay gran diversidad de pensamientos en las filas del ejército de Dios en la tierra, en cuanto al significado de haber sido hechos a la imagen y a semejanza de Dios. Hay quien afirma que esta expresión se refiere exclusivamente a una réplica del carácter de Dios. No parece haber mucha concordancia en cuanto a este asunto. Si este cuestionamiento se refiere también a la imagen física de Dios, ¿existe la posibilidad de que Dios tenga un cuerpo como el nuestro? Creemos que el Señor Jesús llevó su nueva condición humana al cielo después de la resurrección, pero y antes de hacerse hombre, ¿había en Él alguna similitud física con nuestra raza? Si así fuera, ¿cómo podríamos recuperar esa imagen si nuestro cuerpo cada día se deteriora más? Como es bien sabido, el día del regreso del Señor Jesús traerá consigo el maravilloso evento de la transformación, cuando este cuerpo mortal se vestirá de inmortalidad y aquellos redimidos que yacen en las tumbas se levantan con un nuevo cuerpo, pero ¿será posible que ese cuerpo sea una réplica exacta de la forma de Dios?

Las Escrituras revelan que Dios es una familia conformada por tres personas. "Tres son los que dan testimonio en el cielo: el Padre, el Verbo y el Espíritu Santo; y estos tres son uno." 1 Juan 5:7. Además dice en las Escrituras que cuando el hombre fue creado Dios empleo dos palabras plurales para definir la imagen suya que replicaría en el hombre, estas palabras son: hagamos y nuestra. "Entonces dijo Dios: «**Hagamos** al hombre a **nuestra** imagen, conforme a **nuestra** semejanza;" Génesis 1:26. Esto significa que compartimos las mismas características de Dios, es decir, **cuerpo, mente y espíritu**. La pregunta surge naturalmente, ¿por qué decimos que la respuesta se resume específicamente en estas tres características? Veamos:

Antes de responder a la pregunta, debemos hacer una claridad. No intentamos definir a Dios, estaríamos tentando lo imposible. Buscamos entender algo con respecto a las características que nos hacen portadores de su imagen. Ya estaba escrito que: "Ningún hombre puede explicar los misterios de Dios. Su gloria está escondida del mundo. ¿De qué valor son, entonces, las conjeturas y especulaciones humanas concernientes a su personalidad? ..." Alza Tus Ojos (ATO) p.332

Con este pensamiento en mente avancemos. Cristo es la representación física de Dios. "Él, que es el resplandor de su gloria, la imagen misma de su sustancia..." Hebreos 1:3 Del Padre eterno está escrito que es invisible, aunque también tiene una forma física, jamás ha sido visto. Esto significa que cada vez que se encuentra una representación física de Dios en el Antiguo o en el Nuevo testamento, el evento hace referencia a Cristo. Entendiendo que nadie ha visto al Padre comprendemos que en el dialogo entre Abraham y Jehová previo a la destrucción de las ciudades de la llanura, era Cristo quien participaba. "Jehová dijo: «¿Encubriré yo a Abraham lo que voy a hacer, [...]" Génesis 18:17

"A Dios nadie lo ha visto jamás; el unigénito Hijo, que está en el seno del Padre, él lo ha dado a conocer." Juan 1:18

"Vi un trono, y sobre él se sentaban el Padre y el Hijo. Me fijé en el rostro de Jesús y admiré su hermosa persona. No pude contemplar la persona del Padre, pues le cubría una nube de gloriosa luz. Pregunté a Jesús si su Padre tenía forma como él. Dijo que la tenía, pero que yo no podía contemplarla, porque, dijo: 'Si llegases a contemplar la gloria de su persona, dejarías de existir.'" Primeros Escritos (PE) p.54

"Lo que es el habla al pensamiento es Cristo con **el Padre invisible**, Él es la manifestación del Padre y es llamado la Palabra de Dios." Comentario Bíblico Adventista Tomo 5 p. 1.105.

En el último párrafo podemos identificar a Cristo como la parte visible de Dios y al Padre como la invisible. De Cristo es la boca que reproduce el sonido y el Padre es el pensamiento que hace mover los labios. El Señor Jesús representa el cuerpo y el Padre la mente. El Espíritu Santo representa la tercera característica de la semejanza que Dios quiso proyectar en sus hijos. "Lo que nace de la carne, carne es; y lo que nace del Espíritu, espíritu es." Juan 3:6

La imagen y la semejanza de Dios que el hombre portaría incluyen a las tres personas de la Deidad. Nuestro cuerpo es "templo del Espíritu Santo" 1 Corintios 6:19, llevamos la mente de Dios, "¿Quién conoció la mente del Señor? ¿Quién lo instruirá? Pues bien, nosotros tenemos la mente de Cristo." 1

corintios 2:16 y la mente de Cristo es la presencia del Padre a través del Espíritu Santo y somos nacidos del Espíritu por lo tanto somos seres espirituales.

Para los tres pilares que dan forma a nuestra existencia, Dios hizo provisión. A través de los primeros tres días de la semana de la creación Dios proveyó sustento para nuestra área física. Los primeros dos, Dios hizo la luz y el oxígeno que necesita nuestro cuerpo para vivir, mientras que el tercer día Dios proveyó el sustento, es decir, separó el agua y creó los frutos de la tierra. El cuarto día Dios creó el tiempo por medio del ejercicio astronómico del sistema solar y el quinto y parte del sexto, el Señor extendió a nuestra entera disposición los elementos que suplirían nuestras necesidades y mentales intelectuales. El séptimo día, el sábado, fue hecho como fuente espiritual del hombre, para que, por medio de este, el hombre hallara fortaleza para el hombre interior, para que este se encontrara personal y especialmente con Aquel que es la luz y la vida verdadera. El Señor ligó todos los elementos de los días de la semana de la creación, con significados espirituales, para que el hombre no solo creciera física y mentalmente sino para que su espíritu también se desarrollara plenamente.

"Al principio, el hombre fue creado a la semejanza de Dios, no solo en carácter, sino también en lo que se refiere a la forma y a la fisonomía. El pecado borró e hizo desaparecer casi por completo la imagen divina; pero Cristo vino a restaurar lo que se había malogrado. Él transformará nuestros cuerpos viles y los hará semejantes a la imagen de su cuerpo glorioso." CS p.627

VARÓN Y HEMBRA LOS CREÓ

Cuando decimos que hay una representación espiritual en el tiempo del fin del Adán del principio, no estamos haciendo alusión solamente al hombre desde el punto de vista de género, dicho de otro modo, en la representación del símbolo se incluye tanto al hombre como a la mujer. Esto teniendo en cuenta que cuando en Génesis se habla de la creación del hombre, la Biblia incluye también a la mujer. "Y creó Dios al hombre a su imagen, a imagen de Dios lo creó; **varón y hembra** los creó." "El día en que creó Dios al hombre, a semejanza de Dios lo hizo. Hombre y mujer los creó; y los bendijo, y **les puso por nombre Adán** el día en que fueron creados." Génesis 1:27; 5:1,2

Es cierto que el hombre y la mujer tienen el mismo valor delante de los ojos del Creador, en ese aspecto no existe ninguna diferencia entre el amor de Cristo por el hombre y por la mujer. No obstante, si hay diferencia en la posición que fue dada para cada uno de ellos. El hombre y la mujer no son iguales, la naturaleza lo expresa de forma simple y elocuente. Anatómicamente el hombre y la mujer son diferentes, mentalmente son diferentes y espiritualmente son diferentes. Estas diferencias son completamente necesarias si pensamos en el propósito que Dios tenía de que fueran una sola carne. Es decir, el hombre y la mujer se complementan, todo lo que le faltaba al hombre para cumplir con el propósito de su Creador, reposaba en la existencia de su mujer y todo aquello que hacía de la mujer un ser más frágil se complementaba en la fortaleza que Dios había colocado en el hombre.

El hombre debía ser la cabeza de la mujer y la mujer el corazón del hombre. Nadie puede vivir sin cabeza y nadie puede vivir sin corazón. El hombre debía abrir la puerta de la fuente del crecimiento intelectual, físico y espiritual, pero cada fruto de la tierra que el hombre cosechaba, cada nuevo descubrimiento que se revelaba antes sus ojos y cada acto de adoración, beneficiaría de igual manera a los dos. El hombre, al igual que Cristo lo hizo con su iglesia, poseía la facultad de disfrutar en el vivir para servir a la mujer.

La mujer fue impregnada en toda la extensión de su ser por la misma sustancia que hace de Dios lo que es, esto es amor. Desde el matiz de su voz, cada detalle de su hermosa anatomía, la manera de manifestar su sentir y hasta el maravilloso don de llevar la vida de otro ser en sus entrañas, todo habla de la semejanza que tiene con su Creador. El plan original no tenía error, el hombre y la mujer expresarían explícitamente al universo cada rasgo que define el carácter de Aquel que creó todas las cosas, tanto las visibles como las invisibles.

El protocolo que las Escrituras presentan acerca del orden y la manera en que fueron creados el hombre y la mujer es muy interesante, este además de tener un significado y un valor literal, espiritualmente está cargado de lecciones de amor y sabiduría. El hombre fue el primero en ser creado. Este recibió el aliento de vida original y a través de él, el resto de la humanidad incluyendo a la mujer, participan del magnífico don de la vida.

Dios es amor y esta maravillosa característica también hace parte de la sustancia con la que fuimos creados; pero para que el hombre pudiera manifestar este atributo, aún hacía falta una última parte en el proceso de la creación. Hubo una única cosa que Dios no vio bueno en toda su obra creadora.

"Después dijo Jehová Dios: «No es bueno que el hombre esté solo: le haré ayuda idónea para él.»" Génesis 2:18

Es curioso que luego de que Dios hace la valoración con respecto a la necesidad de crear un ser que complemente al hombre, no trae inmediatamente a la vida a la mujer, en cambio trae todos los animales a Adán para que él, por su comunión con ellos, reconozca que en sí mismo hay un elemento ausente. Es muy probable que, en un alto porcentaje, en diferentes situaciones cuando reconoces una necesidad genuina, esta provenga directamente del plan que Dios tiene para ti. Este es el método que la Providencia usa para dar nacimiento a los sueños en el corazón del ser humano. Es natural que el cristiano al reconocer esta necesidad la traiga a los pies del Señor mediante la oración. Sin embargo, esto no significa que el tiempo de recibir aquello que suple esa necesidad o que haga realidad ese sueño sea el presente inmediato. Pero, el acto de llevarlo al trono de la gracia es el primer paso para dar inicio al proceso mediante el cual Dios moldea tu corazón a la medida del sueño que el mismo ha sembrado en la mente de sus hijos.

Otra razón por la que es importante llevar nuestra solicitud a Dios es porque hay ocasiones en que nuestro corazón nos engaña sugiriendo necesidades y creando sueños que realmente no son para nuestro beneficio. Pero, reconocer que nuestro sueño ha sido producido por un engaño de nuestro propio corazón y por lo tanto podría significar ser parte de un error, no debe ser un motivo para dejar de orar; aun si no es algo que traerá beneficio a nuestra vida, debemos llevarlo todo a Dios de tal manera que su Espíritu redirija nuestras peticiones hacia aquello que realmente nos traerá felicidad.

La pluma inspirada hablando de esto registró: "La seguridad es amplia e ilimitada, y fiel es el que ha prometido. Cuando no recibimos precisamente y al instante las cosas que pedimos, debemos seguir creyendo que el Señor oye y que contestará nuestras oraciones. Somos tan cortos de vista y propensos a errar, que algunas veces pedimos cosas que no serían una bendición para nosotros, y nuestro Padre celestial contesta con amor nuestras oraciones dándonos aquello que es para nuestro más alto bien, aquello que nosotros mismos desearíamos si, alumbrados de celestial saber, pudiéramos ver todas las cosas como realmente son. Cuando nos parezca que nuestras oraciones no son contestadas, debemos aferrarnos a la promesa; porque el tiempo de recibir contestación vendrá seguramente y recibiremos las bendiciones que más necesitamos. Por supuesto, pretender que nuestras oraciones sean siempre contestadas en la misma forma y según la cosa particular que pidamos, es presunción. Dios es demasiado sabio para equivocarse, y demasiado bueno para negar un bien a los que andan en integridad. Así que no temáis confiar en Él, aunque no veáis la inmediata respuesta a vuestras oraciones. Confiad en la seguridad de su promesa: 'Pedid, y se os dará.' Mateo 7:7." CC p.96

Uno a uno Adán dio nombre a todos los animales percatándose del maravilloso don que tener una pareja representa. Pero, inexplicablemente no halló una para él. El día empezó lentamente a desaparecer y con él parecía que la esperanza de una respuesta para su inquietud se alejaba. Peor aún, empezó a sentirse tan cansado que decidió recostarse en el amable prado. Vaya situación tan extraña, el hombre siente la necesidad de compañía y Dios le da sueño. No siempre reconoceremos los caminos de Dios, pero siempre son los mejores.

Un humilde carpintero era la única imagen que el mundo tendría del todopoderoso Hijo de Dios. "¿No es éste el hijo del carpintero? Mateo 13:55. Un hombre vestido de piel de camello y un cinto de cuero, fue en palabras de Jesús, el mayor de los profetas. "Pero ¿qué salisteis a ver? ¿A un profeta? Sí, os digo, y más que profeta, [...]" "» De cierto os digo que entre los que nacen de mujer no se ha levantado otro mayor que Juan el Bautista; [...]" Mateo 11:9,11 Así son los regalos que Dios da. La mayoría de las veces no podemos reconocerlos, a menos que los veamos con los ojos de la fe. Todo indica que el hombre ve la envoltura, pero Dios da más valor al contenido. Al profeta Samuel Dios le dijo: "—No mires a su parecer, ni a lo grande de su estatura, porque yo lo desecho; porque Jehová no mira lo que mira el hombre, pues el hombre mira lo que está delante de sus ojos, pero Jehová mira el corazón." 1 Samuel 16:7

Por supuesto que Dios no hace esto sin motivo, la humilde forma en que Cristo se presentó en medio de los hombres tenía un propósito. "Jesús vino con pobreza y humillación, a fin de ser tanto nuestro ejemplo como nuestro Redentor. Si hubiese aparecido con pompa real, ¿cómo podría habernos enseñado la humildad? ¿Cómo podría haber presentado verdades tan terminantes en el sermón del monte? ¿Dónde habría quedado la esperanza de los humildes en esta vida, si Jesús hubiese venido a morar como rey entre los hombres?" DTG p.111

Es posible que frente a nuestros ojos ya esté en pie la más grande de las bendiciones que Dios tenía preparada para nosotros, pero aún no la podemos reconocer. Esto es un asunto de fe. Es por ello que la definición de fe que nos da la Escritura tiene que ver con algo que es imposible de ver con los ojos humanos. "Es, pues, la fe la certeza de lo que se espera, la convicción de lo que no se ve." Hebreos 11:1

El sueño profundo en el que Dios hizo caer a Adán propició que él recibiera lo que a los ojos de Dios era la última y más valiosa pieza de la obra maestra de la creación, la mujer. Ayuda idónea para el hombre según el plan de Dios de compartir su plenitud con sus criaturas. Dios no hizo a la mujer de la tierra, sino que extrajo del hombre un tejido y de este hizo a su compañera.

La sustancia de Dios es el amor, Dios no tiene amor, Dios es amor. Dios no quería que el hombre tuviera amor, era el propósito inicial que el hombre también en este aspecto fuera igual a su Padre Dios. Por ello Dios hizo a la mujer; a fin de que el hombre desarrollara a plenitud su capacidad de amar.

"Dios mismo dio a Adán una compañera. Le proveyó de una 'ayuda idónea para él', alguien que realmente le correspondía, una persona digna y apropiada para ser su compañera y que podría ser una sola cosa con él en amor y simpatía. Eva fue creada de una costilla tomada del costado de Adán; este hecho significa que ella no debía dominarlo como cabeza, ni tampoco debía ser humillada y hollada bajo sus plantas como un ser inferior, sino que más bien debía estar a su lado como su igual, para ser amada y protegida por él. Siendo parte del hombre, hueso de sus huesos y carne de su carne, era ella su segundo yo; y quedaba en evidencia la unión íntima y afectuosa que debía existir en esta relación." Cartas a Jóvenes Enamorados (CJE) p.11

EL SEGUNDO ADÁN Y LA SEGUNDA EVA

En el contexto del paralelo del relato de la creación en siete días literales con la historia humana, también hay una analogía con respecto a que el hombre fue hecho varón y hembra.

"El día en que creó Dios al hombre, a semejanza de Dios lo hizo. **Hombre y mujer los creó**; y los bendijo, y les puso por nombre Adán el día en que fueron creados." Génesis 5:1,2

Hemos visto que el pueblo adventista encaja con todas las cualidades que el representante del hombre debe tener para cumplir con el símbolo, sin embargo, dos aspectos debemos destacar de la analogía. El primero es que, si bien Adán tiene un representante visible en el tiempo del fin, la Escritura dice que el pueblo es solamente parte del símbolo, porque de este dice que es cada miembro del cuerpo, de quien Cristo es la cabeza. "Él es también la cabeza del cuerpo que es la iglesia, [...]" Colosenses 1:18, "así como Cristo es cabeza de la iglesia, la cual es su cuerpo, y él es su Salvador." Efesios 5:23.

El segundo es que existe también la analogía de que Cristo es el novio y la iglesia su esposa, dicho de otra manera, Cristo representa a Adán y la iglesia a Eva. De hecho, el apóstol Pablo menciona a Jesús en dos ocasiones dando la idea de que Él es la representación de Adán. "No obstante, reinó la muerte desde Adán hasta Moisés, aun en los que no pecaron a la manera de la transgresión de Adán, **el cual es figura del que había de venir.**" Romanos 5:14 "Así también está escrito: «Fue hecho el primer hombre, Adán, alma viviente»; **el postrer Adán**, espíritu que da vida." 1 Corintios 15:45. Tenemos también suficientes evidencias bíblicas que aseguran que la iglesia es símbolo de la esposa de Cristo. "porque el marido es cabeza de la mujer, así como Cristo es cabeza de la iglesia [...]" Efesios 5:23; "porque os celo con celo de Dios, pues os he desposado con un solo esposo, para presentaros como una virgen pura a Cristo." 2 Corintios 11:2.

UN SUEÑO PROFUNDO

De la misma manera como el Creador trajo a Adán su compañera, aconteció con el nacimiento de la iglesia de Cristo.

"Entonces Jehová Dios hizo caer un sueño profundo sobre Adán y, mientras éste dormía, tomó una de sus costillas y cerró la carne en su lugar. De la costilla que Jehová Dios tomó del hombre, hizo una mujer, y la trajo al hombre." Génesis 2:21,22

Si queremos saber cuál es el momento exacto en que la iglesia o la mujer espiritual del Señor nació, entonces, debemos buscar en el registro bíblico un momento en el que nuestro segundo Adán a causa de Jehová Dios, cayó en un sueño profundo. ¿Hay en realidad en las Escrituras un texto que relata el momento en que el Señor Jesús cayó en un sueño profundo?

PROVIDENCIA

Hay una ocasión que relatan los evangelios de Mateo, Marcos y Lucas, cuando, en medio de una gran tormenta Jesús dormía profundamente, y su sueño era tan pesado, que, en medio de la tempestad, el Señor descansaba sin siquiera notar lo que ocurría en alrededor suyo. Sin embargo, el sueño se ve interrumpido por la voz de sus discípulos que empapados de temor no dudaron en despertarle "—¡Señor, sálvanos, que perecemos! Él les dijo: —¿Por qué teméis, hombres de poca fe?" Mateo 8:25,26. Un sueño de este tipo no puede representar el sueño en el que cayó Adán, ese sueño le permitió a Dios abrir su costado, tomar una costilla y volverle a cerrar, un sueño como el que experimentó Jesús en la barca no habría sido suficiente, Adán habría despertado en medio de la cirugía. Si el Señor Jesús es la representación del primer Adán, y lo es, debemos hallar en Él, la experiencia de un sueño más profundo al del sencillo acto de dormir en la noche.

Pero permitamos que sea la Palabra de Dios la que solucione esta cuestión. El sueño, o el dormir de descansar en la noche, fue usado por Cristo en diferentes ocasiones para ilustrar el sueño profundo de la muerte. Veamos.

"Entonces llegó un hombre llamado Jairo, que era un alto dignatario de la sinagoga; postrándose a los pies de Jesús, le rogaba que entrara en su casa, porque tenía una hija única, como de doce años, que se estaba muriendo.

[...] vino uno de casa del alto dignatario de la sinagoga a decirle: —Tu hija **ha muerto**; no molestes más al Maestro.

Oyéndolo Jesús, le respondió:

—No temas; cree solamente y será salva.

Entrando en la casa, [...]. Todos lloraban y hacían lamentación por ella. Pero él dijo:

—No lloréis; **no está muerta, sino que duerme**.

Y se burlaban de él, porque sabían que **estaba muerta**. Pero él, tomándola de la mano, clamó diciendo:

—¡Muchacha, levántate!

Entonces su espíritu volvió, e inmediatamente se levantó; [...]" Lucas 8:41,42,49-55

Jesús habló de la muerte haciendo referencia al sueño de dormir en la noche, de hecho, se burlaron de Él al no entender por qué hacía esa comparación, pero Dios tenía un propósito. En ocasión de la muerte y resurrección de Lázaro el Señor Jesús nuevamente se hizo a la misma ilustración.

"—Nuestro amigo Lázaro **duerme**, pero voy a despertarlo.

Dijeron entonces sus discípulos:

—Señor, **si duerme**, sanará.

Jesús decía esto de la muerte de Lázaro, pero ellos pensaron que hablaba del reposar del sueño. Entonces Jesús les dijo claramente:

—**Lázaro ha muerto,** [...]" Juan 11:11-14

¿Será posible que la muerte del señor Jesús sea el sueño profundo que cumpla con el símbolo del estado en que cayó Adán para dar nacimiento a la mujer? El estado de la muerte es de hecho la única forma de que el Hijo eterno de Dios cumpla con esa característica, de lo contrario el paralelo no se podría cumplir. No hubo otro momento, durante todo el ministerio de Jesús, que este registrado, en el que Él cayó en un estado de inconciencia. La figura es indiscutible, los dos Adanes participaron de una experiencia similar, los dos pasaron por un estado de "sueño profundo" con un propósito maravilloso; aunque Cristo para llegar allí, realmente pasó por un dolor aún peor que los terribles dolores de un parto natural.

El paralelo es asombroso. **El costado** de ambos es abierto, "Y así, mientras éste dormía, Dios le sacó una de sus costillas, y luego le cerró **el costado**." Génesis 2:21 (TLA) Traducción en Lenguaje Actual "Pero uno de los soldados le abrió **el costado** con una lanza, y al instante salió sangre y agua." Juan 19:34. Se podría pensar que a Adán le abrió Jehová, pero a Cristo le hirió el enemigo, y eso en la práctica es verdad, pero en realidad la copa que Cristo bebió, no la sirvió Satanás. Cristo mismo lo dijo: "La copa que el Padre me ha dado, ¿no la he de beber?" Juan 18:11 Jehová abrió el costado de Adán y Jehová permitió que la carne de su Hijo fuera lacerada. Jesús también había dicho: "Por eso me ama el Padre, porque yo pongo mi vida para volverla a tomar. Nadie me la quita, sino que yo de mí mismo la pongo. Tengo poder para ponerla y tengo poder para volverla a tomar. Este mandamiento recibí de mi Padre." Juan 10:17,18. Jesús fue muerto en manos de los hombres, pero en realidad este era un asunto que solo competía a Él y a su Padre por el pacto que hicieron en algún momento de la eternidad.

"Sin embargo, fue una lucha, aun para el mismo Rey del universo, entregar a su Hijo a la muerte por la raza culpable. Pero, 'de tal manera amó Dios al mundo, que **ha dado** a su Hijo unigénito, para que todo aquel que en él cree no se pierda, sino que tenga vida eterna.' Juan 3:16.

Cristo iba a ser hecho "un poco menor que los ángeles [...], para que por la gracia de Dios experimentara la muerte por todos". Hebreos 2:9. PP p.p. 44,45

Sabemos que el Creador del hombre fue Jesús mismo, "Porque en él fueron creadas todas las cosas, las que hay en los cielos y las que hay en la tierra, visibles e invisibles; sean tronos, sean dominios, sean principados, sean potestades; todo fue creado por medio de él y para él." Colosenses 1:16. Esto significa que aún el hombre y la mujer hacen parte de la obra creadora de las manos de Jesús. Pero, ¿Cómo podría cumplirse esto? Si decimos que Jesús es la representación de Adán y la mujer nació cuando Adán reposaba en un sueño profundo entonces espiritualmente la mujer de Cristo también nació mientras Jesús reposaba en el profundo sueño de la muerte. Debe ser que en el proceso que llevó a Jesús a la muerte hubo un evento durante el cual Jesús dio origen al símbolo de su mujer espiritual.

Sabemos de sobra que la mujer es símbolo de la iglesia de Cristo, pero este símbolo no hace referencia solamente a la iglesia del Nuevo Testamento, sino que incluye a la iglesia del Antiguo Testamento, "... la bella y delicada hija de Sion" Jeremías 6:2. "... y diciendo a Sion: Pueblo mío eres tú" Isaías 51:16. Debemos hacer la salvedad de que antes de Cristo todos los elementos concernientes a la salvación se presentaron como un símbolo y después de la primera venida de Cristo todos estos símbolos se cumplieron y recibieron el nombre que les corresponde. Pero en principio todos tienen el mismo valor y el mismo significado, es decir, aunque no fue dicho antes con las palabras explicitas que usó el apóstol Pablo, la iglesia del Antiguo Testamento ya era la representación de la esposa del Señor.

"Jesús representa su verdadera y pura iglesia (Sion), como una mujer pura; y a la iglesia apóstata como una ramera. Algunos otros versículos que también utilizan estos simbolismos son: 2 Corintios 11:2; Efesios 5:22, 23; y Apocalipsis 19:7, 8.

En Apocalipsis 12:1, Jesús presenta a su iglesia como una mujer 'vestida del sol,' con 'la luna debajo de sus pies,' y 'sobre su cabeza una corona de doce estrellas.' ¿Qué significan estos símbolos?

El sol representa a Jesús, a su evangelio y a su justicia. 'Porque sol y escudo es Jehová Dios...' (Salmos 84:11). (Vea también Malaquías 4:2). Sin Jesús no hay salvación (Hechos 4:12). Antes que nada, Jesús quiere que su iglesia esté llena de su presencia y gloria.

La 'luna debajo de sus pies' representa el sistema de sacrificios del Antiguo Testamento. Así como la luna refleja la luz del sol, así el sistema de sacrificios era solamente de beneficio espiritual si reflejaba la imagen del Mesías venidero (Hebreos 10:1).

Después, la profecía declara que la mujer 'estaba de parto,' a punto de dar a luz a un bebé que algún día gobernaría con vara de hierro. Ella dio a luz a un 'hijo varón,' quien después '...fue arrebatado para Dios y para su trono.' (Apocalipsis 12:1, 2, 5). ¿Quién fue este hijo varón?

El hijo varón era Jesús. Él algún día gobernará a todas las naciones con vara de hierro (Apocalipsis 19:13-16; Salmos 2:7-9). Jesús, quien fue crucificado por nuestros pecados, fue resucitado de los muertos y ascendió al cielo (Hechos 1:9-11). Su poder de resurrección, manifestado en nuestras vidas, es uno de los dones esenciales de Jesús para su pueblo (Filipenses 3:10)."

https://www.amazingfacts.org/media-library/study-guide/e/5111/t/la-esposa-de-cristo

Jesús era el hijo varón que esperaba la mujer, este hecho apunta directamente a que su madre terrenal, María es también símbolo de la iglesia, particularmente, la mujer pura del Antiguo Testamento. Poseemos ahora otro elemento en la construcción del símbolo, o sea, a la presencia de la madre de Jesús como símbolo de la iglesia del antiguo testamento. ¿Hay acaso en los eventos que ocurrieron alrededor de la muerte de Cristo, uno que involucre directamente a María la madre de Jesús y que nos direccione hacia el significado del símbolo de la mujer que representa a Eva, en el paralelo que hay entre los dos primeros capítulos de Génesis con la historia de la humanidad?

En realidad, si hay uno, pero este evento no solo involucra a María como símbolo de la iglesia, a Jesús como el segundo Adán y como Creador de la mujer, en un momento cercano al sueño profundo que experimentó el

Creador, sino que además presenta una pieza clave que resolverá todos los interrogantes con respecto a la identidad de la mujer que debe aparecer en el último milenio de la profecía de Genesis uno.

Parece que el asunto se pone un poco confuso porque ahora mismo estamos desarrollando el paralelo del sexto día de la semana de la creación con el sexto milenio de la historia humana, sin embargo, la Palabra de Dios es tan coherente, que al final contemplaremos cómo cada eslabón de la cadena de acontecimientos armoniza maravillosamente y el mensaje es tan nítido como una gota de agua cristalina.

Repasemos. Jesús cumple perfectamente con las características de Adán, no solo para el tiempo de su primera venida, sino que el valor del símbolo se extiende a través los siglos hasta nuestros días. Porque si bien la Escritura relata su muerte, esta misma describe su resurrección, ascensión y su ministerio hasta el día de hoy, es decir no hay manera de decir que Cristo no puede cumplir con el símbolo del hombre creado el sexto día de la creación y decir al mismo tiempo que el mismo fue el Creador. La mujer de Adán, Eva, es símbolo de la iglesia, pero la iglesia ha sido representada en toda la extensión de la historia en la tierra de diferentes maneras, esto significa que necesitamos revisar esa pieza clave que mencionamos y que nos esclarecerá cual es la iglesia que representa al final del tiempo a la mujer y este símbolo debe aparecer justo cuando el segundo Adán está cayendo en un sueño profundo; porque si decimos que Cristo es también el Creador de la mujer, es Él mismo quien debe cumplir con el paralelo. En la analogía Jesús es Jehová y Adán.

El asunto parece complejo porque debemos poner en la misma escena a Jesús y a la iglesia del fin, pero en el contexto de los hechos que rodearon muerte de Cristo, esto parece imposible. No obstante, hacer posible lo imposible es una más de la incontable lista de cualidades de nuestro Eterno Dios. ¡Cuán profundos e inagotables son los pensamientos que fluyen de la mente de Dios!

Nuevamente debe ser la Palabra de Dios la que resuelva las inquietudes.
"Cuando vio **Jesús a su madre y al discípulo a quien él amaba**, que estaba presente, dijo a su madre:
—Mujer, he ahí tu hijo.
Después dijo al discípulo:
—He ahí tu madre.
Y desde aquella hora el discípulo la recibió en su casa."

Juan 19:26,27

Ahora, el discípulo amado se suma a la lista de los elementos que hacen parte de nuestra investigación, ¿qué tiene que ver Juan, con María como símbolo de la mujer, figura de la iglesia del Antiguo Testamento y con Jesús quien representa a Adán en el paralelo de los milenios con la semana literal de la creación y con Jehová Creador del mundo, particularmente para este caso, el Creador del hombre y la mujer?

Juan, el discípulo amado es esa pieza clave que hace falta para construir la estructura simbólica del evento de la creación de la mujer que apareció el sexto día de la semana de la creación y que está representada por un remanente del pueblo Dios en el tiempo del fin de la historia de los hijos de la tierra. Juan es el puente que une a Cristo con la iglesia que estará en pie el día de su segundo advenimiento; Juan es símbolo de aquellos que no conocerán la muerte y serán fieles al Redentor durante el periodo más angustioso de la historia de la humanidad; Juan es la analogía de la esposa que participará en jubilo de las prometidas bodas del Cordero; Juan es la imagen que en su reflejo revela el nombre que llevarán los 144.000 el día del regreso del Señor; Juan es la didáctica que enseña la veracidad de la predicación de la Iglesia Adventista del Séptimo Día durante el último periodo de la historia; aunque no parezca lógico, Juan es la imagen del símbolo de la mujer que el Señor formó a partir de la costilla del hombre.

Examinemos los antecedentes de la vida del discípulo de Patmos. El evangelista registró:

"[...] porque el Hijo del hombre vendrá en la gloria de su Padre, con sus ángeles, y entonces pagará a cada uno conforme a sus obras. De cierto os digo que hay algunos de los que están aquí que no gustarán la muerte hasta que hayan visto al Hijo del hombre viniendo en su Reino." Mateo 16:27,28

Era muy difícil que algunos de los discípulos permanecieran en pie hasta el retorno del Señor Jesús, a menos de que ascendieran al cielo con Cristo, no existía otra forma de que se mantuvieran con vida en la tierra hasta el regreso de Cristo; además, verlo en la gloria de su Padre y en compañía de todos sus ángeles. La pluma inspirada dice que este evento se cumplió en el gran suceso del monte de la transfiguración, que interesantemente es relatado por el mismo Mateo, justo después de esas cautivantes palabras del Señor Jesús.

"Jesús estaba vestido por la luz del cielo, como aparecerá cuando venga 'la segunda vez, sin pecado, ... para salud.' Porque él vendrá 'en la gloria de su Padre con los santos ángeles.' Hebreos 9:28; Marcos 8:38. La promesa que hizo el Salvador a los discípulos quedó cumplida. Sobre el monte, el futuro reino de gloria fue representado en miniatura: Cristo el Rey, Moisés el representante de los santos resucitados, y Elías de los que serán trasladados." DTG p.390

Es cierto, la promesa que hizo Jesús a sus discípulos se cumplió en el monte, pero, ¿será ese el único mensaje que trae semejante revelación que muestra a Cristo con la gloria que le acompañó durante las edades de su eternidad y que traerá consigo el magnífico día de su retorno a la tierra? Estoy seguro que no.

Pedro, Santiago y Juan acompañaron al Señor. Una pregunta, ¿por qué exactamente esos tres discípulos? ¿Qué pensamiento tenía al Señor sobre estos tres que le llevó a compartir exclusivamente a ellos eventos tan relevantes durante su ministerio? En el terreno de los símbolos y los mensajes espirituales, ¿qué podría haber en estos tres que llamó tanto la atención al Salvador? Si todos, los doce apóstoles, eran amados de la misma forma por el Redentor y Creador, ¿qué quiere decir el hecho de que estos tres fueran personajes tan protagónicos en las escenas que relatan las Escrituras de los hechos más destacables del ministerio de Cristo?

Para responder estas dudas que saltan en el ambiente, vamos a trabajar sobre lo que dice la pluma de la hermana White acerca del relato del monte de la transfiguración.

"Sobre el monte, el futuro reino de gloria fue representado en miniatura: Cristo el Rey, Moisés el representante de los santos resucitados, y Elías de los que serán trasladados." DTG p.39

La Biblia dice: "Seis días después, Jesús tomó a Pedro, a Jacobo y a su hermano Juan, y los llevó aparte a un monte alto." Mateo 17:1

Aunque la descripción de todos los hechos que acontecieron en el monte son importantes, el primer verso de Mateo 17 hace un esbozo increíblemente claro del dibujo que providencialmente se trazó acerca de la segunda venida de Cristo. La interpretación espiritual de este verso según el contexto de los milenios de Dios en la historia de este mundo no es difícil. "Seis días" es igual a: Seis milenios; "Jesús tomó" es igual a: En el evento de la segunda venida de Cristo, el Hijo de Dios vino a buscar a los suyos; los tres discípulos representan a aquellos a quienes el Hijo de Dios vino a buscar; y el monte al que fueron llevados según el profeta Isaías, es el lugar en el cielo donde está el trono de Dios. "Tú que decías en tu corazón: 'Subiré al cielo. En lo alto, junto a las estrellas de Dios, levantaré mi trono y en **el monte** del testimonio me sentaré, [...]'" Isaías 14:13.

El primer verso de Mateo 17 que hace la representación del futuro reino de gloria, no incluye a los seres celestiales, es decir, a Moisés y a Elías, porque la simbología de ellos y la de los discípulos es la misma. Pedro es un tipo de la iglesia del antiguo Testamento, Santiago es símbolo de aquellos que durante los 1.260 pasarían por la experiencia del martirio y Juan es la representación de los 144.000 que vivirían los eventos previos a la segunda venida de Jesús.

Con la muerte de Jesús, la iglesia que vivió en el tiempo de los símbolos, es decir, la del Antiguo Testamento, cerró su ciclo de existencia. La experiencia de Pedro revela el símbolo de esa iglesia cuando al final de su ministerio personal participa de la misma muerte que sufrió el Señor, la crucifixión.

"A **Pedro**, por ser judío y extranjero, le condenaron a recibir azotes y a ser crucificado después. En perspectivas de esa espantosa muerte, el apóstol recordó su gravísimo pecado de negar a Jesús en la hora de su prueba. Aunque una vez se había mostrado tan poco dispuesto a reconocer la cruz, tenía ahora por gozo dar su vida por el Evangelio, sintiendo tan sólo que fuese demasiada honra para él morir como había muerto el Señor a quien había negado. Pedro se había arrepentido sinceramente de su pecado, y Cristo le había perdonado, según lo comprueba el altísimo encargo de apacentar a las ovejas y corderos del rebaño. Pero Pedro no podía perdonarse a sí mismo. Ni aun el pensamiento de las agonías de la muerte que le aguardaba era capaz de mitigar la amargura de su aflicción y arrepentimiento. Como último favor, suplicó a sus verdugos que lo crucificaran cabeza abajo. La súplica fue otorgada, y de esa manera murió el gran apóstol Pedro." HAp p. 429

"En aquel mismo tiempo, el rey Herodes echó mano a algunos de la iglesia para maltratarlos. Mató a espada a **Jacobo, hermano de Juan**, y al ver que esto había agradado a los judíos, procedió a prender también a Pedro." Hechos 12:1-3

Santiago murió en manos de Herodes, la espada del poder político, movido por la persecución religiosa reveló al mundo el motivo por el cual, Santiago (Jacobo) hermano del discípulo amado, participó de la visión del monte de la transfiguración y de otros muchos milagros que Jesús realizó particularmente de forma privada. No, Santiago no era un consentido de Dios que recibió un trato especial por ser más cercano a Jesús, Santiago representaba a todos aquellos que, a pesar de sus defectos, consiguieron asemejarse a su Maestro y dando más valor a la vida futura, tuvieron la presente como nada y fueron perseguidos y martirizados por la más hermosa de las causas.

Nos resta solamente quitar el velo al significado del símbolo que describe la experiencia de **Juan**, de quien afirmamos es la representación del pueblo del fin y quien recibió a María por mandato del Señor cuando este pendía de la cruz. La muerte de Juan no está registrada ni en las Sagradas Escrituras, ni en el espíritu de la profecía. No pensamos que Juan este vivo en la tierra o que fue trasportado al cielo. Entendemos que todo lo que sucedió en su vida y está registrado en las Escrituras es testimonio para los creyentes de nuestra época, sabemos que todo lo que se plasmó en la Palabra de Dios además de haber sido real físicamente, tiene un valor espiritual.

La presencia de Juan en el monte de la transfiguración nos refiere al único pueblo que falta en la representación de la iglesia de toda la historia, la del tiempo del fin.

De la vida ministerial del discípulo amado tenemos amplio conocimiento por el testimonio de la sierva del Señor. Revisemos los elementos que nos llevaran al desenlace de la experiencia del apóstol.

"Los gobernantes judíos estaban llenos de amargo odio contra Juan por su inmutable fidelidad a la causa de Cristo. Declararon que sus esfuerzos contra los cristianos no tendrían resultado mientras el testimonio de Juan repercutiera en los oídos del pueblo. Para conseguir que los milagros y enseñanzas de Jesús pudiesen olvidarse, había que acallar la voz del valiente testigo.

Con este fin, Juan fue llamado a Roma para ser juzgado por su fe. Allí, delante de las autoridades, las doctrinas del apóstol fueron expuestas erróneamente. Testigos falsos le acusaron de enseñar herejías sediciosas, con la esperanza de conseguir la muerte del discípulo.

Juan se defendió de una manera clara y convincente, y con tal sencillez y candor que sus palabras tuvieron un efecto poderoso. Sus oyentes quedaron atónitos ante su sabiduría y elocuencia. Pero cuanto más convincente era su testimonio, tanto mayor era el odio de sus opositores. El emperador Domiciano estaba lleno de ira. No podía refutar los razonamientos del fiel abogado de Cristo, ni competir con el poder que acompañaba su exposición de la verdad; pero se propuso hacer callar su voz.

Juan fue echado en una caldera de aceite hirviente; pero el Señor preservó la vida de su fiel siervo, así como protegió a los tres hebreos en el horno de fuego. Mientras se pronunciaban las palabras: Así perezcan todos los que creen en ese engañador, Jesucristo de Nazaret, Juan declaró: Mi Maestro se sometió pacientemente a todo lo que hicieron Satanás y sus ángeles para humillarlo y torturarlo. Dio su vida para salvar al mundo. Me siento honrado de que se me permita sufrir por su causa. Soy un hombre débil y pecador. Solamente Cristo fue santo, inocente e inmaculado. No cometió pecado, ni fue hallado engaño en su boca.

Estas palabras tuvieron su influencia, y Juan fue retirado de la caldera por los mismos hombres que lo habían echado en ella.

Nuevamente la mano de la persecución cayó pesadamente sobre el apóstol. Por decreto del emperador, fue desterrado a la isla de Patmos, condenado 'por la palabra de Dios y el testimonio de Jesucristo.' Apocalipsis 1:9. Sus enemigos pensaron que allí no se haría sentir más su influencia, y que finalmente moriría de penurias y angustia." HAp p.455

Pero no sucedió así. Jesús no permitiría que su amado discípulo muriera olvidado y solo. Las últimas escenas de la vida del apóstol revelan el amor de su Maestro hacia él, pero más que eso presentan un panorama de los eventos que darían desenlace a la historia del mundo.

Juan era ya un anciano cuando fue llevado a Patmos, esta característica es similar a la de la iglesia de Cristo después de seis mil años de luchas en la tierra. Juan fue providencialmente escogido para una tarea sin igual. Revelar al mundo los eventos finales y, él mismo, ser la representación del pueblo escogido para el fin de los tiempos. Podemos por símil trabajar sobre el paralelo de los dos. Al final claramente veremos incluso con nombre propio al pueblo que representa la mujer con que Dios culminó su obra creadora. O sea, la mujer con la que espiritualmente también Dios terminará su obra redentora.

"YO, JUAN, [...]" APOCALIPSIS 1:9

Estas palabras, ni siquiera se parecen a las del mismo apóstol que escribiera el evangelio. En su libro, Juan, todas las veces que se refiere a sí mismo, habla en tercera persona y se autodenomina "el discípulo a quien amaba Jesús". El hecho de que Juan, dé inicio a su testimonio con las palabras "Yo, Juan," apunta directamente a un valor y un significado; pero en cuanto a esa revelación, vamos permitir que sea la misma Biblia la que quite el velo.

Aunque no lo parece, Apocalipsis en su primer capítulo hace una introducción a los eventos que van a acontecer al pueblo de Dios durante el periodo final de la historia en la tierra y para ello, el apóstol Juan y su experiencia en Patmos son los elementos didácticos a usarse.

"[...] vuestro hermano y compañero en la tribulación, en el reino y en la perseverancia de Jesucristo, estaba en la isla llamada Patmos, por causa de la palabra de Dios y del testimonio de Jesucristo." Apocalipsis 1:9

Se nos ha revelado que Patmos es el lugar a donde se desterró a Juan para poner fin a su ministerio, lo cual habla de que el pueblo del tiempo del fin en su último periodo va a estar en un lugar apartado, lejos de las grandes ciudades y del ruido del mundo. ¿En cuál institución cristiana de la actualidad, podemos encontrar que este elemento es un tema que hace parte de su predicación? ¿Qué tal si revisamos un pasaje de la pluma inspirada para resaltar el hecho de lo que significará estar en el Patmos del tiempo del fin? La Biblia no presenta una descripción tan explicita de lo que Patmos significa espiritualmente, pero si podemos recurrir a la luz menor para hacernos una idea más clara.

"Una y otra vez el Señor ha instruido a los miembros de su pueblo a que saquen sus familias de las ciudades y las lleven al campo, donde puedan cultivar sus propias provisiones, porque en el futuro el problema de comprar y de vender será muy serio. Ahora deberíamos prestar atención a la instrucción que se nos ha dado vez tras vez: 'Salgan de las ciudades y vayan a los distritos rurales, donde las casas no están apiñadas unas al lado de otras, y donde estarán libres de la interferencia de los enemigos'." De la Ciudad al Campo (CC) p.12

La tribulación que envió al apóstol a la isla de Patmos, se refiere a la persecución a la que la iglesia fue sometida durante el primer siglo de la era cristiana. En el caso de la iglesia en el tiempo del fin, la pluma inspirada hace referencia al "problema de comprar y de vender" de Apocalipsis 13:17 que indudablemente hace parte de la tribulación que afectará al pueblo escogido en el último periodo de la historia en la tierra. Esta condición hará que los hijos de Dios deban refugiarse en los campos y en las montañas donde la analogía con la Isla de Patmos se completará a cabalidad.

"[...] y que ninguno pudiera comprar ni vender, sino el que tuviera la marca o el nombre de la bestia o el número de su nombre." Apocalipsis 13:17

Patmos en el tiempo del fin es representado por el campo donde los hijos de Dios tendrán sus moradas, Patmos es el resultado de la obediencia a la Palabra de Dios y al testimonio de Jesucristo. Sabemos qué es la Palabra de Dios y lo que representa en el tiempo del fin, pero, ¿qué significa el testimonio de Jesucristo? Juan mismo respondió esa pregunta. "Yo me postré a sus pies para adorarlo, pero él me dijo: «¡Mira, no lo hagas! Yo soy consiervo tuyo y de tus hermanos que mantienen el testimonio de Jesús. ¡Adora a Dios!» (**El testimonio de Jesús es el espíritu de la profecía.**)" Apocalipsis 19:10

Sabemos ahora que el pueblo que Juan representa en el tiempo del fin debe haber sido guiado al campo por razón de Palabra de Dios y el espíritu de la profecía. Es interesante que revisando el sin número de denominaciones cristianas de la actualidad, solamente la Iglesia Adventista del Séptimo Día predica la importancia de un día ir a los campos; además es la única institución que guarda en sus arcas, la sabiduría y la luz que irradia del poderoso don profético. Es también muy claro que cuando Juan se refiere a la Palabra de Dios, está hablando de los rollos del Antiguo Testamento pues hasta ese momento no existía el compilado de cartas que dio forma al Nuevo Testamento. Eso significa que el pueblo que cumple con las características que estamos estudiando debe observar la Palabra de Dios en su totalidad es decir el Antiguo y el Nuevo Testamento. Esto además incluye la observancia de la ley dada en el Sinaí conocida como los Diez Mandamientos de Dios.

"Estando yo en el Espíritu en el día del Señor..." Apocalipsis 1:10

Siendo que este tratado es una carta dirigida mayormente para la iglesia de Dios en el tiempo del fin, no creo necesario explicar lo que significa estar en el Espíritu en el día del Señor. Tenemos en nuestra historia décadas, especializándonos en explicar el tema relacionado con la verdad del sábado. Sabemos que el día del Señor al que se refiere Juan es la adoración en Espíritu y en verdad durante la observancia el cuarto mandamiento de la ley de Dios. Lo que sí es resaltable de este verso es que Juan participó de la visión que está a punto de describir durante la observancia del día del Señor, o sea del sábado.

"Fue en un sábado cuando la gloria del Señor se manifestó al desterrado apóstol. Juan observaba el sábado tan reverentemente en Patmos como cuando predicaba al pueblo de las aldeas y ciudades de Judea. Se aplicaba las preciosas promesas que fueron dadas respecto a ese día. 'Yo fui en Espíritu en el día del Señor—escribió Juan,—y oí detrás de mí una gran voz como de trompeta, que decía: Yo soy el Alpha y Omega, el primero y el último.... Y me volví a ver la voz que hablaba conmigo: y vuelto, vi siete candeleros de oro; y en medio de los siete candeleros, uno semejante al Hijo del hombre.' Apocalipsis 1:10-13." HAp p.464

Agregamos pues, otro elemento a las características que presenta Juan con respecto al pueblo que él mismo representa, además de estar en el campo por razón de la tribulación, de haber sido fiel a la Palabra de Dios y de gozar del privilegio del espíritu de la profecía, este pueblo se caracteriza por la observancia del sábado, el cuarto mandamiento de la inmutable ley de Dios, el verdadero día del Señor. Si bien es cierto que hay otras instituciones que observan el sábado como día de reposo, no existe sino una que posee esa y todas las demás características. No hay duda de que el "Yo, Juan," se refiere a la Iglesia Adventista del Séptimo Día. Juan se presenta a si mismo con su nombre, no porque ahora aumentó su autoestima o por el significado semántico de la palabra "Juan", que también es importante, sino por el valor espiritual y cultural, porque en el tiempo del fin, la iglesia de Dios, la esposa del cordero, el símbolo de la Eva espiritual, debería llevar un nombre legalmente constituido.

La última y más relevante prueba que pone a Juan como símbolo del pueblo del fin, es que luego de describir las condiciones por las que el apóstol se encontraba en Patmos y atribuir a este todas las características que identifican al pueblo remanente del fin, es el mismo Señor Jesús quien se presenta delante de Juan. "[...] oí detrás de mí una gran voz, como de trompeta, que decía: «Yo soy el Alfa y la Omega, el primero y el último. Me volví para ver la voz que hablaba conmigo. Y vuelto, vi siete candelabros de oro, y en medio de los siete candelabros a uno semejante al Hijo del hombre, vestido de una ropa que llegaba hasta los pies, y tenía el pecho ceñido con un cinto de oro. Su cabeza y sus cabellos eran blancos como blanca lana, como nieve; sus ojos, como llama de fuego. Sus pies eran semejantes al bronce pulido, refulgente como en un horno, y su voz como el estruendo de muchas aguas. En su diestra tenía siete estrellas; de su boca salía una espada aguda de

dos filos y su rostro era como el sol cuando resplandece con toda su fuerza."
Apocalipsis 1:10-16

En la escena que la Providencia bosquejó en la experiencia de Juan, se ilustra al pueblo de Dios justo antes del regreso de Jesús a la tierra y luego al igual que en el monte de la transfiguración se hace una maqueta del momento exacto cuando Cristo se encuentra por segunda vez cara a cara con su pueblo. Para el discípulo amado esa fue la segunda venida de su Señor, como se le había prometido, Juan estaba de pie el día en que el Señor Jesús regresó.

"Volviéndose Pedro, vio que los seguía el discípulo a quien amaba Jesús, el mismo que en la cena se había recostado al lado de él y le había dicho: «Señor, ¿quién es el que te ha de entregar?» Cuando Pedro lo vio, dijo a Jesús:

—Señor, ¿y qué de éste?
Jesús le dijo:
—Si quiero que él quede hasta que yo vuelva, ¿qué a ti? Sígueme tú.
Se extendió entonces entre los hermanos el rumor de que aquel discípulo no moriría. Pero Jesús no le dijo que no moriría, sino: «Si quiero que él quede hasta que yo vuelva, ¿qué a ti?»" Juan 21:20-23

La promesa de que algunos de los discípulos no morirían sin ver venir al Señor en su gloria se cumplió en los tres que llevó al monte, pero en esta otra ocasión, solamente de Juan se dijo que quedaría hasta que el Señor volviera. El capítulo uno de Apocalipsis presenta el cumplimiento de esta promesa que el Señor Jesús hizo al discípulo que en la última cena se había recostado al lado de Él.

¿Podemos ahora ver el significado de la presencia de Juan recibiendo a María en su casa a petición de su Maestro? Es decir, Juan representa a la mujer, (Eva) cuyo símbolo está a punto de nacer durante el sueño profundo en el que cayó el segundo Adán. La presencia de María en la escena y entregada para vivir con el discípulo amado representa la transición donde el valor simbólico de la iglesia recaería de la mujer de Apocalipsis 12:1,2 ahora sobre Juan.

En esta gran ilustración de los eventos del sexto día de Génesis uno y su analogía en la historia podemos ver claramente la representación de Adán, el sueño profundo provocado por Jehová y el nacimiento de Eva luego de abrir su costado. Cristo es el segundo Adán, además se refleja claramente el símbolo de su muerte, o sea, el sueño profundo, y la réplica exacta de la apertura de su costado una vez Él esta inconsciente. María es el símil de la costilla tomada de Adán y Juan es figura de la mujer formada a partir de esa costilla, "De la costilla que Jehová Dios tomó del hombre, hizo una mujer..." Génesis 2:22; esto significa que, en las palabras de Cristo, "—Mujer, he ahí tu hijo." y "—He ahí tu madre." se encuentra la transición de la iglesia del Antiguo al Nuevo Testamento, (particularmente el pueblo del fin), y en el cierre del costado, o sea, "y cerró la carne en su lugar" Génesis 2:21 está representado por la resurrección de Cristo.

De esta manera Jesús estableció el origen y la representación de la iglesia en el tiempo del fin. La mujer por la que, como Adán, Él murió a causa de su pecado. La gran diferencia radica en que Cristo no pecó y resucitó. Él pagó con su sangre por su esposa y es digno de recibir de ella toda la gloria, la honra y el honor.

"Maridos, amad a vuestras mujeres, así como Cristo amó a la iglesia y se entregó a sí mismo por ella, para santificarla, habiéndola purificado en el lavamiento del agua por la palabra, a fin de presentársela a sí mismo, una iglesia gloriosa, que no tuviera mancha ni arruga ni cosa semejante, sino que fuera santa y sin mancha." Efesios 5:25-27.

TODA POTESTAD

Jesús es el segundo Adán, durante y después de su victoria sobre el pecado en la cruz del calvario, no pocas imágenes descritas en el Antiguo Testamento presentaron su cumplimiento. De Adán, dice la escritura, que después de ser creado, se le dio potestad sobre todos los seres que habían venido a la vida por la mano generosa de nuestro Dios.

"Los bendijo Dios y les dijo: «Fructificad y multiplicaos; llenad la tierra y sometedla; ejerced potestad sobre los peces del mar, las aves de los cielos y todas las bestias que se mueven sobre la tierra.» Después dijo Dios: «Mirad, os he dado toda planta que da semilla, que está sobre toda la tierra, así como todo árbol en que hay fruto y da semilla. De todo esto podréis comer." Génesis 1:28,29

No por casualidad después de su resurrección nuestro Señor Jesucristo dijo:

"«Toda potestad me es dada en el cielo y en la tierra." Mateo 28:18

Tal vez puede no haber una descripción muy detallada de los elementos que recibió por potestad el Señor luego de vencer al pecado y a su señor, pero definitivamente recuperó todo aquello que un día resbaló de las manos de Adán por causa de su derrota. Jesús es el Señor de todo lo que hay en la tierra por creación y por redención. Además, aquello que recuperó Jesús, no se limita a las obras que su propia voz trajo a la existencia. El Hijo del hombre no es solo señor de las plantas y animales, es lo que representa desde su maravillosa cosmovisión cada uno de esos elementos. Es la simbología de cada cosa de su creación lo que el redimió con su sangre preciosa. No son "los peces del mar, las aves de los cielos y todas las bestias que se mueven sobre la tierra." Era cada uno de los seres humanos que acogerían su gracia y el refugio que como la gallina Él ofrecía a sus polluelos. Millones descansan en la tumba con la seguridad de una corona eterna, un galardón que viene como resultado de haber aceptado reposar sus almas bajo la potestad que recibió el segundo Adán, el maravilloso Hijo de Dios que vino a morir en nuestro planeta.

Y VIO DIOS TODO CUANTO HABÍA HECHO

Desde el primer versículo de Génesis uno, hasta el veinticinco del capítulo dos, en palabras legibles para todo ser humano, está escrita en símbolos la representación del maravilloso plan de redención. Esto en otras palabras significa que Jesús se revela a sí mismo y su obra salvífica por medio de todos los elementos de la creación.

Cada proceso, no solo de la naturaleza sino de la vida misma de los hombres, está ligado al magistral plan de la redención y muestra el maravilloso amor de nuestro Padre celestial. Hay lecciones de vida no solo en lo que a simple vista se puede apreciar, sino en los elementos y los procesos que no se pueden percibir a la distancia de la capacidad del ojo humano. La activación de los sentidos una vez despertamos cada mañana, hablan de la misericordia de Dios para con los hombres; la increíble percepción de la vista que cobra vida al más leve contacto con la luz, nos remite en milésimas de segundo al primer día de la creación; el obligatorio ejercicio de la respiración, necesario para seguir participando del don de la vida y que redunda en el significado de la oración nos invita a mantener una comunicación constante con el Dador de la vida; a la vez que nos posesiona en el segundo día de la creación. Participar del alimento provisto desde el tercer día de la creación, es un ejercicio que todos los ser humanos de todas las culturas, de todos los países y de todas las lenguas, debe practicar para continuar viviendo y esto espiritualmente habla de lo importante y necesario que es el pan de vida que es la Palabra de Dios.

Qué diremos de la luz del Sol, la luna y las estrellas o de las incontables páginas escritas sobre la información que llevan en sí mismos los animales de las aguas, de los cielos y de la tierra; cada criatura conserva intacta la sabiduría que fue implantada en su ser desde que se formó la primera de cada especie. Todas las cosas de la creación exhalan la sabiduría de Dios y a la vez manifiestan su amor por medio del servicio que prestan a sus compañeros de planeta. Ni uno solo de los seres creados con la excepción del hombre, vive en función de sí mismo.

"Al principio, Dios se revelaba en todas las obras de la creación. Fue Cristo quien extendió los cielos y echó los cimientos de la tierra. Fue su mano la que colgó los mundos en el espacio, y modeló las flores del campo. Él 'asienta las montañas con su fortaleza,' 'suyo es el mar, pues que él lo hizo.' Salmos 65:6; 95:5 (VM). Fue Él quien llenó la tierra de hermosura y el aire con cantos. Y sobre todas las cosas de la tierra, del aire y el cielo, escribió el mensaje del amor del Padre.

Aunque el pecado ha estropeado la obra perfecta de Dios, esa escritura permanece. Aun ahora todas las cosas creadas declaran la gloria de su excelencia. Fuera del egoísta corazón humano, no hay nada que viva para sí. No hay ningún pájaro que surca el aire, ningún animal que se mueve en el suelo, que no sirva a alguna otra vida. No hay siquiera una hoja del bosque, ni una humilde brizna de hierba que no tenga su utilidad. Cada árbol, arbusto y hoja emite ese elemento de vida, sin el cual no podrían sostenerse ni el hombre ni los animales; y el hombre y el animal, a su vez, sirven a la vida del árbol y del arbusto y de la hoja. Las flores exhalan fragancia y ostentan su belleza para beneficio del mundo. El sol derrama su luz para alegrar mil mundos. El océano, origen de todos nuestros manantiales y fuentes, recibe las corrientes de todas las tierras, pero recibe para dar. Las neblinas que ascienden de su seno, riegan la tierra, para que produzca y florezca." DTG p. 11,12

Pero ¿para qué todo esto? ¿Para que Dios se tomó el trabajo de redactar semejantes libros como lo son la Biblia y la Naturaleza? La misma Palabra de Dios contiene la respuesta. "Las cosas que se escribieron antes, para nuestra enseñanza se escribieron, a fin de que, por la paciencia y la consolación de las Escrituras, tengamos esperanza. Y el Dios de la paciencia y de la consolación os dé entre vosotros un mismo sentir según Cristo Jesús, para que unánimes, a una voz, glorifiquéis al Dios y Padre de nuestro Señor Jesucristo." Romanos 15:4-6. Para que podamos llegar a donde Él está, para que un día podamos gozar del fruto del árbol de la vida, para que su gozo y nuestro gozo sea cumplido, para que al recibirle en las nubes de los cielos demos el paso a la victoria que Él alcanzó para nosotros, para que la dicha invada nuestro ser y ya más nunca perderla, para un día no lejano, poder contemplarle cara a cara y gozarnos de ese rostro por toda la eternidad.

BUENO EN GRAN MANERA

El gran reloj del cielo que marca la fecha y la hora del regreso del Señor Jesús avanza sin retraso. Las señales se cumplen por doquier. La tierra que en su creación fue revestida con la profundísima sabiduría del gran Arquitecto, aguarda por su Hacedor. La historia de los siglos, la profecía de las tardes y mañanas de Génesis uno, los seis días según la cosmovisión de Dios, llegarán a su fin justo cuando ese reloj haga su último movimiento, no antes, no después. Dios no retarda su promesa como muchos creen, tampoco vendrá el fin del mundo por razón de la mano de los hombres como algunos filosofan, ni por una colisión como algunos temen, volverá el Señor por amor de sus escogidos y según el valor que Él dio a su Palabra.

"» Velad, pues, porque no sabéis a qué hora ha de venir vuestro Señor. Pero sabed esto, que si el padre de familia supiera a qué hora el ladrón habría de venir, velaría y no lo dejaría entrar en su casa. Por tanto, también vosotros estad preparados, porque el Hijo del hombre vendrá a la hora que no pensáis." Mateo 24:42-44

La obra de predicación del evangelio, dará como resultado que los hijos de Dios adquieran el carácter de su Hacedor. Un día, esa comisión habrá concluido y cada uno de los moradores de la tierra habrá hecho su elección. Para ese momento los libros de la vida y de los registros ya no admitirán más notas. Lo que resta después de aquello es pagar el salario de cada obrero; a los pocos, la salvación y la vida eterna y a los muchos la condenación y el fuego que no se apaga.

"»Entrad por la puerta angosta, porque ancha es la puerta y espacioso el camino que lleva a la perdición, y muchos son los que entran por ella; pero angosta es la puerta y angosto el camino que lleva a la vida, y pocos son los que la hallan." Mateo 7:13,14

"Pronto aparece en el este una pequeña nube negra, de un tamaño como la mitad de la palma de la mano. Es la nube que envuelve al Salvador y que a la distancia parece rodeada de oscuridad. El pueblo de Dios sabe que es la señal del Hijo del hombre. Con cantos celestiales los santos ángeles, en inmensa e Innumerable muchedumbre, le acompañan en el descenso. El firmamento parece lleno de formas radiantes, 'millones de millones, y millares de millares'. Ninguna pluma humana puede describir la escena, ni mente mortal alguna es capaz de concebir su esplendor. 'Su gloria cubre los cielos, y la tierra se llena de su alabanza. A medida que va acercándose la nube viviente, todos los ojos ven al Príncipe de la vida.' CS p.624

Así como "[...] fue determinada en el concilio celestial la hora en que Cristo había de venir; y cuando el gran reloj del tiempo marcó aquella hora, Jesús nació en Belén." DTG p.23 De la misma forma en el libro de la Providencia que contiene el plan de la redención está escrita la hora exacta del regreso de Cristo.

"Al declarar Dios el día y la hora de la venida de Jesús y conferir el sempiterno pacto a su pueblo, pronunciaba una frase y se detenía mientras las palabras de la frase retumbaban por toda la tierra. El Israel de Dios permanecía con la mirada fija en lo alto, escuchando las palabras según iban saliendo de los labios de Jehová y retumbaban por toda la tierra con el estruendo de horrísonos truenos. Era un espectáculo pavorosamente solemne. Al final de cada frase los santos exclamaban: "¡Gloria! ¡Aleluya!" Estaban sus semblantes iluminados por la gloria de Dios, y refulgían como el rostro de Moisés al bajar del Sinaí. Los malvados no podían mirarlos porque los ofuscaba el resplandor. Y cuando Dios derramó la sempiterna bendición sobre quienes le habían honrado santificando el sábado, resonó un potente grito de victoria sobre la bestia y su imagen. —Primeros Escritos, p.285-286 (1858)." Eventos de los Últimos Días EUD p.230

"No tengo el menor conocimiento en cuanto el tiempo mencionado por la voz de Dios. Oí cuando proclamaba la hora, pero no tuve el recuerdo de esa hora después que salí de la visión. Escenas tan emocionantes y de un interés tan solemne pasaron ante mí, que ningún lenguaje puede describir. Todo fue una realidad viviente para mí, pues directamente relacionada con esta escena apareció la gran nube blanca sobre la cual estaba sentado el Hijo del hombre. —Mensajes Selectos 1:86 (1888)." Eventos de los Últimos Días EUD p.231

Cuando desde la gran nube, por el poder y la potencia de su voz, el Señor Jesús levante de la tumba a los redimidos de todas las generaciones, la plenitud de Dios a una exhalará un profundo respiro de satisfacción; nunca desde que se trazaron las márgenes del plan de la redención allá en la mañana eterna, se colmó de tanto gozo el corazón de Dios como aquel día cuando se complete la obra con su regreso a la tierra. Lo que antes la pluma inspirada había registrado como "Y vio Dios que era bueno." Génesis 1:4,10,12,18,21,25; ahora se presenta con una aún más profunda expresión: "Y vio Dios todo cuanto había hecho, y era bueno en gran manera." Génesis 1:31.

Si uno solo de sus hijos, redimido, es motivo de alegría y del más excelso gozo celestial, es decir, "vio Dios que era bueno", cuanto puede significar para Dios, contemplar la totalidad de sus redimidos reunidos y transformados, las palabras: "bueno en gran manera" definitivamente son muy superficiales, pero el lenguaje es completamente comprensible para el intelecto humano. Últimamente y aunque así lo presenta la Escritura, la expresión "bueno en gran manera" es demasiado corta con respecto al sentimiento que invade el corazón del amoroso Dador de la vida.

"Entre las oscilaciones de la tierra, las llamaradas de los relámpagos y el fragor de los truenos, el Hijo de Dios llama a la vida a los santos dormidos. Dirige una mirada a las tumbas de los justos, y levantando luego las manos al cielo, exclama: '¡Despertaos, despertaos, despertaos, los que dormís en el polvo, y levantaos!' Por toda la superficie de la tierra, los muertos oirán esa voz; y los que la oigan vivirán. Y toda la tierra repercutirá bajo las pisadas de la multitud extraordinaria de todas las naciones, tribus, lenguas y pueblos. De la prisión de la muerte sale revestida de gloria inmortal gritando: '¿Dónde está, oh muerte, tu aguijón? ¿dónde, oh sepulcro, tu victoria?' 1 Corintios 15:55. Y los justos vivos unen sus voces a las de los santos resucitados en prolongada y alegre aclamación de victoria." CS p.627

"Y los justos vivos unen sus voces a las de los santos resucitados en prolongada y alegre aclamación de victoria.

Todos salen de sus tumbas de igual estatura que cuando en ellas fueran depositados. Adán, que se encuentra entre la multitud resucitada, es de soberbia altura y formas majestuosas, de porte poco inferior al del Hijo de Dios. Presenta un contraste notable con los hombres de las generaciones posteriores; en este respecto se nota la gran degeneración de la raza humana. Pero todos se levantan con la lozanía y el vigor de eterna juventud. La forma mortal y corruptible, desprovista de gracia, manchada en otro tiempo por el pecado, se vuelve perfecta, hermosa e inmortal. Todas las imperfecciones y deformidades quedan en la tumba. Reintegrados en su derecho al árbol de la vida, en el desde tanto tiempo perdido Edén, los redimidos crecerán hasta alcanzar la estatura perfecta de la raza humana en su gloria primitiva. Las últimas señales de la maldición del pecado serán quitadas, y los fieles discípulos de Cristo aparecerán en 'la hermosura de Jehová nuestro Dios', reflejando en espíritu, cuerpo y alma la imagen perfecta de su Señor. ¡Oh maravillosa redención, tan descrita y tan esperada, contemplada con anticipación febril, pero jamás enteramente comprendida!" CS p.627

Todas las cosas de la creación en el principio eran tan hermosas y perfectas que el más maravilloso de los paisajes que aún se pueden admirar solo conserva un bajo porcentaje de la belleza original. No obstante, ante los actuales como los primeros, en su sola contemplación, el hombre puede llegar al completo éxtasis de sus sentidos.

"Cuando salió de las manos del Creador, la tierra era sumamente hermosa. La superficie presentaba un aspecto multiforme, con montañas, colinas y llanuras, entrelazadas con magníficos ríos y bellos lagos. Pero las colinas y las montañas no eran abruptas y escarpadas, ni abundaban en ellas declives aterradores, ni abismos espeluznantes como ocurre ahora; las agudas y ásperas cúspides de la rocosa armazón de la tierra estaban sepultadas bajo un suelo fértil, que producía por todas partes una frondosa y verde vegetación. No había repugnantes pantanos ni desiertos estériles. Impresionantes arbustos y delicadas flores deleitaban la vista por dondequiera. Las alturas estaban coronadas con árboles aún más imponentes que los que existen ahora. El aire, limpio de impuros miasmas, era saludable. El paisaje sobrepujaba en hermosura los adornados jardines del más suntuoso palacio de la actualidad." PP p.23

Ante semejante descripción, no podemos menos que darle la razón al texto de Génesis 1:31 "Y vio Dios todo cuanto había hecho, y era bueno en gran manera." En el contexto literal de la semana de la creación, Dios se agradó con el acabado de su obra, sin embargo, la creación de ningún mundo con todas sus riquezas naturales, ha podido sobrecargar el corazón del Creador de complacencia y con tal alegría como lo hizo cuando con su formidable visión del futuro contempló el plan de la redención consumado. El evento del regreso de Cristo a la tierra y la transformación de los santos será el cuadro que llenará de satisfacción la plenitud de Dios. Dicho de otra manera, el hombre puede llenarse su corazón con el resultado de las obras de Dios, pero el Creador del universo contempla con más valor un alma redimida que mil mundos con todo su esplendor.

"Entonces se levantó y fue a su padre. Cuando aún estaba lejos, lo vio su padre y fue movido a misericordia, y corrió y se echó sobre su cuello y lo besó. El hijo le dijo: 'Padre, he pecado contra el cielo y contra ti, y ya no soy digno de ser llamado tu hijo.' Pero el padre dijo a sus siervos: 'Sacad el mejor vestido y vestidle; y poned un anillo en su dedo y calzado en sus pies. Traed el becerro gordo y matadlo, y comamos y hagamos fiesta, porque éste, mi hijo, muerto era y ha revivido; se había perdido y es hallado.' Y comenzaron a regocijarse." Lucas 15:20-24

Tal es la experiencia de nuestro mundo y tal es el gozo de nuestro Padre Dios.

"Un alma es de tanto valor que, en comparación con ella, los mundos se reducen a la insignificancia; [...]" DTG p.531

En el contexto de la redención, Génesis 1:31 se refiere al glorioso día del regreso de Cristo, cuando su alma este a plenitud bañada de santo gozo.

"Los justos vivos son mudados 'en un momento, en un abrir de ojo'. A la voz de Dios fueron glorificados; ahora son hechos inmortales, y juntamente con los santos resucitados son arrebatados para recibir a Cristo su Señor en los aires. Los ángeles 'juntarán sus escogidos de los cuatro vientos, de un cabo del cielo hasta el otro'. Santos ángeles llevan niñitos a los brazos de sus madres. Amigos, a quienes la muerte tenía separados desde largo tiempo, se reúnen para no separarse más, y con cantos de alegría suben juntos a la ciudad de Dios." CS p.628

Y FUE LA TARDE Y LA MAÑANA DEL SEXTO DÍA

Esta es la última ocasión en que el relato de la creación describe la composición del día como una tarde y una mañana. Para los eventos que se presentarán a continuación, es decir, el séptimo día de la semana de la creación según el relato de Génesis, no se nos da este orden como parte de la composición. De hecho, no hay un registro ni de tarde ni de mañana. En el contexto del significado de los símbolos de Génesis uno, el concepto de tarde que representa la mezcla de la luz con las tinieblas, ya no se puede percibir más. La noche cuyo significado esta registrado en Génesis 1:2,5 pero que, por el proceso natural, entendemos es el periodo que sigue a la tarde y desaparece con el nacimiento del sol durante todos los demás días de la semana, ya no se puede leer en el registro de Génesis dos, donde se aloja el texto que presenta el séptimo día de la primera semana en la tierra.

Según el relato de Génesis uno, los días están formados por una tarde y una mañana; en ninguna ocasión se menciona la noche como parte de la composición del día creado por Dios. Debemos recordar que el relato de la creación describe la obra exclusiva de Dios y las tinieblas que más tarde fueron llamadas "Noche", si bien no están fuera del control de Dios, tampoco hacen parte de su creación, por el contrario, surgen como resultado de la ausencia de Aquel que es la luz del mundo. El apóstol explicando el concepto escribió: "Dios es luz y no hay ningunas tinieblas en él." 1 Juan 1:5

Teniendo entonces presente esta definición, es fácil entender porque la noche no aparece como parte de los componentes de un día según el relato de la creación, aunque reconocemos que hace parte de ella, según el orden natural que Dios dio a las cosas, específicamente por el propósito educativo de haber dado a la tierra una forma esférica. Aunque la tarde se refiere a un decrecimiento de la luz, aún conserva algo de ella; el significado de esa luz se refiere a la presencia de Dios y a su obra.

"Entonces Jesús les dijo: —Aún por un poco de tiempo **la luz** está entre vosotros; andad entretanto que tenéis **luz**, para que no os sorprendan *las tinieblas,* porque el que anda en **tinieblas** no sabe a dónde va. Entre tanto que tenéis **la luz,** creed en **la luz,** para que seáis hijos de **luz**." Juan 12:35,36

Si leemos nuevamente el texto de Juan y donde aparecen las palabras **luz** y **tinieblas**, las reemplazamos por el nombre que Dios mismo les dio en Génesis 1:5, o sea, **el día** y **la noche**, vamos a conseguir una percepción más clara de la idea que venimos desarrollando. Finalmente podremos entender porque no aparece la palabra noche en la definición que Dios hace de cada día durante toda la semana literal de la creación.

Cerrando el caso el apóstol Pablo muestra el sentido el texto magistralmente:

"Porque todos vosotros sois hijos **de luz** e hijos **del día**; no somos de **la noche** ni de **las tinieblas**." 1 Tesalonicenses 5:5

Génesis 1:2 hace referencia no solo al estado imperceptible por el ojo humano de la tierra previo a la aparición de la luz, sino también a la descripción de las tinieblas espiritualmente. Además, esta descripción encierra en un concepto claro la definición de las noches que acompañarían la historia de la humanidad. Si el texto de Génesis 1:2 fuera una imagen literal de la tierra que se le presentó a Moisés, el texto debería decir "y la tierra no se podía ver" puesto que la luz hace posible la percepción de la vista, sin ella no se podría describir ningún desorden o un caos; en ese caso el único concepto valido sería el vacío, como aparece en algunas traducciones del texto.

Otro elemento que podemos revisar del texto de Génesis 1:2 es la descripción de la presencia del Espíritu de Dios moviéndose sobre la faz de las aguas. Teniendo a la mano el testimonio que Jesús dio sobre la invisibilidad del Espíritu en su reunión privada con Nicodemo, "El viento sopla de donde quiere, y oyes su sonido, pero no sabes de dónde viene ni a dónde va. Así es todo aquel que nace del Espíritu." Juan 3:8, entendemos que no es posible que Moisés le haya visto moverse sobre las aguas. Identificamos entonces que, no es Génesis 1:2 un intento de Moisés por describir una escena, sino que, por inspiración de Dios, Moisés describe un estado.

Si queremos apreciar una analogía más clara de lo que significa el verso de Génesis 1:2, debemos remitirnos al libro de la naturaleza, el libro que explica físicamente lo que por fe creemos fue constituido por la Palabra de Dios. Contemplar el entorno del momento cuando la tierra pasa por el periodo de la noche nos revela el significado del texto. Las tinieblas son la consecuencia de la ausencia de la luz, exactamente igual sucede con la noche, esta, es el resultado de la ausencia natural del sol. Sin embargo, aunque la noche debería ser un periodo de oscuridad total; por la presencia y la ubicación estratégica de la luna reflejando la luz del sol, la tierra es alumbrada, aunque en menor intensidad. Tenemos pues las tinieblas, que representan la noche y en la luna vemos la representación del Espíritu de Dios moviéndose sobre las aguas, además también entendemos que las aguas representan a las multitudes que habitan la tierra y la luz es analogía de la herencia literaria, que, por inspiración, nos legaron los profetas. "Lámpara es a mis pies tu palabra y lumbrera a mi camino." Salmos 119:105

Puede parecer extraño que este estudio no se centre en los terribles eventos finales que se desarrollarán en el tiempo del fin. De hecho, ni siquiera intentamos entrar en el tema, no estudiamos las bestias de apocalipsis, aunque en algún momento las mencionamos, no hubo tiempo de angustia, ni ley dominical, ni persecución, no detallamos eventos como la gran tribulación que sobrecogerá a los escogidos del fin durante el último periodo de la vida en la tierra como es conocida. No se trata de falta de conocimiento, mucho menos de una negación con respecto a la veracidad de lo que dice la Escritura de esos eventos.

Por supuesto que Jesús dio detalles específicos en cuanto a lo acontecerá en el tiempo cercano a su advenimiento, pero no podemos atribuir la respuesta de Jesús, que Mateo replicó en el capítulo 24 a la obra de Dios. De hecho, según la idea que el Señor quiso presentar a sus discípulos al decir "—Mirad que nadie os engañe, ..." "...mirad que no os turbéis, ..." "Pero el que persevere hasta el fin, éste será salvo." Mateo 24:4,6,13 entendemos que, las aflicciones que se aproximan para el pueblo de Dios, tienen como originadores a Satanás y sus secuaces, y que la mano el amoroso Padre celestial no es fuente de mal. En cierta manera se le atribuyen porque Él tiene el poder y la autoridad para permitirlas o no, pero Dios no propicia el dolor, el temor o el sufrimiento. Por el contrario, cuando llegue la hora de las tinieblas, los hijos de Dios pueden correr y hallar seguridad bajo las alas de su poderoso Padre. En ese momento, los ángeles del cielo serán enviados para ayudar a quienes estarán pasando por el fuego de la prueba y la persecución. Los eventos que traen consigo dolor y miseria son el resultado de la última acción del príncipe de la noche. No por casualidad los apóstoles Juan y Pedro, inspirados por el Espíritu del Señor, en el contexto de los milenios en la tierra, y los eventos previos a la segunda venida del Señor y la última noche del último milenio, escribieron:

"Por lo cual alegraos, cielos, y los que moráis en ellos. ¡Ay de los moradores de la tierra y del mar!, porque el diablo ha descendido a vosotros con gran ira, sabiendo que tiene poco tiempo.»" Apocalipsis 12:12

"Pero, amados, no ignoréis que, para el Señor, **un día es como mil años y mil años como un día**. El Señor no retarda su promesa, según algunos la tienen por tardanza, sino que es paciente para con nosotros, no queriendo que ninguno perezca, sino que todos procedan al arrepentimiento. Pero **el día del Señor vendrá** como ladrón **en la noche**. Entonces los cielos pasarán con gran estruendo, los elementos ardiendo serán deshechos y la tierra y las obras que en ella hay serán quemadas." 2 Pedro 3:8-10

La ley dominical que tanto se menciona en los pulpitos, es un plan de ataque de Satanás en contra de los hijos del Altísimo; la persecución, la orden de muerte, los problemas de no poder comprar ni vender, las catástrofes naturales, las pestes, las hambres, y todo lo demás nos es sino un intento del diablo para arrebatar el cielo a los hombres. Dios está de parte del grupo pequeño que, aunque perseguido, se mantendrá fiel a su ley y a su Palabra.

Dios no es el causante de los eventos terribles que causarán angustia aun a sus escogidos. Después del sellamiento del Espíritu del que participarán los hijos de Dios durante la última jornada que los capacitará para levantar la voz en el fuerte pregón, el Señor vendrá y de esa manera se verá manifiesta la intervención de Dios. Eso concuerda con lo que hemos estudiado del Espíritu moviéndose sobre las aguas, en medio de las tinieblas, justo antes de la aparición de la luz. Teniendo en cuenta que nuestro estudio tiene como contexto los capítulos uno y dos de Génesis donde el único protagonista es Dios y su obra creadora en paralelo con el desarrollo del plan de la redención, no hay ni razón ni base bíblica para adentrarnos en los eventos que rodean la última noche por la que pasara el pueblo de Dios al final del sexto milenio de la historia en la tierra.

Todos los eventos que por más de 175 años la iglesia Adventista ha predicado, vendrán según lo registran las Escrituras. No hay razón para dudar del cumplimiento de las profecías en el fin del tiempo. Pero este estudio tiene como objetivo dar prioridad a los actos redentores de Dios a través de la historia y abrir los ojos de la fe del lector, de tal manera que, como el siervo de Eliseo, podamos ver las escenas que se desarrollan en el mundo espiritual según la cosmovisión de Dios.

"Y oró Eliseo, diciendo: «Te ruego, Jehová, que abras sus ojos para que vea.» Jehová abrió entonces los ojos del criado, y éste vio que el monte estaba lleno de gente de a caballo y de carros de fuego alrededor de Eliseo." 2 Reyes 6:17

Tenemos suficientes elementos que detallan todos los eventos que ocurrirán en las proximidades del tiempo del fin. Poseemos la Palabra de Dios, los escritos de la sierva del Señor y miles de libros que quitan el velo a las profecías de los sucesos finales. Los eventos proféticos registrados en las Escrituras que Dios vio a bien revelar a su pueblo a fin de que este esté preparado, no son más un misterio. Hay en nuestro medio muchos hombres que han dedicado vidas enteras al estudio esos eventos y por todas partes se predica la profecía en todas las lenguas conocidas. Tenemos en una mano completamente asegurado el conocimiento de los eventos proféticos, pero, la otra aun no puede sostener con fuerza el valor del libro de la naturaleza. Necesitamos dedicar más de nuestro tiempo al estudio de las páginas del libro de las obras de Dios. Si deseamos tener un panorama completo y una esperanza más sólida en cuanto al propósito de Dios para su pueblo como institución y para cada miembro en particular, debemos a la par del estudio de las Escrituras, conocer los significados de la naturaleza. Dios no cambia y el lenguaje que usó en el principio, es el mismo que usará hasta el día en que cree cielos nuevos y tierra una nueva.

La conclusión y la aplicación espiritual e histórica del segundo verso de las Escrituras podría resumirse diciendo que, teniendo en cuenta que en el principio no había luz, la manifestación de Dios a través de su Espíritu, era la promesa de que, aunque todos los periodos de la historia humana tendrían un tiempo de oscuridad donde no habría aparente intervención de Dios, lo que sin sabiduría llamamos "el silencio de Dios", el poder de la presencia de su Espíritu iba a guiar el camino de los hombres, y las misericordias de su Providencia seguirían fluyendo desde el trono de la gracia, directamente al corazón de cada uno de sus hijos.

Esto se cumplió para beneficio de todos los habitantes de la tierra a través del ministerio profético. Por medio de todas las intervenciones del Espíritu Santo, quien providencialmente inspiró a sus siervos los profetas, comunicó a los hombres el verdadero carácter y el infinito pensamiento de Dios dando origen a un libro que hoy llamamos "La Santa Biblia". La Escritura refiriéndose a sí misma se define como una luz en medio de la noche. "Lámpara es a mis pies tu palabra y lumbrera a mi camino." Salmos 119:105

"En todo período de la historia de esta tierra, Dios tuvo hombres a quienes podía usar como instrumentos oportunos a los cuales dijo: 'Sois mis testigos.' En toda edad hubo hombres piadosos, que recogieron los rayos de luz que fulguraban en su senda, y hablaron al pueblo las palabras de Dios. Enoc, Noé, Moisés, Daniel y la larga lista de patriarcas y profetas, todos fueron ministros de justicia. No fueron infalibles; eran hombres débiles, sujetos a yerro; pero el Señor obró por su medio a medida que se entregaban a su servicio." Obreros Evangélicos (OE) p.13

Contemplando las Escrituras podemos apreciar en todo su esplendor el movimiento del Espíritu de Dios sobre las aguas.

Entendemos entonces que el propósito de Génesis 1:2 es describir el significado de la noche y revelar la composición de las tinieblas. Comprendemos que la noche no hace parte de la obra de las manos de Dios, pues es la ilustración que revela la existencia del mal como una opción para el universo. Las tinieblas son el sinónimo de la ausencia de Dios, la noche era parte de la gran lección que el hombre debía recibir con respecto a la existencia del mal y las consecuencias de su poder. Este era el conocimiento que le capacitaría para ocupar un lugar en la ciudad de las calles de oro, donde junto a los ángeles, se gozaría en la libertad de la adoración al Dios que creó los cielos, la tierra, el mar y las fuentes de las aguas. Donde no habrá mal alguno y ningún rincón por lejano que esté se quedará sin participar de la gloriosa luz de Dios.

"Sus puertas nunca serán cerradas de día, pues allí no habrá noche." "Allí no habrá más noche; y no tienen necesidad de luz de lámpara ni de luz del sol, porque Dios el Señor los iluminará y reinarán por los siglos de los siglos." Apocalipsis 21:25; 22:5

Regresamos ya con un concepto claro a la idea de, por qué el séptimo día no está descrito como una composición de tarde, (noche) y mañana. Tengamos por seguro que el séptimo día es la promesa más maravillosa que hemos recibido de nuestro Creador, el sábado representa un momento en el tiempo donde ya no habrá, tentador ni tentado, pecado ni pecador, no habrá enfermedad ni muerte, ya no habrá mar ni multitudes inclinadas al mal, ya no habrá tinieblas, ya no habrá más noche.

"Entonces vi un cielo nuevo y una tierra nueva, porque el primer cielo y la primera tierra habían pasado y el mar ya no existía más.

Y oí una gran voz del cielo, que decía: «El tabernáculo de Dios está ahora con los hombres. Él morará con ellos, ellos serán su pueblo y Dios mismo estará con ellos como su Dios. Enjugará Dios toda lágrima de los ojos de ellos; y ya no habrá más muerte, ni habrá más llanto ni clamor ni dolor, porque las primeras cosas ya pasaron.»

El que estaba sentado en el trono dijo: «Yo hago nuevas todas las cosas.» Me dijo: «Escribe, porque estas palabras son fieles y verdaderas.»" Apocalipsis 21:1,3-5

"**Allí no habrá más noche**; y no tienen necesidad de luz de lámpara ni de luz del sol, porque Dios el Señor los iluminará y reinarán por los siglos de los siglos." Apocalipsis 22:5

"Sobre la cabeza de los vencedores, Jesús coloca con su propia diestra la corona de gloria. Cada cual recibe una corona que lleva su propio 'nombre nuevo' (Apocalipsis 2:17), y la inscripción: 'Santidad a Jehová'. A todos se les pone en la mano la palma de la victoria y el arpa brillante. Luego que los ángeles que mandan dan la nota, todas las manos tocan con maestría las cuerdas de las arpas, produciendo dulce música en ricos y melodiosos acordes. Dicha indecible estremece todos los corazones, y cada voz se eleva en alabanzas de agradecimiento. 'Al que nos amó, y nos ha lavado de nuestros pecados con su sangre, y nos ha hecho reyes y sacerdotes para Dios y su Padre; a él sea gloria e imperio para siempre jamás'. Apocalipsis 1:5, 6

Made in the USA
Columbia, SC
21 December 2022